Ph Rossmann

Lehrbuch der französischen Sprache auf Grundlage der Anschauung

Ph Rossmann

Lehrbuch der französischen Sprache auf Grundlage der Anschauung

ISBN/EAN: 9783744674522

Hergestellt in Europa, USA, Kanada, Australien, Japan

Cover: Foto ©Paul-Georg Meister /pixelio.de

Weitere Bücher finden Sie auf **www.hansebooks.com**

Lehrbuch

der

französischen Sprache

…ndlage der Anschauung

Von

…chule zu …   und   Dr. …
Direktor der Ob…

Zehnte Auflage.

Bielefeld und Leipzig.

von Velhagen & Klasing.-

1898.

In unserm Verlage erschien nach denselben Grund-
sätzen bearbeitet wie vorliegendes französisches Lehrbuch:

Schmidt, F., Direktor der Oberreal-chule zu Hanau, Lehrbuch
der englischen Sprache auf Grundlage der Anschauung. Mit vielen Abbildungen.

Velhagen & Klasing.

Herrn

Provinzial-Schulrat Kannegiefser

zu Cassel

dankbar zugeeignet.

Vorrede zur ersten Auflage.

Die in dem vorliegenden Buche dargestellte Methode, worüber im 25. Hefte der Lehrproben und Lehrgänge von Frick und Meier eingehend berichtet worden ist, schliefst sich möglichst eng an die natürliche Spracherlernung an und geht deshalb von der Anschauung aus, dem Quell und Ursprung aller höheren Erkenntnis.

Als Anschauungsmittel dienen aufser der Umgebung besonders sechs grofse, kolorierte Bilder aus dem Verlage von Hölzel in Wien, auf denen die vier Jahreszeiten, Bauernhof und Gebirge dargestellt sind.*) Von diesen Bildern enthält das Buch kleine, nicht kolorierte Nachbildungen, die dem Schüler bei seinen häuslichen Arbeiten die grofsen Bilder ersetzen sollen, die er im Unterricht vor Augen gehabt hat. Daneben finden sich in dem Buche noch eine Anzahl kleinerer Abbildungen, die den Unterricht beleben und immer wieder an die Bedeutung der Anschauung erinnern sollen, worauf überdies noch hier und da durch Bemerkungen, die für den Lehrer bestimmt sind, hingewiesen wird. So heifst es z. B. S. 27: *Le maître citera la plupart de ces expressions en joignant le geste à la parole, p. ex. en prononçant: «j'écris», il écrira au tableau.* Diese Bemerkung gilt für alle Fälle, in denen die sinnliche Darstellung möglich ist. Selbstverständlich wird der Lehrer auch von Wandtafel und Kreide den ausgiebigsten Gebrauch machen und durch einfache Zeichnungen die Auffassung der Sprache befördern.

Die einzelnen Stücke des Übungsbuchs sind so gewählt, dafs vor allem der Wortvorrat des täglichen Lebens zur Geltung kommt. Sämtliche Stücke sind hinsichtlich ihrer Verwendbarkeit im Unterrichte geprüft und von den Schülern mit lebhaftem Interesse aufgenommen worden.

---

*) In demselben Verlage sind mittlerweile zwei weitere Bilder für den Anschauungs- und Sprachunterricht erschienen, Wald und Grofsstadt, die sich ebenfalls wohl verwenden lassen. Zugleich sei auch hier auf die von J. Lohmeyer herausgegebenen Bilder zur Geschichte hingewiesen.

Für den methodischen Gang sind folgende Worte Pestalozzis
Richtschnur gewesen:

«Mensch! Ahme es nach, dieses Thun der hohen Natur, die
aus dem Kern auch des gröfsten Baumes zunächst nur einen un-
merklichen Keim treibt, aber dann durch ebenso unmerkliche
als täglich und stündlich fliefsende Zusätze zuerst die
Grundlage des Stammes, dann diejenige der Hauptäste und
endlich diejenige der Nebenäste bis ans äufserste Reis, an
dem das vergängliche Laub hängt, entfaltet. Fafs es ins Aug',
dieses Thun der hohen Natur, wie sie jeden einzeln gebildeten
Teil pfleget und schützet und jeden neuen an das gesicherte
Leben des alten anschliefset.»

Demgemäfs beginnt das Buch mit den einfachen Namen der
Dinge, woran sich naturgemäfs die Fragen über den Ort, die Eigenschaften, Thätigkeiten und die mannigfaltigen Beziehungen der
Dinge zu einander anschliefsen. Zunächst finden nur Sprech-
übungen statt; erst nachdem Ohr und Zunge der Schüler mit
der neuen Sprache einigermafsen vertraut geworden sind, beginnt
das Lesen und die schriftlichen Übungen, die gleichfalls vom
Einfachsten ausgehen und mit kleinen Aufsätzen abschliefsen.

Ein Übersetzen aus der Muttersprache in die fremde
findet nicht statt, da diese Übungen nach unserer Erfahrung die
Aneignung der fremden Sprache nicht befördern, sondern hemmen.

Wie in der ganzen Welt die Sprachen im Leben ohne jede
Rücksicht auf Grammatik erlernt und gesprochen werden,
so wird auch in dem Buche die Grammatik zunächst nur soweit
berücksichtigt, als dies zur Erlernung des richtigen Schreibens
nötig ist. Das grammatische System baue man erst dann auf,
wenn die Schüler genügenden Sprachstoff besitzen, um die Bau-
steine zusammentragen zu können. Die verfrühte Berück-
sichtigung der Grammatik ist gleich dem Übersetzen ein
Hindernis für die Aneignung der Sprache. Zunächst be-
gnüge man sich damit, dafs die Schüler wissen, was die fremden
Worte in der Muttersprache bedeuten, und erhebe das durch
mannigfache Übung erzeugte Sprachgefühl allmählich zum
Sprachbewufstsein.

Dementsprechend beschränkt sich die in dem Buche ent-
haltene Grammatik auf das Allerwichtigste; besonders haben wir
versucht, das Verbum möglichst einfach darzustellen, wobei uns
«Ohlert, die Lehre vom franz. Verb» und «Mosen, das franz.
Verb in der Schule» sehr nützlich gewesen sind.

Auch nachdem der Übergang zur Schrift bereits stattgefunden
hat, wird das Neue zuerst immer mündlich, bei geschlossenen

Buchern, bearbeitet; aus diesem Grunde haben wir die Bezeichnung der Quantität in der Lautschrift unterlassen (s. S. 244. Anm.i. Die Lauttafeln (S. 250 und 251) wurden von den Herren Prof. Dr. Vietor und Prof. Dr. Passy gütigst durchgesehen und gebilligt

Einen besonderen Vorzug der auf die Anschauung*) begründeten Spracherlernung finden wir, abgesehen von dem auf diese Weise erregten lebhaften Interesse der Jugend, darin, dafs der Schüler hier nur Thatsächliches, Wahres auszudrücken hat und nicht angeleitet wird, mit Worten zu spielen, denen keine Wirklichkeit entspricht und die deshalb nie und nimmer lebendiges Sprachgefühl erzeugen können.

Was die Verteilung des in dem Buche enthaltenen Stoffes anlangt, so dürfte derselbe sich als für 3 Jahre ausreichend erweisen. Im 1. Jahre wären die Stücke 1—30 durchzunehmen (das eine oder andre Stück erst bei der Wiederholung); das 2. Jahr würde zunächst das Frühlingsbild wiederholen, dabei die Übungen 31 und 32, darauf Ex. 33—54 durcharbeiten. Dem 3. Jahr endlich würden die Übungen 55—74, die Wiederholung der beiden früheren Klassenpensa und die Aufstellung des grammatischen Systems zufallen. Dabei wird der Lehrer bemerken, dafs alles Zusammengehörige sich bereits ohne sein Zuthun zusammengestellt hat.

Bei dem Frühlingsbild ist die Art und Weise, wie der Stoff zu behandeln ist, genau angegeben; bei den übrigen Bildern ist die Behandlung dem Lehrer freigestellt, wie denn überhaupt bei dieser Methode dem Lehrer genügender Spielraum zu freier Bewegung bleibt.

Die kleinen Stücke in gewöhnlicher Schrift und in Lautschrift (S. 233—243) sollen denen dienen, die die Schüler mit Hilfe der Lautschrift in die Sprache einführen wollen; sie sind jedoch für alle andern auch verwendbar, indem man die Lautschrift dann einfach unbeachtet läfst.

Da das Titelblatt zwei Verfasser nennt, so sei hier auch angegeben, wie dieselben sich in die Arbeit geteilt haben.

Die von Dr. Rofsmann in Lautschrift umgesetzten kleinen Stücke, sowie die Lieder sind gemeinsam ausgewählt, Grammatik und Wörterbuch von Dr. Rofsmann, das Übungsbuch von Dr. Schmidt verfafst worden.

---

*) Es ist uns wohlbekannt, dafs schon Lehrbücher vorhanden sind, die auch mehr oder weniger die Anschauung berücksichtigen. Wir nennen die Bucher von Alge. Berlitz, Bierbaum, Dillmann, Ducotterd und Mardner und Lehmann, von denen das erstgenannte auch die Holzelschen Bilder benutzt. Eine genaue Prüfung der genannten dürfte die Veröffentlichung dieses neuen Buches rechtfertigen.

Allen denen, die uns bei der Arbeit unterstützt haben, sprechen wir auch hier den besten Dank aus.

Insbesondere danken wir Herrn Oberlehrer Dr. Kuhn für vielfache Bemerkungen zu dem grammatischen Teile und für die freundliche Erlaubnis zum Abdruck der kleinen von Krauter verfaßten Erzählungen *La petite mouche* in Nr. 18, *La petite souris* und *La petite poule* in Nr. 27, ebenso der Verlagshandlung von Schultz & Cie. in Straßburg i. E., die uns die Aufnahme der Stücke von Hatt: *Le village, La ville, Ne jouez pas avec les armes à feu* (Nr. 42 V, 53, 54), desgleichen Herrn Ch. Marelle und Herrn O. Jespersen, die uns den Abdruck der Stücke: *Les abeilles* und *Le père Maugréant* (Nr. 36 und Nr. 68) freundlichst gestattet haben.

Ganz besonderen Dank schulden wir ferner Herrn Th. Heurtefeu, prof. au coll. de Dunkerque, der den ganzen Text des Übungsbuches einer genauen Durchsicht unterworfen hat, und Herrn Prof. Dr. P. Passy in Neuilly sur Seine, der die Texte S. 173 ff., die Grammatik und das Wörterbuch hinsichtlich der Lautbezeichnung durchsah und verbesserte und uns außerdem viele wertvolle phonetische Ratschläge bereitwilligst zu teil werden ließ. Herrn Direktor Walter in Bockenheim danken wir für die freundliche Überlassung der von ihm komponierten Melodie *A Paris* etc. (Lied Nr. 6), sowie insbesondere für mannigfache Anregung in Bezug auf die Anlage der Grammatik, ebenso Herrn E. Zergiebel, ord. Lehrer an der Neuen Realschule in Kassel, früher an der Realschule zu Hanau, der durch Mitteilung seiner Erfahrungen bei dem nach der hier dargestellten Methode erteilten Unterricht manchen Anhaltspunkt für die methodische Anordnung des Stoffes geboten hat.

Für Unterstützung bei der Korrektur sind wir außer Herrn Heurtefeu noch besonders Herrn Wolff an der Realschule in Hanau verpflichtet, dem wir außerdem die Niederschrift einiger Melodieen verdanken.

Zum Schlusse gestatten wir uns, an die Kollegen die Bitte zu richten, einmal mit der in dem vorliegenden Buche dargestellten Methode einen Versuch zu machen und uns ihre Erfahrungen mitzuteilen, die wir mit Dank annehmen werden.

Wiesbaden und Hanau, September 1891.

Dr. Roßmann. Dr. Schmidt.

Vorrede zur zweiten Auflage.

Die freundliche Aufnahme, die dem Buche zu teil geworden ist, hat sehr bald eine zweite Auflage nötig gemacht. Bei derselben haben wir uns auf die Verbesserung der Druckfehler der ersten und einige kleine Zusätze beschränkt, so daß die beiden Auflagen neben einander gebraucht werden können.

Wiesbaden und Hanau, April 1892.

Die Verfasser.

Vorrede zur dritten Auflage.

Die Pflicht, das Buch in der vorliegenden dritten Auflage zu verbessern, die wir auch als eine Pflicht der Dankbarkeit empfinden, haben wir zu erfullen gesucht, indem wir die Zahl der Lesestücke um einige Erzählungen, Gedichte und mehrere Abschnitte aus der Geschichte vermehrt haben, die hoffentlich den Beifall der Lehrenden und Lernenden finden werden. Auch sind die in der Vorrede zur ersten Auflage bereits erwähnten zwei neuen Bilder, Wald und Grofsstadt, in der vorliegenden verwertet worden. Die Zahl der Lieder ist um zwei vermehrt.

Am Schlusse des Übungsbuches haben wir ein Verzeichnis schriftlicher Übungen zugefügt, das, ohne auf Vollständigkeit Anspruch zu machen, doch zeigen wird, wieviel Stoff dazu sowohl die Bilder als die Lesestücke bieten. Diese Übungen sind als *Exercices oraux et écrits* bezeichnet, weil selbstverständlich alle schriftlichen Arbeiten mündlich vorzubereiten sind.

Die Grammatik ist ebenfalls umgestaltet und erweitert worden, so dafs sie nach unserer Ansicht für die ganze Schulzeit ausreicht. Grammatische Kenntnisse haben nur Wert, wenn sie aus einem reichen sprachlichen Anschauungsstoffe durch fortwährende Übung sich von selbst ergeben haben.

Auch bei dieser Auflage sind wir von verschiedenen Seiten aufs freundlichste unterstützt worden.

Zunächst haben wir der Verlagshandlung von Schultz & Cie. in Strafsburg i. E. zu danken, die uns abermals den Abdruck eines Stückes (Nr. 50) aus einem Werk ihres Verlages gestattet

hat. Dasselbe ist entnommen aus Th. Hatts *Lectures enfantines.*
die vieles enthalten, was sich im Unterrichte verwerten läßt. Das
neu hinzugekommene Stück *Un sauvage à Paris* (Nr. 66) haben
wir mit freundlichst gewährter Erlaubnis des Herausgebers aus
P. H. Junker's französisch-englischem Lern- und Übungsblatt,
Verlag der Rengerschen Buchhandlung in Leipzig, entnommen

Besondren Dank schulden wir Herrn Prof. Dr. P. Passy, der
das Wörterbuch in seiner erweiterten Form freundlichst einer er-
neuten Durchsicht hinsichtlich der phonetischen Umschrift unterwarf

Ferner danken wir den Herren Kollegen Baseler und Wolff
an der Realschule in Hanau für ihre freundliche Hilfe bei der
Korrektur, dem letztgenannten Herrn aber noch ganz besonders
für seine Bemühung um den musikalischen Teil des Buches und
die Zusammenstellung der an die Bilder anzuschliefsenden schriftlichen Übungen.

Indem wir hoffen, dafs das Buch in seiner jetzigen Gestalt
sich neue Freunde erwerben und mit dazu beitragen werde, die
Anschauung in den Schulen immer mehr zur Geltung zu bringen,
geben wir ihm folgende beherzigenswerten Worte des Comenius
aus der Vorrede zu seinem *Orbis sensualium pictus* mit auf den Weg:

Der Unwiſſenheit Artzney-Mittel iſt die Kunſt-Lehre, welche
den Gemütern in den Schulen ſoll beigebracht werden; aber alſo,
daß es ſey eine wahre, eine vollkommene, eine klare und eine feſte
Kunſt-Lehre. Wahr wird ſie ſeyn, wenn nichts als was zum
Leben nützlich iſt, gelehret und gelernet wird: damit man nicht
nachmals Urſach habe zu klagen: Wir wiſſen nicht, was notwendig zu wiſſen iſt, weil wir nicht, was notwendig iſt, gelernet.
Vollkommen wird ſie ſeyn, wenn das Gemüt zubereitet wird zur
Weisheit, die Zunge zur Wohlredenheit und die Hände zu ämſiger
Übernehmung der Lebens-Verrichtungen. Dieſes wird alsdann
ſeyn das Saltz des Lebens, nemlich Wiſſen, Thun, Reden. Klar,
auch dannenhero ſtät und feſt, wird ſie ſeyn, wenn alles, was
gelehret und gelernet wird, nicht tunkel oder verwirret, ſondern
deutlich, wohl unterſchieden und abgeteilt iſt, wann die Sinnbare
Sachen den Sinnen recht vorgeſtellet werden, damit man ſie mit
dem Verſtand ergreiffen könnte. Ich ſage und wiederhole mit
hoher Stimme, daß dieſes letztere die Grund-Stütze ſey aller der
andern Stücke, weil wir weder etwas ins Werk ſetzen noch vernünftig ausreden können, wenn wir nicht zuvor alles, was zu
thun oder wovon zu reden iſt, recht verſtehen lernen. Es iſt aber
nichts in dem Verſtand, wo es nicht zuvor im Sinn geweſen.
Wenn nun die Sinnen, der Sachen Unterſchiedenheiten wohl zu

ergreifen, fleißig geübet werden, das ist soviel als zur gantzen Weisheit-Lehre und weiten Beredsamkeit und allen klugen Lebens-verrichtungen den Grund legen. Welches, weil es von den Schulen insgemein vernachläßigt wird und man den Lehr-Knaben zu lernen vorgiebet, was sie nicht verstehen, und was auch ihren Sinnen nicht recht vor- und eingebildet worden: daher geschieht es, daß die Lehr- und Lern-Arbeit schwer ankommet und wenig Nutzen schaffet.

„Dieses Büchlein (der Orbis pictus), auf diese Art einge-richtet, wird dienen, wie ich hoffe: Erstlich, die Gemüter herbey zu locken, daß sie ihnen in der Schul keine Marter, sondern eitel Wollust einbilden. Denn bekannt ist, daß die Knaben (stracks von ihrer Jugend an) sich an Gemälden belustigen, und die Augen gern in solchen Schau-Wercken weyden. Der aber zu-wegen bringt, daß von den Würtz-Gärtlein der Weisheit die Schreck-Sachen hinweg bleiben, der hat etwas Grosses geleistet. Darnach dienet dieses Büchlein, zu erwecken, den Sachen anzuhäfften, und immer je mehr und mehr auszuschärpfen die Aufmerksamkeit: welches auch etwas Grosses ist. Dann die Sinnen (die vornehmsten Führer des zarten Alters, als bei denen das Gemüte sich noch nicht in die unkörperliche Betrachtung der Dinge erschwinget) suchen allemal ihren Gegenstand, und wann sie denselben nicht haben, werden sie abgenützet, und kehren sich, an sich selbst Ver-druß habend, bald da, bald dorthin; wann aber derselbe vor-handen ist, werden sie erfröhlicht und gleichsam lebendig, und lassen sich, bis sie die Sache recht ergriffen haben, gerne daran hefften."

Wiesbaden und Hanau, Oktober 1892.

Die Verfasser.

Vorrede zur sechsten Auflage.

In der sechsten Auflage haben wir die Verbesserungsvor-schläge berücksichtigt, die wir der Güte des Herrn Universitäts-professors Dr. Förster in Bonn und des Herrn Lektors Dr. Gaufines verdanken.

Wiesbaden und Hanau, September 1895.

Die Verfasser.

Inhalt.

1. EXERCICE.

1. Voilà la porte, voilà la fenêtre, voilà le plafond, voilà le plancher, voilà le mur, voilà la chambre.

Voilà la table, voilà la chaise, voilà le banc, voilà le tableau, voilà la craie, voilà l'éponge (la), voilà la carte, voilà le poêle, voilà le maître, voilà l'élève (le)

2. Montre-moi: une porte, une fenêtre, un plafond, un plancher, un mur, une chambre. (Voilà une porte etc.)

Montre-moi: une table, une chaise, un banc, un tableau, une éponge, une carte, un poêle, un maître, un élève. (Voilà une table etc.)

a) Grammatik: le, la, l', un, une.

b) Schriftliche Übung*): Schreibet 3 Substantive mit le und un, 3 mit la und une, z. B.

le mur — un mur,
la porte — une porte.

2. EXERCICE.

1. Voilà un livre, un cahier, un crayon, une plume, un porte-plume, un plumier, un encrier.

2. Montre-moi: le livre, le cahier, le crayon, la plume, le porte-plume, le plumier, l'encrier. (Voilà le livre etc.)

---

*) Das Lesen und Schreiben beginnt erst, wenn die Schüler einige Sicherheit in der Auffassung und Wiedergabe der Laute erlangt haben.

3. Voilà **les** livres, **les** cahiers, **les** crayons, **les** plumes, **les** porte-plumes, **les** plumiers, **les** encriers. Voilà **les** fenêtres, **les** murs, **les** bancs, **les** élèves.

a) Grammatik: le livre, les livres.

b) Schriftliche Übung: Schreibet 10 Substantive im Singular und Plural, z. B.

> le livre,
> les livres,
> la plume,
> les plumes.

3. EXERCICE.

1. **C'est** la porte. (Le maître montre la porte.) **Est-ce** la porte? (Le maître montre la fenêtre.) Non, monsieur, **ce n'est pas** la porte, **c'est** la fenêtre. Qu'est-ce que c'est que ça? C'est la fenêtre.

2. **Est-ce** la fenêtre? (Le maître montre la porte.) Non, monsieur, **ce n'est pas** la fenêtre, **c'est** la porte. **Qu'est-ce que c'est que ça?** C'est la porte.

3. **Est-ce** le plafond? (Le maître montre le plancher.) Non, monsieur, **ce n'est pas** le plafond, **c'est** le plancher. **Qu'est-ce que c'est que ça?** C'est le plancher.

4. **Est-ce** la table? (Le maître montre la chaise.) Non, monsieur, **ce n'est pas** la table, **c'est** la chaise. **Qu'est-ce que c'est que ça?** C'est la chaise.

5. **Est-ce** l'éponge? (Le maître montre la craie.) Non, monsieur, **ce n'est pas** l'éponge, **c'est** la craie. **Qu'est-ce que c'est que ça?** C'est la craie.

6. **Est-ce** le crayon? (Le maître montre une plume.) Non, monsieur, etc.

7. **Est-ce** le livre? (Le maître montre un cahier.) Non, monsieur, etc.

8. **Est-ce** une porte? Non, monsieur, **ce n'est pas** une porte, **c'est** une fenêtre. **Qu'est-ce que c'est que ça?** C'est une fenêtre, etc.

Schriftliche Übung: Schreibet 5 Sätze nach folgendem Muster:
Qu'est-ce que c'est que ça? C'est la porte. C'est une porte. ▲

4. EXERCICE.

1. Qu'est-ce que c'est que ça? C'est la tête, c'est le front, c'est un œil, le nez, la bouche, la langue, une dent,

une oreille, le cou, une épaule, un bras, une main, un doigt, la poitrine, le dos, une jambe, un pied.

2. Qu'est-ce que c'est que ça? Ce sont les yeux, les dents, les oreilles, les épaules, les bras, les mains, les doigts, les jambes, les pieds.

3. Montre-moi: la tête, le front, un œil, les yeux, le nez, une dent, les dents, une oreille, les oreilles, une épaule, les épaules, etc.

a) Grammatik: l'oreille, l'œil.

b) Schriftliche Übung: Schreibet 5 Sätzchen nach folgendem Muster: C'est une main, ce sont les mains, unter Benutzung folgender Wörter: le bras, la jambe, le pied, l'oreille, l'œil.

5. EXERCICE.
I.

1. Voici mon nez, voilà ton nez, voilà son nez.
Voici mon œil, voilà ton œil, voilà son œil.
Voici mon bras, voilà ton bras, voilà son bras.

2. Voici ma tête, voilà ta tête, voilà sa tête.
Voici ma bouche, voilà ta bouche, voilà sa bouche
Voici ma main, voilà ta main, voilà sa main.

3a. Voici mes yeux, tes yeux, ses yeux.
Voici mes bras, tes bras, ses bras.
Voici mes doigts, tes doigts, ses doigts.

3b. Voici mes mains, tes mains, ses mains.
Voici mes jambes, tes jambes, ses jambes.

4. Voici mon oreille, ton oreille, son oreille.
Voici mes oreilles, tes oreilles, ses oreilles

J'ai deux mains (deux bras, deux pieds etc.)
Tu as deux mains.

Il
Elle } a deux mains.

Nous avons deux mains.
Vous avez deux mains.

Ils
Elles } ont deux mains.

a) Grammatik: 1. mon, ton, son, ma, ta, sa,
mes, tes, ses.

2. mon oreille (une oreille).

b) Schriftliche Übung: Schreibet 5 Beispiele wie: c'est mon bras, ce sont mes bras, unter Benutzung der Wörter:

mon pied, mes pieds,   (le mien, les miens)
ton pied, tes pieds,   (le tien, les tiens)
ton bras, tes bras,   5
son bras, ses bras,   (le sien, les siens)
ma main, mes mains,   (la mienne, les miennes)
mon oreille, mes oreilles. (la mienne, les miennes)

II.

1. Le maître forme trois groupes d'élèves placés sur trois 10
   bancs; il fait lui-même partie du premier groupe.
   Voici notre banc, voilà votre banc, voilà leur banc.

2. Il donne un porte-plume à chaque groupe.
   Voici notre porte-plume, voilà votre porte-plume,
   voilà leur porte-plume.   15

3. Il donne un livre à chaque groupe.
   Voici notre livre, voilà votre livre, voilà leur livre.
   Nous avons un livre; voici le nôtre.
   Vous avez un livre; voici le vôtre.
   Ils ont un livre; voici le leur.   20

4. Il donne un morceau de craie à chaque groupe.
   Voici notre craie, voilà votre craie, voilà leur craie.
   Nous avons un morceau de craie.
   Vous avez un morceau de craie.
   Ils ont un morceau de craie.   25

5. Il donne une plume à chaque groupe.
   Voici notre plume, voilà votre plume, voilà leur plume.
   Nous avons une plume etc. voici la nôtre, la vôtre,
   la leur.

6. Il donne deux porte-plumes à chaque groupe.   30
   Voici nos porte-plumes, voilà vos porte-plumes, voilà
   leurs porte-plumes.
   Nous avons deux porte-plumes etc. voici les nôtres,
   les vôtres, les leurs.

7. Il donne deux livres à chaque groupe.   35
   Voici nos livres, voilà vos livres, voilà leurs livres.

8. Il donne deux plumes à chaque groupe.
   Voici nos plumes, voilà vos plumes, voilà leurs plumes.

a) Grammatische Zusammenstellung:

mon, ma, mes; notre, notre, nos; le mien, la mienne; le, la nôtre
ton, ta, tes; votre, votre, vos; le tien, la tienne; le, la vôtre
son, sa, ses; leur, leur, leurs; le sien, la sienne; le, la leur.

b) Schriftliche Übung: Setzet in folgenden Beispielen den Plural statt des Singulars: notre banc, notre plume, notre livre, notre crayon, notre table; mon livre, ma plume; ton pied, ta main; son œil, son oreille, sa plume; leur livre, leur plume, leur crayon.

6. EXERCICE.

I.

a) Je compte mes doigts — Nous comptons nos doigts.
Tu comptes tes doigts — Vous comptez vos doigts.
Il / Elle compte ses doigts — Ils / Elles comptent leurs doigts.

b) Je compte les fenêtres: une, deux, trois, quatre etc.
Je compte les plumes: une, deux, trois, quatre, cinq, six, sept, huit, neuf, dix.

Je compte les élèves: un (une), deux, trois, quatre, cinq, six, sept, huit, neuf, dix, onze, douze, treize, quatorze, quinze, seize, dix-sept, dix-huit, dix-neuf, vingt, vingt et un (une), vingt-deux, vingt-trois, vingt-quatre, vingt-cinq etc.

c) Les noms des doigts sont: le pouce, l'index, le doigt du milieu (le majeur), l'annulaire, le petit doigt (l'auriculaire).

Schriftliche Übung: Schreibet die Zahlen von 1—10, von 10—20.

7. EXERCICE.

Le maître dit à un élève:
Compte les bancs.
Que comptes-tu? Je compte les bancs.
Que compte-t-il? Il compte les bancs.
Qui est-ce qui compte les bancs? C'est N. N. (qui compte les bancs).
Le maître dit à deux élèves:
Comptez les encriers.

Que comptez-vous? Nous comptons les encriers.
Que comptent-ils? Ils comptent les encriers.
Qui compte les encriers? Les élèves (suivent les noms)
comptent les encriers.
Montre la porte. 5
Que montres-tu? Je montre la porte.
Que montre-t-il? Il montre la porte.
Qui montre la porte? L'élève N. N. montre la porte.
Montre-t-il la fenêtre? ⎱ Non, il ne montre pas la
Est-ce qu'il montre la fenêtre? ⎰ fenêtre; il montre la porte. 10
Compte les bancs.

Comptes-tu les élèves? ⎱ Non, monsieur, je ne
Est-ce que tu comptes les élèves? ⎰ compte pas les élèves;
je compte les bancs.

Compte-t-il les élèves? ⎱ Non, il ne compte pas les 15
Est-ce qu'il compte les élèves? ⎰ élèves; il compte les bancs.
Montre les encriers. Voilà les encriers.
Que montres-tu? ⎱ Je montre les encriers.
Qu'est-ce que tu montres? ⎰
Que montre-t-il? ⎱ Il montre les encriers. 20
Qu'est-ce qu'il montre? ⎰
Qui montre les encriers? ⎱ L'élève N. N. montre
Qui est-ce qui montre les encriers? ⎰ les encriers.
Montrez les plumes.
Que montrez-vous? ⎱ Nous montrons les plumes. 25
Qu'est-ce que vous montrez? ⎰
Que montrent-ils? ⎱ Ils montrent les plumes.
Qu'est-ce qu'ils montrent? ⎰
Qui est-ce qui montre les plumes? ⎱ C'est X et Y (qui mon-
⎰ trent les plumes). 30
Montrez-vous les crayons? ⎱ Non, nous ne mon-
Est-ce que vous montrez les crayons? ⎰ trons pas les crayons;
nous montrons les
plumes.

a) Grammatik: qui, qui est-ce qui? 35
que, qu'est-ce que?
montres-tu?
est-ce que tu montres?
b) Schriftliche Übung: Diktate.

8. EXERCICE.

Le Printemps.

Le premier tableau.

Que représente le premier tableau?

Le premier tableau représente le printemps.

1. Qui est-ce? C'est le père. Qui est-ce? C'est le grand-père.
Qui est-ce? C'est la mère. Qui est-ce? C'est la grand'-mère.
Qui est-ce? C'est le fils. Qui est-ce? C'est la fille.
Qu'est-ce que c'est que ça? C'est un garçon. Qu'est-ce que c'est que ça? C'est une fille.
Voilà le père et la mère. Ce sont les parents.
Voilà le fils et la fille. Ce sont les enfants.
Voilà le grand-père et la grand'mère. Ce sont les grands parents (aïeuls).
Montre-moi les enfants; montre-moi un enfant.
Voilà un touriste; voilà une servante.

2. Qu'est-ce que c'est que ça? C'est un cheval.
Qu'est-ce que c'est que ça? C'est un chien.
Qu'est-ce que c'est que ça? C'est un agneau.
Le cheval est un quadrupède, le chien est un quadrupède, l'agneau est un quadrupède. Montre-moi les quadrupèdes.

3. Montre-moi le père.
Qui montres-tu?
Qui est-ce que tu montres?
Montre-moi la mère.
Qui montres-tu?
Qui est-ce que tu montres?
Montre-moi le fils.
Qui montres-tu?
Qui est-ce que tu montres?
Montre-moi la fille.
Qui montres-tu?
Qui est-ce que tu montres?
Montre-moi un cheval.
Que montres tu?
Qu'est-ce que tu montres?

Schriftliche Übung:

a) Schreibet 5 Sätze nach dem Muster: Qui est-ce? C'est le père.

b) Schreibet 5 Sätze nach dem Muster: Qu'est-ce que c'est que ça? C'est un cheval.

9. EXERCICE.

1. Qu'est-ce que c'est que ça?

C'est une cigogne, c'est une hirondelle, c'est une alouette, c'est un coq, c'est une poule, c'est un moineau, c'est un caneton, c'est une cane, c'est un canard, c'est un étourneau.

La cigogne est un oiseau, l'hirondelle est un oiseau, l'alouette est un oiseau etc.

Montre-moi les oiseaux.

2. Compte | les cigognes, les hirondelles, les canetons
Comptez } les canards, les poules, les moineaux,
Comptons | les oiseaux.

3. Combien de cigognes y a-t-il sur le tableau? Il y a deux cigognes sur le tableau. Combien d'hirondelles y a-t-il sur le tableau? Il y a quatre hirondelles sur le tableau. Combien de canetons y a-t-il sur le tableau? Il y a neuf canetons sur le tableau. Combien de chevaux y a-t-il sur le tableau? Il y a deux chevaux sur le tableau.

4. Combien de bancs y a-t-il dans notre classe?

Combien y a-t-il d'encriers par pupitre? Combien de fenêtres y a-t-il dans notre chambre?

5. Chaque élève·se lève et dit suivant la place qu'il (elle) occupe: Je suis le premier (la première etc.), je suis le deuxième, je suis le troisième, je suis le quatrième, je suis le cinquième, je suis le sixième, je suis le septième, je suis le huitième, je suis le neuvième, je suis le dixième, je suis le onzième, je suis le douzième, je suis le treizième, je suis le quatorzième, je suis le quinzième, je suis le seizième, je suis le dix-septième, je suis le dix-huitième, je suis le dix-neuvième, je suis le vingtième, je suis le vingt et unième, je suis le vingt-deuxième etc.

a) Grammatik: Die Grund- und Ordnungszahlen.

b) Schriftliche Übung: Der Lehrer bildet Fragen über die Zahl der Gegenstände auf dem Bilde, und die Schüler beantworten dieselben, z. B. Combien de cigognes y a-t-il sur le tableau? Il y a deux cigognes sur le tableau.

6. a) Un, deux, trois,
    J'irai dans le bois,
    Quatre, cinq, six,

    Cueillir des cerises;
    Sept, huit, neuf,

    Dans mon panier neuf.
    Dix, onze, douze,
    Elles seront toutes rouges.

b) Leseübung.

un — un champ — un homme — une maison — une hirondelle.
deux — deux chevaux — deux enfants — deux hirondelles.
trois — trois coqs — trois enfants — trois hirondelles.
quatre — quatre poules — quatre enfants — quatre hirondelles.

cinq — cinq canards — cinq étourneaux — cinq hirondelles.
six — six poules — six œufs.
sept — sept pommes — sept abricots.
huit — huit cigognes — huit hirondelles.
neuf — neuf canetons — neuf heures.
dix — dix doigts — dix ongles.

*c) Un franc vaut vingt sous ou cent centimes;
un sou vaut cinq centimes;
deux sous valent dix centimes.
Combien trois sous valent-ils de centimes?
Quatre sous valent vingt centimes.

cinq	»	»	vingt-cinq	»
six	»	»	trente	»
sept	»	»	trente-cinq	»
huit	»	»	quarante	»
neuf	»	»	quarante-cinq centimes.
dix	»	»	cinquante

Les mois.

d) 1. Il y a douze mois dans l'année.
Le premier s'appelle janvier.
le second   »   février.
le troisième   »   mars.
le quatrième   »   avril.

le cinquième s'appelle mai.
le sixième   »   juin.
le septième   »   juillet.
le huitième   »   août.
le neuvième   »   septembre.
le dixième   »   octobre.
le onzième   »   novembre.
le douzième   »   décembre.

2. Trente jours ont novembre,
Avril, juin, septembre;
De vingt-huit il en est un,
Les autres en ont trente et un.

3 a. Quel quantième du mois (quelle date) avons-nous?
Nous avons le neuf mai.

3 b. Le combien sommes-nous aujourd'hui?
Nous sommes le neuf mai, ce sera le dix demain,
après-demain, le onze, et ainsi de suite.
Hier c'était le huit, avant-hier le sept.

4.   Les jours de la semaine.
Il y a sept jours dans la semaine.

Le premier jour est le dimanche.
le deuxième » » » lundi.
le troisième » » » mardi.
le quatrième » » » mercredi.
le cinquième » » » jeudi.
le sixième » » » vendredi.
le septième » » » samedi.

Les quatre règles.

e) 1. Addition. $1 + 1 = 2$
Un et un font deux
$$2 + 2 = 4$$
Deux et deux font quatre.
$$4 + 2 = 6$$
$$6 + 2 = 8 \text{ etc.}$$
$$3 + 3 = 6 \text{ etc.}$$
$$4 + 4 = 8 \text{ etc.}$$
etc.

$$4 + 6 = 10 \qquad 22 + 15 = 37$$
$$5 + 7 = 12 \qquad 23 + 16 = 39$$
$$6 + 8 = 14 \qquad 24 + 19 = 43$$
$$7 + 9 = 16 \qquad 25 + 20 = 45$$
$$8 + 10 = 18 \qquad 26 + 21 = 47$$
$$9 + 11 = 20 \qquad 27 + 22 = 49$$
$$10 + 12 = 22 \qquad 28 + 23 = 51$$
$$11 + 13 = 24 \qquad 29 + 24 = 53$$
$$12 + 14 = 26 \qquad 30 + 25 = 55$$
$$13 + 15 = 28 \qquad 31 + 26 = 57$$
$$14 + 16 = 30 \qquad 32 + 27 = 59.$$

2. Soustraction. $5 - 4 = 1$

Cinq moins quatre reste (fait) un

$$5 - 5 = 0$$

Cinq moins cinq reste (fait) zéro

$$5 - 2 = 3$$

Cinq moins deux reste trois.

$$4 - 2 = 2 \qquad 48 - 8 = 40$$
$$5 - 3 = 2 \qquad 48 - 4 = 44$$
$$6 - 4 = 2 \qquad 44 - 11 = 33$$
$$8 - 5 = 3 \qquad 44 - 12 = 32$$
$$9 - 6 = 3 \qquad 32 - 7 = 25$$
$$10 - 7 = 3 \qquad 25 - 7 = 18$$
$$11 - 8 = 3 \qquad 18 - 7 = 11$$
$$11 - 7 = 4 \qquad 11 - 9 = 2$$
$$11 - 10 = 1 \qquad 56 - 9 = 47$$
$$11 - 11 = 0 \qquad 63 - 20 = 43.$$

3. Multiplication: Le petit livret.

$$1 \times 1 = 1$$

Une fois un fait un

$$1 \times 2 = 2$$

Une fois deux fait deux

$$2 \times 2 = 4$$

Deux fois deux font quatre.

$3 \times 2 = 6$	$1 \times 4 = 4$	$1 \times 6 = 6$	$1 \times 9 = 9$
$4 \times 2 = 8$	$2 \times 4 = 8$	etc.	etc.
etc.	etc.	$1 \times 7 = 7$	$1 \times 10 = 10$
$1 \times 3 = 3$	$1 \times 5 = 5$	etc.	etc.
$2 \times 3 = 6$	$2 \times 5 = 10$	$1 \times 8 = 8$	
etc.	etc.	etc.	

4. Division.

$$2 : 2 = 1$$

Deux divisé par deux donne (fait) un

$$4 : 2 = 2$$

Quatre divisé par deux donne deux.

$6 : 2 = 3$	$6 : 6 = 1$
$8 : 2 = 4$	$12 : 6 = 2$
etc.	etc.
$3 : 3 = 1$	$7 : 7 = 1$
$6 : 3 = 2$	$14 : 7 = 2$
etc.	etc.
$4 : 4 = 1$	$8 : 8 = 1$
$8 : 4 = 2$	$16 : 8 = 2$
etc.	etc.
$5 : 5 = 1$	$9 : 9 = 1$
$10 : 5 = 2$	$18 : 9 = 2$
etc.	etc.
	$10 : 10 = 1$
	$20 : 10 = 2$
	etc.

Schriftliche Übung: Schreibet mit Buchstaben

$$5 + 6 = 11$$
$$18 + 9 = 27$$
$$40 - 7 = 33$$
$$64 - 6 = 58$$
$$7 \times 6 = 42$$
$$9 \times 7 = 63$$
$$24 : 12 = 2$$
$$64 : 8 = 8.$$

etc.

10. EXERCICE.

1. Qu'est-ce que c'est que ça? C'est un cerisier, c'est un pommier, c'est un poirier, c'est un noyer, c'est un buisson, c'est un saule, c'est un sapin, c'est une forêt.

Le cerisier porte des cerises, voici des cerises.

Le pommier porte des pommes, voici une pomme.

Le poirier porte des poires, voici une poire.

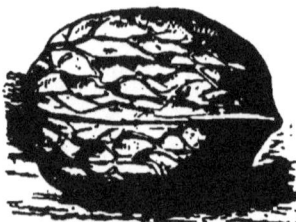

Le noyer porte des noix, voici une noix.

Le cerisier, le pommier, le poirier, le noyer, le sapin, le
5 saule sont des arbres. Les arbres qui portent des fruits sont
des arbres fruitiers; les arbres de la forêt sont des arbres
forestiers.

2. Qu'est-ce que c'est que ça? C'est une montagne, c'est
une colline, c'est un champ, c'est un pré (une prairie), c'est
10 un chemin, c'est un jardin, c'est un ruisseau.

a) Grammatik: un pommier — des pommiers.

b) Schriftliche Übung: Schreibet 10 Beispiele nach dem
Muster: C'est un pommier;
                            Ce sont des pommiers.

3. C'est une maison. Montre-moi: la porte, la fenêtre. 5
C'est le toit, c'est la cheminée, c'est la fumée.
C'est une église, c'est le clocher, c'est une horloge.

Voilà une pendule, voici une montre.
C'est un moulin, c'est la grande roue du moulin, c'est
une passerelle, c'est un rucher, c'est une ruche.   10
Comparez: le clocher, la cloche;
          le rucher, la ruche;
          le cerisier, la cerise;
          le pommier, la pomme;
          le poirier, la poire;   15
          le noyer, la noix;
          l'encrier, l'encre.
Le maitre répète tous les mots du premier tableau en
disant aux élèves:
Montrez-moi la maison, la passerelle, trois poules etc. 20
Que montres-tu? Qu'est-ce que tu montres? Qui montre la
maison? Qui est-ce qui montre la maison?

a) Grammatik: Gesamtwiederholung; Zusammenstellung der Wörter nach Laut und Schrift, z. B.

eau, saule;

poule, moulin etc.

b) Schriftliche Übung: Diktat: Wörter des 1. Bildes zur Gesamtwiederholung.

11. EXERCICE.

I.

1. Où est la servante? La servante (elle) est **dans** la cuisine. Qui est dans la cuisine? Qui est-ce qui est dans la cuisine?
2. Où est le père? Le père (il) est **dans** le champ. Qui est dans le champ? Qui est-ce qui est **dans** le champ?
3. Où sont les canards? Les canards (ils) sont **dans** l'eau.
4. Où est cette cigogne? (Le maître montre la cigogne qui est dans le nid.) Cette cigogne (elle) est **dans** le nid.

Schriftliche Übung: Beantwortet die Fragen: Où est le père? etc.

II.

1. A Paris, il y a une rue; dans cette rue, il y a une maison; dans cette maison, il y a une chambre; dans cette chambre, il y a une table; sur cette table, il y a un tapis; sur ce tapis, il y a une cage; dans cette cage, il y a un nid; dans ce nid, il y a un œuf; dans cet œuf, il y a un oiseau.
2. Qu'y a-t-il à Paris? Qu'y a-t-il dans cette rue? etc.

a) Grammatik:

le cheval   la chambre   l'œuf   ce nid, ces nids, ces œufs
ce cheval   cette chambre   cet œuf   cette chambre, ces chambres.

b) Schriftliche Übung: 1. Die kl. Geschichte ist aus dem Gedächtnis niederzuschreiben. 2. Schreibet Substantive mit ce, cet, cette, ces.

III.

Je suis dans la chambre   Nous **sommes** dans la chambre
Tu **es** dans la chambre   Vous **êtes** dans la chambre
Il
Elle } **est** dans la chambre   Ils (elles) **sont** dans la chambre.

Schriftliche Übung: Je suis
tu es, etc.

12. EXERCICE.

I.

1. Où est la cheminée? La cheminée (elle) est sur le toit.
Qu'est-ce qui est sur le toit? La cheminée est sur le toit.
2. Où est le nid de cigognes? Le nid de cigognes est sur 5
la maison.
3. Où est la croix? La croix (elle) est sur le clocher.
Qu'est-ce qu'il y a dans le clocher? | Il y a des cloches
Qu'y a-t-il dans le clocher? } dans le clocher.
Qu'y a-t-il sur le clocher? Sur le clocher il y a une croix. 10
4. Où est l'étourneau (le sansonnet)? '-^..
5. Où est la neige?
6. Où est le château?
7. Où est cette jeune fille?

II. 15

Montre-moi le père qui est dans le champ.
Qui montres-tu? Je montre le père qui est dans le champ.
Montre-moi le grand-père qui est dans le jardin.
Montre-moi la cigogne qui est dans le nid.
Montre-moi les canards qui sont dans l'eau. 20

Schriftliche Übung: Beantwortung der Fragen: Où est la
cheminée? etc.

13. EXERCICE.

I.

1. Où sont les hirondelles? Les hirondelles (elles) sont sous 25
le toit.
2. Où est le grand-père? Il est sous le cerisier.
3. Où sont les canards? Ils sont sous la passerelle.
Montre-moi les hirondelles qui sont sous le toit, etc.

II. 30

1. Où sont les poules? Les poules sont derrière la petite fille.
Où est la petite fille? La petite fille est devant les poules.
2. Où est le jardin? Le jardin est devant la maison.
Où est la maison? La maison est derrière le jardin.

2*

3. Où est la colline? La colline est devant la montagne.
Où est la montagne? La montagne est derrière la colline.
4. Où est le champ? Le champ est devant la forêt.
Où est la forêt? La forêt est derrière le champ.

III.

Montre-moi les hirondelles qui sont sous le toit.
Que montres-tu?
Qu'est-ce que tu montres? etc.

———

a) Grammatik: Zusammenstellung der angewendeten Präpositionen.
b) Schriftliche Übung: Beantwortung von Fragen mit où

14. EXERCICE.

I.

a) 1. Où est le petit garçon? Le petit garçon est **près de la** maison.
Qui est-ce qui est près de la maison? C'est le petit garçon.
2. Où est l'agneau? L'agneau est près de la grand'mère.
3. Où est le grand-père? Le grand-père est près de la mère.
4. Où est le coq? Le coq est près de la petite fille.
5. Où sont les canetons? Les canetons sont près de la petite fille.
6. Où sont les poules? Les poules sont près de la petite fille.
7. Où est la colline? La colline est près de la montagne.
8. Où est le champ? Le champ est près de la forêt.
9. Où est le jardin? Le jardin est près de la maison.

———

Schriftliche Übung: Beantwortung einzelner Fragen.
b) Le maître place un élève près de la fenêtre et lui demande:
Où es-tu? Je suis près de la fenêtre.
Il place plusieurs élèves près de la fenêtre et leur demande:
Où êtes-vous? Nous sommes près de la fenêtre.
Il les place également près de la porte, de la carte, de la chaise, etc.

II.

1. Où est le grand-père? Le grand-père est **près du** cerisier.
2. Où sont les poules? Les poules sont près du coq.

3. Où sont les enfants? Les enfants sont près du jardin.
4. Où est le moulin? Le moulin est pres du ruisseau.
5. Où est la forêt? La forêt est près du champ.
6. Où est le touriste? Il est près du village.

a) Grammatik: près de la, près de l', près du.   5
b) Schriftliche Übung: Beantwortung einzelner Fragen.

III.

1. Où sont les moineaux? Les moineaux sont près des poules.
2. Où sont les hirondelles? Les hirondelles sont près des
cigognes.   10
3. Où est le chien? Le chien est près des enfants.
4. Où est le père? Il est près des chevaux.
5. Où est la cane? Elle est près des canetons.
6. Où est le coq? Il est près des poules.
7. Où sont les poules? Elles sont près des moineaux.   15

a) Grammatik:'près des.
b) Schriftliche Übung: Beantwortung einzelner Fragen.

IV.

Le maître demande aux élèves où sont les différents
objets du premier tableau pour répéter les prépositions.   20

Schriftliche Übung: Die Schüler geben an, wo sich die einzelnen Gegenstände des 1. Bildes befinden.

15. EXERCICE.

I.

1. Que porte le pommier?   25
Le pommier porte des pommes.
Quels sont les fruits du pommier?
Les pommes sont les fruits du pommier.
La pomme est le fruit du pommier.
2. La poire est le fruit du poirier.   30
Man bilde dieselben Sätze wie unter 1, ebenso unter 3, 4,
5, 6, 7, 8, 9, 10, 11 und 12.
3. La cerise est le fruit du cerisier.
4. La fraise est le fruit du fraisier.
5. La framboise est le fruit du framboisier.   35

6. La noix est le fruit du noyer.
7. La noisette est le fruit du noisetier.
8. La pêche est le fruit du pêcher.
9. La prune est le fruit du prunier.
10. L'orange est le fruit de l'oranger.
11. La datte est le fruit du dattier.
12. L'abricot (le) est le fruit de l'abricotier.

II. ÉNIGMES.

1. Mon premier est un métal précieux,
   Mon second est un habitant des cieux,
   Mon tout est un fruit délicieux. (รายผงง,า)
2. Vert comme pré,   ·
   Blanc comme neige,
   Amer comme fiel, ﺍ ﺳﻤﺎﺀ · ﺴ
   Doux comme miel. (·ทุนน ชา)

---

a) Grammatik: **le** pommier, **du** pommier; **des** poules. **des** canetons.

b) Schriftliche Übung: Schreibet Satz 6 und 10 mit den nach 1 zu bildenden Sätzen. ·

16. EXERCICE.

1. Le plafond est **blanc**. De quelle couleur est le plafond?
   La craie est **blanche**.
2. De quelle couleur est ce cheval?
   Ce cheval est blanc.
   La neige est blanche.
   Les fleurs du cerisier sont **blanches**.
   Les cheveux du grand-père sont **blancs**.
   Le papier de mon livre est blanc.
   L'œuf (le maître dessine un œuf au tableau) est blanc.
   Le lait est blanc.
   L'encre est noire.
   L'étourneau est noir.
   Les hirondelles sont noires et blanches.
3. Le feu est rouge.
   Les fleurs qui sont sur la fenêtre sont rouges.
   Le bec de la cigogne est rouge.

Les pattes de la cigogne sont rouges.
La crête du coq est rouge.
4. Le sapin est vert.
La forêt est verte.
Les feuilles du cerisier sont vertes.
Le pré est vert.
La prairie est verte.
L'herbe de la prairie est verte.
Les canetons sont jaunes.

5. L'éléphant est grand, la souris est petite; la petite souris. 10
La cigogne est grande, l'hirondelle est petite; la petite
hirondelle.
Le coq est grand, le moineau est petit.
6. La montagne est haute, la vallée est basse.
Le clocher est haut, le rucher est bas. 15

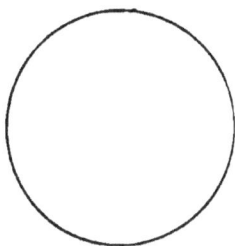

Un cercle.   Un carré.

7. Le tronc du cerisier est rond, la vitre est carrée.
L'encrier est rond, le tableau est carré, la porte est carrée.
Le bec de la cigogne est long, le bec du moineau est court.
Les pattes de la cigogne sont longues, les pattes du
canard sont courtes. 20

Le bec de la cigogne est pointu, le clocher est pointu.

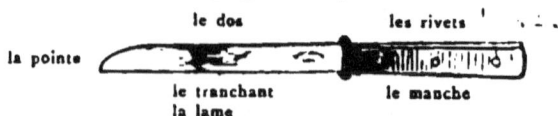

La lame du couteau est pointue.

8. La porte est ouverte, la porte est fermée.
La fenêtre est ouverte, la fenêtre est fermée.

5   9. Le coq est beau; le coq est un bel oiseau; la rose est belle.
(Ce cheval, cet homme, cette femme).

a) Grammatik: Die Übereinstimmung des Adjektivs mit dem Substantiv oder Pronomen, die Formen des Adjektivs.

b) Schriftliche Übung: Beantwortung von Fragen; die Schüler
10 geben Eigenschaften der Gegenstände des 1. Bildes an.

17. EXERCICE.

1. Que fait le père? Il herse.   Je herse   nous hersons
                                 tu herses   vous hersez

15   il } herse   ils } hersent.
                              elle   elles

2. Que fait la mère? Elle bêche.   Je bêche   nous bêchons
                                 tu bêches   vous bêchez
                              il } bêche   ils } bêchent.
                              elle   elles

20   3. Que fait ce garçon? Il mange. Je mange   nous mangeons
                                 tu manges   vous mangez
                              il } mange   ils } mangent.
                              elle   elles

Que mange-t-il? Il mange une beurrée.

25   Où est le garçon? Il est au jardin; il regarde les hiron-
        delles. Je regarde etc.

4. Que font les hirondelles? Elles font leur nid sous le toit
      de la maison.   Je fais*)   nous faisons
                                 tu fais   vous faites

30   il } fait   ils } font.
                              elle   elles

*) Jedes neu auftretende Verbum wird konjugiert.

Le garçon qui est au jardin mange une beurrée et regarde
les hirondelles qui font leur nid sous le toit de la maison.

5. Que fait ce canard? Ce canard nage. Je nage etc. (manger).
6. Que fait ce canard? Ce canard plonge. Je plonge (nager,
manger).
Pourquoi plonge-t-il? Il plonge pour chercher de la
nourriture.
7. Que font ces enfants? Ils dansent; ils jouent. Je danse,
je joue etc.
8. Que fait le grand-père? Il tue les chenilles.
Pourquoi tue-t-il les chenilles? Il tue les chenilles parce
que les chenilles mangent les fleurs du cerisier.
Le grand-père échenille le cerisier.
9. Que fait cette petite fille? Elle donne de la nourriture
aux canetons.
Qui donne de la nourriture aux canetons?
Que donne-t-elle aux canetons?
A qui donne-t-elle de la nourriture?
10. Que fait la servante? Elle prépare le dîner.
Qui prépare le dîner?
Que prépare-t-elle?
Où prépare-t-elle le dîner?
11. Que fait la grand'mère? Elle tient son petit-fils.

Je tiens	nous tenons
tu tiens	vous tenez
il ⎱ tient	ils ⎱ tiennent.
elle ⎰	elles ⎰

12. Que fait le petit-fils? Il caresse l'agneau.

---

a) Grammatik: Das Wichtigste vom Verbum: Infinitiv, Präsens;
Stamm und Endung.

b) Schriftliche Übungen:

1. Diktate über das Verbum.
2. Beantwortung einzelner Fragen nach der Thätigkeit der leben-
den Wesen des 1. Bildes und Angabe des Infinitivs, des Stammes
und der Endung, z. B.:
Que fait le père?
Le père herse, il herse.

Infinitif: herser
Radical: hers
Terminaison: er.

Je hers-e   nous hers-ons
tu hers-es   vous hers-ez
il hers-e   ils   hers-ent.

*18. EXERCICE.

I.

1. Je vois par les yeux.

Je vois   nous voyons (le roi, le royaume, royal)
tu vois   vous voyez (la noix, le noyer; sois, soyons, soyez)

il
elle } voit   ils
elles } voient.

2. J'entends par les oreilles.

J'entends   nous entendons
tu entends   vous entendez

il
elle } entend   ils
elles } entendent.

3. Je sens par le nez.

Je sens   nous sentons
tu sens   vous sentez

il
elle } sent   ils
elles } sentent.

4. a) Je goûte avec le palais (je goûte etc.).
   b) Je parle avec ma langue (je parle etc.).
   c) Je mords avec mes dents (je mords etc.).
5. a) Je touche principalement avec la main.
   b) Je travaille avec mes mains.
6. Je marche avec mes pieds.
7. La vue, l'ouïe, l'odorat, le goût et le toucher s'appellent les cinq sens.

1. Je vois le soleil, la lune, les fleurs, les couleurs.
2. J'entends le coucou, le rossignol, le vent, le tonnerre.
3. Je sens la rose, la violette, la primevère.
4. a) Je goûte le pain, la soupe, la viande, le vin, la bière, le café, le thé, le lait, le chocolat.

b) Je parle allemand, français, anglais, russe, italien,
espagnol, portugais, grec, turc.

5. J'écris, je prends, je mets, je coupe, je scie, je touche,
je tâte, je frappe, je fauche, je creuse, je nage, je tire,
je pousse, je lève, je baisse, je ramasse.   5

a) Le maître citera la plupart de ces expressions en joignant le
geste à la parole, p. ex. en prononçant: «J'écris», il écrira au tableau.

b) Schriftliche Übung: Diktate.

II. LA PETITE MOUCHE.

La servante*) apporte la lampe.   10
Une petite mouche tourne autour.
La flamme attire la mouche.
La mouche est morte.
Pauvre petite mouche!

1. Qui apporte la lampe?   15
2. Qui tourne autour?
3. Qu'est-ce qui attire la mouche?
4. Qui est mort?

Schriftliche Übung: Niederschrift aus dem Gedächtnis.

*) Statt des Wortes *servante*, das nur noch auf dem Lande üblich
ist, gebraucht man jetzt *la lonne*.

*IIIa) LES CRIS DES ANIMAUX.

1. Le chien aboie.
2. Le chat miaule.
3. Le cheval hennit.
4. La vache beugle.
5. L'âne brait.
6. Le mouton bêle.
7. Le porc (cochon) grogne.
8. Le coq chante.
9. La poule glousse.
10. Les poulets piaulent.
11. Le dindon glougloute.
12. La dinde glousse.
13. Le canard cancane.
14. Le pigeon roucoule.
15. Le corbeau croasse.
16. La grenouille coasse.
17. L'abeille bourdonne.
18. Le loup hurle.
19. Le lion rugit.
20. Le serpent siffle.

*b) LES ANIMAUX: MÂLES, FEMELLES ET PETITS.

La chienne est la femelle du chien; la jument, celle du cheval; la lionne, celle du lion; la poule, celle du coq; la cane,

celle du canard; la dinde, celle du dindon; la vache, celle

du taureau; l'ânesse, celle de l'âne; la truie, celle du porc;
la brebis, celle du bélier; la laie, celle du sanglier; la chèvre,
celle du bouc; la chatte, celle du chat; la biche, celle du cerf;
l'ourse, celle de l'ours; la louve, celle du loup.

La chienne aime ses petits; la jument, son poulain; la
lionne, son lionceau; la poule, ses poussins; la cane, ses
canetons; l'oie, ses oisons; la vache, son veau; la biche, son
faon; la tourterelle, son tourtereau; la brebis, son agneau.

Schriftliche Übung: Schreibet aus dem Gedächtnis über: les
cris des animaux; stellet zusammen le chien, la chienne u. s. w. 10

*c) LE PETIT POULET.

Cott, cott, cott, — qu'y a-t-il de neuf?
    La poule fait l'œuf.

Cott, cott, cott, — tant qu'il le faudra,
    La poule pondra.
Cott, cott, cott, — qu'est-il arrivé?
    La poule a couvé.
Toc, toc, toc, — qu'y a-t-il de neuf?
    Le poulet dans l'œuf.
Toc, toc, toc, — un petit coup sec:
    Il frappe du bec.
Toc, toc, toc, — un œuf s'ouvre au choc...
    Bonjour, petit coq!

19. EXERCICE.

I. LA CIGOGNE.

1. La cigogne est un grand oiseau. 2. Son plumage est blanc et noir. 3. Le bec de la cigogne est rouge, long et pointu. (La cigogne a le bec rouge, long et pointu.) 5 4. Les pattes de la cigogne sont rouges et longues. (La cigogne a les pattes rouges et longues.) 5. Elle fait son nid sur le haut des maisons. 6. Elle cherche sa nourriture dans les prés, dans les ruisseaux et dans les marais. 7. Elle mange des grenouilles, des lézards et des souris. 8. Elle 10 passe l'hiver en Afrique. 9. Elle revient chez nous au printemps.

Un lézard.

Une grenouille.

II.

1. La cigogne est-elle un grand ou un petit oiseau? Est-ce que la cigogne est grande ou petite?
2. De quelle couleur est son plumage?
3. De quelle couleur est son bec? Quelle est la forme de son bec? Est-ce que son bec est long ou court?
4. De quelle couleur sont ses pattes? Est-ce que ses pattes sont longues ou courtes?
5. Où fait-elle son nid?
6. Où cherche-t-elle sa nourriture?
7. Que mange-t-elle?
8. Où passe-t-elle l'hiver?
9. Quand revient-elle chez nous?

III.

1. Les cinq parties du monde sont: l'Europe, l'Asie, l'Afrique, l'Amérique et l'Australie (l'Océanie).
2. Les quatre saisons sont: le printemps, l'été, l'automne, l'hiver.
3. Je viens, je reviens; je tiens.

---

a) Grammatik: Wiederholung: Artikel, Substantiv, Adjektiv und Verbum.

b) Schriftliche Übung: Aufsätzchen über den Storch durch Beantwortung einzelner der oben stehenden Fragen.

20. EXERCICE.

I.

a) La maison et le jardin.

1. A droite il y a une petite maison. 2. La maison a plusieurs fenêtres et une porte. 3. La porte est ouverte. 4. On voit la cuisine. 5. La servante est dans la cuisine. 6. Elle a allumé du feu pour préparer le dîner. Elle tient le manche du pot avec son tablier parce qu'il est chaud. 7. La fumée sort de la cheminée. 8. Sur le toit il y a un nid de cigognes qui est fait de petites branches. 9. Les cigognes sont revenues d'Afrique. 10. Elles ont passé l'hiver en Afrique. 11. Sous le toit il y a quatre hirondelles. 12. Elles sont aussi revenues d'Afrique. 13. Elles font leur nid sous le toit de la maison; elles le font de terre humide. 14. La grand'mère est assise à la porte, elle tient son petit-fils qui caresse l'agneau. 15. Sur la fenêtre il y a un pot de fleurs. 16. Les fleurs sont rouges.

17. Près de la maison il y a un petit jardin. 18. Dans le jardin il y a un cerisier. 19. Ce cerisier est en fleur. 20. Les fleurs du cerisier sont blanches. 21. Le grand-père et la mère travaillent au jardin. 22. Le grand-père échenille le cerisier, et la mère bêche. 23. Sur le cerisier il y a un étourneau. 24. L'étourneau est noir. 25. Près de la maison il y a un petit garçon qui mange une tartine (de beurre) [beurrée] et regarde les hirondelles qui font leur nid sous le toit de la maison. 26. A côté de la maison il y a un rucher de quatre ruches. 27. Les abeilles volent autour du cerisier. 28. Elles cherchent du miel dans les fleurs. 29. Un groupe d'enfants jouent près du jardin. 30. Le chien aboie. 31. Une petite fille donne de la nourriture aux canetons et aux poules. 32. Trois moineaux sont venus pour avoir leur part.

Proverbes: 1. Une hirondelle ne fait pas le printemps.
2. Petit à petit l'oiseau fait son nid.

b)
1. Combien la maison a-t-elle de fenêtres?
2. Est-ce que la porte est ouverte ou fermée? La porte est-elle ouverte ou fermée?
3. Que voit-on par la porte? Qu'est-ce qu'on voit par la porte?

4. Qui est dans la cuisine?
Qui est-ce qui est dans la cuisine?
5. Pourquoi a-t-elle allumé du feu?
6. Qu'est-ce qui sort de la cheminée?
7. Qu'y a-t-il sur le toit? De quoi le nid est-il fait?
8. D'où les cigognes sont-elles revenues?
D'où est-ce que les cigognes sont revenues?
9. Où ont-elles passé l'hiver?
Où est-ce qu'elles ont passé l'hiver?
'10. Quelles sont les cinq parties du monde?
11. Quelles sont les quatre saisons?
12. Combien y a-t-il d'hirondelles sous le toit?
13. D'où sont-elles revenues?
14. Où font-elles leur nid? De quoi le font-elles?
15. Qui est assis à la porte?
Qui tient-elle?
Que fait le petit-fils?
16. Qu'y a-t-il sur la fenêtre?
De quelle couleur sont les fleurs?
17. Qu'y a-t-il près de la maison?
18. Qu'y a-t-il au jardin?
19. De quelle couleur sont les fleurs du cerisier?
20. Qui travaille au jardin?
21. Que fait le grand-père?
Qu'est-ce que le grand-père fait?
22. Quel oiseau y a-t-il sur le cerisier?
23. De quelle couleur est-il?
24. Que mange le garçon qui est au jardin?
25. Que regarde-t-il?
26. Que font les hirondelles?
Où font-elles leur nid?
Où est-ce qu'elles font leur nid?
27. Combien de ruches y a-t-il au rucher?
28. Que cherchent les abeilles?
29. Qui joue près du jardin?
30. Que fait le chien?
31. Qui donne de la nourriture aux canetons?
Que donne-t-elle aux canetons?
A qui donne-t-elle de la nourriture?

32. Pourquoi les moineaux sont-ils venus?
Combien de moineaux sont venus?

II.

a) Le moulin, le champ et la forêt.

1. Le moulin est près du ruisseau. 2. Voyez-vous le s
ruisseau? Voyez-vous le moulin? Nous voyons le ruisseau et
le moulin. 3. La roue du moulin est grande. 4. L'eau fait
tourner la grande roue du moulin. 5. Le meunier moud le
blé. 6. L'âne du meunier porte les sacs de blé et les sacs
de farine sur son dos. 7. Près du ruisseau il y a un saule; 10
les saules sont ordinairement près de l'eau. Le saule est en
fleur; les fleurs du saule s'appellent chatons. On voit la
racine du saule. 8. Sur la passerelle il y a une jeune fille.
9. Elle a été au moulin pour commander de la farine pour
sa mère qui veut faire un gâteau de Pâques. (J'ai été, tu as 15
été, il (elle) a été, nous avons été, vous avez été, ils (elles)
ont été.) 10. La femme du meunier (la meunière) lui a donné
un bouquet de violettes et de primevères; elle a cueilli les
fleurs dans le jardin qui se trouve derrière le moulin. 11. Elle
tient le bouquet de la main gauche; au bras droit est sus- 20
pendu son chapeau de paille à ruban bleu. 12. Dans le
ruisseau il y a plusieurs canards. 13. Un canard plonge pour
chercher de la nourriture. 14. Les canetons nagent vers la
rive pour courir vers la petite fille qui leur donne de la
nourriture. 15. Près du moulin il y a un champ. 16. Le père 25
herse le champ avec une herse. 17. Deux chevaux traînent
(tirent) la herse. 18. Près du champ il y a une forêt. 19. Cette
forêt se compose de sapins; les sapins sont verts; la forêt
est verte. 20. Sur cette colline il y a un château moderne.
21. Sur l'autre il y a les ruines d'un château (un château en 30
ruine). 22. Le touriste vient de la montagne; il marche vers
le village.

b) 1. Où est le moulin?
2. Est-ce que la roue du moulin est grande ou petite?
3. Qu'est-ce qui fait tourner la grande roue du moulin? 35
4. Qui moud le blé?
5. Qui porte les sacs de farine et de blé?
6. Qui est sur la passerelle?

7. Où a-t-elle été?
8. Pourquoi a-t-elle été au moulin?
9. Que lui a donné la meunière?
10 De quelle main tient-elle le bouquet?
11. Où est suspendu son chapeau de paille?
12. Qu'y a-t-il dans le ruisseau?
13. Que fait l'un des canards?
14. Pourquoi plonge-t-il?
15. Où les canetons nagent-ils?
16. Où courent-ils?
17. Que fait la petite fille?
18. Qu'y a-t-il près du moulin?
19. Qui herse le champ?
20. Qu'y a-t-il près du champ?
21. De quels arbres se compose-t-elle?
22. Qu'y a-t-il sur la colline?
23. Qui vient de la montagne?
24. Où marche-t-il?

a) Schriftliche Übungen:
1. Diktate.
2. Beantwortung einzelner Fragen.
3. Aufsätzchen über: la maison, le jardin, le moulin, le champ, la forêt.
b) Grammatik: Das Wichtigste über die Frageform.
Schriftliche Übung: Nach folgenden Mustern sind die unten stehenden Behauptungssätze in Fragesätze zu verwandeln.
1. a) Le père herse.
   b) Est-ce que le père herse?
   c) Le père herse-t-il?
2. a) Le père ne herse pas.
   b) Est-ce que le père ne herse pas?
   c) Le père ne herse-t-il pas?
3. a) La porte est ouverte.
   b) Est-ce que la porte est ouverte.
   c) La porte est-elle ouverte?
4. a) La porte n'est pas ouverte.
   b) Est-ce que la porte n'est pas ouverte?
   c) La porte n'est-elle pas ouverte?

1. Le grand-père travaille. 2. La mère bêche. 3. Le garçon mange. 4. Les hirondelles volent. 5. Les hirondelles font leur nid. 6. La servante prépare le dîner. 7. Les canards nagent. 8. Le canard plonge. 9. Les enfants dansent. 10. La petite fille donne de la nourriture aux canetons. 11. Le cerisier est en fleur. 12. Sur le cerisier il y a un étourneau.

21. EXERCICE.

I.

1. Où sommes-nous? Nous sommes dans une salle d'école; nous sommes à l'école. 2. Où es-tu? Je suis à l'école. 3. Je suis assis sur un banc; tu es assis sur un banc; nous sommes assis sur des bancs. 4. Mon camarade est assis sur un banc; mes camarades sont assis sur des bancs. 5. Le banc est en bois. 6. La table est en bois. 7. Le poêle est en fonte. 8. Le tableau est en bois. 9. La chambre a plusieurs fenêtres, les fenêtres ont plusieurs vitres.

10. Les vitres des fenêtres sont en verre. 11. La serrure de la porte est en fer. 12. La clef est en fer. 13. Qui fait la serrure et la clef? C'est le serrurier. 14. Qui pose

les vitres des fenêtres? C'est le vitrier. 15. Qui fait le tableau? C'est le menuisier.

16. Qui bâtit (je bâtis etc.) les maisons? C'est le maçon et le charpentier. Le maçon bâtit les murs, le charpentier fait la charpente. Le maçon se sert du marteau, de la truelle, du pinceau, de la pelle et du fil à plomb. Avec de la chaux, du sable et de l'eau il fait du mortier pour lier les briques et les pierres. Les outils principaux du charpentier sont: la hache et l'équerre. Il emploie aussi le fil à plomb comme le maçon. Montrez les différents outils sur ce tableau. L'architecte dessine le plan du bâtiment.

17. Dans les pupitres il y a des encriers; dans les encriers il y a de l'encre.

18. Au-dessous du tableau il y a une boîte pour la craie et l'éponge.

19. Que faisons-nous avec la craie? Nous écrivons (j'écris etc.) au tableau.

20. Que faisons-nous avec l'éponge? Nous essuyons le tableau (nous effaçons les mots). 21. Que faisons-nous avec l'encre? Nous écrivons dans nos cahiers.

22. Où sont les plumes? Les plumes sont dans le plumier. (La plume, le plumier; la cloche, le clocher; la ruche, le rucher; l'encre, l'encrier etc.)

23. L'examen a lieu à Pâques. 24. Les vacances sont à Pâques, à la Pentecôte, à la Saint-Jean, à la Saint-Michel et à Noël.

25. Pâques est au printemps, la Saint-Jean est en été, la Saint-Michel est en automne, et Noël est en hiver. 26. En hiver il fait froid, en été il fait chaud. 27. Voilà un thermomètre, il marque quatorze degrés. 28. Voilà une carte géographique, c'est une carte de l'Europe; nous avons aussi une carte de l'Asie, de l'Afrique, de l'Amérique et de l'Australie.

II. LES ARTISANS.

1. Le serrurier fait les serrures, les clefs, les verrous.
2. Le charpentier fait la charpente.
3. Le maçon bâtit les murs.
4. Le vitrier pose les vitres des fenêtres.

5. Le forgeron forge des fers, des pioches, des socs de charrue.
6. Le charron fait des chariots, des charrettes, des charrues et des brouettes.'
7. Le tonnelier fait des tonneaux, des cuves, des seaux, ⁵ des baquets.
8. L'horloger vend des horloges, des pendules et des montres.
9. Le coutelier fait des couteaux, des ciseaux, des canifs, des rasoirs, des serpettes. 10
10. Le tisserand tisse la toile.
11. Le tailleur taille des paletots, des gilets, des pantalons
12. Le cordonnier fait des souliers, des bottes et des bottines.
13. Le sabotier fait des sabots.
14. Le chapelier vend des chapeaux, des képis et des 15 casquettes.

a) Grammatik: du feu, de l'encre, de la nourriture (la fille donne de la nourriture aux canetons), des encriers, des fers, des pioches etc.

b) Schriftliche Übung: 20
1. Diktate.
2. Schreibet, was die verschiedenen Handwerker machen, indem ihr folgende Fragen beantwortet:
1. Qui fait les serrures?
2. Qui bâtit les murs? 25
3. Qui pose les vitres des fenêtres?
4. Que fait le forgeron?
5. Que fait le charron?
6. Qui vend des montres?
7. Qui tisse la toile? 30
8. Qui taille les habits?

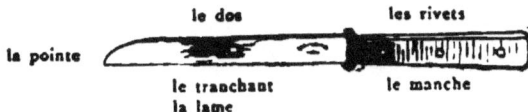

le dos — les rivets
la pointe
le tranchant — le manche
la lame

III. LE COUTEAU.

Le couteau est un instrument tranchant.
Il est composé d'une lame et d'un manche.

La lame est faite d'acier.
On y distingue le dos, le tranchant et la pointe.
Le manche est en bois, en corne ou en os.
Il est formé de deux pièces.
Ces deux pièces sont réunies par des rivets.
Il y a des couteaux de table et des couteaux de poche.
Avec le couteau on coupe le pain, la viande, le bois
et une foule d'autres choses.
Quand les couteaux ne coupent pas bien, on les aiguise
sur une pierre à aiguiser.
C'est le rémouleur qui aiguise les couteaux et les ciseaux

22. EXERCICE.

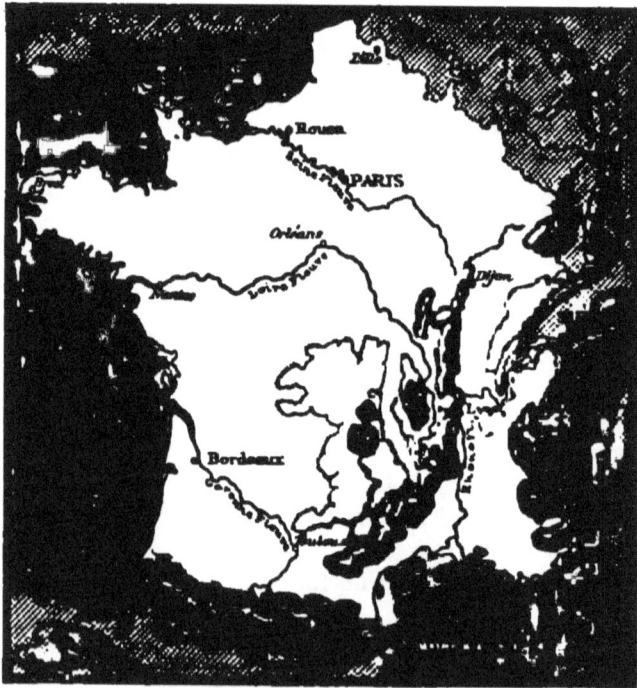

A.*   LA FRANCE.

1. La France est la patrie des Français. 2. Les habitants de la France parlent français. 3. La France est une
république. 4. Le chef d'une république est un président; le

chef d'un royaume est un roi; le chef d'un empire est un empereur; le chef d'une monarchie est un monarque. 5. Le président de la république française est à Paris. 6. Paris est la capitale de la France. 7. Où est situé Paris? Paris est situé sur la Seine. 8. La Seine est un fleuve; sa source ₅ est au plateau de Langres; elle se jette (je jette, nous jetons) dans la Manche. 9. Où est la Manche? La Manche sépare la France de l'Angleterre. 10. Paris est la plus grande, la

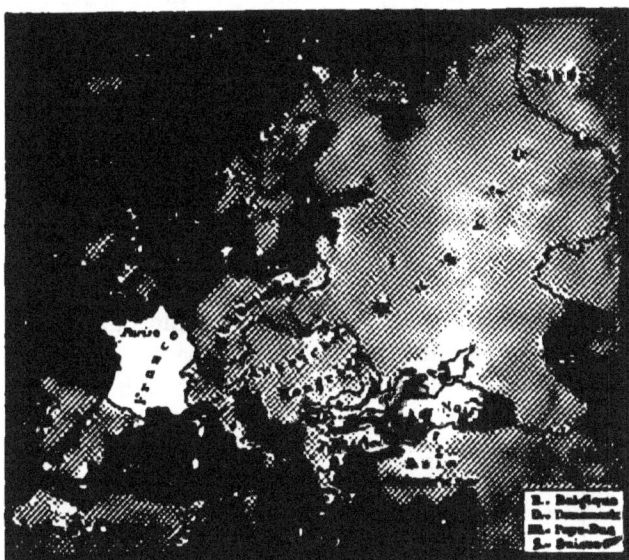

L'EUROPE.

plus belle et la plus riche de toutes les villes de France. ₁₀ 11. Les principales villes de France sont: Paris, Lyon, Marseille, Bordeaux. 12. Lyon est situé sur le Rhône. 13. Où est-ce que le Rhône prend sa source? Il prend sa source en Suisse au St.-Gothard. 14. Dans quelle mer se jette-t-il? Il se jette dans la Méditerranée; les bouches du Rhône sont ₁₅ en France. 15. Où est la Méditerranée? La Méditerranée est entre l'Afrique, l'Europe et l'Asie. 16. Marseille est sur la Méditerranée, Marseille est un port; le Havre est sur la Manche, le Havre est un port.

17. La France est bornée par deux grandes mers: l'océan ₂₀

Atlantique et la Méditerranée, et deux grandes chaînes de montagnes: les Pyrénées et les Alpes. 18. Les Alpes séparent la France de la Suisse et de l'Italie, les Pyrénées séparent la France de l'Espagne. 19. Bordeaux est situé sur la Garonne; 5 la source de la Garonne est en Espagne, l'embouchure de la Garonne est en France; ce fleuve se jette dans l'océan Atlantique. 20. L'océan Atlantique communique avec la Méditerranée par le détroit de Gibraltar. 21. L'océan Atlantique communique avec la mer du Nord par la Manche. 22. La 10 mer Noire communique avec la mer de Marmara par le Bosphore. 23. Constantinople est située sur le Bosphore, Constantinople est la capitale de la Turquie et la résidence du sultan.

24. Paris est en France, Londres est en Angleterre, 15 Berlin est en Allemagne, Rome est en Italie, Vienne est en Autriche, St.-Pétersbourg est en Russie, Moscou est en Russie, Constantinople est en Turquie, Athènes est en Grèce.

25. Marseille est dans la France méridionale, St.-Pétersbourg est dans la Russie septentrionale, Moscou est dans la 20 Russie centrale, Berlin est dans l'Allemagne septentrionale, Munich est dans l'Allemagne méridionale; Milan est dans la haute Italie, New-York est dans l'Amérique septentrionale (du nord), Cayenne est dans l'Amérique méridionale (du sud).

a) Grammatik: la France, en France, dans la France méri-
25 dionale.

b) Schriftliche Übung: 1. Diktate.

2. Aufsätzchen über Frankreich.

B.*

1. La France est bornée: au nord, par la Belgique et 30 l'empire d'Allemagne; à l'est, par l'Allemagne, la Suisse; au sud, par la Méditerranée et par les Pyrénées; à l'ouest, par l'océan Atlantique; au nord-ouest, par la Manche et le Pas de Calais; au sud-est, par l'Italie.

2. L'Empire d'Allemagne est borné: au nord, par la 35 mer du Nord, le Danemark et la mer Baltique; à l'est, par l'empire de Russie; au sud, par l'empire d'Autriche et la Suisse, à l'ouest, par la France, la Belgique et la Hollande.

3. Le royaume d'Italie est borné: au nord, par l'Autriche et la Suisse; à l'ouest, par la France et la mer Tyrrhénienne; au sud, par la Méditerranée; à l'est, par la mer Adriatique.

4. Le Royaume-Uni de Grande-Bretagne et d'Irlande est borné: au nord et à l'ouest, par l'océan Atlantique; au sud, 5 par la Manche; à l'est, par la mer du Nord.

5. a) Le nord, le sud, l'est (l'orient, oriental, le levant), l'ouest (l'occident, occidental, le couchant).

    b) Le levant où le soleil se lève (je me lève, nous nous levons; je jette, nous jetons).   10

    c) Le couchant où le soleil se couche (je me couche etc.).

6. Le nord, le sud, l'est et l'ouest sont les points cardinaux.

Schriftliche Übung: Diktate.

23. EXERCICE.

Gegenüberstellung und Vergleichung.   15

I. PREMIER TABLEAU.

1. Voilà deux chevaux, celui-ci est brun, celui-là est blanc.
2. Voilà deux châteaux; celui-ci est moderne, celui-là est vieux.
3. Voilà deux arbres; celui-ci est un cerisier, celui-là est un 20 pommier.

4. Voici deux fruits; celui-ci est une pomme, celui-là est une poire.
5. Voilà deux femmes; celle-ci est la mère, celle-là est la grand'mère.   25

6. Voilà deux maisons; celle-ci est la maison d'un paysan, celle-là est la maison du meunier.

7. Voilà deux collines; sur celle-ci il y a un château moderne, sur celle-là il y a un ancien château.

8. Voilà deux cigognes; celle-ci est debout, celle-là est couchée.

9. Voilà deux groupes d'oiseaux; ceux-ci sont des canards, ceux-là sont des hirondelles.

10. Voilà des arbres; ceux-ci sont des arbres fruitiers, ceux-là sont des arbres forestiers.

11. Voici des fleurs; celles-ci sont rouges, celles-là sont blanches.

———

a) Grammatik: celui-ci, celui-là; celle-ci, celle-là.

ceux-ci, ceux-là; celles-ci, celles-là.

b) Schriftliche Übung:

1. Diktate.

2. Sätze nach den obenstehenden Mustern.

II. VOICI DEUX VAISSEAUX.

1. Celui-ci a des mâts, celui-là n'a pas de mât.

2. Celui-ci a des pavillons, celui-là n'a pas de pavillon.

3. Celui-ci a un gouvernail, celui-là n'a pas de gouvernail.

4. Celui-ci a une ancre, celui-là n'a pas d'ancre.

5. Celui-ci a des voiles, celui-là n'a pas de voile.

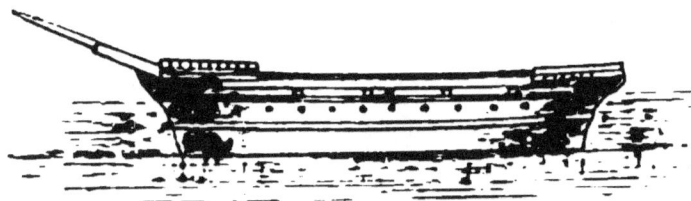

III.*

1. La montagne est plus haute que la colline.
   La colline n'est pas si haute que la montagne.
   La colline est moins haute que la montagne.
   Le Mont-Blanc est la plus haute montagne de l'Europe.
2. Le clocher est plus haut que le cerisier.   5
   Le cerisier n'est pas si haut que le clocher.
   Le cerisier est moins haut que le clocher.
   Le clocher est le plus haut bâtiment du premier tableau.
3. La cigogne est plus grande que le canard.
   Le canard n'est pas si grand que la cigogne.   10
   La cigogne est le plus grand des oiseaux qui sont sur
   le premier tableau.
4. Les canetons sont plus grands que les moineaux.
   Les moineaux ne sont pas si grands que les canetons.
5. Le coq est plus grand que les poules.   15
   Les poules ne sont pas si grandes que le coq.
6. Le tronc du saule est plus gros que le tronc du cerisier.
   Le tronc du cerisier n'est pas si gros que le tronc
   du saule.

---

a) Grammatik: grand, plus grand, le plus grand.   20
 b) Schriftliche Übung: Vergleichet mit einander le coq et le
moineau in Bezug auf die Größe; le clocher et la maison in
Bezug auf die Höhe; le bec de la cigogne et le bec du moineau
hinsichtlich der Länge; la porte et la fenêtre hinsichtlich der
Größe; le cheval et le chien (Größe), le canard et le caneton 25
(Größe); le château et la maison (Größe), le champ et le jardin
(Größe).

IV*. VOICI TROIS ÉCHELLES, COMPTEZ LES
ÉCHELONS.

1. La première échelle a quatorze échelons comme la troisième.
La première échelle a autant d'échelons que la troisième.
La première échelle est **aussi** grande que la troisième.
2. La deuxième échelle a **plus** d'échelons que la première.
La première échelle a **moins** d'échelons que la deuxième.
La première échelle n'a pas tant d'échelons que la deuxième

Voici deux poules avec leurs poussins; comptez les poussins.
Combien de poussins a la première poule? et la deuxième?
Est-ce que la première a autant de poussins que la deuxième?

VOICI TROIS FENÊTRES, COMPTEZ LES CARREAUX.

1. La première fenêtre a six carreaux comme la deuxième.
La première fenêtre a autant de carreaux que la deuxième.
La première fenêtre est aussi grande que la deuxième.
2. La troisième fenêtre a plus de carreaux que la deuxième. 5
La deuxième fenêtre a moins de carreaux que la troisième.
La deuxième fenêtre n'a pas tant de carreaux que la troisième.

VOICI TROIS MAISONS, COMPTEZ LES FENÊTRES.

1. La première maison a autant de fenêtres que la deuxième. 10
La première maison est aussi grande que la deuxième.

2. La troisième maison a plus de fenêtres que la deuxième.
La deuxième maison a moins de fenêtres que la troisième.
La deuxième maison n'a pas tant de fenêtres que la troisième.

VOICI DEUX NIDS; COMPTEZ LES ŒUFS.

5 Combien d'œufs y a-t-il dans le premier nid? et dans le
deuxième?
Est-ce qu'il y a autant d'œufs dans le deuxième que dans
le premier?
Schriftliche Übung: Beantwortung der Fragen.

10 VOICI DEUX BRANCHES; COMPTEZ LES OISEAUX.

Combien d'oiseaux y a-t-il sur la première branche? et sur
la deuxième?
Est-ce qu'il y a autant d'oiseaux sur la première que sur
la deuxième?
15 Schriftliche Übung: Beantwortung der Fragen.

V.

*a) 1. La France est à peu près aussi grande que l'Alle-
magne. 2. Est-ce que la France est aussi peuplée que
l'Allemagne? La France n'est pas si peuplée que l'Allemagne.

3. Lyon n'est pas si grand que Paris; Paris est la plus grande ville de la France.

4. Le cours de la Garonne n'est pas si long que celui de la Seine.

5. Les montagnes de la France ne sont pas si hautes s que les montagnes (celles) de l'Espagne.

6. Le Portugal n'est pas si grand que l'Espagne.

*b) 1. L'Australie n'est pas si grande que l'Europe. (L'Océanie comprend l'Australie avec les îles situées entre l'Amérique et l'Asie.) 10
2. L'Europe n'est pas si grande que l'Afrique. 3. L'Afrique n'est pas si grande que l'Amérique. 4. L'Amérique n'est pas si grande que l'Asie; l'Asie est la plus grande des cinq parties du monde.

5. Le climat de l'Afrique est plus chaud que le climat 15 de l'Asie.

6. Le climat de l'Allemagne est plus doux que le climat de la Russie.

7. La Sibérie est une possession de la Russie; la Sibérie est en Asie. 20

c) 1. L'éléphant est le plus grand des quadrupèdes.
2. La baleine est le plus grand des habitants des mers.
3. Le requin est le plus grand des poissons.

4. L'or est plus précieux que l'argent, l'or est le métal le plus précieux. 5. Le fer est le métal le plus utile. 25

6. Le chêne est le plus grand arbre de nos forêts.

7. Le sapin et le peuplier sont les plus hauts arbres de nos pays.

8. Le bois de chêne est le plus dur.

d) 1. Les chevaux anglais sont meilleurs que les chevaux 30 allemands. 2. Les chevaux arabes sont les meilleurs du monde. 3. Le café d'Arabie est le meilleur. 4. Le thé de Chine est le meilleur.

e) 1. Le Danube est le plus grand fleuve de l'Allemagne.
2. Il prend sa source dans la Forêt-Noire. 3. Il se jette 35 dans la mer Noire. 4. Il traverse l'Allemagne, l'Autriche, la Bulgarie et la Roumanie.

5. Le Rhin prend sa source dans les Alpes, au St.-Gothard.
6. Il se jette dans la mer du Nord. 7. Les rives du Rhin

sont très belles. 8. Il y a beaucoup de villes sur le Rhin,
p. ex. (par exemple) Bâle, Mayence, Coblence et Cologne.
9. Il y a beaucoup de châteaux sur les bords du Rhin. 10. Le
Main est un affluent du Rhin. 11. Le confluent du Main et
5 du Rhin est vis-à-vis de Mayence, le confluent du Rhin et
de la Moselle est à Coblence.

    f) 1. Le plus grand fleuve de la France est la Loire, elle
se jette dans l'océan Atlantique.

       2. Le plus grand fleuve de l'Angleterre est la Tamise,
10   elle se jette dans la mer du Nord.

       3. Le plus grand fleuve de la Russie et de toute l'Europe
est le Volga, il se jette dans la mer Caspienne.

       4. Le Gange et l'Indus se jettent dans l'océan Indien.

       5. Le fleuve Jaune et le fleuve Bleu se jettent dans
15   l'océan Pacifique.

---

a) Grammatik: Die Vergleichung.
b) Schriftliche Übungen:
    1. Diktate.
    2. Aufsätzchen: le Rhin, le Danube, la France.

20   ## 24. LE PRINTEMPS.

I.
a) L'hiver est passé.

    La neige a disparu, le ruisseau n'est plus couvert de
glace; les vents sont doux, et le soleil nous donne plus de
25 chaleur et de clarté.

    Comme tout a changé en quelques jours! comme tout
s'embellit!

    Les champs et les bois reverdissent: tout devient frais et gai.

    La terre se pare de mousse, de gazon et de fleurs.

30   Toutes les branches se couvrent de petits boutons qui
se gonflent, se développent et donnent naissance à une profusion de feuilles et de fleurs nouvelles.

    b) 1. L'hiver est passé, l'hiver passé; la semaine est passée, la
       semaine passée; le mois est passé, le mois passé.

35   2. le ruisseau n'est pas couvert de glace; le ruisseau n'est
       plus couvert de glace.

3. s'embellir, reverdir (vert), devenir, venir, tenir; se parer,
se couvrir, se gonfler, se développer.
Grammatik: Wiederholung des Verbums.
Schriftliche Übungen: Diktate.

II.

a) Le retour de l'hirondelle nous annonce les beaux jours.
Les jolis papillons aux couleurs brillantes voltigent dans

l'air; les abeilles dorées bourdonnent au soleil et vont
chercher du miel dans le calice des fleurs.
Les agneaux bondissent dans les pâturages.
Les petits oiseaux font retentir les bosquets de leurs
joyeuses chansons.
Ils construisent leurs jolis nids.
La femelle pond des œufs; elle couve pendant deux ou
trois semaines et les petits éclosent.
Le père et la mère leur donnent la becquée (voir la
gravure); ils grandissent rapidement et prendront bientôt leur vol pour faire la chasse aux chenilles et aux
insectes nuisibles.

4*

b) 1. Les beaux jours; les agneaux, les oiseaux.

2. la becquée (le bec); une bouchée (la bouche); une poignée (la poigne); une brassée (le bras); une cuillerée (la cuiller).

3. voltiger, bourdonner, aller, chercher; faire; retentir, construire, pondre, couver, grandir, bondir, prendre.

Schriftliche Übungen: Diktate.

III.

a) Qu'il fait bon dans la campagne, à respirer l'air pur! Les petites filles vont cueillir la primevère, la violette, la pâquerette et le muguet qui croissent sur le bord des sentiers, dans les bois et les prés verts.

Les petits garçons secouent les branches des arbres pour faire tomber le hanneton nuisible.

Tout s'anime et renaît dans cette belle saison.

b) 1. Cueillir; croître, renaître: s'animer.

2. je vais cueillir, je vais chercher; je fais tomber, les oiseaux font retentir les bosquets de leurs joyeuses chansons.

je vais	nous allons	3. ils prendront leur vol.
tu vas	vous allez	Bildung des Futurums,
il elle } va	ils elles } vont.	namentlich im Anschluß an das 1. Bild.

*IV. LE HANNETON.

Hanneton, qui sur tes ailes
Nous amènes le printemps,
C'est toi qui sais des nouvelles
Du muguet et du beau temps.
Dis-nous si les prés
De fleurs sont parés;
Dis-nous si les bois
Ont repris leur voix.
Dis si les oiseaux
Ont des chants nouveaux,
Si le rossignol
Dit: Fa, ré, mi, sol!*)

---

*) do (ut), ré, mi, fa, sol, la, si, do (ut) = c, d, e, f, g, a, h, c: Tonleiter in C-dur.

Viens; apporte dans la ville
Tes joyeux bourdonnements;
Pauvre étourdi, sois tranquille,
Va, ne crains rien des enfants;
    Car j'ai respecté   5
    Ton jour de gaîté;
    J'ai tant de plaisir
    A pouvoir courir!
    Vole en tournoyant,
    Vole en bourdonnant,   10
    Vole en rayonnant
    Au soleil couchant,
Hanneton, qui sur tes ailes
Nous apportes le printemps.

Mlle. Montgolfier.   15

V. LES TRAVAUX DU PRINTEMPS.

a) Au printemps, les travaux sont très variés.
On nettoie et on bêche les jardins.

On sème des fleurs; on échenille les arbres; on achève la taille de la vigne.

On plante les pommes de terre.

On sème les melons, les haricots, les choux-fleurs, les navets, les carottes.

Le cultivateur laboure ses champs pour les ensemencer de céréales de printemps, en trèfles.

La fermière est fort occupée à soigner ses animaux domestiques.

La poule lui donne des poussins; la cane, des canetons; l'oie, des oisons; la chèvre, des chevreaux; la brebis, des agneaux.

A la fin du printemps commence la fenaison.

Les faucheurs coupent l'herbe des prairies au moyen de la faux.

Les faneuses, ordinairement coiffées de grands chapeaux de paille, retournent l'herbe en tous sens pour qu'elle se fane plus vite au soleil.

Ensuite le foin est mis en tas, appelés *meules,* et transporté dans les fenils.

On le conserve bien sec pour servir de nourriture aux bestiaux.

Dans les grandes fermes on se sert de machines appelées *faucheuses, faneuses, râteleuses,* au moyen desquelles la récolte des fourrages est plus vite achevée.

b) 1. On nettoie, nous nettoyons; la craie, le crayon. Voir 18, 1.

2. Je sème, nous semons; j'achève, nous achevons; la chèvre, le chevreau. Voir 22, B. 5 b.

Je jette, nous jetons.

3. Les poussins. Wiederholung von 18, III b.

c) 1. Quand bêche-t-on les jardins?

Quand est-ce qu'on bêche les jardins?

2. Quand sème-t-on des fleurs?

3. Quand plante-t-on les pommes de terre?

4. Qui laboure ses champs?

5. A quoi la fermière est-elle occupée?

6. Quand commence la fenaison?

7. Qui coupe l'herbe?

8. Avec quoi coupent-ils l'herbe?

9. De quoi les faneuses sont-elles ordinairement coiffées?
10. De quelles machines est-ce qu'on se sert dans les grandes fermes?
Schriftliche Übung: Beantwortung dieser Fragen.
Grammatik: Der Imperativ im Anschluſs an Le Hanneton. 5

25. EXERCICE.
I. LE CALENDRIER DE L'AVEUGLE.

Je me dis: Voilà le coucou qui chante; c'est le mois de mars et nous allons avoir de la chaleur.
Voilà le merle qui siffle: c'est le mois d'avril.　10
Voilà le rossignol: c'est le mois de mai.
Voilà un hanneton: c'est la Saint-Jean.
Voilà la cigale: c'est le mois d'août.
Voilà la bergeronnette, voilà les corneilles: c'est l'hiver.

────────
Lamartine.　15

Wiederholung von 9, 6 d.
Schriftliche Arbeit: Beantwortung folgender Fragen: Quand est-ce que le coucou chante? Quand siffle le merle? Quand entendons-nous le rossignol? Quand bourdonne le hanneton? Quand chante la cigale? Quels oiseaux annoncent l'approche de l'hiver? 20

II. LE PRINTEMPS.

Voici venu le mois des fleurs,
Des chansons, des senteurs;
Le mois qui tout enchante,
Le mois de douce attente;　25
Le buisson reprend ses couleurs,
Au vert bois l'oiseau chante.　Chanson populaire.

*26. L'HIRONDELLE.

«Ah! j'ai vu, j'ai vu!»
Disait l'hirondelle;　30
«Ah! j'ai vu, j'ai vu!» —
«Oiseau, qu'as-tu vu?» —

«J'ai vu les enfants
Parcourir les champs;
J'ai vu tout verdir,　35
J'ai vu tout fleurir.»

— ‹Ah! j'ai vu, j'ai vu!›
Nous répétait-elle;
‹Ah! j'ai vu, j'ai vu!› —
‹Dis donc, qu'as-tu vu?› —

‹J'ai vu les oiseaux
Doubler leurs berceaux
Du léger coton
Des fleurs en chaton.›

— ‹Ah! j'ai vu, j'ai vu!›
Dit-elle à l'aurore.
‹Ah! j'ai vu, j'ai vu!› —
‹Dis-nous, qu'as-tu vu?› —

‹J'ai vu l'air du soir
Des mers recevoir
Ces nuages frais.› —
‹Oiseau, dis-tu vrai?›

-- ‹Ah! j'ai vu, j'ai vu!›
Chante l'hirondelle;
‹Ah! j'ai vu, j'ai vu!› —
‹Oiseau, qu'as-tu vu?› —

‹J'ai vu les déserts,
J'ai passé les mers;
J'ai tout vu dans l'air,
Excepté l'hiver.›

— ‹Moi, je n'ai rien vu,›
Dis-je à l'hirondelle,
‹Moi, je n'ai rien vu.
Pauvre et dépourvu,
Je suis un enfant   5
Encore ignorant;
Mais je veux un jour
Savoir à mon tour.›   Mlle. Montgolfier.

Wiederholung von 18 und der Gr. unter 17, dann
j'ai vu, j'avais vu;   10
j'ai entendu, j'avais entendu etc.

27. HISTORIETTES.

1. LA PETITE SOURIS.

a) Une petite souris voulait quitter la cave obscure où elle
   était avec sa mère.   15
   Elle voulait voir la cour, la rue et la lumière.
   ‹Non, ma fille,› cria la vieille souris; reste ici avec ta
   mère! Minette va te croquer si tu sors.›
   Mais la petite souris quitta sa cave, et Minette croqua
   la pauvre petite sotte.   Krauter.   20

b) Qui voulait quitter la cave obscure?
   Qu'est ce que la petite souris voulait faire?
   Que voulait-elle quitter?
   Qu'est-ce qu'elle voulait quitter?
   Avec qui était-elle dans la cave obscure?   25
   Où était-elle?
   Que voulait-elle voir?
   Qu'est-ce qu'elle voulait voir?
   Qui voulait voir la cour, la rue et la lumière?
   Que cria la vieille souris?   30
   Que fit la petite souris?
   Que quitta-t-elle?
   Qu'est-ce qu'elle quitta?
   Qui croqua la pauvre petite sotte?
   Qui est-ce qui croqua la pauvre petite sotte?   35

a) Grammatik: je voulais (je veux),
je pouvais (je peux),
je hersais etc.

b) Schriftliche Übung: Die Erzählung, welche die Schüler
5 nach mannigfacher Übung auswendig wissen, wird aus dem Gedächtnis niedergeschrieben.

2. LA PETITE POULE.

Une petite poule voulait quitter la cour pour aller voir la forêt.
«Ma petite, reste ici!» cria sa mère.
10 «Notre ennemie, la fouine, va te tuer!»
Mais la petite poule partit, et la fouine croqua la pauvre
petite sotte.

Kräuter.

Une fouine.

a) Grammatik: je quittai, je criai, je sortis, je partis.
b) Schriftliche Übung:
15 1. Niederschrift aus dem Gedächtnis.
2. Der Lehrer giebt das Präsens einzelner Verba, die
Schüler schreiben das Imperfekt und Passé défini.
Nachdem die bisher geübten Formen des Verbums noch einmal zusammengestellt sind, wird das über das erste Bild Gesagte
20 als Erzählung ins Imperfekt gesetzt, z. B. Nous avons été à la
campagne. Maintenant nous voulons raconter ce que nous avons vu.
Le père hersait; la mère bêchait etc. Ebenso läfst man die Personen
des ersten Bildes selbst aussagen, was sie thun, gethan haben und
thun werden, z. B. Le père dit: Je herse, j'ai hersé, je herserai etc.

*28. EXERCICE.

I. L'ÉTOURNEAU.

a) Le vieux chasseur Maurice avait dans sa chambre un étourneau qu'il avait élevé et qui disait quelques mots. Quand le chasseur disait p. ex.: Sansonnet, où es-tu? l'oiseau ré- 5 pondait toujours: Me voilà.

Le petit Charles, fils du voisin, aimait beaucoup l'oiseau et lui rendait souvent visite. Il arriva que le chasseur n'était pas dans sa chambre un jour que Charles vint voir le sansonnet. Charles s'empara bien vite de l'oiseau, le mit dans sa poche 10 et voulut s'esquiver avec son petit prisonnier.

Mais au même instant le chasseur rentra. Il crut faire plaisir à l'enfant en demandant comme de coutume: Sansonnet, où es-tu? Me voilà! cria de toutes ses forces l'oiseau caché dans la poche du petit garçon. C'est ainsi que le petit voleur 15 fut trahi.

b) Qui avait un sansonnet? Quel était le nom du chasseur? Que répondait le sansonnet quand le chasseur demandait: Sansonnet, où es-tu? Qui aimait beaucoup l'oiseau? Qu'arriva-t-il un jour? Qui s'empara de l'oiseau? Où le mit-il? 20 Qu'allait-il faire? Qui rentra au même instant? Que demanda-t-il? Que répondit l'oiseau? Où l'oiseau était-il caché?

a) Grammatik: **je vins**, je crus, je fus.
b) Schriftliche **Übung**:
   1. Niederschrift **aus** dem Gedächtnis.
   2. Statt des Imperf. und des Passé déf. wird das Präsens
     gesetzt.

II. COMMENT T'APPELLES-TU?

a) — Comment t'appelles-tu?
   — Je m'appelle comme mon père.
   — Et ton père?
   — Mon père s'appelle comme moi.
   — Comment vous appelez-vous tous les deux?
   — Nous nous appelons l'un comme l'autre.
b) Comment t'appelles-tu? Tous les élèves disent leurs noms.
c) je m'appelle, nous nous appelons; je jette, nous jetons;
   je me lève, nous nous levons; la chèvre, le chevreau.
   Voir 24, V, b 2.
d) Schriftliche Übung. Die Schüler schreiben: Mon nom de
   famille est.. Mon petit nom est...

III. LE PERROQUET.

a) Jacot était un perroquet tapageur.
   Il parlait à tort et à travers, répétant à chaque instant:
«Jacot est content.»

Tout lui était permis. Sur la table, il mangeait dans les assiettes, buvait dans les verres. Un soir il se plaça si près de la lampe que le feu prit à ses plumes. Dans sa douleur, le pauvre bavard n'en criait que plus fort: «Jacot est content! Jacot est content!»   5

    b) Comment s'appelait le perroquet? Comment parlait-il? Que répétait-il à chaque instant? Que faisait-il sur la table? Dans quoi mangeait-il? Dans quoi buvait-il? Où se plaça-t-il un soir? Qu'arriva-t-il? Que criait-il dans sa douleur?

    c) Le tapageur, le voyageur, le faucheur, le porteur, le 10 laboureur, le cultivateur, le pêcheur, le chasseur, le déserteur, le voleur (voyager, faucher, porter, labourer, cultiver, pêcher, chasser, déserter, voler). _____

    a) Grammatik: Das Wichtigste über den Unterschied des Imperf. und Passé déf. (Sur la table, il mangeait dans les assiettes, 15 buvait dans les verres. Un soir il se plaça etc.)

    b) Schriftliche Übung: Niederschrift aus dem Gedächtnis.

IV. LE DÉSERTEUR.

Un soir, dans un village de la Normandie, un jeune homme, un soldat, échappé du camp, et ramené par la nostalgie au 20 foyer paternel, frappe à la porte d'une cabane. —

    Qui est là? demanda la mère, réveillée en sursaut. — Ouvrez! c'est moi, votre fils. — Vous mon fils? vous mentez! Mon enfant est à la frontière, il défend la patrie.

Anatole de la Forge. 25

29. EXERCICE.

A.* LE CORPS HUMAIN.

I.

Le corps humain, c'est-à-dire le corps de l'homme, se compose de trois parties, qui sont la tête, le tronc, 30 les membres.

La tête comprend: le crâne, c'est-à-dire le derrière et le haut de la tête; la face, c'est-à-dire le devant de la tête, et le cou, c'est-à-dire la partie qui relie la tête au tronc.

Le crâne est couvert de cheveux. 35

La face ou le visage comprend le front, les yeux, le nez, les oreilles, les joues, la bouche, le menton.

Le devant du cou s'appelle la **gorge**.
Le derrière du cou s'appelle la **nuque**.
Le nez a deux narines.
La partie extérieure de l'oreille s'appelle le **pavillon**.

2.

L'œil est protégé par le sourcil et par les cils.
Nous pouvons fermer et ouvrir les yeux au moyen des
paupières.
Nous avons une paupière **supérieure** et une paupière
inférieure.
Chaque paupière est garnie de cils.
Les cils empêchent la poussière ou les petites mouches
d'entrer dans nos yeux.
L'œil a la forme ovale, c'est-à-dire la forme d'une boule
allongée.
Il présente une partie blanche; c'est le blanc de l'œil.
Au milieu, en avant, se trouve un cercle brun, ou vert,
ou gris, ou bleu: c'est l'iris.
Au milieu de l'iris, il y a un petit trou qu'on voit sous
la forme d'un point noir: c'est la **pupille**.

3.

Je puis ouvrir et fermer la bouche au moyen des mâ-
choires et des **lèvres**.
J'ai une lèvre supérieure et une lèvre inférieure.
La mâchoire supérieure est immobile, la mâchoire in-
férieure est mobile.
Les mâchoires sont garnies de **dents**.
Les premières dents sont les dents de lait, qui com-
mencent à se montrer quand l'enfant n'a pas encore un an.
Ces dents de lait sont au nombre de vingt.
Sur le devant sont les huit **dents incisives**, quatre en
haut, quatre en bas.
Elles sont minces et tranchantes: elles coupent les aliments.
A gauche et à droite des incisives se trouvent les quatre
canines, une de chaque côté, en haut et en bas.
Elles sont pointues; elles déchirent les aliments.
A gauche et à droite des canines se trouvent les huit
molaires, deux de chaque côté, en haut et en bas.

Elles sont grosses, larges et rugueuses: elles servent à
broyer, à moudre les aliments.
Ces vingt dents de la première dentition tombent, quand
les enfants sont plus âgés, et font place à vingt-huit
autres, aux dents de remplacement.   5
Enfin quand l'homme a atteint l'âge de vingt ans, viennent
les quatre dernières, appelées dents de sagesse.
Quelquefois les dents de sagesse sont plus en retard encore.
Le nombre total des dents de l'homme est donc de trente-
deux: huit incisives, quatre canines, vingt molaires.   10
Le haut de la bouche, à l'intérieur, s'appelle le palais.
Derrière le palais se trouve le voile du palais.
A l'extrémité inférieure du voile du palais se trouve la
luette.
Le fond de la bouche, en bas, s'appelle le gosier.   15
La langue est attachée à un os.

Jost et Humbert, Lectures pratiques.

Schriftliche Übungen: Diktate.

B.* LES CINQ SENS.

Pour bien travailler, il faut, dit-on, de bons outils. S'il 20
en est ainsi, nous devons tous devenir d'excellents
travailleurs.
Pouvons-nous désirer de meilleurs outils que ceux dont
la nature nous a pourvus?
Vous les connaissez bien, ces merveilleux instruments, vous 25
vous en servez chaque jour, à toute heure, et presque
sans vous en douter.
Est-il besoin de vous les nommer? Ce sont les yeux,
les mains, les oreilles, le nez et la bouche.

L'ŒIL. 30

L'œil est le plus parfait et le plus précieux de tous.
Il nous permet de voir toutes les choses qui nous entourent, les fleurs, les papillons, les oiseaux, les étoiles,
la lune, le soleil.
Avec nos yeux, nous pouvons juger si les choses sont 35
petites ou grandes; blanches, rouges, jaunes, bleues ou
noires; rondes ou carrées; éloignées ou proches.

Le pauvre aveugle ne voit rien. Il reste plongé dans une nuit qui ne finit pas.

LA MAIN.

La main sert pour toucher et pour prendre les choses qui sont proches.

Lorsqu'on touche les choses, on apprend à les mieux connaître.

On peut dire si elles sont solides ou molles, tendres ou dures, lisses ou rugueuses, chaudes ou froides.

Avec les mains nous saisissons toutes sortes d'objets, nous exécutons une foule d'ouvrages.

La main, c'est l'œil de l'aveugle: pour se renseigner sur les choses, il est obligé de les toucher.

L'OREILLE.

L'oreille nous sert pour entendre les paroles, les chants, les cris, les bruits de toute sorte.

Notre oreille nous apprend qu'il y a des sons harmonieux et des sons désagréables.

Par elle nous savons que la pie est criarde, que le rossignol chante à ravir et que le canard parle du nez. L'oreille nous avertit du tonnerre et du tic tac de la montre.

LE NEZ.

Avec le nez nous reconnaissons les choses à leur odeur.

Pour distinguer la fraise de l'abricot ou bien l'œillet de la rose, il n'est pas besoin de voir ces fruits et ces fleurs, il suffit de les sentir.

Beaucoup d'animaux sont mieux doués que nous pour la finesse de l'odorat. Le chien surtout a l'odorat très développé. Il sent le gibier de très loin et conduit le chasseur à l'endroit où sont les perdrix, les lièvres et les lapins.

LA BOUCHE.

La bouche nous sert pour goûter. En goûtant nous reconnaissons les choses à leur saveur, nous savons quel est leur goût.

Nous apprenons qu'elles sont douces ou amères; salées, sucrées ou aigres.

Le miel est doux, l'eau de la mer est salée, le vinaigre est aigre, la chicorée est amère.

La vue, le toucher, l'ouïe, l'odorat et le goût, qui nous servent pour sentir, s'appellent les cinq sens. Ils ont pour instruments ou organes: l'œil, la main, l'oreille, le nez, la bouche.

M. Georges et L. Troncet,
Deuxième livre encyclopedique.

a) Grammatik: travailler, travailleur. Rép. 28, III, c. Konjugation der Verba.

b) Schriftliche Übungen:

　1. Diktate.

　2. In den einzelnen Abschnitten wird statt der 1. Pers. Plur. die 1. Pers. Singul. gesetzt z. B.: L'œil. Il me permet de voir toutes les choses qui m'entourent etc.

30. EXERCICE.

A. L'HORLOGE ET LA MONTRE.

I.

Voilà l'église, voilà son clocher. Sur le toit de l'église il y a une croix. Sur le clocher il y a deux paratonnerres. Dans le clocher il y a les cloches. Sur l'une des faces du clocher il y a une horloge. Qui est-ce qui fait les horloges et les montres? C'est l'horloger. Voilà une montre. Voilà le cadran, voilà les deux aiguilles; l'une est longue, l'autre est courte. La grande aiguille marque les minutes, la petite aiguille marque les heures.

II.

a) Quelle heure est-il à l'horloge que vous voyez sur le tableau? Regardez un peu; il y a des chiffres romains; la grande aiguille est sur le chiffre douze, la petite aiguille sur le chiffre neuf. Il est neuf heures.

Il est neuf heures cinq, neuf heures dix, neuf heures et (un) quart, neuf heures vingt, neuf heures vingt-cinq, neuf heures et demie; il est dix heures moins vingt-cinq, dix heures moins vingt, dix heures moins un (le) quart, dix heures moins dix, dix heures moins cinq, il est dix heures etc.

Il est midi, il est minuit.

Il est midi passé, minuit passé; il est midi (minuit) et demi. Deux heures vont sonner, deux heures viennent de sonner. Midi (minuit) va sonner, vient de sonner.

b) Ma montre avance, retarde, s'est arrêtée.

Je remonte ma montre.

> Se lever à six,
> Déjeuner à dix,
> Diner à six,
> Se coucher à dix,
> Font vivre l'homme dix fois dix.

*B. DIVISION DU TEMPS.

La montre de grand-papa marque les secondes.

L'aiguille des secondes fait le tour du cadran une fois par minute.

Il y a soixante secondes dans une minute.

Soixante minutes font une heure.

La grande aiguille fait le tour du cadran en une heure, le quart du tour en un quart d'heure, la moitié d'un tour en une demi-heure, les trois quarts du tour en trois quarts d'heure.

La petite aiguille fait le tour du cadran en douze heures.

Lorsque la petite aiguille est sur le chiffre III et la grande sur le chiffre XII, cela indique qu'il est trois heures.

Vingt-quatre heures font un jour.

C'est le temps que met la terre à tourner sur elle-même.
Sept jours font une semaine.
Quatre semaines et quelques jours font un mois.
Douze mois composent l'année.
Une année, c'est le temps que mettent la terre et la lune s
à tourner autour du soleil.
Les douze mois n'ont pas chacun le même nombre de jours.
Le mois de janvier en compte 31; février, 28 ou 29;
mars, 31; avril, 30; mai, 31; juin, 30; juillet, 31;
août, 31; septembre, 30; octobre, 31; novembre, 30; 10
décembre, 31.
Cent années constituent un siècle.

Wiederholung von 9, 6, d.

*C. LA TERRE ET LE SOLEIL.

La terre a la forme d'une boule.   15
Elle est éclairée par le soleil.   •
La terre tourne sur elle-même en vingt-quatre heures.
Il fait jour chez nous lorsque la partie du globe que nous
habitons est tournée vers le soleil.
Il fait nuit lorsque la partie du globe que nous habitons 20
est tournée dans le sens opposé au soleil.
Pendant que nous dormons en Europe et que l'ombre
couvre nos campagnes, en Amérique tout le monde
est debout et travaille; car là il fait jour.

*D. LE FIRMAMENT.   25

C'est le soir. Levez les yeux au ciel; regardez cette
énorme voûte qui se trouve au-dessus de notre tête;
contemplez le firmament.
Il est semé d'étoiles aussi nombreuses que les grains de
sable sur les bords de la mer.   30
Parmi les étoiles, les unes restent toujours à la même place,
elles sont fixes; les autres se trouvent tantôt à un point
du firmament, tantôt à un autre: elles sont errantes.
Les étoiles fixes sont autant de soleils.
Les étoiles errantes sont des planètes.   35
Les planètes se meuvent autour des soleils.

ɔleils éclairent les planètes.
ɔnde est immense: nous ne pouvons nous faire une
: de sa grandeur.

*E. LA LUNE.

5 La terre est une planète qui tourne autour du soleil.
Qu'est-ce que la lune? La lune est, comme la terre, une
planète.
Comme la terre, la lune est couverte de hautes montagnes.
Comme la terre, la lune est éclairée par le soleil.
10 La lune tourne autour de la terre, et, avec la terre, elle
tourne autour du soleil.
Mais le soleil ne peut jamais éclairer que la moitié de la
surface de la lune, celle qui est tournée vers lui.
Lorsque la lune se trouve entre le soleil et nous, nous
15 ne pouvons voir la face éclairée; si, au contraire, nous
nous trouvons entre le soleil et la lune, nous voyons
sa face éclairée sous la forme d'un disque.
D'autres fois nous ne voyons que les trois quarts, que
la moitié, que le quart de la partie éclairée de la lune,
20 suivant la position que la terre occupe.
Voilà pourquoi la lune nous apparaît tantôt sous la forme
d'un croissant, tantôt sous la forme d'un disque.

F. LE TEMPS.
I.

25 Quel temps fait-il? Il fait beau temps; il fait mauvais
temps; il fait un temps de chien; le baromètre est
au beau, à la pluie, au variable. Il fait chaud, il fait
froid; j'ai chaud, j'ai froid.

II.

30 Il pleut, il a plu; il va pleuvoir, ouvrez votre parapluie;
il pleut à torrents; il pleut à verse; c'est une averse;
il cesse de pleuvoir, fermez votre parapluie; le temps
se remet au beau.
Maintenant il fait du soleil; il fait chaud. Quelle
35 chaleur! En voilà une chaleur! Le thermomètre marque 30 degrés.
C'est une chaleur étouffante.

Il pleut!

III.

Il neige; il neige à gros flocons; la neige tient; battons-nous à coups de boules de neige.

Il gèle; il gèle à pierre fendre

La rivière est prise (gelée), nous pouvons patiner et s glisser, voilà une belle glissoire.

Il dégèle; voyons la débâcle; voilà des glaçons; le fleuve charrie.

Il fait du verglas; le pavé est fort glissant.

---

a) Grammatik: Das unpersönliche Verbum.   10

b) Schriftliche Übung: Diktate.

*IV. AMUSETTE.

a) Il a tant plu

Qu'on ne sait plus

Pendant quel mois il a le plus plu,   15

Mais le plus sûr, c'est qu'au surplus

S'il avait moins plu,

Ça m'eût plus plu.

b) Rouge au soir et blanc au matin,
C'est la journée du pèlerin.

(Quand le ciel est rouge le soir et blanc le matin, c'est
ordinairement un indice qu il fera beau temps.)
c) Petite pluie abat grand vent.
d) Après la pluie le beau temps.

31. EXERCICE.

Zusammenziehung mehrerer Sätze in einen.

1. Les enfants dansent. Les enfants chantent.
   Les enfants dansent et chantent.
   Les enfants qui dansent, chantent.
   Les enfants dansent en chantant.
   Les enfants chantent en dansant.

2. Le canard plonge. Le canard cherche de la nourriture.
   Le canard plonge et cherche de la nourriture.
   Le canard qui plonge, cherche de la nourriture.
   Le canard plonge en cherchant de la nourriture.
   Le canard cherche de la nourriture en plonzeant.

3. Le garçon mange une tartine. Le garçon regarde les
   hirondelles.
   Le garçon qui mange une tartine, regarde les hirondelles.
   Le garçon mange une beurrée en regardant les hirondelles.
   Le garçon regarde les hirondelles en mangeant une
   beurrée.

4. Même exercice avec les phrases suivantes:
   a) Le grand-père échenille le cerisier. Le grand-père regarde
      l'étourneau.
   b) L'alouette chante. L'alouette monte dans l'air.
   c) Le chien bondit. Le chien aboie.
   d) La mère bêche. La mère met son pied droit sur la bêche.
   e) Le touriste marche. Le touriste regarde le village.

---

a) Grammatik: Zusammenziehung mehrerer Sätze in einen.
b) Schriftliche Übung: Die Sätze unter 4 sind zu schreiben.

32. EXERCICE.

A. Remplacement du substantif par un pronom.

a) Le père herse. Il herse. La mère bêche. Elle bêche.
Les enfants dansent. Ils dansent.
Les hirondelles font leur nid. Elles font leur nid.   5

b) 1. Est-ce que le père herse le champ? Oui M., il le herse.
2a. Est-ce que la mère bêche le jard n? Oui M., elle le bêche.
 b. Est-ce que la mère tient la bêche? Oui M., elle la tient.
 3. Est-ce que la jeune fille porte son chapeau de paille?
   Oui M., elle le porte.   10
 4. Est-ce que la servante prépare le diner? Oui M., elle
   le prépare.
 5. Est-ce que le petit enfant caresse l'agneau?
 6. Est-ce que le grand-père échenille le cerisier?
 7. Est-ce que tu vois l'alouette?   15
 8. Est-ce que vous voyez la forêt?
 9. Est-ce que le petit garçon regarde les hirondelles?
10. Est-ce que la petite fille nourrit les canetons?
11. Est-ce que le père dirige les chevaux?
12. Est-ce que tu vois les oiseaux?   20
13. Est-ce que vous voyez les enfants?
14. Est-ce que vous voyez les chevaux?
15. Est-ce que vous voyez les châteaux?
16. Est-ce que vous voyez les sapins?
17. Est-ce que la mère tient la bêche?   25
18. Est-ce que la jeune fille porte le bouquet?

Um die verneinende Form zu üben, fragt der Lehrer, während er sich vor den fragl. Gegenstand stellt:
Est-ce que tu vois le jardin?
Réponse: Non, monsieur, je ne le vois pas.   30
Est-ce que vous voyez les enfants?
Réponse: Non, monsieur, nous ne les voyons pas etc.
 a) Grammatik: Ersatz des Subjekts und Accusativobjekts durch
das Pronomen.
 b) Schriftliche Übung: Beantwortung einzelner der oben 35
stehenden Fragen.

B. Gebrauch von y und en.

a) 1. Est-ce que la servante est dans la cuisine? Oui, elle y est.

2. Est-ce que le père est dans le champ? Oui, il y est.

3. Est-ce que la jeune fille est sur la passerelle? Oui, elle y est.

4. Est-ce que les hirondelles sont sous le toit? Oui, elles y sont.

5. Est-ce que les canards sont dans l'eau?

6. Est-ce que la grand'mère est à la porte?

7. Est-ce que le garçon est près de la maison?

8. Est-ce que le château moderne est sur la colline?

9. Est-ce que le nid de cigognes est sur le toit?

10. Est-ce que l'étourneau est sur le cerisier?

11. Est-ce que la croix est sur le clocher?

12. Est-ce que la mère est sous le cerisier?

13. Est-ce que les canards sont sous la passerelle?

14. Est-ce que le moulin est près du ruisseau?

___

a) Grammatik: Gebrauch von y.

b) Schriftliche Übung: Beantwortung einzelner der oben stehenden Fragen.

b) 1. Combien de chevaux y a-t-il sur le tableau? Il y en a deux.

2. Combien de cigognes y a-t-il sur le tableau? Il y en a deux.

3. Combien d'hirondelles y a-t-il sous le toit?

4. Combien de poules vois-tu? J'en vois trois.

5. Combien de coqs vois-tu?

6. Combien de canetons voyez-vous? Nous en voyons neuf.

7. Combien de châteaux voyez-vous?

8. Combien d'enfants voyez-vous?

9. Combien d'alouettes voyez-vous?

___

a) Grammatik: Gebrauch von en; Stellung von y und en.

b) Schriftliche Übung: Beantwortung einzelner Fragen.

33. EXERCICE.

L'ÉTÉ.

Le deuxième tableau.

Que représente le deuxième tableau?
Le deuxième tableau représente l'été.   5

I.

Au fond du tableau il y a un village et une grande forêt.
La forêt se compose de chênes, de hêtres, de bouleaux
et de sapins.
La feuille du sapin a la forme d'une aiguille.   10
C'est pourquoi on appelle les sapins des arbres à aiguilles.
Le chêne, le hêtre, le bouleau et le sapin sont des arbres
forestiers.
Le cerisier, le pommier, le poirier et le noyer sont des
arbres fruitiers.   15
Près de la forêt il y a un pré. Dans ce pré nous voyons
un chêne.
Ce chêne est très vieux. Il a plusieurs branches mortes.
Quelles branches appelons-nous mortes? Ce sont les branches
qui n'ont plus de feuilles.   20

II.

Qui est assis au pied du chêne? C'est le gardien du troupeau. Son chien est près de lui. Le gardien joue du chalumeau en gardant son troupeau. Le troupeau se compose de
vaches et de chevaux. Parmi les chevaux il y a une jument 25
avec son poulain. Le poulain bondit près de sa mère.
Parmi les vaches il y a une vache blanche aux taches
noires. Plusieurs vaches sont couchées, elles ruminent. Une
vache beugle. La voyez-vous? Oui, nous la voyons. Une
vache se frotte à un arbre.   30
Les vaches broutent l'herbe du pré.
Les vaches ont des cornes; ce sont des bêtes à cornes.
Les cornes sont recourbées.
Une vache est allée dans l'eau pour boire (pour se
désaltérer); elle a soif, car il fait bien chaud, c'est l'été. 35

Schriftliche Übung: Aufsätzchen: le gardien et son troupeau,
la forêt.

III.

Dans le ruisseau qui prend sa source dans la forêt, il y a deux garçons qui se baignent. Ils ont mis leurs habits sur le bord. L'un des garçons nage, l'autre tient ses mains devant la figure. Sur le bord il y a un garçon qui jette de 5 l'eau à ses camarades; celui qui tient ses mains devant la figure, veut se protéger contre l'eau. Celui qui nage vers la rive, veut attraper celui qui jette de l'eau et le tirer dans l'eau. Sur la rive il y a un autre garçon qui met sa botte, il est sorti de l'eau; il vient de se baigner. Avant de se 10 baigner, on se déshabille; après s'être baigné, on s'habille. Près de lui il y a des roseaux.

———

Proverbes: 1. Les petits ruisseaux font les grandes rivières.
2. Il n'est pire eau que l'eau qui dort.
3. Qui cherche le péril périt.
15   4. Rira bien qui rira le dernier.
a) Grammatik: celui qui, Wiederholung von 23, I; se baigner.
b) Schriftliche Übung: Aufsätzchen: le ruisseau.

IV.

Sur le devant du tableau il y a un champ de blé. Le 20 blé est mûr, il est jaune. Trois faucheurs fauchent le blé avec des faux (au moyen de faux). L'un aiguise sa faux avec une pierre à aiguiser. Deux femmes lient les gerbes avec des liens de paille.

Regardez les épis, les uns se tiennent droits, les autres 25 sont courbés. Dans les épis courbés il y a plus de grains que dans les épis droits. Entre les tiges de blé il y a des fleurs, des bluets et des coquelicots. De quelle couleur sont les bluets et les coquelicots? Deux perdrix s'envolent. L'un des faucheurs a effarouché les perdrix. A gauche on voit 30 un chardon, c'est une mauvaise herbe. «Mauvaise herbe croit toujours.»

Le chardonneret est un oiseau qui aime la graine de chardon.

Près du champ de blé il y a un buisson; c'est un églan-35 tier ou rosier sauvage; il est en fleur. Sous ce buisson il y a un enfant qui dort. Il est protégé contre le soleil par le

chapeau de sa mère. Montre-moi sa mère. Pourquoi montres-
tu cette femme et pourquoi ne montres-tu pas l'autre? Parce
que cette femme n'a pas de chapeau. Près de l'enfant endormi
il y a une corbeille, et dans la corbeille il y a une cruche;
5 dans cette cruche, il y a de l'eau, du vin ou du cidre.

*Locutions proverbiales.

1. Manger son blé en vert.
(Dépenser son bien d'avance.)
2. Crier famine sur un tas de blé.
10   (Se plaindre comme si l'on manquait de tout, quoiqu'on soit
dans l'abondance.)

----

a) Grammatik: Cette femme n'a pas de chapeau; Wiederholung von 23, II.

b) Schriftliche Übung: 1. Aufsätzchen: le champ de blé.
15   2. Le faucheur fauche au moyen d'une faux.

Nach diesem Muster bilden die Schüler Sätzchen, in denen
sie folgende Wörter gebrauchen:

Le père, herser, la herse; la mère, bêcher, la bêche; le grand-
père, écheniller le cerisier, long bâton; la femme, lier la gerbe,
20 le lien de paille; le faucheur, aiguiser la faux, une pierre à aiguiser;
l'homme, voir, ses yeux; l'homme, entendre, ses oreilles; l'homme,
sentir, son nez; l'homme, goûter, sa langue.

V.

Sur le chemin on voit un monsieur avec son fils. C'est
25 le propriétaire du champ qui vient voir ses faucheurs. Il a
chaud, il s'essuie le front avec son mouchoir; il n'a pas
l'habitude de la chaleur. Son fils a un filet à papillons.
Il veut prendre les papillons qui voltigent autour des fleurs
de l'églantier; il court après les papillons. Ces papillons
30 sont bigarrés. Combien de papillons y a-t-il? Il y en a
trois. On prend aussi des poissons avec un filet.

----

a) Grammatik: Je viens voir, je viens de voir.
J'ai chaud, j'ai froid. Wiederholung von 30.

b) Schriftliche Übung: Aufsätzchen: Le propriétaire du champ
35 et son fils.

VI.

Dans un autre champ deux hommes chargent un grand chariot. Un homme est en bas; avec une grande fourche il tend les gerbes à l'homme qui est sur le chariot pour ranger les gerbes. 5

Une femme porte les gerbes vers le chariot.

Un homme boit dans une cruche que son fils lui a apportée.

Un autre chariot a déjà pris le chemin du village.

Dans le lointain on voit plusieurs faucheurs retourner 10 au village.

VII.

Sur la colline il y a deux moulins à vent. Voilà leurs grandes ailes. Sur le premier tableau il y a un moulin à eau.

L'eau fait tourner la grande roue du moulin. Qu'est-ce 15 qui fait tourner les ailes des moulins à vent? C'est le vent.

On bâtit les moulins à vent sur les collines et les moulins à eau dans les vallées.

---

a) Grammatik: moulin à vent, moulin à eau, moulin à café, moulin à paroles, filet à papillons. 20

b) Schriftliche Übung: Diktate.

VIII. **Remplacement du substantif par un pronom.**

Répéter 32.

1. Est-ce que les faucheurs fauchent le blé?
2. Est-ce que les femmes lient les gerbes? 25
3. Est-ce que la femme porte la gerbe?
4. Est-ce que le garçon prend les papillons?
5. Est-ce que le berger garde le troupeau?
6. Est-ce que vous voyez l'enfant endormi?
7. Est-ce que vous voyez les garçons qui se baignent? 30
8. Est-ce que tu vois le clocher du village?
9. Est-ce que tu vois les moulins à vent?
10. Est-ce que tu vois les faucheurs?

Schriftliche Übung: Beantwortung dieser Fragen.

IX. 35

Dans le lointain un orage va éclater, au ciel il y a des nuages noirs; on voit les éclairs. Dans l'air il y a un éper-

ii poursuit une volée de pigeons. L'épervier est un
.. de proie.

Grammatik: l'orage va éclater; je vais chercher; je viens
voir, je viens de voir; je vais me baigner, je viens de me baigner.

5 ## X. *LES ÉPIS DE BLÉ.

Un laboureur alla un jour, avec son fils, le petit Thomas,
visiter ses champs pour voir si le blé serait bientôt à sa
maturité.

«Mon père, dit l'enfant, comment se fait-il que quelques-
10 unes de ces tiges de blé soient toutes penchées, tandis que
d'autres se tiennent toutes droites? Celles-ci doivent sans
doute être les meilleures, et celles qui sont inclinées de la
sorte, sont assurément les moins bonnes.»

Aussitôt le père cueillit deux épis et dit à son fils:
15 «Tiens, mon enfant, regarde: Cet épi qui se penchait
si modestement est rempli des plus beaux grains; au contraire, l'autre, qui se dressait si orgueilleusement, est entièrement vide.»

a) Grammatik:
20 1. assurément, modestement, orgueilleusement.
2. Konjugation der Verba; besonders je me tiens droit.
3. celles-ci, celles qui. Wiederholung von 23. Darauf folgende
Sätze: voilà deux cigognes; celle qui est sur le bord du
nid est le mâle, celle qui est dans le nid est la femelle.
25 Le père a deux chevaux; celui qui se trouve à gauche
est brun, celui qui se trouve à droite est blanc. Voilà
deux arbres; celui qui est au jardin est un cerisier; celui
qui se trouve sur le bord du ruisseau est un saule. Die
Schüler bilden weitere Sätze.
30 b) Schriftliche Übungen.
a. Beantwortung folgender Fragen: 1. Où alla le père avec son
fils? 2. Pourquoi alla-t-il au champ? 3. Comment se
tenaient quelques-unes des tiges de blé? 4. Comment
se tenaient d'autres? 5. Quels épis étaient remplis des
35 plus beaux grains? 6. Quels épis étaient entièrement
vides?
b. Die Sätze unter Gr. 3.

34. EXERCICE.

I. ENIGMES.

1.

Ma tête vaut de l'or;
On me coupe le pied, on me brise le corps;
Et je donne la vie à qui me donne la mort.

(לֶחֶם)

Schriftliche Übung:
Beantwortung folgender Fragen: 1. Qu'est-ce que c'est que
la tête du blé? et le pied? 2. Comment le blé donne-t-il
la vie à celui qui lui donne la mort?

2.

Je suis dans les airs;
On m'attend sur la terre,
Quand gronde le tonnerre,
Quand brillent les éclairs.

L'été, je suis liquide,
L'hiver, blanche et solide,
Et dans toute saison
Une douce boisson.

(הַמָּיִם)

Schriftliche Übung:
Beantwortung folgender Fragen: 1. Que forme l'eau quand
elle se trouve dans l'air? 2. Comment est-elle en été?
en hiver? En quoi se change-t-elle en hiver? 3. Qu'est-ce
que l'eau est dans toute saison?

3.

Je vais, je viens dans ma maison,
On vient pour me prendre.
Ma maison se sauve par les fenêtres,
Et moi je reste en prison.

(Le poisson, l'eau, le filet)

Schriftliche Übung:
Beantwortung folgender Fragen: 1. Quelle est la maison des
poissons? 2. Avec quoi prend-on les poissons? 3. Comment appelle-t-on ici les mailles du filet? 4. Quelle est
la prison des poissons?

II.

1. LE PAPILLON ET L'ABEILLE.

«S'il fait beau temps,
Disait un papillon volage,
S'il fait beau temps,
Je vais folâtrer dans les champs.»
«Et moi, lui dit l'abeille sage,
Je me mettrai à mon ouvrage,
S'il fait beau temps.»

2. CHANSON DE LA CAILLE.

Dès l'aurore naissante,
Dans ses accents joyeux,

La caille vigilante
S'élève vers les cieux.
Écoutez, elle dit:
Sors du lit, sors du lit!

La caille prévoyante
Appelle vers midi,
Dans la plaine brûlante,
Le faucheur endormi:
Allons vite au travail!
Au travail, au travail!

Quand la brise légère
Se fait sentir le soir,
La caille messagère
Semble dire bon soir!
En chantant elle dit:
Bonne nuit, bonne nuit!

*35. EXERCICE.

A. L'ÉTÉ.

Après le printemps vient l'été.
Durant cette belle saison, le soleil est plus chaud; à midi,
nous le voyons presque au-dessus de nos têtes.
Les jours sont très longs, les nuits très courtes.

De jour en jour on voit les fruits grossir sur les arbres,
les blés mûrir dans les champs.
Le coquelicot et le bluet s'épanouissent.
Les villages sont presque déserts: dès l'aurore les villageois
sont à leurs travaux.
C'est la saison des repas en plein air et des bains dans
la rivière.
Parfois la chaleur est excessive.
Des nuages noirs se forment subitement dans le ciel.
L'éclair jaillit; le tonnerre gronde.
C'est un orage qui s'abat sur la campagne.
On respire à peine: les hommes et les animaux sont inquiets.
Si l'orage est chargé de grêle, tout est ravagé en un instant.
Les blés sont perdus, les vignes et les arbres dépouillés.
Les oiseaux sont tués dans leurs nids, où ils restent pour
abriter leurs petits.
Au contraire, la joie est sur tous les visages, si le temps
favorise nos récoltes. Partout on rit, on chante, les cœurs
s'ouvrent à l'espérance.
L'alouette matinale porte son chant jusqu'au ciel.
La fauvette gazouille dans les tailles.
La tourterelle roucoule dans les grands bois.
La caille et la perdrix sont cachées au milieu des blés.

a) Wörtlichbng: enlace, midi (lundi), minuit, la mi-avril,
la mi-mai.
b) Schriftliche Übung: Diktat.

B. LES TRAVAUX DE L'ÉTÉ

a) La moisson est le plus important des travaux de l'été.
C'est la récolte du blé.
On coupe le blé au moyen de la faux ou de la faucille.
Il est lié en gerbes que l'on batte dans la grange pour
séparer la paille d'avec le grain.
On se sert aussi de machines qui coupent et battent le
blé avec une très grande rapidité; ces machines sont
appelées moissonneuses et batteuses.
Ce sont les grains de blé que le meunier réduit en farine
et que le boulanger change en pain.

En été on récolte le chanvre et le lin.

Les tiges de chanvre et de lin nous donnent du fil.

En été l'on cueille la fraise parfumée et la cerise ra-
fraichissante.

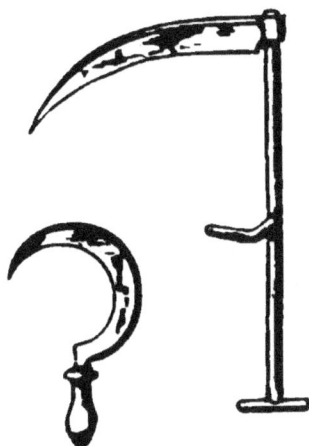

Une faucille.   Une faux.

b) 1. La faux, la faucille; maison, maisonnette; noix, noisette;
la manche, manchette; jardin, jardinet; livre, livret; la
fourche, la fourchette.

Une faucille est une petite faux.

Un livret est un petit livre.

Dites d'après cet exemple:

Ce que c'est qu'une maisonnette, une noisette, un jardinet,
une fourchette.

2. Moissonneur, moissonneuse; batteur, batteuse; pêcheur,
pêcheuse.

3. On se sert d'une machine pour couper le blé.

On se sert d'un couteau pour couper.

Bildet ähnliche Sätze mit folgenden Wörtern:

la bêche, bêcher; la herse, herser; la faux, faucher; le filet, prendre
les papillons; la plume, écrire; le crayon, dessiner; le verre,
boire; la fourchette, la cuiller, manger.

Schriftliche Übung: Schreibet die Sätze unter 1 und 3.

6*

*36. EXERCICE.

I. *LE GLAND ET LA CITROUILLE.

Un villageois était couché au pied d'un chêne et regardait une tige de citrouille qui s'était élevée en grimpant
5 au-dessus de la haie d'un jardin voisin. Il secoua la tête
et dit:

«Je trouve fort étrange qu'une tige mince et rampante,
comme l'est celle-là, porte des fruits si gros et si magnifiques,
tandis que ce grand et superbe chêne en porte de si ridi-
10 culement petits. Cela choque le bon sens. Si j'avais créé
le monde, je n'aurais fait croître sur le chêne que de grosses
citrouilles d'un beau jaune d'or et pesant au moins un quintal.
C'eût été vraiment superbe à voir.»

A peine eut-il dit ces mots, qu'un gland se détacha du
15 sommet de l'arbre et lui tomba sur le nez avec tant de force
que le sang en jaillit.

«Ouf! s'écria l'homme tout effrayé.

Voilà une fameuse croquignole pour me punir de l'impertinence avec laquelle j'ai osé blâmer ce que Dieu a trouvé
20 bon de faire. Si ce gland avait été une citrouille, il m'aurait
certainement écrasé le nez.»

Chr. v. Schmid, trad.
p. André van Hasselt.

a) Grammatik:

1. Unterschied des Imparfait und Passé défini. Un villageois
était couché et regardait. A peine eut-il dit ces mots,
25 qu'un gland se détacha et lui tomba sur le nez.

2. en grimpant. Répéter 31.

3. ridiculement, vraiment, certainement. 33, X, a, 1.

b) Schriftliche Übung.

Beantwortung folgender Fragen: 1. Où le villageois était-il
30 couché? 2. Que regardait-il? 3. Comment est la tige de
citrouille? 4. Quels fruits cette tige porte-t-elle? 5. Quels
fruits le chêne porte-t-il? 6. Comment appelle-t-on les fruits
du chêne? (Les fruits du hêtre s'appellent **faines**.) 7. Si
le paysan avait créé le monde, qu'est-ce qu'il aurait fait
35 croître sur le chêne? 8. Qu'est-ce qui lui tomba sur le nez?
9. Qu'est-ce qui en jaillit? 10. Si le gland avait été une
citrouille, qu'est-ce qui serait arrivé?

II. LES ABEILLES.

a) Les abeilles ressemblent aux mouches, mais elles ont un aiguillon, et elles piquent très fort, quand elles sont en colère; elles ne piquent pas, quand on les laisse tranquilles. Elles habitent une espèce de maison qu'on appelle une ruche. 5 Les abeilles se reposent tout l'hiver dans la ruche, mais l'été elles travaillent beaucoup; elles volent de fleur en fleur pour amasser du miel, c'est là leur travail. Le miel est sucré et très bon à manger.

b) Un jour le père de Jules dit à celui-ci: Julot, n'approche pas des ruches, et surtout ne taquine pas les abeilles; tu sais qu'elles piquent fort. «Oui, oui, papa, je sais bien; 10

il n'y a pas de danger.» Mais Julot était étourdi; il oublie
ce que papa lui a dit, et il s'en va jouer à la balle près des
ruches. Tout d'un coup, sa balle tombe en plein sur une
ruche. Oh! comme les abeilles sont en colère!
Les voilà qui sortent des ruches en bourdonnant, se
jettent sur Jules, et se mettent à le piquer.

Le pauvre Jules ne sait plus où se fourrer. Il se met
à courir vers la maison en criant et en pleurant. Heureusement sa mère l'entend; elle ouvre la porte; Jules entre, et
sa mère referme bien vite la porte. Presque toutes les
abeilles restent dehors, mais le pauvre Julot a été bien piqué.
Sa mère lave ses piqûres avec du vinaigre; mais il souffre
beaucoup, et sa figure resta longtemps enflée.

Je crois qu'il se méfiera des abeilles une autre fois.

                Dommage rend sage!

a) jouer du chalumeau, jouer à la balle.

b) Schriftliche Arbeit: Beantwortung folgender Fragen:

1. A quoi les abeilles ressemblent-elles?
2. Avec quoi piquent-elles?
3. Quand piquent-elles?
4. Comment appelle-t-on la petite maison que les abeilles
   habitent?
5. Quand travaillent-elles? quand se reposent-elles?
6. Qui s'approcha un jour des ruches?
7. Que fit Jules lorsque les abeilles sortirent des ruches?
8. Qui l'entendit?
9. Qui ouvrit la porte?
10. Qui lava ses piqûres?

37. EXERCICE.

Gebrauch von qui, que, dont, lequel, laquelle.

a. Gebrauch von qui, que.

1. Le père qui est dans le champ herse.
2. Le champ que le père herse est près de la forêt.
3. Le moulin qui est près du ruisseau a une grande roue.
4. Le moulin que je vois est près du ruisseau.

Employez *qui* et *que* pour réunir deux phrases en une seule.

1. Le cerisier est en fleur. Il est beau.

2. Le grand-père échenille le cerisier. Le cerisier est en fleur.
3. Les canetons sont près de la petite fille. Ils sont jaunes.
4. La petite fille nourrit les canetons. Ils sont jaunes.
5. Le pot est sur le feu. Il est noir.
6. La servante a mis le pot sur le feu. Il est noir.
7. Le nid est sous le toit. C'est un nid d'hirondelle.
8. Je vois un nid sous le toit. C'est un nid d'hirondelle.
9. Le troupeau se trouve dans la prairie. Il se compose de vaches et de chevaux.
10. Le pâtre garde le troupeau. Le troupeau se trouve dans le pré.
11. Le blé est mûr. Il est jaune.
12. Les faucheurs fauchent le blé. Il est mûr.
13. Les papillons volent autour du buisson. Ils sont bigarrés.
14. Le garçon veut prendre les papillons. Ils volent autour du buisson.
15. L'enfant est près du buisson. Il dort.
16. Je vois un enfant près du buisson. Cet enfant dort.

---

a) Grammatik: qui, que.
b) Schriftliche Übung: Bearbeitung der angegebenen Sätze.
Nach Wiederholung des Exercice 23 und 33, X, werden Satze gebildet wie die folgenden: Voilà deux oiseaux; celui qui monte dans l'air est une alouette; celui qui est sur le cerisier est un étourneau. Celui que je vois monter dans l'air est une alouette, celui que je vois sur le cerisier est un étourneau. Voilà deux groupes d'oiseaux; ceux qui sont (ceux que je vois) sous le toit sont des hirondelles, ceux qui sont (que nous voyons) près de la petite fille sont des canetons.

b. Gebrauch von dont.
1. La maison dont la porte est ouverte se trouve à droite.
2. Le cerisier dont nous voyons les fleurs est près de la maison.
3. Le coq dont la crête est rouge est un bel oiseau.
4. Le moulin dont nous voyons la grande roue est près du ruisseau.

Employez dont pour réunir deux phrases en une seule.
1. La forêt se trouve au pied de la colline. Nous voyons les arbres de la forêt.

2. Les hirondelles et les cigognes sont revenues d'Afrique.
   Nous voyons les nids des cigognes et des hirondelles.
3. La grand'mère tient son petit-fils. Nous voyons les
   cheveux blancs de la grand'mère.
4. Les garçons se baignent. Les vêtements des garçons
   sont sur la rive.
5. Les hommes sont des faucheurs. Nous voyons les faux
   de ces hommes.
6. Le village est près de la forêt. On voit le clocher du
   village.
7. Les moulins à vent sont sur la colline. Nous voyons
   les grandes ailes des moulins à vent.
8. Le buisson est un églantier. Nous voyons les fleurs
   du buisson.
9. L'arbre est un bouleau. Nous voyons l'écorce blanche
   de l'arbre.

---

a) Grammatik: dont.

b) Schriftliche Übung: Bearbeitung der angegebenen Sätze.

c. Gebrauch von lequel, laquelle.

1. L'homme fauche le blé avec une faux.
   Voilà la faux avec laquelle il fauche
2. Le garçon prend les papillons avec un filet.
   Voilà le filet avec lequel il les prend.
3. L'homme boit dans une cruche.
   Voilà la cruche dans laquelle il boit.
4. Les moulins à vent sont sur une colline.
   Voilà la colline sur laquelle il y a les moulins à vent.
5. Le gardien du troupeau se trouve près du chêne.
   Voilà le chêne près duquel se trouve le gardien du
   troupeau.
6. Les garçons se baignent dans un ruisseau.
   Voilà le ruisseau dans lequel ils se baignent.

---

7. Le père herse avec une herse.
   Montre-moi la herse avec ... il herse.
8. La mère bêche avec une bêche.
   Voilà la bêche avec ... elle bêche.

9. L'étourneau se trouve sur le cerisier.
Voila le cerisier sur . . . se trouve l'étourneau.

10. Le garçon se trouve près de la maison.
Voilà la maison près de . . . se trouve le garçon.

11. Les hirondelles font leur nid sous le toit.
Voilà le toit sous . . . elles font leur nid.

12. La jeune fille se trouve sur la passerelle.
Montre-moi la passerelle sur . . . se trouve la jeune fille.

13. Le père se trouve près des chevaux.
Montre-moi les chevaux près . . . il se trouve.

14. La servante se trouve dans la cuisine.
Montre-moi la cuisine dans . . . elle se trouve.

15. Les femmes lient les gerbes avec des liens de paille.
Voilà les liens de paille avec . . . elles lient les gerbes.

16. Le faucheur aiguise sa faux avec une pierre à aiguiser.
Voilà la pierre à aiguiser avec . . . il aiguise sa faux.

17. Je coupe avec un couteau.
Voilà le couteau avec . . . je coupe.

18. J'écris avec une plume.
Voilà la plume avec . . . j'écris.

19. Je dessine avec un crayon.
Voilà le crayon avec . . . je dessine.

20. J'ouvre la porte avec une clef.
Voilà la clef avec . . . j'ouvre la porte.

a) Grammatik: lequel, laquelle.
b) Schriftliche Übung: Die obigen Sätze sind mit Einfügung des durch Punkte angedeuteten Wortes zu schreiben.

38. EXERCICE.

I. LE TRÉSORIER DU ROI.

Un trésorier royal était accusé devant son maître de détourner les deniers de l'État et de cacher dans un souterrain, fermé par une porte de fer, l'argent et les objets précieux qu'il dérobait.

Le roi se rendit au palais qu'habitait son trésorier; là, il se fit montrer la porte de fer et ordonna qu'on la lui ouvrît. Mais quel fut son étonnement lorsqu'il entra dans

le souterrain! Il n'y vit rien que les quatre murs, une table
grossière et une chaise de paille. Sur la table se trouvaient
un chalumeau, une houlette de berger et une panetière; par
l'unique fenêtre qui éclairait ce lieu, la vue s'étendait sur de
5 vertes prairies et sur des montagnes couvertes de bois.

En voyant l'étonnement du roi, le trésorier lui dit: «Dans
ma jeunesse je gardais les moutons, et c'est vous, ô mon
roi, qui m'avez appelé à votre cour. Or, je passe chaque
jour une heure dans ce souterrain, et je me réjouis au sou-
10 venir de mon premier état, en répétant les chansons que je
chantais autrefois à la gloire du Créateur. Hélas! si pauvre
que je fusse alors, j'étais bien plus heureux dans l'humble
chaumière de mon père, que je ne le suis aujourd'hui dans
ce palais, au milieu des richesses dont votre faveur a daigné
15 me combler.»

Le roi fut fort irrité contre ceux qui avaient calomnié
cet homme de bien. Il l'embrassa en le suppliant de ne
pas le quitter. Chr. v. Schmid, trad. p. André van Hasselt.

1. Il ordonna qu'on lui ouvrît la porte. Indikativ und Kon-
20 junktiv.
2. Imparfait und Passé défini.
3. j'étais plus heureux que je ne le suis aujourd'hui.
4. Schriftliche Übung. 1. Der König erzählt die Geschichte.
2. Der erste Teil wird im Präsens erzählt.

25 *II. LE CORRIDOR DE LA TENTATION.

Nabussan, roi de Sérendib, fils de Nussanab, était un
des meilleurs princes de l'Asie; quand on lui parlait, il était
difficile de ne pas l'aimer.

Ce bon prince était toujours loué, trompé et volé: c'était
30 à qui pillerait ses trésors.

Le receveur général de l'île de Sérendib donnait toujours
cet exemple, fidèlement suivi par les autres.

Le roi le savait; il avait changé de trésorier plusieurs
fois; mais il n'avait pu changer la mode établie de partager
35 les revenus du roi en deux moitiés inégales, dont la plus
petite revenait toujours à sa Majesté, et la plus grosse aux
administrateurs.

Le roi Nabussan confia sa peine au sage Zadig.

«Vous qui savez tant de belles choses, lui dit-il, ne sauriez-vous pas le moyen de me faire trouver un trésorier qui ne me vole point?

— Assurément, répondit Zadig, je sais une façon in- ⁵ faillible de vous donner un homme qui ait les mains nettes.»

Le roi charmé lui demanda, en l'embrassant, comment il fallait s'y prendre.

— «Il n'y a, dit Zadig, qu'à faire danser tous ceux qui se présenteront pour la dignité de trésorier; et celui qui dan- 10 sera avec le plus de légèreté sera infailliblement le plus honnête homme.»

— Vous vous moquez, dit le roi, voilà une plaisante façon de choisir un receveur de mes finances! Quoi! vous prétendez que celui qui fera le mieux un entrechat sera le 15 financier le plus intègre et le plus habile?

— «Je ne vous réponds pas qu'il sera le plus habile, repartit Zadig; mais ce sera indubitablement le plus honnête homme.» Zadig parlait avec tant de confiance, que le roi crut qu'il avait quelque secret surnaturel pour connaître les 20 financiers.

«Je n'aime pas le surnaturel, dit Zadig; si Votre Majesté veut me laisser faire l'épreuve que je lui propose, elle sera bien convaincue que mon secret est la chose la plus simple et la plus aisée.» 25

Nabussan, roi de Sérendib, fut bien plus étonné d'entendre que le secret était simple, que si on le lui avait donné pour un miracle. Or bien, dit-il, faites comme vous l'entendrez.

— Laissez-moi faire, dit Zadig, vous gagnerez à cette épreuve plus que vous ne pensez.» 30

Le jour même il fit publier, au nom du roi, que tous ceux qui prétendaient à l'emploi de haut receveur des deniers de sa gracieuse Majesté Nabussan, fils de Nussanab, eussent à se rendre, en habits de soie légère, le premier jour de la lune du crocodile, dans l'antichambre du roi. 35

Ils s'y rendirent au nombre de soixante-quatre. On avait fait venir des violons dans un salon voisin; tout était préparé pour le bal; mais la porte de ce salon était fermée et il fallait, pour y entrer, passer par une petite galerie assez obscure.

Un huissier vint chercher et introduire chaque candidat, l'un après l'autre, par ce passage, dans lequel on le laissait seul quelques minutes.

Le roi, qui avait le mot, avait étalé tous ses trésors
5 dans cette galerie.

Lorsque tous les prétendants furent arrivés dans le salon, sa Majesté ordonna qu'on les fît danser.

Jamais, on ne dansa plus pesamment et avec moins de grâce: ils avaient tous la tête baissée, les reins recourbés,
10 les mains collées à leurs côtés.

«Quels fripons!» disait tout bas Zadig.

Un seul d'entre eux formait des pas avec agilité, la tête haute, le regard assuré, les bras étendus, le corps droit, le jarret solide.

15 «Ah! l'honnête homme, le brave homme! disait Zadig. Le roi embrassa ce bon danseur, le déclara son trésorier, et tous les autres furent punis et taxés avec la plus grande justice du monde; car chacun, dans le temps qu'il avait été dans la galerie, avait rempli ses poches, et pouvait à peine
20 marcher.

Le roi fut fâché, pour la nature humaine, que de ces soixante et quatre danseurs il y eût soixante et trois filous.

La galerie obscure fut appelée le corridor de la tentation.

Voltaire.

25 ## L'AUTOMNE.
Le troisième tableau.

Que représente le troisième tableau?

Le troisième tableau représente l'automne.

I.

30 Au fond du tableau nous voyons un fleuve; au milieu du fleuve il y a une île avec une villa.

C'est le Rhin. Où prend-il sa source? Il prend sa source dans les Alpes, au St.-Gothard. Il se jette dans la mer du Nord. Les bouches du Rhin sont en Hollande, sa source est
35 en Suisse. Les rives du Rhin sont très belles. Il y a beaucoup de châteaux et beaucoup de villes sur le Rhin. Le Main et la Moselle sont des affluents du Rhin. Le confluent du Main et du Rhin est vis-à-vis de Mayence, le confluent de la Moselle et du Rhin est à Coblence. Coblence et Mayence

sont des forteresses. Sur le Rhin il y a un bateau à vapeur, ou un vapeur; montrez les mâts, la cheminée et le pavillon.

Un bateau à vapeur (un vapeur) a deux grandes roues ou une hélice. On distingue des vapeurs à roues et des vapeurs à hélice. Des bateaux à vapeur montent et descendent le Rhin. Les bateaux vont *en amont* et *en aval*.

II.

Près du Rhin il y a un champ qui est labouré par un paysan. Celui-ci a attelé deux bœufs.

Il tient les manches de la charrue. Le soc de la charrue coupe la terre, il trace des sillons; le versoir (l'oreille) retourne les mottes.

Le paysan fume en labourant. Il fume la pipe. Il fume du tabac. D'où vient le meilleur tabac? Le meilleur tabac vient d'Amérique, de l'île de Cuba. Quelle est la capitale de cette île? C'est la Havane.

Qui a découvert l'Amérique? Christophe Colomb a découvert l'Amérique en mil quatre cent quatre-vingt-douze.

Christophe Colomb était Italien; il était de la ville de Gênes. Où est la ville de Gênes? La ville de Gênes est en Italie, sur la Méditerranée.

(Wiederholung von 22.)

Locution proverbiale.

Mettre la charrue (la charrette) devant les bœufs. (Commencer par où l'on devrait finir.)

III.

Près du champ que le paysan laboure, il y a un autre champ où se trouve une femme. Que fait-elle? Elle récolte les pommes de terre; elle creuse avec une houe. Montrez-moi la houe avec laquelle elle creuse. Où met-elle (ou est-ce qu'elle met) les pommes de terre? Elle met les pommes de terre dans un sac. Où mettra-t-elle le sac, quand il sera plein? Elle mettra le sac sur la brouette. Montrez-moi la 5 brouette. Elle rentrera les pommes de terre avec la brouette. Montrez-moi la brouette avec laquelle elle rentrera les pommes de terre. La femme a allumé du feu pour brûler les tiges des pommes de terre. On allume le feu avec des allumettes; voilà une allumette, voilà une boîte d'allumettes.   10

IV.

A droite nous voyons une ferme; le fermier, son valet et sa servante sont dans la grange. Ils battent le blé avec des fléaux. Montrez-moi les fléaux avec lesquels ils battent le blé. Ils mettent la paille hors de la grange; montrez le 15 tas de paille.

On a appuyé une échelle contre le mur de la grange pour suspendre le maïs. Comptez les échelons! Voilà les deux montants; c'est une échelle à dix échelons.

Sur le toit de la grange il y a un grand nombre d'hiron- 20 delles qui s'assemblent pour le voyage d'Afrique. Proverbe: Qui se ressemble s'assemble. Dans l'air il y a une volée de grues qui volent aussi vers le sud. Sur le tas de paille il y a un coq et trois poules; ils sont venus chercher les grains qui sont restés dans la paille.   25

Près des poules il y a un râteau.

Près du tas de paille il y a une dinde qui se gratte la tête.

V.

Près de la grange se trouve un autre bâtiment sur la fenêtre duquel on voit un chat qui fait sa toilette.   30

Sous le pommier il y a un dindon qui fait la roue. Il y a un autre oiseau qui fait aussi la roue, c'est le paon.

Sur le pommier il y a un garçon.

Que fait-il? Il cueille les pommes; les pommes sont mûres. Il jette les pommes dans le tablier de sa sœur. 35 Montrez la sœur et son tablier. Où est-ce que la sœur met les pommes? Elle les met dans une corbeille; la corbeille

est déjà pleine. Où portera-t-elle la corbeille? Elle portera
la corbeille à la maison.

A qui donnera-t-elle les pommes? Elle les donnera à
sa mère. Et où la mère mettra-t-elle les pommes? La mère
5 mettra les pommes dans la cave sur une couche de paille

a) Grammatik: Bildung des Futurums von être, avoir und anderen Verben.

b) Locutions proverbiales.

1. Ces gens s'accordent, vivent comme chiens et chats.
10 2. La nuit tous chats sont gris.

3. Musique de chat.

4. Acheter chat en poche. (Conclure un marché sans connaître
l'objet dont on traite.)

5. Appeler un chat un chat. (Appeler les choses par leur nom.)

15 VI.

Sur la pelouse il y a deux chèvres. De quelle couleur
sont-elles? L'une est blanche, l'autre est noire. Elles sont
attachées à un pieu. Le pieu est entre les chèvres. L'une
est debout, l'autre est couchée; celle qui est debout a des
20 cornes, celle qui est couchée n'a pas de cornes. Proverbe: Où
la chèvre est attachée, il faut qu'elle broute.

Près des chèvres il y a trois garçons, deux villageois et
un citadin. L'un des villageois mange une pomme et donne
une pomme au jeune citadin. Il tient sous son bras gauche la
25 ficelle du cerf-volant que l'autre ramasse en se baissant. Sur
le cerf-volant on voit une tête: voilà les yeux, voilà le nez et
la bouche. La queue du cerf-volant est faite de papier bariolé.
La chèvre noire veut manger la queue du cerf-volant.

En automne il fait ordinairement beaucoup de vent, alors
30 les garçons lancent leurs cerfs-volants.

Le petit citadin a un tambour, de la main gauche il tient
les baguettes. Le tambour et le cerf-volant sont des jouets
(joujoux).

VII.

35 Sur la pelouse il y a encore une pie et plusieurs oies.
La pie est noire et blanche. La pie est voleuse. Une oie bat
des ailes, une autre siffle à l'approche des chiens du chasseur.

Voilà le chasseur qui revient de la chasse. Il porte un fusil à deux coups et une gibecière (un carnier). Il a tué deux lièvres. Un petit paysan qui a les pieds nus, porte les lièvres. (Le petit paysan marche nu-pieds.) Le chasseur a ôté son chapeau pour saluer la dame. Il dit: Bonjour, ma- 5 dame, comment vous portez-vous? La dame répond: Merci, monsieur, je me porte bien, et vous? Le chasseur dit: Merci, madame, je me porte bien aussi.

La dame est assise par terre. Son fils est près d'elle; il est couché et s'appuie sur le coude. La dame a cueilli 10 des raisins, elle offre des raisins au chasseur. De la main gauche la dame tient une ombrelle pour se protéger contre le soleil (se garantir du soleil).

VIII.

Dans la vigne il y a des vendangeurs. Que font-ils? 15 Ils font la récolte des raisins; c'est la vendange. Où mettent-ils les raisins? Ils les mettent dans des baquets, dans des corbeilles ou dans des hottes. Une femme porte une corbeille de raisins sur la tête, elle descend de la vigne. Deux vignerons chantent. 20

Les vendangeurs vident les hottes dans une grande cuve.

Voilà le charretier qui arrive avec la voiture chargée d'une grande cuve dans laquelle on verse les raisins. Le charretier fait claquer son fouet.

A la maison on verse les raisins dans le pressoir où on 25 les presse pour en faire sortir le jus qui sera plus tard du vin.

---

a) Grammatik:

1. Voleur, voleuse. Wiederholung von 35, B, b, 2.
2. Zusammenstellung der einfachen und zusammengesetzten Zei- ten des Verbums. 30
3. Je me porte bien. Wiederholung des reflexiven Verbums: se baigner etc.
4. Wiederholung von qui, que, dont, lequel, laquelle.
5. Die Veränderlichkeit des Part. passé nach folgenden Beispielen:
   1. Un homme boit dans une cruche que son fils lui a 35 apportée. 33, VI.
   2. Les bœufs qui traînent la charrue, sont forts.
   Les bœufs que le paysan a attelés, traînent la charrue

3. Les pommes qui sont dans la corbeille, sont belles. .
   Les pommes que le garçon a cueillies, sont belles.
4. Le petit paysan porte les lièvres que le chasseur a tués.
5. Dans le sac il y a les pommes de terre que la femme
   a récoltées.
6. Je vois les gerbes que les femmes ont liées.
7. Est-ce que la petite fille a nourri les canetons? Oui, elle
   les a nourris.
8. Est-ce que le paysan a attelé les bœufs? Oui, il les a attelés.
9. Est-ce que les femmes ont lié les gerbes? Oui, elles les
   ont liées.
10. Est-ce que le garçon a apporté la cruche? Oui, il l'a
    apportée.
11. Est-ce que le faucheur a aiguisé la faux? Oui, il l'a
    aiguisée.
12. Est-ce que le chasseur a tué les lièvres? Oui, il les a tués.
13. Est-ce que la femme a récolté les pommes de terre? Oui,
    elle les a récoltées.
14. Est-ce que le garçon a cueilli les pommes? Oui, il les
    a cueillies.
15. Les petits garçons se sont baignés.
16. Ils se sont déshabillés.
17. La dame s'est promenée.

b) Schriftliche Übungen:

1. Nach Wiederholung von 37, c werden Sätze gebildet wie der
   folgende: Le paysan laboure avec une charrue; voilà la
   charrue avec laquelle il laboure.
2. Über das dritte Bild werden Sätze zur Anwendung der
   Präpositionen: dans, sur, sous, près de, devant, derrière
   gebildet.
3. Die Schüler schreiben auf, was die Personen auf dem dritten
   Bilde thun.
4. Nach Wiederholung von 32, A und 33, VIII bilden die
   Schüler ähnliche Sätze über das dritte Bild, z. B. Est-ce
   que le petit paysan porte les lièvres? Oui, il les porte.
5. Die Menschen und Tiere auf dem dritten Bilde werden ver-
   glichen und mit celui-ci und celui-là gegenübergestellt nach
   Wiederholung von 23.

. 6. Nach dem Muster: Après avoir labouré, le paysan sème werden Satze über das 1., 2. und 3. Bild gebildet, z. B. Après avoir travaillé, le grand-père se repose; après avoir semé, le père herse.

7. Nach Wiederholung von 32, B werden Sätze mit y und en s gebildet.

8. Die Schüler schreiben kleine Aufsätzchen: La vendange, la grange, la pelouse, le Rhin, le chasseur; dgl. über das 1. und 2. Bild z. B. la maison et le jardin, les oiseaux du premier tableau, le champ de blé etc. 10

II.* L'ŒUF DE CHRISTOPHE COLOMB.

Christophe Colomb fut un jour invité à un grand dîner chez le cardinal Mendoza.

A la fin du repas, le cardinal prononça un discours fort élogieux pour le hardi navigateur génois. 15

Quelques seigneurs espagnols, envieux et jaloux de la gloire de l'illustre marin, furent irrités de ces éloges.

«Il ne faut rien exagérer, dit l'un d'eux, le chemin de ce monde nouveau était ouvert à tout le monde ... l'Océan n'était pas barré ... et il n'est pas un marin espagnol qui 20 n'eût pu y aller comme Colomb.

— Évidemment, continuèrent les autres, tout le monde en eût fait autant.

— Dieu me garde de m'enorgueillir, dit modestement Christophe Colomb. J'ai été un instrument entre les mains 25 de la Providence, et rien de plus. Mais il y a dans le monde des choses très simples que personne ne fait, ou qu'on ne trouve que lorsqu'on les a vu faire à d'autres. Tenez, par exemple, dit-il en s'adressant au noble courtisan qui avait montré pour lui un si grand dédain, sauriez-vous faire tenir 30 cet œuf debout sur une assiette?»

Le seigneur essaya longtemps, mais il ne put parvenir à faire tenir l'œuf en équilibre, et finit par y renoncer. Son voisin ne fut pas plus heureux. L'œuf passa ainsi par plusieurs mains, fit le tour de la table, et les assistants déclarèrent que 35 la chose était impossible.

— ‹C'est pourtant bien simple,› leur dit Colomb. Il prit l'œuf, le posa vivement sur la soucoupe: l'extrémité de la coquille fut écrasée, l'œuf tenait debout.

‹Ah! s'écrièrent les assistants dépités, ce n'est pas difficile! chacun de nous en eût fait autant!

— C'est vrai,› repondit Christophe Colomb, ‹mais il fallait y penser.›

Jost et Humbert, Lectures pratiques.

39. EXERCICE.

Das Passiv.

Aktiv.

1. Le paysan laboure le champ.

  »   »   labourait le champ.

  »   »   laboura »   »

  »   »   labourera »   »

  »   »   a labouré »   »

  »   »   avait »   »   »

  »   »   eut   »   »   »

  »   »   aura »   »   »

Passiv.

Le champ est labouré par le paysan.

 »   » était   »   »   »   »

 »   » fut   »   »   »   »

 »   » sera   »   »   »   »

 »   » a été   »   »   »   »

 »   » avait été »   »   »   »

 »   » eut été »   »   »   »

 »   » aura été »   »   »   »

Aktiv.

2. La femme porte   la gerbe.

 »   » portait   »   »

 »   » porta   »   »

 »   » portera   »   »

 »   » a porté   »   »

 »   » avait   »   »   »

 »   » eut   »   »   »

 »   » aura   »   »   »

Passiv.

La gerbe est   portée par la femme.

»   » était   »   »   »   »

»   » fut   »   »   »   »

»   » sera   »   »   »   »   5

»   » a été   »   »   »   »

»   » avait été   »   »   »   »

»   » eut été   »   »   »   »

»   » aura été   »   »   »   »

Ebenso sind folgende Sätze zu bearbeiten: 10

1. Les paysans battent le blé. (Part. passé: battu.)
2. La femme récolte les pommes de terre.
3. Le petit paysan porte les lièvres.
4. Les vignerons coupent les raisins.
5. Les faucheurs fauchent le blé.   15
6. Les femmes lient les gerbes.
7. Le grand-père échenille le cerisier.
8. Le père herse le champ.
9. La servante prépare le dîner.
10. La petite fille nourrit les canetons (Part. passé: nourri). 20

*40.

I. LE LABOUREUR ET SES ENFANTS.

Travaillez, prenez de la peine:
C'est le fonds qui manque le moins.
Un riche laboureur, sentant sa mort prochaine,   25
Fit venir ses enfants, leur parla sans témoins.
«Gardez-vous, leur dit-il, de vendre l'héritage
    Que nous ont laissé nos parents:
    Un trésor est caché dedans.
Je ne sais pas l'endroit, mais un peu de courage   30
Vous le fera trouver; vous en viendrez à bout.
Remuez votre champ dès qu'on' aura fait l'août:
Creusez, fouillez, béchez; ne laissez nulle place
Où la main ne passe et repasse.»
Le père mort, les fils vous retournent le champ,   35
Deçà, delà, partout; si bien qu'au bout de l'an,
    Il en rapporta davantage.

D'argent, point de caché. Mais le père fut sage
De leur montrer avant sa mort
Que le travail est un trésor. La Fontaine.

II. LE VIGNOBLE.

5   Un vigneron étant à l'article de la mort, dit à ses trois fils:
«Mes chers enfants, je n'ai d'autre héritage à vous laisser
que notre petite maison et le clos de vigne qui est situé
tout à côté, mais où se trouve enfoui un riche trésor. Fouillez-y
bien, et vous trouverez le trésor.» ·
10   Après la mort du père, les fils se mirent à remuer la
terre avec la plus grande ardeur. Cependant, ils n'y trouvèrent
ni or ni argent. Mais, l'automne venu, le clos, qu'ils avaient
bêché si vaillamment, produisit une quantité de raisins bien
plus considérable qu'auparavant, et leur revenu s'en trouva
15 doublé cette année-là.

    Alors les fils comprirent ce que le père avait voulu dire
en leur parlant du trésor caché dans la vigne.

Chr. v. Schmid, trad. p. André van Hasselt.

    1. Questions.

20   2. Les fils racontent l'histoire.

    3. Schriftliche Übung: 2.

III. L'AUTOMNE.

a) Après l'été vient l'automne.

Il fait moins chaud. Les jours deviennent plus courts
25   et les nuits plus longues.

Souvent l'air est frais, le ciel se couvre de nuages.

Les récoltes sont rentrées; les champs sont tristes et nus.

Les fleurs ont moins d'éclat et se fanent.

Les feuilles jaunissent et tombent des arbres.

30 Le vent les fait tourbillonner et les emporte au loin; les
    sentiers et les chemins en sont couverts.

Les oiseaux ne font plus entendre leurs chants joyeux.

Les hirondelles s'assemblent par bandes et vont habiter
    des contrées plus chaudes.

35 Dans les prairies la seule fleur que l'on trouve, est le
    colchique.

Bientôt la campagne sera déserte, les froids vont arriver.

C'est la saison d'automne; ensuite ce sera l'hiver.

b) 1. Jaunir = devenir jaune.
   Grandir = devenir grand.
   Grossir = devenir gros.
2. Se baigner, s'assembler, se faner, se couvrir.
3. Les hirondelles vont habiter des contrées plus chaudes. 5
   Les froids vont arriver.
   Le chasseur vient de la chasse.
   Le chasseur vient de chasser.
   Je vais ouvrir la fenêtre.
   Je viens d'ouvrir la fenêtre.   10
   Je vais écrire. Je viens d'écrire.
   Je vais couper. Je viens de couper.
   Le faucheur qui aiguise la faux, va faucher.
   Les faucheurs qui retournent au village, viennent de faucher.

IV. LES TRAVAUX DE L'AUTOMNE.   15

a) En automne on fait la récolte des fruits.
   Les fruits sont généralement bons à manger.
   Ils servent aussi à faire des confitures, des liqueurs, des
   boissons.
   Avec les pommes, on fait du cidre. On fait beaucoup 20
   de cidre en Normandie.
   Avec les poires, on fait du poiré.
   L'olive, la noix et l'amande fournissent l'huile.
   Le vin est fait avec le raisin.
   L'automne est la saison des vendanges. Aussi, dès la 25
   pointe du jour, des hommes, des femmes et des enfants
   se répandent dans les vignes.
   Armés de serpettes, ils coupent les grappes de raisin
   et remplissent leurs paniers.
   Les raisins sont jetés dans des cuves, où on les écrase. 30
   Le jus du raisin, d'abord très sucré, s'échauffe peu à
   peu; il semble bouillir, c'est la fermentation.
   Après avoir fermenté, le jus est froid, clair et fort: le
   vin est fait.
   Mis dans des tonneaux, le vin se conserve et s'améliore en 35
   vieillissant. Proverbe: Puisque le vin est tiré, il faut le boire.
b) 1. Après avoir fermenté, le jus est froid. Wiederholung:
   Seite 99, schriftliche Übungen: 6.

2. **Avant** de récolter, il faut semer. Avant de faucher, le faucheur aiguise la faux. Avant de semer, il faut labourer. Avant de battre le blé, on délie les gerbes. Avant de se baigner, on se déshabille.

Die Schüler bilden ähnliche Sätze über die 3 Bilder.

41.

I. EXERCICE DE PRONONCIATION.

Du pain sec et du fromage,
C'est bien peu pour déjeuner;
On me donnera, je gage,
Autre chose à mon dîner.
Car Didon dîna, dit-on,
Du dos d'un dodu dindon.

*II. LE DINDON.

1. Moi, je me pare,
   Moi, je me carre,
   Moi, je suis gras et beau.
   Ma plume est noire,
   Mon dos de moire,
   De rubis mon jabot.

2. Voyez ma tête,
   Ma rouge aigrette,
   Voyez, admirez tout!
   L'écho s'apprête,
   Il vous répète
   Mon solennel glouglou.

3. Ma queue est-elle
   Fournie et belle!
   Voyez, c'est un soleil:
   Tout brille et tremble;
   Que vous en semble,
   Suis-je pas sans pareil?

4. Elle frissonne,
   Elle rayonne,
   Ma plume de velours!
   Faites-moi place,
   Et que je passe
   Triomphant dans ma cour. Mlle. Montgolfier.

*42. EXERCICE.

I. LES POMMES.

1. Un matin, le petit Georges aperçut de sa fenêtre, dans le verger voisin, une grande quantité de belles pommes rouges éparses sur l'herbe. Georges descendit au plus vite: il se glissa dans le jardin par une ouverture qui se trouvait dans la haie, et remplit de pommes les poches de sa veste et de son pantalon. Mais tout à coup le voisin parut à la porte du jardin avec un bâton à la main. Georges courut vers la haie et voulait sortir par le trou par lequel il était entré. Mais le petit voleur resta pris dans l'étroite ouverture parce que ses poches étaient trop remplies. Il fut obligé de rendre les pommes qu'il avait dérobées et, en outre, puni sévèrement de son larcin.

2. D'où le petit Georges aperçut-il les pommes? Qu'aperçut-il? Qui aperçut les pommes? Où étaient les pommes? Que fit le petit Georges après avoir vu les pommes? Où se glissa-t-il? Où se trouvait l'ouverture? De quoi le verger était-il entouré? De quoi remplit-il ses poches? Qui parut à la porte du jardin? Qu'avait-il à la main? Où est-ce que Georges courut? Par où voulait-il sortir? Où resta-t-il pris? Pouvait-il sortir? Pourquoi pas? A cause de quoi resta-t-il pris? Pourquoi ne pouvait-il pas sortir? Pouvait-il garder les pommes? Comment fut-il puni de son larcin?

a) Grammatik: 1. J'aperçois.
2. Je suis entré.
J'ai marché.
J'ai couru.
Aller — venir.
Entrer — sortir.
Arriver — partir.
Naître — mourir.
Tomber.

b) Schriftliche Übung:
1. Diktat.
2. Die Erzählung wird geschrieben, indem statt des Imperf. und Passé déf. das Präsens gesetzt wird.

II. LA NOIX ET LA COQUILLE.

C'était dans un champ planté de magnifiques noyers.
Jean vit tomber une noix. Georges la ramassa.
«Elle est à moi, dit Jean: je l'ai vue tomber.
5 — Elle est à moi, s'écria Georges: je l'ai ramassée.»
Ils allaient se battre.
Survient Pierre.
«Pierre dira qui de nous deux a raison!»
Pierre prit la noix et dit:
10 «Jean, cette coquille est à toi, qui as vu tomber la noix.
Cette autre coquille est à toi, Georges, qui as ramassé
la noix.
Moi, je garde l'amande pour ma peine.»
En disant ces mots, il mangea la noix et partit en riant.

15 ## III. LA NOIX.

a) La petite Lisette trouva une noix encore couverte de
son écale verte. Elle la prit pour une pomme et
voulut la manger. Mais à peine avait-elle mordu
dedans qu'elle s'écria: «Fi donc! que cela est amer!»
20 et elle jeta la noix. Henri, son frère, la ramassa de
suite, ôta l'écorce avec ses dents et dit: «Je ne fais
pas attention à l'amertume de l'écorce, car je sais que
dans l'intérieur est cachée une douce amande.»
Proverbe: Ne jugeons pas sur l'écorce.
25 b) Écale de noix.
Écorce de cerisier; écorce de citron.
Coquille d'œuf.
Coque d'œuf, cocon de ver à soie.
Coque, coquille; maison, maisonnette; noix, noisette; jardin,
30 jardinet.
La manche, la manchette; la planche, la planchette. Wiederholung: 35, B, b, I.

IV. L'ORANGE.

a) Un jeune enfant mordait dans une orange,
35 «Oh! s'écria-t-il en courroux,
Le maudit fruit! se peut-il qu'on le mange!
Qu'il est amer! on le dirait si doux!»

— Faux jugement, lui répondit son père:
Otez cette écorce légère,
Vous reviendrez de votre erreur.
Ne jugeons pas toujours sur un dehors trompeur!»
Florian.   5

b) Tromper, trompeur; chasser, chasseur; porter, porteur.
Pêcher, pêcheur; labourer, laboureur; faucher, faucheur.
Fumer, fumeur; flatter, flatteur; nager, nageur; marcher,
marcheur.
Battre, batteur; vaincre, vainqueur.   10
Imprimer, imprimeur.
Répéter 28, III, c; 35, B, b, 2.

V. NE JOUEZ PAS AVEC LES ARMES A FEU.

Xavier était le fils d'un forestier. Il demeurait avec ses
parents dans la maison forestière, non loin du village. 15
Il avait encore trois frères et une sœur, plus jeunes que
lui.
Son père était absent presque toute la journée, pour
garder les bois.
Sa mère quittait souvent aussi la maison, pour travailler 20
dans les champs ou pour faire des emplettes au village.
Xavier gardait la maison et surveillait ses frères et sa
sœur.
Pour faire passer le temps, les enfants s'amusaient à jouer,
tantôt dans la cour, tantôt dans le verger qui y tou- 25
chait.
Un jour, ils eurent l'idée de jouer au chasseur.
Les petits frères faisaient les chevreuils et la petite fille
faisait le lièvre.
Xavier était le chasseur et les poursuivait avec un gros 30
bâton, en guise de fusil.
C'était bien jusque-là.
Mais Xavier voulut être un chasseur pour tout de bon,
et alla prendre un des fusils de son père.
Il lui était sévèrement défendu de toucher à une arme, 35
mais il se dit en lui-même: Ce fusil n'est pas chargé,
et je ne le prendrai que pour un instant.
Malheureusement l'arme était chargée.

«Allons, les chevreuils! s'écria-t-il, en sortant de la maison, sauvez-vous ou je tire.

— Rapporte le fusil bien vite, lui cria la petite fille, ou bien je le dirai à papa.»

5 Mais Xavier n'écouta pas sa sœur et se mit à courir après ses petits frères.

Ceux-ci se cachèrent derrière la haie, en riant tout haut. Au bout d'un instant, Xavier aperçut le cadet et le mit en joue.

10 Le petit garçon ne bougeait pas, car il croyait aussi que le fusil n'était pas chargé.

Mais soudain le coup partit et le pauvre enfant tomba raide mort: toute la charge lui était entrée dans le cœur! Th. Hatt, Lectures enfantines.

15 a) Grammatik: sévèrement, malheureusement.
b) Schriftliche Übungen:
   1. Diktat.
   2. Beantwortung folgender Fragen:
  1. Où demeurait Xavier?
20 2. Pourquoi le père était-il absent presque toute la journée?
  3. Pourquoi la mère quittait-elle souvent la maison?
  4. Que faisaient les enfants, pour faire passer le temps?
  5. Où jouaient-ils?
  6. Quelle idée eurent-ils un jour?
25 7. Qu'est-ce que Xavier alla prendre?
  8. Est-ce qu'il avait la permission de prendre un fusil?
  9. Où est-ce que les petits frères se cachèrent?
 10. Qui est-ce que Xavier mit en joue?
 11. Pourquoi le petit frère ne bougeait-il pas?
30 12. Qu'est-ce qui arriva?

*43.

*I. MADAME THÉOPHILE.

Madame Théophile était une chatte rousse à poitrail blanc, à nez rose et à prunelles bleues, ainsi nommée parce 35 qu'elle vivait avec nous dans une grande intimité, dormant sur le pied de notre lit, rêvant sur le bras de notre fauteuil, pendant que nous écrivions, descendant au jardin pour nous

suivre dans nos promenades, assistant à nos repas et inter-
ceptant parfois le morceau que nous portions de notre assiette
à notre bouche.

Cette délicieuse et charmante bête aimait les parfums.
Le patchouli, le vétiver des cachemires la jetaient dans des
extases.

Elle avait aussi le goût de la musique. Grimpée sur
une pile de partitions, elle écoutait fort attentivement et avec
des signes visibles de plaisir, les cantatrices qui venaient
s'essayer au piano du critique. Mais les notes aiguës la ren- 10
daient nerveuse et au la (voir p. 52, 36) d'en haut elle ne manquait jamais de fermer avec sa patte la bouche de la chanteuse. C'est une expérience qu'on s'amusait à faire et qui
ne manquait jamais. Il était impossible de tromper sur la
note cette chatte dilettante. 15

Un jour, un de nos amis, partant pour quelques jours,
nous confia son perroquet pour en avoir soin tant que durerait
son absence.

L'oiseau, se sentant dépaysé, était monté à l'aide de
son bec jusqu'au haut de son perchoir et roulait autour de lui, 20
d'un air passablement effaré, ses yeux semblables à des clous
de fauteuil en fronçant les membranes blanches qui lui
servaient de paupières.

Madame Théophile n'avait jamais vu de perroquet; et
cet animal, nouveau pour elle, lui causait une surprise évidente. 25

Aussi immobile qu'un chat embaumé d'Egypte dans
son lacis de bandelettes, elle regardait l'oiseau avec un air
de méditation profonde, rassemblant toutes les notions d'histoire naturelle qu'elle avait pu recueillir sur les toits, dans
la cour et le jardin. L'ombre de ses pensées passait par ses 30
prunelles changeantes, et nous pûmes y lire ce résumé de
son examen: «Décidément, c'est un poulet vert.»

Ce résultat acquis, la chatte sauta à bas de la table
où elle avait établi son observatoire et alla se raser dans un
coin de la chambre, le ventre à ter.., les coudes sortis, la 35
tête basse, le ressort de l'échine tendu, comme la panthère
guettant les gazelles qui vont se désaltérer au lac.

Le perroquet suivait les mouvements de la chatte avec
une inquiétude fébrile; il hérissait ses plumes, faisait bruire

sa chaine, levait une de ses pattes en agitant les doigts, et
repassait son bec sur le bord de la mangeoire. Son instinct
lui révélait un ennemi méditant quelque mauvais coup. Quant
aux yeux de la chatte, fixés sur l'oiseau, avec une intensité
5 fascinatrice, ils disaient, dans un langage que le perroquet
entendait fort bien et qui n'avait rien d'ambigu: «Quoique
vert, ce poulet doit être bon à manger.»

Nous suivions cette scène avec intérêt, prêt à intervenir
quand besoin serait. Madame Théophile s'était insensible-
10 ment rapprochée: son nez rose frémissait, elle fermait à demi
les yeux, sortait et rentrait ses griffes contractiles. De petits
frissons lui couraient sur l'échine, comme à un gourmet qui
va se mettre à table devant une poularde truffée; elle se
délectait à l'idée du repas succulent et rare qu'elle allait faire.

15 Tout à coup son dos s'arrondit comme un arc qu'on
tend, et un bond d'une vigueur élastique la fit tomber juste
sur le perchoir. Le perroquet, voyant le péril, d'une voix
de basse grave et profonde, cria soudain:

«As-tu déjeuné, Jacquot?» Cette phrase causa une indi-
20 cible épouvante à la chatte, qui fit un saut en arrière. Une
fanfare de trompette, une pile de vaisselle se brisant à terre,
un coup de pistolet tiré à ses oreilles n'eussent pas causé à
l'animal félin une plus vertigineuse terreur.

Toutes ses idées ornithologiques étaient renversées. «Et
25 de quoi? De rôti du roi», continua le perroquet. La physionomie de la chatte exprima clairement: «Ce n'est pas un
oiseau, c'est un monsieur, il parle!»

«Quand j'ai bu du vin clairet,
Tout tourne, tout tourne au cabaret,»
30 chanta l'oiseau avec des éclats de voix assourdissants,
car il avait compris que l'effroi causé par sa parole était son
meilleur moyen de défense.

La chatte nous jeta un regard plein d'interrogation, et
notre réponse ne la satisfaisant pas, elle alla se blottir sous
35 le lit, d'où il fut impossible de la faire sortir de la journée.
Le lendemain, madame Théophile, un peu rassurée, essaya
une nouvelle attaque repoussée de même. Elle se le tint
pour dit, acceptant l'oiseau pour un homme.

Théophile Gautier, Ménagerie intime.

*II. NOTRE CHIEN CAGNOTTE.

Nous étions arrivés de Tarbes à Paris. Nous avions alors trois ans. Une nostalgie dont on ne croirait pas un enfant capable s'empara de nous. Nous ne parlions que patois, et ceux qui s'exprimaient en français «n'étaient pas des nôtres.» 5 Au milieu de la nuit, nous nous éveillions en demandant si l'on n'allait pas bientôt partir et retourner au pays. Aucune friandise ne nous tentait, aucun joujou ne nous amusait. Les tambours et les trompettes ne pouvaient rien sur notre mélancolie. Au nombre des objets et des êtres regrettés figurait 10 un chien nommé Cagnotte, qu'on n'avait pu amener. Cette absence nous rendait si triste qu'un matin, après avoir jeté par la fenêtre nos soldats de plomb, notre village allemand aux maisons peinturlurées, et notre violon du rouge le plus vif, nous allions suivre le même chemin pour retrouver plus 15 vite Tarbes, les Gascons et Cagnotte.

On nous rattrapa à temps par la jaquette, et Joséphine, notre bonne eut l'idée de nous dire que Cagnotte, s'ennuyant de ne pas nous voir, arriverait le jour même par la diligence. De quart d'heure en quart d'heure, nous demandions si 20 Cagnotte n'était pas venu enfin. Pour nous calmer, Joséphine acheta sur le Pont-Neuf un petit chien qui ressemblait un peu au chien de Tarbes. Nous hésitions à le reconnaitre, mais on nous dit que le voyage changeait beaucoup les chiens. Cette explication nous satisfit, et le chien du Pont- 25 Neuf fut admis comme un Cagnotte authentique. Il était fort doux, fort aimable, fort gentil. Il nous léchait les joues, et même sa langue ne dédaignait pas de s'allonger jusqu'aux tartines de beurre qu'on nous taillait pour notre goûter. Nous vivions dans la meilleure intelligence. Cependant, peu à peu, 30 le faux Cagnotte devint triste, gêné, empêtré dans ses mouvements. Il ne se couchait plus en rond qu'avec peine, perdait sa joyeuse agilité, avait la respiration courte, ne mangeait plus. Un jour en le caressant, nous sentimes une couture sur son ventre fortement tendu et ballonné. Nous 35 appelâmes notre bonne. Elle vint, prit des ciseaux, coupa le fil; et Cagnotte, dépouillé d'une espèce de paletot en peau d'agneau frisée, dont les marchands du Pont-Neuf l'avaient revêtu pour lui donner l'apparence d'un caniche, se révéla dans toute sa misère et sa laideur de chien des rues, sans race ni valeur. Il avait grossi et ce vêtement étriqué l'étouffait; débarrassé de cette carapace, il secoua ses oreilles, étira ses membres et se mit à gambader joyeusement par la chambre, s'inquiétant peu d'être laid, pourvu qu'il fût à son aise.

L'appétit lui revint, et il compensa par des qualités morales son absence de beauté. Théophile Gautier, Ménagerie intime.

*44. L'HISTOIRE DU PAIN.

I. LE LABOUREUR.

Voyez le laboureur du troisième tableau.
Des deux mains il tient les manches de la charrue.
Hue! hue!
Ses bœufs marchent d'un pas lent et régulier.
Le soc s'enfonce dans la terre, soulève les mottes, et le versoir les retourne au bord du sillon que la charrue a creusé.
Hue! hue!
Les animaux avancent toujours.
Infatigable, le laboureur les suit et les dirige. Le sillon s'allonge à côté du sillon.
Bientôt le champ est labouré, et le laboureur avec son attelage rentre à la ferme pour goûter le repos mérité.
Voilà le commencement de l'histoire du pain.

II. LE SEMEUR.

Quel est donc cet homme là-bas qui se promène gravement dans le champ labouré?
Il va jusqu'à l'autre bout; puis il revient sur ses pas.
Le voici qui remonte.
Arrivé en haut, il redescend, pour remonter de nouveau.
Il porte devant lui un sac.
A chaque instant il y plonge la main.
Quand il l'a retirée, il l'étend d'un mouvement majestueux et l'ouvre.
Or, chaque fois que sa main s'ouvre, il en tombe une poignée de grains.
Il sème du blé.
Cet homme est le semeur.
Proverbe: Qui sème bon grain récolte bon pain.

III. LE BLÉ.

Afin d'empêcher les oiseaux de manger les grains, le
   laboureur fait passer la herse et le rouleau sur son champ.
La herse déchire les mottes; le rouleau tasse la terre.
Voilà le grain bien enfoui.   5
Peu à peu, l'humidité et la chaleur ramollissent le grain;
   il se gonfle, s'ouvre, et un tendre brin d'herbe en sort
   bientôt.
Le champ se couvre d'un magnifique duvet vert.
Le froid de l'hiver arrête la croissance; mais au prin- 10
   temps l'herbe se remet à pousser, elle devient tige
   et épi.
L'épi se forme, fleurit, et la fleur fait place au grain.

IV. LA MOISSON. LE BATTAGE.

Le soleil a doré les épis; c'est le temps de la moisson. 15
Dès l'aube, garçons et filles, jeunes et vieux, tout le
   monde sort en chantant.
Les uns, armés de la faucille ou de la faux, coupent le
   blé; les autres le lient en gerbes; d'autres entassent les
   gerbes et construisent des meules, ou bien ils chargent 20
   les gerbes sur la voiture et les amènent dans la grange.

Mais ce n'est pas tout : il faut faire sortir les grains des épis. En automne ou pendant l'hiver, lorsque les autres travaux sont terminés, les batteurs, avec leurs fléaux, battent le blé en cadence dans l'aire de la grange.

5 Tic, tac, toc! tic, tac, toc!
Dans beaucoup de villages on ne bat plus au fléau.
On a des machines à battre le blé.
Ces batteuses font le travail plus vite; et elles laissent moins de grains dans les épis.
10 Les épis vidés, la tige qui les portait n'est plus que de la paille.
On lie la paille en bottes.
Il reste à débarrasser le grain des débris de paille qui s'y trouvent encore mêlés.
15 On emploie pour cela le tarare ou ventilateur. Le tarare remplace les vans à l'aide desquels les ouvriers faisaient autrefois sauter les grains pour les nettoyer.

V.
a) AU MOULIN.

Tic, tac! tic, tac! tic, tac!
C'est le moulin qui fait entendre son refrain.
Coiffe de sa petite calotte, blanc comme un homme de 5
neige, le meunier charge sur ses épaules les sacs de
grain et les porte au moulin.

Le moulin sert à réduire le grain en farine.
Il se compose de deux pierres très dures, rondes et plates
comme des pièces de monnaie, placées l'une sur l'autre, 10
qu'on appelle meules. Celle de dessous est immobile.
Celle de dessus tourne, tourne, tourne, tourne sans
repos, sans relâche.
Voici le meunier qui arrive avec son sac. Il verse le
grain dans un entonnoir (la trémie) placé au-dessus de 15
la meule supérieure. Le grain descend et roule entre
les deux meules, qui l'écrasent et le moulent.
Mais ce n'est pas fini; car vous n'avez encore qu'un
mélange de farine et de son.

8*

b) LE SON.

Examinez bien un grain de froment.

Vous verrez qu'il est revêtu d'une enveloppe jaunâtre.

Cette enveloppe ne se réduit pas en poudre, comme
l'intérieur du grain; elle se brise simplement et devient
ce qu'on appelle le son.

Mêlée au son, la farine ne donne qu'un pain de qualité
inférieure.

Il faut donc séparer le son de la farine.

Voilà pourquoi le grain écrasé, à mesure qu'il s'écoule
de la meule inférieure, passe, par un tuyau de bois,
sur le blutoir.

C'est ce tamis en soie, constamment secoué de droite à
gauche et de gauche à droite, qui fait tant de bruit
au moulin.

Le blutoir ne laisse passer que la farine et retient le son.

c) QU'EST-CE QUI FAIT TOURNER LES MEULES DU MOULIN?

Vous avez remarqué ces tourelles qui se dressent sur la
colline du deuxième tableau.

Elles agitent de grandes ailes, qui tournent au souffle du vent.

Ces ailes communiquent leur mouvement à deux roues
dentées qui font tourner les meules du moulin.

Ces tourelles sont des moulins à vent.

Lorsque le vent change de direction, le meunier tourne
les ailes et continue son travail.

Le vent vient-il à tomber, le moulin s'arrête et le meunier se repose.

Plus heureuses sont les régions arrosées par des cours d'eau.

Là, on construit le moulin sur la rivière.

C'est la chute de l'eau qui fait tourner la grande roue
et marcher les meules.

Il y a aussi des moulins à vapeur.

VI.

a) LA PATE.

Le boulanger verse la farine dans le pétrin.

Au milieu du tas il creuse un trou, où il dépose le levain.

Il écrase le levain et le délaye.
Il ajoute tour a tour un peu d'eau tiède et un peu de farine.

Quand le levain est fait, il le recouvre de farine et attend.
Au bout de quelques heures, la couche de farine se fend, 5
et on voit à l'intérieur le levain qui bouillonne: c'est
la fermentation qui s'opère.
Reste à ajouter une ou plusieurs poignées de sel, pour
relever le goût du pain, puis à *pétrir* la pâte.
C'est un travail pénible. Le boulanger, qui ne porte 10
pour tout vêtement que le pantalon, sue à grosses
gouttes.
Lorsque la farine et l'eau sont bien liées l'une avec
l'autre, il repousse la pâte au bout du pétrin.
Puis, armé de son *coupe-pâte,* il en enlève vivement une 15
portion, la pèse et la dépose dans des corbeilles.
Bientôt la pâte se gonfle et finit par remplir la corbeille.
Voyez que de travaux on a déjà effectués, et nous n'a-
vons pas encore de pain.

b) LE FOUR. 20

Cependant le four est chaud et nettoyé.
Le boulanger se place devant la bouche avec sa large
pelle à long manche.

Déjà le *mitron* a renversé un panier sur la pelle; le maitre *enfourne,* c'est-à-dire qu'il met le pain dans le four.

Voulez-vous que le pain soit fendu? passez un couteau au milieu, d'un bout à l'autre.

5 L'opération se poursuit avec rapidité.

Les pains se succèdent sur la pelle et disparaissent dans le four, où ils se rangent sans se toucher.

Au bout d'une heure, le pain est cuit.

Le boulanger retire sa *fournée,* aligne les miches le long
10 du mur, et les laisse refroidir.

Vous connaissez maintenant *l'histoire du pain.*

I.

Voir, tenir, marcher, s'enfoncer, soulever, retourner, creuser, avancer, suivre, diriger, s'allonger, rentrer, goûter.

15 ### II.

Je me promène, nous nous promenons (semer, lever, appeler, jeter), aller, venir, revenir, remonter, descendre, redescendre; tirer, retirer; étendre, ouvrir.

La poignée, la fournée (VI b). Wiederholung von 24, II, b, 2.

20 ### III.

1. Le laboureur fait passer la herse; le vent fait tourner les ailes des moulins à vent; l'eau fait tourner la grande roue du moulin; la force du vent et de l'eau fait marcher les meules. Zu vergleichen: le boulanger laisse refroidir les
25 miches; je laisse sortir l'élève, je fais sortir l'élève.

2. La herse, la charrue, le rouleau, le râteau, la brouette, le fléau, le tarare, le van. In ähnlicher Weise werden zusammengestellt: die Namen der Tiere, der Pflanzen, die Arbeiten der Landleute, die Farben u. s. w.

30 3. La tige, un épi; le tronc, les branches, les feuilles, les fleurs, les fruits. Ebenso: die Teile des Hauses, des menschlichen Körpers, des Pfluges, des Messers.

IV.

1. Le battage, le labourage.

35 2. Dorer, argenter, cuivrer, ferrer; l'or, l'argent, le cuivre, le fer, le fer-blanc, le ferblantier.

3. Les uns, les autres; l'un, l'autre; l'un après l'autre; les uns après les autres; les meules sont placées l'une sur l'autre; la farine et l'eau sont bien liées l'une avec l'autre.

4. Il faut faire sortir les grains des épis; il faut semer pour récolter; il faut manger pour vivre, mais il ne faut pas 5 vivre pour manger.

Die Schüler bilden nach diesen Mustern ähnliche Sätze über die 3 Bilder.

V.

1. Le moulin fait entendre son refrain, vgl. oben III, 1.   10
2. Jaunâtre, rougeâtre, bleuâtre, verdâtre, grisâtre, noirâtre.
3. La roue dentée, une feuille dentelée.
4. Le vent change de direction; les feuilles changent de couleur, je change de place.

VI.   15

1. Pétrir, pétrin; levain, lever.
2. Tour à tour, peu à peu.
3. Peu d'eau; une poignée de sel; voyez que de travaux on a effectués; les sacs de grain; une corbeille de poires, un sac de pommes de terre; une tasse de café, de thé, de lait, 20 de chocolat; une bouteille de vin, de bière; une livre de sucre; un kilo de viande etc.
4. Voulez-vous que le pain soit fendu? Indikativ und Konjunktiv.

Schriftliche Arbeiten:

1. Stellet den 1. u. 2. Abschnitt als Erzählung dar.   25
2. Diktate.
3. Beantwortung folgender Fragen: 1. Comment appelle-t-on l'homme qui laboure? et l'homme qui sème? 2. Comment marchent les bœufs ou les chevaux qui sont attelés à la charrue? 3. Où rentre le paysan après avoir labouré? 30 4. Que fait-on pour empêcher les oiseaux de manger les grains? 5. Avec quoi coupe-t-on le blé? 6. Comment fait-on sortir les grains des épis? 7. Quelles machines emploie-t-on pour battre le blé? 8. Où réduit-on le blé en farine? 9. Qu'est-ce qui fait tourner la grande roue du moulin à 35 eau et les grandes ailes des moulins à vent? 10. Comment appelle-t-on les deux pierres qui moulent le blé? 11. Qui fait le pain? 12. Où met-il les miches?

*44. LES QUATRE CRI-CRIS DE LA BOULANGÈRE.

I.

Mon ami Jacques entra un jour chez un boulanger pour y acheter un tout petit pain qui lui avait fait envie en passant.
5 Il destinait ce pain à un enfant qui avait perdu l'appetit et qu'on ne parvenait à faire manger un peu qu'en l'amusant. Il lui avait paru qu'un pain si joli devait tenter même un malade.

Pendant qu'il attendait sa monnaie, un petit garçon de 10 six ou sept ans, pauvrement, mais proprement vêtu, entra dans la boutique du boulanger.

«Madame, dit-il à la boulangère, maman m'envoie chercher un pain . . .»

La boulangère monta sur son comptoir (ceci se passait 15 dans une ville de province), tira de la case aux miches de quatre livres le plus beau pain qu'elle y put trouver et le mit dans les bras du petit garçon.

Mon ami Jacques remarqua alors la figure amaigrie et comme pensive du petit acheteur. Elle faisait contraste avec 20 la mine ouverte et rebondie du gros pain dont il semblait avoir toute sa charge.

«As-tu de l'argent?» dit la boulangère à l'enfant. Les yeux du petit garçon s'attristèrent.

«Non, madame, répondit-il en serrant plus fort sa miche 25 contre sa blouse, mais maman m'a dit qu'elle viendrait vous parler demain.»

— «Allons, dit la bonne boulangère, emporte ton pain, mon enfant.

— Merci, madame,» dit le pauvre petit.

30   II.

Mon ami Jacques venait de recevoir sa monnaie. Il avait mis son emplette dans sa poche et s'apprêtait à sortir, quand il retrouva immobile derrière lui l'enfant au gros pain qu'il croyait déjà bien loin.

35   «Qu'est-ce que tu fais donc là? dit la boulangère au petit garçon, qu'elle aussi avait cru parti; est-ce que tu n'es pas content de ton pain?

— Oh! si, madame, dit le petit, il est très beau.

— Eh bien, alors, va le porter à ta maman, mon ami.
Si tu tardes, elle croira que tu t'es amusé en route, et tu
seras grondé. »

L'enfant ne parut pas avoir entendu. Quelque chose
semblait attirer ailleurs toute son attention. La boulangère
s'approcha de lui et lui donna amicalement une tape sur la
joue :

— A quoi penses-tu, au lieu de te depêcher ? lui dit-elle.

— Madame, dit le petit garçon, qu'est-ce qui chante
donc ici ?   10

— On ne chante pas, répondit la boulangère.

— Si, dit le petit. Entendez-vous : Cuic, cuic, cuic, cuic ? »

III.

La boulangère et mon ami Jacques prêtèrent l'oreille,
et ils n'entendirent rien, si ce n'est le refrain de quelques   15
grillons, hôtes ordinaires des maisons où il y a des boulangers.

« C'est-il un petit oiseau, dit le petit bonhomme, ou bien
le pain qui chante en cuisant, comme les pommes ?

— Mais non, petit nigaud, lui dit la boulangère, ce sont
les grillons. Ils chantent dans le fournil, parce qu'on vient   20
d'allumer le four et que la vue de la flamme les réjouit.

— Les grillons ! dit le petit garçon ; c'est-il ça qu'on
appelle aussi des cri-cris ?

— Oui, » lui répondit complaisamment la boulangère.

Le visage du petit garçon s'anima.   25

— « Madame, dit-il en rougissant de la hardiesse de sa
demande, je serais bien content si vous vouliez me donner
un cri-cri.

— Un cri-cri ! dit la boulangère en riant ; qu'est-ce
que tu veux faire d'un cri-cri, mon cher petit ? Va, si je   30
pouvais te donner tous ceux qui courent dans la maison, ce
serait bientôt fait.

— Oh ! madame, donnez-m'en un, rien qu'un seul, si
vous voulez ! dit l'enfant en joignant ses petites mains pâles
par-dessus son gros pain. On m'a dit que les cri-cris, ça   35
portait bonheur aux maisons ; et peut-être que, s'il y en avait
un chez nous, maman, qui a tant de chagrin, ne pleurerait
plus jamais. »

Mon ami Jacques regarda la boulangère. C'était une belle femme, aux joues fraiches. Elle s'essuyait les yeux avec le revers de son tablier. Si mon ami Jacques avait eu un tablier, il en aurait bien fait autant.

5 «Et pourquoi pleure-t-elle, ta pauvre maman? dit mon ami Jacques, qui ne put se retenir davantage de se mêler à la conversation.

— A cause des notes, monsieur, dit le petit. Mon papa est mort, et maman a beau travailler, nous ne pouvons 10 pas toutes les payer.»

Mon ami Jacques prit l'enfant, et avec l'enfant le pain, dans ses bras; et je crois qu'il les embrassa tous les deux.

IV.

Cependant la boulangère, qui n'osait pas toucher elle-15 même les grillons, était descendue dans son fournil. Elle en fit attraper quatre par son mari, qui les mit dans une boîte avec des trous sur le couvercle, pour qu'ils pussent respirer; puis elle donna la boîte au petit garçon, qui s'en alla tout joyeux.

20 Quand il fut parti, la boulangère et mon ami Jacques se donnèrent une bonne poignée de main.

«Pauvre bon petit!» dirent-ils ensemble.

La boulangère prit alors son livre de compte; elle l'ouvrit à la page où était celui de la maman du petit garçon, fit 25 une grande barre sur cette page, parce que le compte était long, et écrivit au bas: *Payé.*

Pendant ce temps-là mon ami Jacques, pour ne pas perdre son temps, avait mis dans un papier tout l'argent de ses poches, où heureusement il s'en trouvait beaucoup ce 30 jour-là, et avait prié la boulangère de l'envoyer bien vite à la maman de l'enfant aux cri-cris, avec sa note acquittée et un billet où on lui disait qu'elle avait un enfant qui ferait un jour sa joie et sa consolation.

On donna le tout à un garçon boulanger, qui avait de 35 grandes jambes, en lui recommandant d'aller vite.

L'enfant, avec son gros pain, ses quatres grillons et ses petites jambes, n'alla pas si vite que le garçon boulanger; de façon que quand il rentra, il trouva sa maman, les yeux, pour la première fois depuis bien longtemps, levés de dessus son ouvrage et un sourire de joie et de repos sur ses lèvres.

Il crut que c'était l'arrivée de ses quatre petites bêtes noires qui avait fait ce miracle, et mon avis est qu'il n'eut pas tort.

Est-ce que sans les cri-cris et son bon cœur cet heureux changement serait survenu dans l'humble fortune de sa mère?

P.-J. Stahl.

45. L'HIVER.
Le quatrième tableau.

Que représente le quatrième tableau?
Le quatrième tableau représente l'hiver.

I.

Au fond du tableau il y a une ville. On en voit les maisons et plusieurs églises.

A l'entrée de la ville on voit l'hôtel de ville. Le grand bâtiment qui se trouve à droite, est une école.

Les toits des maisons, les rues, les champs, tout est couvert de neige.

Devant l'hôtel de ville il y a une fontaine.

De chaque côté de la rue il y a des becs de gaz; ils sont déjà allumés, parce que le jour tombe.

Dans la rue on voit un homme qui porte un arbre de Noël, cet arbre est un sapin.

II.

Hors de la ville il y a un étang qui est gelé. A droite on brise la glace pour les brasseries. Qu'est-ce que c'est qu'une brasserie?

C'est une maison où l'on fait la bière. Avec quoi fait-on la bière? On fait la bière avec du houblon et du malt.

Plusieurs messieurs, plusieurs dames et plusieurs enfants patinent sur la glace; le patinage est très agréable. Les garçons sont venus de l'école; ils ont mis leurs livres et leurs ardoises sur le bord de l'étang.

Deux enfants patinent ensemble, c'est le frère et la sœur.

Un monsieur patine avec une dame; ils ont croisé les bras.

Un monsieur et une dame patinent seuls.

Un garçon est tombé en apprenant à patiner.

Deux enfants font un homme de neige. La petite fille lui met un bâton dans la main droite.

5 A la main gauche il tient un bâton qui lui sert de pipe.

Deux enfants viennent de l'école. La sœur conduit son petit frère. Ils ne s'arrêtent pas.

Un garçon roule une grosse boule de neige sur le chemin.

Deux enfants sont sur un traineau; ils descendent une
10 petite pente.

Près de la maison il y a un corbeau et deux lièvres; ils ont faim.

Dans l'air il y a une volée de corbeaux.

III.

15 a) A gauche il y a une forge. Un traineau de poste s'est arrêté devant la forge parce qu'un cheval a perdu un fer. Le maréchal-ferrant est sorti pour ferrer le cheval. Il tient le pied gauche de devant de la main gauche, à la main droite il a un marteau pour mettre les clous. Sur le trai-

neau il y a les malles des voyageurs. Dans le traineau il y
a une dame, on la voit par la portière. Un monsieur est
descendu, il allume son cigare. Le cocher est sur le siège,
il a froid, une jeune fille lui donne un verre de vin ou d'eau-
5 de-vie.

A travers la porte ouverte on voit le feu dans la forge.
Au-dessus de la porte on a suspendu un fer à cheval comme
enseigne et du fil de fer. Une épaisse fumée sort de la
haute cheminée. Une femme enlève la neige devant la porte
10 avec un balai. . On nettoie les rues au moyen de coups de
balai en va-et-vient. Un enfant malade qui a le visage très
pâle regarde par la fenêtre les enfants qui sont sur la glace.
Près de la fenêtre on voit une fiole contenant la médecine
que le médecin lui a ordonnée.

15 Sur l'autre fenêtre il y a deux oiseaux, moineaux ou
rouges-gorges, qui cherchent de la nourriture.

b) Le maréchal-ferrant ferre les chevaux. Il met le fer
dans le feu pour le chauffer. Alors le fer s'amollit; le forgeron peut en changer la forme à coups de marteau. Le
20 feu est activé par un soufflet mis en mouvement par l'apprenti. Quand le fer est assez mou, le maréchal le retire
avec des tenailles, et le met sur l'enclume pour le battre avec
son grand marteau. Pendant que le fer est encore chaud,
le maréchal perce les trous pour y mettre les clous.

25 Proverbes.

Il faut battre le fer pendant qu'il est chaud.
A force de forger on devient forgeron.

Schriftliche Arbeiten: Aufsätzchen: la forge, l'étang, le quatrième tableau, Bildung von Sätzen nach früher gegebenen Mustern.

30 *IV. LE PATINAGE.

a) «Comme il fait froid ce matin, dit Paul, il gèle à dix
degrés; nous allons pouvoir patiner.

Tant mieux, répond Pierre, prenons vite nos patins,
et allons chercher André, Jean et Louise!»

35 Et tous ensemble ils vont au bois de Boulogne patiner
sur le grand lac. Pierre et André qui patinent le mieux,
donnent la main à leur petite sœur. Paul et Jean n'ont pas

encore beaucoup patiné; aussi se jettent-ils par terre très souvent. Mais ça leur est bien égal; ils rient même beaucoup
chaque fois qu'ils tombent. Ils ont raison, car on apprend
vite quand on n'a pas peur de se faire du mal.

Attention! Voilà Pierre qui se met à faire un huit. Ça va 5
très bien, un rond de chaque pied. André veut faire comme
lui; mais patatras! le voilà par terre. Tout le monde rit de
bon cœur: André se relève, et se remet à essayer. Allons, tu
apprendras vite, mon garçon, si tu y vas d'aussi bon cœur!

Ah oui, c'est vraiment un joli amusement que le patinage! 10
Maître phonétique.

b) Un matin qu'il fait très froid, Paul dit à son frère
Pierre qu'il gèle très fort et qu'ils vont pouvoir patiner. Pierre
prend vite ses patins; Paul va chercher les deux autres frères
et leur petite sœur Louise. Et les voilà qui vont au grand 15
lac où ils peuvent patiner.

Pierre patine mieux que Louise et il lui donne la main.
Les deux petits garçons ne patinent pas bien et ils tombent
souvent; mais chaque fois qu'ils se jettent par terre, ils se
relèvent vite en riant et disent: Ça nous est bien égal, nous 20
n'avons pas peur.

Pierre fait un grand huit, mais lorsque André veut essayer
de faire comme son frère, il tombe. Il ne s'est pas fait de
mal, et il en rit comme tous les autres, et tout le monde
s'amuse très bien sur la glace. O. Jespersen. 25

Schriftliche Arbeit: Setzet b in die Vergangenheit, indem ihr
das Imperf. und das Passé déf. anwendet.

LA NEIGE.

a) La neige, amis, la neige! Quel bonheur!
Pendant la nuit elle a couvert la plaine, 30
Et sous son voile, éclatant de blancheur,
Routes et champs se distinguent à peine!

La neige, amis! quels jeux et quels combats!
Nous voilà bien, je pense une vingtaine:
Vite en deux camps partageons nos soldats, 35
Et que chacun choisisse un capitaine!
Tournier.

b) 1. Vingtaine, douzaine, trentaine, quarantaine, centaine, un millier.

2. Wiederholung von 30, Le Temps.

*46.

a) L'HIVER.

L'hiver est la plus mauvaise saison de l'année. Le soleil se montre peu. Les journées d'hiver sont humides et froides.

Par moments, la terre se couvre de neige.

Les étangs et les ruisseaux gèlent, les pierres se fendillent sous l'action du froid.

Le givre s'attache aux branches des arbres dépouillés de leurs feuilles, et les fait éclater sous son poids.

Quand il neige, les enfants s'amusent à se lancer des boules de neige.

Quand il gèle bien fort, ils vont glisser ou patiner sur la glace.

Heureux ceux qui peuvent passer la veillée auprès d'un bon feu!

Au dehors, le vent siffle dans les arbres et gémit en cherchant un passage à travers les fentes de nos portes.

Souvent, en lisant les journaux, on apprend que des voyageurs se sont égarés dans les neiges et sont morts de froid et de faim.

b) LES TRAVAUX DE L'HIVER.

En hiver, quand la terre est durcie par la gelée ou couverte de neige, les travaux des champs sont suspendus.

Cependant on ne reste pas inoccupé à la campagne.

Avec des branches d'osier, on fabrique des paniers et des corbeilles.

Avec du genèt, on fait des balais.

On visite les étables et les ruches pour voir s'il y a quelques réparations à faire. On répare aussi les outils.

On nettoie les grains et on les protège contre les souris et les rats.

Si le temps le permet, on conduit les engrais dans les champs, on nettoie les fossés, on creuse des trous

pour planter des arbres, on empierre les chemins et
on laboure pour ensemencer au printemps.
Énigme.
Madame Grand-Manteau
Couvre tout, excepté l'eau.

c) Un Espagnol, étant en Russie, passa par un village
pendant l'hiver et se vit poursuivi par plusieurs chiens. Il
se baissa pour prendre une pierre afin de les chasser, mais
celle-ci tenait si fort au sol, qu'il ne put la détacher: «Oh! le
maudit pays! s'écria-t-il, où l'on attache les pierres et où on 10
lâche les chiens.»

1. L'Espagnol raconte lui-même ce qui lui est arrivé.
2. Konjugation der Verba.
3. attacher, détacher; lier, délier.
4. Schriftliche Übung: s. 1.; Diktat, Niederschreiben aus 15
dem Gedächtnis.

*47. EXERCICE.

I. LE MARÉCHAL DE SAXE ET LE MARÉCHAL-FERRANT.

Le maréchal de Saxe était très fort. Un jour il voulut 20
donner une preuve de sa force. Il entra chez un maréchal-
ferrant sous prétexte de faire ferrer son cheval.

Le maréchal lui présenta plusieurs fers. Le maréchal de
Saxe examina les fers et en cassa plusieurs en disant qu'ils
ne valaient rien. Enfin il feignit d'en trouver de convenables. 25
Lorsque le cheval fut ferré, le maréchal de Saxe donna au
maréchal-ferrant un écu de six francs. Mais celui-ci feignit
à son tour de trouver les écus mauvais et en cassa plusieurs
aux yeux du prince qui lui donna alors un louis en convenant
qu'il avait trouvé son maître. 30

II. LE FER A CHEVAL.

Un paysan traversait la campagne avec son fils Thomas.
«Regarde! lui dit-il en chemin, voilà par terre un fer
à cheval perdu, ramasse-le!»

«Bah! répondit Thomas, il ne vaut pas la peine de se 35
baisser pour si peu de chose!» Le père ne dit rien, ramassa
le fer et le mit dans sa poche. Arrivé au village voisin, il

le vendit pour quelques centimes au maréchal-ferrant, et acheta des cerises avec cet argent.

Cela fait, ils se remirent en route. Le soleil était brûlant. On n'apercevait à une grande distance ni maison, 5 ni bois, ni fontaine. Thomas mourait de soif et avait de la peine à poursuivre son chemin. Le père, qui marchait le premier, laissa comme par hasard tomber une cerise. Thomas se précipita pour la ramasser, et la mangea avec avidité. Quelques pas plus loin, une seconde cerise s'échappa des mains 10 du père, et Thomas la saisit avec le même empressement. Le père fit de même avec toutes les cerises.

Lorsque l'enfant eut porté à la bouche la dernière cerise, le père se retourna et lui dit: «Vois, mon ami, tu n'as pas voulu te baisser une fois pour ramasser le fer à cheval, et tu 15 t'es baissé plus de vingt fois pour ramasser les cerises.»

a) Thomas mourait de soif; Th. mourut.

b) Schriftliche Arbeiten: Beantwortung von Fragen über die beiden Erzählungen.

Poteau Indicateur.   Borne kilométrique.   Borne hectométrique.

III. FRÉDÉRIC II ET SON PAGE.

20   Un jour le grand Frédéric sonna, et personne ne vint. Il ouvrit la porte, et trouva son page endormi dans un fauteuil. Il s'avança vers lui, et il allait le réveiller, lorsqu'il aperçut un bout de billet qui sortait de sa poche. Il fut curieux de voir ce que c'était, le prit et le lut: c'était une lettre de la

mère du jeune homme, qui le remerciait de ce qu'il lui envoyait une partie de ses gages pour la soulager dans sa misère.
Elle finissait par lui dire que Dieu le bénirait, à cause de
l'amour filial qu'il avait pour elle. Le roi, ayant lu ce billet,
prit un rouleau de pièces d'or, le glissa avec la lettre dans la ₅
poche du page, et rentra doucement dans sa chambre.

Un peu après, il sonna si fort, que le page se réveilla
et vint vers le roi. «Tu as bien dormi! lui dit Frédéric.
Le page cherche à s'excuser, et, dans son embarras, il met
la main dans sa poche. Il sent le rouleau, il le tire, et il ₁₀
est au comble de l'étonnement et de l'affliction, il pâlit, et
regarde le roi en versant un torrent de larmes, sans pouvoir
articuler un seul mot. «Qu'est-ce? dit le roi; qu'as-tu donc?
— Ah! sire, dit le jeune homme en se précipitant à ses
genoux, on veut me perdre; je ne sais pas ce que c'est que ₁₅
cet argent que je trouve dans ma poche. — Mon ami, dit
Frédéric, Dieu nous envoie souvent du bien en dormant;
envoie cela à ta mère, et assure-la que désormais j'aurai
soin d'elle et de toi.»   Encyclopédiana.

1. Questions.   ₂₀
2. Umänderung der Erzählung. Der Page erzählt die Geschichte etwa in folgender Weise: Un jour je m'étais endormi dans
un fauteuil. Tout à coup le roi sonna très fort. Je m'éveillai
et entrai dans la chambre du roi etc.
3. Der König erzählt den ersten Teil.   ₂₅
4. Schriftliche Übungen im Anschluſs daran.

48.
I. LE CORBEAU.

Mais quel est donc en bas, devant la porte,
Ce mendiant d'une nouvelle sorte,   ₃₀
Vêtu de plumes, et noir comme un charbon?
Là sur la neige, il ne fait pas trop bon!
Il trotte, il saute et d'un ton piteux crie:
«Coac! Un os à ronger, je vous prie!»

Après l'hiver vient le printemps joyeux,   ₃₅
Le mendiant alors se porte mieux;
Il ouvre l'aile et s'envole: «En automne

9*

Je reviendrai; merci de votre aumône!
Coac!» redit gaîment sa grosse voix,
Là-haut dans l'air, bien au-dessus des toits.

II. LE ROUGE-GORGE.

«Pic, pic!» Qui frappe aux carreaux? — Ouvrez vite.
«Par charité! Je n'ai ni feu ni gîte.
«La neige tombe, et le vent souffle fort;
«De froid, de faim me voici presque mort.
«Mes bonnes gens, donnez-moi donc asile:
«Je veux toujours être sage et docile.»

On fait entrer le frileux; pour festin
Là il trouve millet et biscotin;
Il s'y plaît fort durant mainte semaine.

Mais lorsqu'il voit du soleil dans la plaine,
A la fenêtre il se tient tristement:
On l'ouvre ... et brt! il s'en va lestement.

III. L'HIVER.

Plus de feuillage sur la branche,
Plus d'herbe verte en nos vallons;
Sur le coteau, la neige blanche,
Et sur le fleuve, des glaçons.

Petits oiseaux, pour vous repaître,
En vain cherchez-vous quelque grain;
Accourez tous sur ma fenêtre,
Petits oiseaux, voici du pain.

Hélas! Dans ce temps de détresse
Que de malheureux vont souffrir!
A notre cœur leur voix s'adresse:
Hâtons-nous de les secourir.

Henri-Abraham César Malan.

IV. L'ARBRE DE NOËL.

Oh! quelle joie, quel bonheur!
Les lumières de l'arbre brillent,
Et sous les bonbons de toute couleur
Les vertes branches se plient!

Pour les fillettes sont étalées
Des poupées, des images;
Les chevaux, les fouets, ces soldats-ci
Sont pour les garçons sages!

*V. LES SAISONS.

Chaque saison, dans la nature,
Nous offre de nouveaux attraits;
Chaque saison a sa parure
Et ses plaisirs et ses bienfaits.

La terre au printemps se couronne
De frais gazons, de riches fleurs;
En été, le bon Dieu nous donne
La moisson avec les chaleurs.

L'automne apporte en abondance
Raisins et fruits délicieux,
L'hiver étend sur la semence
Un tapis qui sert à nos jeux.

5   Chaque saison, dans la nature,
Nous offre de nouveaux attraits;
Chaque saison a sa parure
Et ses plaisirs et ses bienfaits.

49. EXERCICE.

Cinquième tableau.

10   Que représente le cinquième tableau?
Le cinquième tableau représente la cour d'une ferme.

I.

Au milieu de la cour ne voyez-vous pas une fontaine
15 avec une auge? Deux moutons et un veau sont venus s'y
désaltérer. La servante y va chercher de l'eau pour la cuisine.

II.

A gauche se trouve la demeure du fermier. Voici le
rez-de-chaussée, voilà l'étage. Il y a des volets aux fenêtres
20 du rez-de-chaussée; aux fenêtres de l'étage on remarque des
coussins et des pots de fleurs.

Près de la porte nous voyons la mère qui bat le beurre
dans une baratte. Il existe encore une autre sorte de baratte;
c'est la baratte normande, qui a la forme d'un tonneau. La
25 Normandie est une partie de la France. Près de la baratte
se tient un petit enfant qui lèche la crème.

A côté de la maison nous voyons la niche du chien. Le
chien regarde le grand-père qui revient du moulin avec la
voiture chargée de sacs de farine. Deux chevaux traînent la
30 voiture, le poulain a accompagné sa mère.

III.

A gauche nous remarquons une porcherie; elle est couverte de chaume. Une servante apporte de la nourriture à
un gros porc dont on aperçoit la tête. Devant la porcherie
35 il y a un grand tas de fumier sur lequel se trouve une truie
avec ses cochons de lait. Un coq qui se trouve aussi sur

le tas de fumier appelle ses poules, parce qu'une jeune fille donne de la nourriture à la volaille. Une poule descend du tas de fumier; une autre court vers la jeune fille, elle craint d'arriver trop tard.

5 La mère poule conduit ses poussins vers la jeune fille qui donne à manger à la volaille. Près du colombier est assis le père qui bat sa faux avec un marteau. Son fils le regarde.

IV.

10 A droite se trouve un hangar dans lequel on voit du bois de chauffage, du linge, une échelle cassée, un van, une cuve et d'autres objets.

Le bâtiment qu'on voit à droite, est l'écurie; à la porte est suspendu un collier de cheval; c'est une partie du harnache-
15 ment. Sur le toit de l'écurie nous voyons le chat qui est sur le point d'entrer dans le grenier pour prendre les souris qui mangent le grain.

Dans l'écurie il y a aussi le poulailler. On a appuyé une échelle contre le mur pour les poules. Une poule des-
20 cend, elle vient de pondre, une autre est sur la petite fenêtre, elle va pondre.

Au fond du tableau il y a la vacherie dans laquelle on voit deux vaches.

Le valet est sur le point de sortir avec la herse. Il a
25 attelé un grand bœuf aux cornes recourbées. Il va sortir par la porte de derrière.

Derrière les bâtiments on voit des peupliers et un chêne et au-delà des toits les champs et les montagnes couvertes de bois.

30 Proverbes: 1. L'œil du maître engraisse le cheval.
2. Tel maître, tel valet.
3. Quand les chats n'y sont pas, les rats dansent sur la table.

*50.

35 I. LE PUITS, LA POMPE ET LA FONTAINE.

Pour avoir de l'eau fraiche, il faut aller en chercher au puits, à la pompe ou à la fontaine.

Le puits est très profond et il est entouré d'une margelle.
On voit l'eau briller tout au fond.
Pour la monter, on se sert de deux seaux, attachés à
une chaîne.
Cette chaîne passe sur une poulie.
Pendant que l'un des seaux monte, l'autre descend.
La pompe est beaucoup plus commode: un enfant peut
y puiser de l'eau.
Il suffit de mettre en mouvement la brimbale, et aussitôt
l'eau jaillit par le tuyau d'écoulement.   10
Quant à la fontaine, l'eau s'en écoule d'elle-même, con-
stamment, et sans qu'on ait besoin de rien faire.
A côté des puits, des pompes et des fontaines se trouve
d'ordinaire une grande auge en pierre, où l'on abreuve les
chevaux, les bœufs et les vaches.   15
L'eau de puits et de fontaine est toujours fraîche et claire.
Elle ne s'épuise jamais, excepté quand il fait très sec
pendant longtemps.
C'est la pluie qui fournit cette eau.
Elle pénètre dans la terre et forme les sources.   20
Au fond de chaque puits, il y a une source.
L'eau des fontaines vient ordinairement de loin, dans
des conduites en bois, en fer ou en terre cuite.
Th. Hatt, Lectures enfantines

II. LES BATIMENTS DE LA FERME.   25

La ferme se compose ordinairement d'une habitation pour
le fermier et sa famille, d'une écurie, d'une étable, d'une
porcherie, d'un poulailler, d'une grange et d'un hangar.
Dans l'écurie sont logés les chevaux, les juments, les
poulains. L'étable renferme les bœufs, les vaches, les génisses   30
et les veaux.
La porcherie est le logement des porcs, et le poulailler
celui des poules. Il y a aussi, dans les grandes fermes, une
bergerie ou habitation des moutons, des brebis et des agneaux.
Les vaches, les moutons et les porcs forment le *bétail* de la   35
ferme. La principale richesse du cultivateur consiste dans
ses chevaux et dans son bétail. La grange est le bâtiment
où l'on renferme le blé en gerbes; c'est là que se trouve
l'*aire*, sur laquelle on bat le grain. Le *fenil* est le lieu où

l'on serre le foin. Le *hangar* est une place couverte, où les instruments de culture sont conservés, à l'abri du soleil, de la pluie et de la neige.

*51. LES GENS DE LA FERME.

5   Aussitôt que le coq annonce le jour, tous les gens de la ferme sont sur pied. La servante trait les vaches, et le lait tombe en flots d'écume dans le brillant seau de fer-blanc. Le valet de ferme attelle les chevaux à la charrue, à la herse ou au chariot. Le berger, la houlette sur l'épaule, assisté
10 de son chien, conduit les moutons au pâturage. Le fermier se rend dans les champs pour surveiller ses serviteurs. Bientôt apparaît la fermière ou sa fille, portant le déjeuner des habitants de la basse-cour: coq, poules, poulets, dindons, oies, canards accourent au plus vite et se disputent les grains de maïs qu'elle
15 leur jette d'une main prodigue.

La fermière va partout: elle surveille le ménage, l'étable, la laiterie, la basse-cour, le jardin. Elle encourage tout le monde par une bonne parole, et sa mine avenante rend la besogne facile et agréable.

20   Ainsi tout le monde travaille dans la ferme. Maître et serviteurs savent que sans travail il n'y a ni aisance ni bonheur.
Louis Genonceaux et Maurice Valère.

*52.

I. LE PAYSAN ET SON CHEVAL.

25   Un paysan à qui l'on avait volé son cheval, se rendit à dix lieues de là au marché pour en acheter un autre. Tout à coup, au milieu des chevaux exposés en vente, il reconnaît le sien.

Il le saisit par la bride: «Ce cheval est à moi! s'écrie-
30   t-il, on me l'a volé il y a trois jours.»

L'homme qui vendait la bête, dit aussitôt: «Vous vous trompez, j'ai ce cheval depuis plus d'un an. Peut-être ressemble-t-il au vôtre?»

Le paysan plaça bien vite ses deux mains sur les yeux
35   du cheval: «Eh bien! dit-il, si vous avez ce cheval depuis un an, vous savez de quel œil il est borgne?»

L'homme, tout décontenancé, répondit: «De l'œil gauche.»

«Vous êtes dans l'erreur! dit le paysan, en découvrant
l'œil aux regards des curieux.

Ah! oui, répliqua l'homme, je me suis trompé; c'est de
l'œil droit que je voulais dire.»

A ces mots, le paysan découvrit l'autre œil, en disant: 5
«Il est clair maintenant que vous êtes un menteur et
un voleur. Le cheval n'est borgne ni d'un œil, ni
de l'autre.»

Schriftliche Übung: Le paysan à qui l'on avait volé son
cheval, raconte lui-même comment il l'a retrouvé.   10

II. LA LAITIÈRE ET LE POT AU LAIT.

Perrette, sur sa tête ayant un pot au lait,
Bien posé sur un coussinet,
Prétendait arriver sans encombre à la ville.
Légère et court vêtue, elle allait à grands pas,   15
Ayant mis ce jour-là, pour être plus agile,
Cotillon simple et souliers plats.
Notre laitière ainsi troussée
Comptait déjà dans sa pensée
Tout le prix de son lait, en employait l'argent: 20
Achetait un cent d'œufs, faisait triple couvée;
La chose allait à bien par son soin diligent.
«Il m'est, disait-elle, facile
D'élever des poulets autour de ma maison;
Le renard sera bien habile   25
S'il ne m'en laisse assez pour avoir un cochon.
Le porc à s'engraisser coûtera peu de son;
Il était, quand je l'eus, de grosseur raisonnable;
J'aurai, le revendant, de l'argent bel et bon.
Et qui m'empêchera de mettre en notre étable,   30
Vu le prix dont il est, une vache et son veau,
Que je verrai sauter au milieu du troupeau?»
Perrette là-dessus saute aussi, transportée;
Le lait tombe; adieu veau, vache, cochon, couvée!
                                    La Fontaine.   35

------

1. Il était, quand je l'eus.
   j'avais ich hatte, j'eus ich bekam.

je connaissais ich kannte, je connus ich erkannte, lernte kennen.

je savais ich wufste, je sus ich erfuhr.

2. Perrette fit des châteaux en Espagne.

3. Pot au lait; pot de lait; pot à l'eau, pot d'eau; verre à vin, verre de vin.

Comparer: moulin à eau, — à vent, — à vapeur, — à bras; — à café.

Vases à huile; cruche à anses; terre à blé.

*53. LE VILLAGE.

Mon village n'est pas aussi grand, ni aussi beau que la ville; mais je ne l'en aime pas moins pour cela.

C'est là qu'est la maison paternelle, c'est là que demeurent mes parents et toute notre famille.

C'est là que je suis né et que je veux rester toujours.

Les maisons de mon village ne sont pas si belles que celles de la ville, c'est vrai; mais il y en a de fort jolies cependant, et chacune a sa cour et son jardin.

Les rues ne sont pas pavées, mais elles sont très bien entretenues et très propres.

Nous avons aussi une belle place, devant l'église, toute plantée d'arbres, avec une fontaine au milieu.

Et notre église est si jolie, avec son clocher pointu, couvert d'ardoises et surmonté d'une croix dorée.

Et sur la croix se trouve placé le coq, qui tourne au vent.

Nous avons ensuite une belle maison d'école et une mairie toute neuve, avec une grande salle, où se réunit le conseil municipal.

Et tout autour du village, il y a des vergers pleins de magnifiques arbres fruitiers.

C'est comme une forêt, au milieu de laquelle on aperçoit les maisons et les granges.

Au printemps, quand tous ces arbres sont en fleur, c'est un spectacle magnifique!

Et des milliers d'oiseaux y bâtissent leurs nids et chantent du matin au soir.

Et quand le temps est venu, nous avons des fruits en abondance.

Nous en mangeons tant que nous voulons, et nous en
vendons de grandes quantités à la ville.
Tout près du village s'élève le vignoble, qui nous four-
nit des raisins délicieux et d'excellent vin.
De l'autre côté s'étendent les champs et les prés, et s
tout au fond on aperçoit la forêt communale.
Dites-moi un peu si ce n'est pas magnifique, toute cette
fraîche verdure, et au-dessus le ciel bleu du bon Dieu!
Et quelle richesse dans les champs!
Voici les blés qui montent en épis, les pommes de terre 10
en fleur, les trèfles qui attendent la faux.
Et partout des gens qui labourent, qui piochent, qui
plantent, qui sèment, qui récoltent.
Ils travaillent durement, c'est vrai, mais ils ne s'en
plaignent pas.   15
Ils sont forts et robustes, et ils ont le cœur content.
Le bon Dieu a dit aux hommes:
«Vous mangerez votre pain à la sueur de votre front!»
Les villageois suivent ce commandement, et ils s'en
trouvent bien, et ils ne voudraient pas pour tout au 20
monde vivre enfermés dans les murs d'une ville.

Th. Hatt, Lectures enfantines.

54. LA GRANDE VILLE.
Sixième tableau.

I.   25

Le sixième tableau représente une partie d'une grande
ville. Au milieu du tableau nous voyons une rivière sur
laquelle il y a trois bateaux à vapeur qui vont dans la même
direction. A l'arrière de l'un de ces bateaux il y a beaucoup de passagers. Sur le pont du même bateau nous aper- 30
cevons le capitaine. Outre les bateaux à vapeur il y a encore plusieurs petits bâtiments. A Paris il y a de petits
bateaux à vapeur circulant sur la Seine qu'on appelle
mouches. Les *hirondelles* sont des bateaux plus grands et
peints en blanc, tandis que les *mouches* sont de couleur 35
rouge.

II.

Sur le devant du tableau nous remarquons un homme
qui est sur le point d'attacher à un poteau un bateau chargé

de fruits et de légumes. Non loin de lui nous voyons un homme dans un canot à deux rames. Cet homme est sans doute membre d'un club nautique. Au-delà du pont on voit encore plusieurs petits bateaux attachés à la rive.

5 Sur la rive droite il y a près de l'eau une toute petite maison devant laquelle se trouve une femme qui appelle un homme qui est sur la rive gauche ou sur le bateau.

Près de la rive gauche se trouve un radeau sur lequel nous voyons une sorte de cabane formée de planches.

10 ### III.

Un chemin de fer longe la rivière; il y a un train sur les rails. Sur la locomotive nous apercevons le *mécanicien* et le *chauffeur*. Le mécanicien dirige la marche et le chauffeur entretient le feu de la machine. Derrière la locomotive il y 15 a le *tender* chargé de houille.

La locomotive est une machine à vapeur. On fait bouillir l'eau dans de grandes chaudières bien solides et parfaitement fermées, où elle se transforme en vapeur d'une force prodigieuse.

20 On se sert alors de la force de cette vapeur pour faire marcher des bateaux, pour soulever des poids, pour faire tourner des roues et ainsi de suite.

Tenez, voilà notre train qui s'arrête; regardez un peu cette locomotive, traînant après elle tous ces wagons chargés 25 de charbon, de pierres, de bois, d'animaux et de ballots de toute sorte.

Qu'est-ce que c'est que cette grande chose qui va et vient devant les roues? A quoi cela sert-il? *

Cette grande chose s'appelle la *bielle*. C'est elle qui 30 fait tourner les roues de la locomotive.

Et qu'est-ce qui la pousse comme cela à droite et à gauche tout le temps?

Elle est poussée par le piston, qui est tout simplement un morceau de fer, renfermé dans le tuyau et poussé par 35 la vapeur qui lui arrive tantôt d'un côté, tantôt de l'autre. Ainsi la vapeur pousse le *piston*, le piston pousse la *bielle*, et la bielle fait tourner les *roues*.

Mais si par hasard il y avait trop de vapeur dans la chaudière, toute la machine éclaterait, ça pourrait tuer beaucoup de monde.

On a songé à cela. Aussi toutes les chaudières ont une petite ouverture fermée par une pièce mobile, par où on laisse échapper la vapeur quand elle devient trop forte. C'est ce qu'on appelle une *soupape de sûreté*.

IV.

Un beau pont traverse la rivière. Aux deux bouts du pont il y a des obélisques sur les pointes desquels on remarque des aigles. Beaucoup de monde passent sur le pont. Sur la rive droite il y a une petite maison près du pont où l'on paie probablement le *droit de passage*.

V.

Du côté gauche du tableau il y a une rue sur le trottoir de laquelle circulent beaucoup de piétons. Sur le macadam il y a beaucoup de voitures et plusieurs tramways. Sur le devant se trouve une colonne d'affiches près de laquelle un monsieur parle à un commissionnaire en lui donnant une lettre. Tout près nous voyons une voiture de poste, et près d'elle un homme avec une brouette chargée de sacs de farine. Derrière la voiture de poste on aperçoit un bicycle et un tricycle, et un *camioneur* qui mène un *camion*. Près du premier tramway il y a un landau.

VI.

Regardons maintenant les bâtiments. Le premier grand bâtiment du côté gauche est probablement un *théâtre*.

Lorsque la journée de travail est finie, beaucoup de gens se rendent là pour se divertir. Pour participer (assister) au spectacle on doit se munir d'une carte. Le prix des cartes est différent suivant la place que l'on veut occuper. Les *loges réservées* et *le parterre* se trouvent près de la scène; elles sont les places les mieux situées. Viennent ensuite par rapport à la situation les loges du *premier balcon* et celles du second qui sont disposées par gradins, ce qui permet aux spectateurs de voir facilement la scène, sans être gênés par les personnes qui sont placées devant eux.

Enfin, dans la partie la plus élevée du bâtiment, se trouve
une place à bon marché, ce qui permet aux petites bourses
de pouvoir fréquenter aussi le théâtre.

Dans les grandes villes il y a des représentations dans
le jour même, appelées *matinées;* mais en général les pièces 5
ne sont représentées que le soir de 8 heures à minuit ordinairement. Entre la scène et les spectateurs se trouve un
rideau. Quand le spectacle commence, celui-ci est levé:
c'est ce qu'on appelle: la levée du rideau. Entre chaque
acte il est également baissé et levé. 10

VII.

Non loin du théâtre se trouve un autre bâtiment qui
semble être la *poste.* Pour affranchir une lettre on peut
acheter là des *timbres-poste.* Les facteurs apportent à la
poste les lettres et les paquets qu'ils ont été chercher à la 15
gare; là, tout est séparé, mis en ordre, classé par villages
ou quartiers de ville, et distribué enfin aux personnes dé-
signées. On se rend aussi à la poste pour envoyer des *dé-
pêches* ou télégrammes.

VIII. 20

Sur la rive gauche se trouve un grand bâtiment qui est
la gare. C'est le rendez-vous des voyageurs. Les trains les
mènent à grande vitesse dans les pays où ils veulent se rendre.

Arrivé dans la gare, on va prendre son billet au guichet,
puis on fait enregistrer ses bagages. Alors on se rend dans 25
la salle d'attente, où l'on attend le départ du train. Plus
tard on monte en wagon en attendant le signal du départ.
A la station d'arrivée nous devons remettre notre billet à
un employé de la gare, et si nous avons des malles ou des
paquets, nous remettons notre bulletin de bagages à un em- 30
ployé spécial. Quand nous descendons pour prendre un
autre train et que nous avons le temps de voir la ville, nous
mettons nos bagages *à la consigne* ce qui nous permet de
faire notre tour de la ville plus librement.

Le train transporte non-seulement des voyageurs, mais 35
aussi des marchandises. Pour celles-ci il existe des trains
spéciaux appelés *trains de marchandises.*

Les trains de voyageurs ne vont pas tous avec la même
vitesse. Certains s'arrêtent à toutes les stations, grandes ou
petites, et sont appelés *trains omnibus*. Les *trains directs*
ne s'arrêtent qu'aux gares principales, et marchent avec plus
5 de rapidité.

Les *trains express* vont encore plus vite.

La rue qui longe la gare est toujours très animée.

Les fiacres, les landaus, les omnibus vont et viennent
continuellement. Au-dessus de la ville on voit planer un
10 ballon.

IX.

Non loin de la gare on est en train de construire une
grande maison. Sur l'échafaudage on voit les maçons et les
charpentiers.

15 Comment bâtit-on les maisons?

D'abord les terrassiers creusent les tranchées pour les
fondations.

Pendant ce temps, les maçons amènent un *tombereau*
plein de *chaux*.

20 La *chaux* est une matière blanchâtre provenant de la
cuisson d'une espèce de pierre nommée calcaire ou pierre
à chaux.

Les maçons font un petit bassin avec un rebord de
sable, y versent la chaux, et sur la chaux répandent de l'eau.

25 Aussitôt le tas de chaux s'échauffe, craque, se fendille,
tombe en poussière et finit par former une pâte toute
blanche.

Dans cette pâte ils jettent des pelletées de sable, mê-
lent le tout avec des fourgons et font du mortier.

30 C'est ce mortier que les maçons, avec la truelle, étendent sur les différentes couches de pierres ou de briques,
pour les lier entre elles.

Le mortier, devenu sec, est presque aussi dur que la
pierre ou la brique.

35 Les pierres se trouvent dans les *carrières*. Les gros
blocs, auxquels les ouvriers peuvent, en les taillant, donner
une forme régulière, s'appellent des *pierres de taille*. Les
moellons sont des morceaux plus petits et de forme irrégulière.

Les briques et les tuiles sont fabriquées à *la tuilerie*
par le *tuilier*. Le tuilier délaye de *l'argile* dans de l'eau,
et fait une espèce de pâte. Il met de cette pâte dans une
forme en bois. Les briques et tuiles sèchent à l'air. Quand
elles sont sèches, le tuilier les porte au four pour les faire   5
cuire.

Pendant que les maçons font la muraille, les *charpentiers*
préparent la charpente des différents étages et de la toiture.
Quand les maçons ont élevé les murailles jusqu'à la
hauteur du premier étage, les charpentiers viennent établir 10
une rangée de grosses poutres. Ils en font autant au second,
et ainsi de suite.

Puis ils apportent les bois de la toiture et établissent
les *chevrons*.

L'ouvrage terminé, le plus âgé d'entre eux grimpe 15
jusqu'au haut du toit, et y attache un petit sapin vert garni
de rubans.

On boit à la prospérité de la maison nouvelle.

Le *crayon*, la *règle*, l'*équerre*, le *compas*, le *fil à plomb*,
le *cordeau*, le *mètre*, la *scie*, la *hache*, le *ciseau*, le *vilebre-* 20
quin, les *pinces*, les *tenailles*, le *marteau*, voilà les principaux outils du charpentier.

Le menuisier pose les planchers, et fait les portes et les
volets; l'ébéniste fabrique les meubles.

Proverbes: 25

1. Les maisons empêchent de voir la ville.

2. Charbonnier est maître en sa maison.

55. SUR LE BOULEVARD.

Le pauvre vieux vendait un joujou ridicule,
Un horrible pantin qui faisait la bascule: 30
C'est quatre sous! criait le vieux tout en marchant,
Mais la foule passait et laissait le marchand
Agiter ses pantins dont la robe fanée
Prouvait qu'ils n'étaient pas nouveauté de l'année.
C'était pitié de voir ce vieillard chancelant 35
Solliciter, craintif, les regards du chaland.
Parfois, quelques farceurs, idiots dont la race
Est chez nous plus qu'ailleurs florissante et vivace,

S'arrêtaient près du vieux, et là, faisaient semblant
De vouloir acheter, tandis que lui, tremblant,
Expliquait aux *messieurs* le jeu simple et facile
D'un bonhomme de bois qui gigotait docile.
5 Et les messieurs prenaient le joujou dans leurs doigts,
Le tournaient bêtement, en tous sens plusieurs fois,
Non sans tenter un peu de casser la ficelle,
Ou bien de chiffonner l'étoffe et la dentelle;
Puis sans rien acheter ils partaient, satisfaits
10 Des dégâts qu'aux jouets du vieux ils avaient faits,
Et lui, les regardant s'éloigner sans rien dire,
Cherchait à deviner ce qui les faisait rire,
Et ne comprenant pas, reprenait son chemin
Le long du boulevard, ses pantins dans la main.
15 Des bambins par moments le suivaient dans sa course;
Pour mieux voir les joujoux trop coûteux pour leur bourse,
Ils entouraient le vieux, s'attachaient à ses pas,
Et lui leur souriait et ne les chassait pas.
Or il se faisait tard, la foule fondait, lente;
20 Quelques marchands encor criaient: voyez la vente!
Derniers appels jetés aux derniers amateurs.
Dans les cafés déserts plus de consommateurs.
Sur le macadam gras, huit ou dix fiacres vides
Dévorant les passants de leurs deux yeux avides:
25 Dans l'ombre, un allumeur glissant rapide avec
Sa perche et ne laissant sur deux, brûler qu'un bec.
Minuit sonnait partout. Sur le seuil des boutiques,
Les commerçants disaient bonsoir à leurs pratiques.
Minuit! — Il faut rentrer, c'est l'heure où les agents
30 Vont cesser de veiller sur le repos des gens.
Et les badauds de plus en plus se faisant rares:
Quelques rôdeurs cherchant à terre des cigares;
Au milieu du trottoir un pochard titubant;
Un peu plus loin un autre endormi sur un banc.
35 C'était tout. Et le vieux de sa voix chevrotante,
Criait toujours: Voyez, messieurs, voyez la vente!
Il allait s'éloigner, quand deux jeunes époux
Vinrent à lui pour voir de plus près les joujoux;
Ils semblaient peu pressés malgré l'heure tardive;

La femme examina les pantins, attentive,
Et dit: J'en veux prendre un, bébé sera content;
Cela l'amusera. Puis au bout d'un instant:
Combien? C'est quatre sous. Timide, elle se penche,
Et dit à son mari: Donne une pièce blanche.   **5**
Et le vieux reste là, muet, suivant des yeux
Le couple qui s'enfuit et disparaît joyeux.
Je m'étais, en voyant agir la jeune femme,
Senti bouleversé jusques au fond de l'âme,
Et tout ému, je vis comme dans un brouillard,   **10**
Et sourire l'enfant et pleurer le vieillard.

E. Grenet-Dancourt.

*56. LA VILLE.

La ville est beaucoup plus grande que le village.

Les maisons sont plus élevées et plus belles; les rues **15**
sont pavées et bordées de trottoirs.

De tous côtés on voit des magasins, des boutiques,
des ateliers, des boulangeries, des boucheries, des
auberges ou des hôtels.

Les rues sont pleines de monde, qui va et vient, et les **20**
voitures passent et repassent.

On rencontre à chaque pas de beaux messieurs et de
belles dames, qui se promènent, ainsi que des soldats.

Des marchands de toute espèce vont de rue en rue, en
criant leur marchandise, pour attirer l'attention des **25**
passants.

Des marchés sont ouverts chaque jour, et c'est là que
les ménagères vont acheter leurs œufs, leurs légumes,
leurs fruits, ainsi que des fleurs.

Comme les boutiques et les magasins sont beaux! **30**

On y voit mille choses, plus magnifiques les unes que
les autres.

Là, des pendules et des montres; ici, des bijoux; à côté,
des vases en verre et en porcelaine; plus loin, de
belles étoffes; puis des meubles et des tableaux, puis **35**
encore des jouets et des bonbons.

Vraiment, on n'a pas assez de ses deux yeux pour
tout voir!

Et encore faut-il bien faire attention pour ne pas heurter les passants ou être écrasé par une voiture!

Les bâtiments publics sont nombreux. Il y a d'abord les églises, très vastes et très belles; l'hôtel de ville, le théâtre, l'hôpital, le collège, le tribunal, les écoles, la caserne. Dans beaucoup de grandes villes il y a de plus une préfecture, un lycée, des halles, une magnifique gare de chemin de fer, un musée, un arsenal, etc.

On trouve encore dans la plupart des villes une ou plusieurs places publiques, avec des fontaines ou des statues, et tout près une promenade publique ou un jardin public.

Certaines villes sont entourées de murs et de remparts, alors on les dit fortifiées; mais la plupart sont ouvertes, c'est-à-dire qu'elles n'ont ni portes, ni murs.

Les habitants des villes gagnent plus d'argent que les campagnards; mais ils en dépensent plus aussi, puisque les vivres y sont chers, ainsi que les loyers.

Th. Hatt, Lectures enfantines.

57. L'ENSEIGNE DU CHAPELIER.

Quand j'étais jeune, il arriva qu'un de mes amis, voulant s'établir chapelier, consulta plusieurs de ses connaissances et de ses amis sur l'important chapitre de l'Enseigne. Celle qu'il se proposait d'adopter était ainsi conçue: *John Thomson, chapelier, fait et vend des chapeaux au comptant;* suivait le signe commun à tous ceux de sa profession. Le premier ami dont il réclama les conseils lui fit observer que le mot chapelier était tout à fait superflu; il en convint sur-le-champ, et le mot fut rayé. Le second remarqua qu'il était à peu près inutile de mentionner que John vendait *au comptant.* «Peu de gens, dit-il, achètent à *crédit* un article d'aussi peu d'importance qu'un chapeau, et, au cas où l'on demanderait crédit, il se peut que le marchand lui-même trouve à propos de l'accorder.» Les mots furent en conséquence effacés, et l'Enseigne se borna à cette courte phrase: *John Thomson fait et vend des chapeaux.* Un troisième ami l'abrégea encore en affirmant que ceux qui avaient besoin de se pourvoir d'un chapeau s'inquiétaient peu de savoir

par qui il était fait. Mais quand un quatrième conseiller lut
les mots restants: *John Thomson vend des chapeaux*, il
s'écria: «Eh! que diable! croyez-vous donc qu'on s'imaginera
que vous les voulez donner?» En conséquence, deux mots
de plus ayant été supprimés, il ne resta que le nom du s
marchand et l'effigie du chapeau.   B. Franklin.

JOHN THOMSON

58. LE SIFFLET.

Quand j'étais un enfant de cinq ou six ans, mes amis,
un jour de fête, remplirent ma petite poche de sous. J'allai
tout de suite à une boutique où l'on vendait des babioles; 10
mais charmé du son d'un sifflet que je vis, chemin faisant,
dans les mains d'un autre petit garçon, je lui offris et lui
donnai volontiers en échange tout mon argent. Revenu chez
moi, fort content de mon achat, sifflant par toute la maison,
je fatiguai les oreilles de toute la famille; mes frères, mes 15
sœurs, mes cousines, apprenant que j'avais tout donné pour
ce mauvais instrument, me dirent que je l'avais payé dix fois
plus qu'il ne valait: alors ils me firent penser au nombre de
choses que j'aurais pu acheter avec le reste de ma monnaie,
si j'avais été plus prudent; ils me tournèrent tellement en 20
ridicule, que j'en pleurai de dépit, et la réflexion me donna
plus de chagrin que le sifflet de plaisir.

Cet accident fut cependant par la suite de quelque utilité
pour moi, car l'impression resta dans mon âme; aussi, lors-

que j'étais tenté d'acheter quelque chose qui ne m'était pas
nécessaire, je disais en moi-même: *Ne donnons pas trop pour
le sifflet,* et j'épargnais mon argent.   B. Franklin.

1. Questions.
5   2. Conjugaison.
3. Imparfait und Passé défini: lorsque j'étais tenté, lorsque je
fus tenté.

59. EXERCICE.
Septième tableau.

10   Que représente le septième tableau?
Le septième tableau représente une partie de la chaine
des Alpes.

I.

A gauche s'élève un rocher très escarpé sur le sommet
15 duquel nous apercevons une croix.   Au-dessous se trouve
une petite chapelle.   Sur les flancs du rocher nous voyons
des pattes-de-lion et des rhododendrons.

On voit une femme sur le chemin tortueux; elle descend
de la montagne; elle porte une charge d'herbe sur la tête.
20 Une voiture chargée de sacs de farine monte la côte. —
Un chasseur descend aussi; il a tué un chamois et un
lièvre qu'il porte sur le dos.   Il tient un grand bâton ferré
à la main droite.

Un groupe de touristes s'avance; les dames sont montées
25 sur des mulets, les messieurs et le jeune garçon vont à pied.
Le jeune garçon chante en agitant son chapeau; il est en
vacances.

II.

A droite voyez un Tyrolien qui garde des chèvres.
30   Une des chèvres porte une clochette au cou.   Voyez
aussi un touriste anglais qui regarde les montagnes au moyen
d'une longue-vue.   Son guide lui montre les montagnes.   Au
fond du tableau s'élèvent les hautes montagnes couvertes
de neige et de glaciers et habitées seulement par l'aigle et
35 le chamois.

La neige des hautes montagnes ne fond pas, elle est
éternelle.   On appelle *glaciers* des amas considérables de
glace dans les montagnes.   C'est dans les glaciers que beau-

coup de fleuves prennent leur source. De la montagne se détachent parfois *des masses de neige* appelées *avalanches,* qui roulent en emportant sur leur passage forêts, chalets et villages.

III.

⁵ Au fond de la vallée, où coule le ruisseau dont nous voyons la chute, s'élève un viaduc de chemin de fer composé de plusieurs étages. Nous voyons aussi les rails, une station, une maison de garde-barrière (garde-voie) et plusieurs tunnels. Un train, composé de la locomotive et de plusieurs wagons,
¹⁰ est sur le point d'entrer dans un tunnel. Sur la locomotive il y a deux hommes: le *mécanicien* et le *chauffeur.*

A la station on prend les billets au guichet. On dit p. ex.: Un billet de première (classe) (de seconde, de troisième) pour Paris, aller (aller et retour), s'il vous plait. Combien?
¹⁵ Sur la colline il y a un chalet dont le toit est chargé de grosses pierres. Sans ces pierres, le vent emporterait le toit.

Plusieurs vaches broutent l'herbe; un homme coupe de l'herbe avec une faucille; un autre ramasse l'herbe avec un râteau pour la porter au chalet.

²⁰ ### IV. Bedingungssätze.

1. Sans les pierres, le vent emporterait le toit.
   S'il n'y avait pas de pierres sur le toit, le vent emporterait le toit.

2. S'il n'y a pas d'eau, le moulin à eau n'ira pas.
²⁵   S'il n'y avait pas d'eau, le moulin n'irait pas.

3. Si les chenilles mangent les fleurs du cerisier, nous
   n'aurons pas de cerises.
   Si les chenilles mangeaient les fleurs du cerisier, nous
   n'aurions pas de cerises.

³⁰ 4. Si le faucheur n'a pas de pierre à aiguiser, il ne pourra
   pas aiguiser la faux.
   Si le faucheur n'avait pas de pierre à aiguiser, il ne
   pourrait pas aiguiser la faux.

5. S'il fait du vent, les enfants pourront lancer leur cerf-
³⁵   volant.
   S'il faisait du vent, les enfants pourraient lancer leur
   cerf-volant.

6. S'il fait du soleil, les raisins mûriront.
S'il ne faisait pas de soleil, les raisins ne mûriraient pas.
7. S'il gèle, nous pourrons patiner.
S'il gelait, nous pourrions patiner.
8. Si la neige tient, nous pourrons faire des boules de neige.
Si la neige tenait, nous pourrions faire des boules de neige.
9. Si le ciel tombait, il y aurait bien des alouettes prises.

---

a) Grammatik: Conditionnel.

b) Schriftliche Übungen: Die Schüler bilden Bedingungssätze wie die oben stehenden.

*60. L'AIGUILLEUR.

Le train omnibus arrive. L'aiguilleur est à son poste, la main sur le levier de fer. Il sait qu'ici le train doit se garer, et que la voie doit être libre, pour laisser passer un train express qui va arriver dans quelques minutes. Il sait que s'il ne manœuvrait pas, le train express irait se briser effroyablement contre le train omnibus; aussi, les yeux fixés sur la locomotive qui approche, il attend.

Une voix l'appelle: «Papa! papa!» c'est son petit Paul: l'enfant a quatre ans; il accourait joyeux vers son père; puis, effrayé par le fracas du train qui arrive sur lui en faisant trembler le sol, il s'est arrêté entre les rails, criant: «Papa!» La locomotive approche; elle n'est plus qu'à quelques mètres de l'enfant.

Que faire? Il y a encore trois secondes: le père peut sauver l'enfant; mais alors il faut lâcher le levier, manquer à la manœuvre, laisser se perdre des trains dont le salut lui est confié.

Il n'hésita pas; et, tout pâle, il resta à son levier, criant d'une voix désespérée: «Couche-toi à plat ventre et ne bouge pas!» L'enfant se coucha et disparut sous la locomotive.

Comme il parut long à l'aiguilleur le défilé de ces wagons qui lui cachaient le corps de l'enfant! Le dernier wagon a passé; le père a une sueur froide au front; il ose à peine regarder; que va-t-il voir à la place où s'est couché l'enfant?

L'enfant est vivant: le petit corps, collé contre la terre, n'a même pas été effleuré.

«Paul, mon petit Paul, tu n'as pas de mal?

— Non, papa, n'aie pas peur!»

⁵ Et le père pleure à chaudes larmes, en embrassant l'enfant. Quelques minutes plus tard, l'express passe à toute vapeur, emportant les voyageurs qui n'ont rien vu et ne se doutent guère qu'ils doivent leur salut au dévouement héroïque de ce pauvre homme. J. Carré; L. Moy

¹⁰ ***61.**

I. LE PÉTROLE.

Le pétrole, dont le nom signifie *huile de pierre*, est une huile minérale. On le retire du sol, d'où il jaillit en sources plus ou moins abondantes. Divers pays possèdent des sour-
¹⁵ ces de pétrole; les plus riches sont celles des États-Unis d'Amérique et de la Russie.

Le pétrole a une odeur forte et désagréable. Lorsqu'il est purifié, il est clair, transparent et ne s'attache pas au verre comme l'huile de colza. Il est très *inflammable*, c'est-
²⁰ à-dire qu'il s'allume avec la plus grande facilité; il brûle avec une flamme vive, qui communique rapidement le feu aux objets avec lesquels elle est en contact. A cause de son prix peu élevé, le pétrole sert à l'éclairage; mais son emploi présente des dangers et exige, par conséquent, de grandes précautions.

²⁵ ## II. LA LAMPE A PÉTROLE.
I.

La lampe à pétrole comprend les parties suivantes: le *pied*, le *réservoir*, le *bec*, la *mèche*, le *remontoir* et le *verre*.

Le *pied*, sur lequel la lampe repose, est élargi à la base.
³⁰ Il est fait de verre ou de porcelaine; quelquefois il est en marbre ou en métal, afin de donner du poids à la lampe et de la rendre ainsi plus difficile à renverser.

Ce *réservoir* est une sorte de vase dans lequel on verse le pétrole.
³⁵ Il est en faïence, en porcelaine, en verre ou en cristal. Ses parois sont épaisses, afin qu'il n'éclate pas facilement, en cas d'accident.

Le *bec* est en cuivre; il se visse sur une garniture du même métal placée au col du réservoir. Sa partie supérieure est arrondie et percée d'une ouverture, par laquelle passe la mèche.

La *mèche* est faite de coton tissé; elle ressemble à un large cordon plat. Elle monte et descend sous l'action d'une sorte de clef qu'on appelle *remontoir*.

Le *verre* est, le plus souvent, renflé vers le bas; il se fixe sur le bec à l'aide de petits crochets et d'un ressort. Le verre est la cheminée de la lampe, qui, sans cela, fume-rait et ne donnerait qu'une pâle lumière.

II.

L'air nécessaire pour que le pétrole brûle, arrive sur la mèche allumée par de petits trous percés dans une espèce de *couronne* en cuivre, placée un peu plus bas que le bec.

Le pétrole monte lentement dans la mèche et atteint la partie supérieure, où il brûle en donnant une flamme blanchâtre, éclatante, qui dégage beaucoup de chaleur.

Comment le pétrole peut-il s'élever dans la mèche? Par les petits conduits que les fibres de coton entrelacées laissent entre elles.

Les parois de ces conduits attirent le liquide, qui monte ainsi de proche en proche.

Pour éviter que la lumière trop vive du pétrole ne gêne les yeux, on recouvre la lampe d'un *abat-jour*.

*62. LA MAISON.

La partie souterraine d'une habitation s'appelle la *cave*.

On y conserve les pommes de terre, les légumes, la viande, le lait, la bière, le vin et les liqueurs. Les caves profondes et voûtées ont à peu près la même température en toute saison, c'est pourquoi elles nous semblent chaudes en hiver et fraîches en été. On éclaire les caves à l'aide d'ouvertures nommées *soupiraux*.

La partie du bâtiment au niveau du sol, ou *rez-de-chaussée*, comprend la *cuisine* et une ou plusieurs *chambres*. Dans les maisons des riches, il y a, au rez-de-chaussée, une *salle à manger* et un ou plusieurs *salons* meublés avec luxe.

Ces différentes pièces sont ordinairement disposées soit des deux côtés, soit d'un seul côté du *vestibule*.
L'*escalier* conduit à l'étage. C'est là que sont établies les *chambres à coucher*. Les grandes maisons ont deux et
5 quelquefois plusieurs étages. Au-dessus des étages se trouve le *grenier*, où l'on conserve le grain battu, les légumes secs, comme les pois, les haricots et d'autres provisions.

Pour être saine, une habitation doit être sèche, élevée, éclairée par de grandes fenêtres, bien aérée et proprement
10 entretenue.   Louis Genonceaux et Maurice Valère.

*63. LA LANTERNE ET LA CHANDELLE.

a) Une chandelle un jour disait à la lanterne:
«Pourquoi de ton foyer me faire une prison?
Ton vilain œil-de-bœuf rend ma lumière terne:
15   Ouvre-toi, qu'à mon gré j'éclaire l'horizon.»
La lanterne obéit; l'autre qu'y gagna-t-elle?
Bonsoir! un coup de vent a soufflé la chandelle.

b) Le coup de vent,
le coup de dent,
20 le coup d'air,
le coup de canon, de fusil,
le coup de pied,
le coup de corne, de griffe,
le coup d'œil.
25 Beaucoup, beaucoup de poissons etc.

*64.

I. LE BOUDEUR.

Où est Alexis?
Ah! le voilà assis dans un coin.
30 Il baisse la tête, il ne regarde personne.
Sa mère l'appelle et il ne vient pas.
Il se frotte les yeux avec le dos (le revers) de la main;
il allonge les lèvres.
Sa mère veut lui prendre la main, il la retire.
35 Alexis est un boudeur.
Si on lui refuse un joujou, il boude;

si on lui fait attendre son déjeuner, il boude;
si on le reprend quand il se trompe, il boude.
Alexis est un boudeur.

II. COLIMAÇON LE BOUDEUR.

Colimaçon est un boudeur,   5
Qui n'est jamais de bonne humeur.
Avec lui si quelqu'un veut rire,
Heu! dans sa coupe il se retire.

Les autres sont tous à jouer,
Lui reste seul à sourciller.   10
Dès qu'on le touche, il crie, il pleure,
Il boude, il en a pour une heure.

Allons, colimaçon mignon,
Il faut être bon compagnon.
Montre une corne, une petite;   15
Montre les quatre cornes vite!

III. LE DOUILLET.

Le petit Louis est un douillet.
Quand il se coupe et voit sortir de sa légère blessure
une toute petite perle de sang: Oï, oï, oï, oï, oh! la! la! 20
Maman, papa, mon oncle, ma tante, frère, sœur, cousin, cousine, Pierre, Mariette, venez, venez tous, je me meurs, je suis
mort, je perds tout mon sang; et Louis pâlit, il tremble, il
pleure, il crie, il chancelle, il tombe sur une chaise. Vite
un médecin, un pharmacien, un chirurgien, toute la faculté 25
de Paris; mais c'est bien inutile; Louis est blessé à mort; il
le dit: qu'on le fasse enterrer; que l'on commande la pierre
qui pèsera sur son tombeau avec cette épitaphe: Ci-gît Lolo
le Douillet, mort subitement d'une égratignure.

Heureusement, le défunt n'est pas mort; car, une heure 30
après, il boit, il mange et rit comme si de rien n'était: c'est
qu'en effet ce n'était rien. Lolo depuis qu'il vit, est mort
cent fois au moins. Comptez bien: Lolo est mort une fois
parce qu'il avala de travers; il ressuscita et mourut une seconde fois parce qu'un camarade lui tira les cheveux, une 35
autre fois il mourut pour avoir fait une chute sur le gazon;
une autre fois il mourut pour s'être brûlé le petit bout du

doigt, il se croyait rôti comme un chapon, et il demandait
à tout le monde: «Est-ce que je ne sens pas le roussi?» Il
est mort quatre fois le mois dernier, d'abord d'un rhume,
puis d'une colique, ensuite d'une fièvre, enfin d'une indigestion.
⁵ Lolo est mort cent fois, vous dis-je, et il se porte comme
un charme.   D'après Rozier.

Grammatik: Vivre, mourir und die übrigen Verba.
Proverbe: Qui vivra verra.

*65. LA MÉNAGERIE.

I.

¹⁰ a) Joseph et Antony faisaient avec leur papa une promenade en ville.

Ils longeaient les boulevards.

Les boulevards sont des rues très larges; de chaque
¹⁵ côté sont plantés des arbres. De distance en distance on
trouve des bancs pour s'asseoir.

Tout à coup les promeneurs se trouvèrent près d'une
ménagerie.

C'étaient de grandes voitures rangées en demi-cercle.
²⁰ Sur le devant était une grande toile sur laquelle étaient peints
des animaux.

«Entrez, entrez! criait à la foule des curieux un homme
placé à la porte.

Vous verrez les animaux sauvages des pays lointains.
²⁵ Entrez, entrez! c'est dix centimes, deux sous!»

Les enfants avaient un grand désir de voir les animaux
de la ménagerie.

Leur papa les fit entrer et donna trente centimes.

A l'intérieur, les voitures étaient ouvertes. Elles ressem-
³⁰ blaient à de grandes cages où l'on voyait toutes sortes d'animaux à travers les barreaux de fer.

Le maître de la ménagerie était un homme brun, grand et
maigre. Il avait une barbe noire, très longue et très épaisse.

Son costume ressemblait à celui d'un marin.
³⁵ Une baguette qu'il avait à la main lui servait à montrer
chaque animal aux spectateurs.

b) Où Joseph et Antony faisaient-ils une promenade?
Avec qui faisaient-ils la promenade?
Quelles rues appelle-t-on boulevards?
Qu'y a-t-il de chaque côté d'une rue de cette sorte? Que
trouve-t-on de distance en distance? 5
Où se trouvèrent-ils tout à coup?
Comment les voitures étaient-elles rangées?
Qu'y avait-il sur le devant?
Qu'est-ce qui se trouvait sur la toile?
Qui était placé à la porte? 10
Que criait-il à la foule des curieux?
Qui fit entrer les deux enfants? Qui donna les trente centimes?
A quoi les voitures ressemblaient-elles?
Qu'y avait-il dans les cages?
Quel homme était-ce que le maître de la ménagerie? 15
Quel costume avait-il?
Qu'avait-il à la main?
A quoi la baguette lui servait-elle?

II.

a) Écoutons le maître de la ménagerie. 20
Mesdames et Messieurs,
Je vous présente sa Majesté le lion. Le lion est très
fort, très adroit et très courageux. Il est de couleur jaune
fauve. Sa tête est ornée d'une épaisse crinière. Ses dents

et ses griffes sont également redoutables. Son regard est terrible et sa voix retentissante: lorsqu'il rugit, on croit entendre le tonnerre.

D'un seul coup de sa terrible patte il tue un cheval.
5 Pendant le jour il se tient dans sa tanière, pendant la nuit il quitte son repaire pour aller à la chasse. Les habitants des villages allument de grands feux pour l'effrayer. La chasse au lion est extrêmement dangereuse.

Il habite l'Afrique. A cause de sa force il est appelé
10 le roi des animaux.

b) Quelle est la couleur du lion? De quoi sa tête est-elle ornée?
Que croit-on entendre quand il rugit?
Où se tient-il pendant le jour? Quand quitte-t-il son repaire?
Comment les habitants des villages essayent-ils de l'effrayer?
15 Quel pays habite-t-il?
Comment appelle-t-on le lion à cause de sa force?

III.

a) L'éléphant est le plus gros des quadrupèdes.

Cet animal est très docile et très adroit.

20 Il a deux dents longues et recourbées qu'on appelle *défenses,* et un nez très allongé appelé *trompe.*

C'est avec sa trompe qu'il boit et respire, qu'il saisit les aliments, et les porte à sa bouche.

Il peut, avec sa trompe, prendre un homme par le corps et le poser sur son dos.

L'éléphant peut porter plus de dix personnes à la fois.

Regardez, je me ferai enlever sur son dos!

Il ramasse aussi, avec la trompe, la plus petite pièce de s monnaie.

Et voilà un orgue de Barbarie*) dont il tourne la manivelle.

Il y a des éléphants en Afrique et en Asie. Les éléphants d'Asie sont plus grands que les éléphants d'Afrique. 10

En Asie les éléphants sont employés comme animaux domestiques. Ils trainent la charrue et portent les fardeaux.

Les grandes défenses nous donnent l'ivoire. L'ivoire est très cher.

b) Quel est le plus gros des quadrupèdes? 15

Comment appelle-t-on les deux grandes dents de l'éléphant?

Comment appelle-t-on son nez allongé?

Que fait-il avec sa trompe? Combien de personnes peut-il porter? Où y a-t-il des éléphants? Lesquels sont les plus grands?

Où emploie-t-on les éléphants comme animaux domestiques? 20

66. UN SAUVAGE A PARIS.

Pendant la saison d'hiver, l'avenue des Gobelins est le refuge de tous les saltimbanques, montreurs de phénomènes, dompteurs etc. Aussi, avant que la saison des fêtes n'ait dispersé tous ces pauvres gens, la foule se porte chaque soir dans leur quartier, où retentissent jusqu'à onze heures les 25 orchestres les plus fantaisistes.

Un de ces soirs, vers neuf heures, dans une baraque où s'entassait pêle-mêle une multitude de curieux, un fait assez singulier s'est produit.

— Vous allez voir, disait le maître de l'établissement, 30 vous allez voir le terrible Ca-pa-cou-tou, chef renommé d'une tribu sauvage des montagnes d'Afrique. Ces féroces Indiens, qui habitent des régions que le pied de l'homme n'a jamais foulées, ne se nourrissent que de racines, de lapins vivants ou de bouts de cigares. Pères et mères, gardez vos enfants 35 entre vos bras, vous allez voir ce que vous n'avez jamais vu.

---

*) Proprement Barberi, nom d'un fabricant d'orgues de Modène.

11*

Un grand bruit de ferraille se fait entendre, et le terrible
Ca-pa-cou-tou apparaît enchaîné par les pieds et les mains,
faisant d'horribles grimaces et portant une massue formidable.

5   A l'aspect de l'homme noir, presque nu, poussant des
cris affreux, tout le monde recule.

Tout à coup, un homme portant un tablier blanc roulé
autour du corps tombe sur le sauvage et lui administre une
distribution de coups de pied. Les femmes s'attendaient à
10 le voir manger vif; mais l'anthropophage jugea à propos de
se débarrasser de ses liens et de se sauver, au grand désespoir
de l'impresario.

Explications faites, l'homme au tablier blanc venait de
retrouver, déguisé en sauvage, son plus jeune fils. Ce petit
15 polisson s'était enfui, il y a environ trois mois, du domicile
paternel, sis à Ménilmontant, et depuis cette époque on le
croyait mort.   H. P. Junker, Le Maître Français.

67. LA FORÊT.
Huitième tableau.

20   I.

Au milieu du tableau nous apercevons un grand chêne.
Il en est l'objet principal. Nous n'en voyons qu'une partie:
le tronc et quelques branches. On distingue des *branches
primaires* ou des *rameaux* primaires; ceux-ci partent de la
25 tige; les branches secondaires ou de second ordre, nées sur
les rameaux primaires; les branches de troisième ordre, nées
sur les branches secondaires et ainsi de suite.

Le chêne est très vieux; son écorce est très rugueuse, et
le tronc est très gros.

30   II.

Sur ce bel arbre nous remarquons deux *écureuils*.
L'écureuil est un joli petit animal; sa nourriture se compose d'amandes, de noisettes, de faînes et de glands. Il
est propre, leste, vif, très alerte, très éveillé, très industrieux,
35 il a les yeux pleins de feu. Sa jolie figure est encore
rehaussée par une belle queue en forme de panache, qu'il
relève jusqu'au dessus de sa tête, et sous laquelle il se met
à l'ombre; il est pour ainsi dire, moins quadrupède que les

autres, il se tient ordinairement assis presque debout, il se
sert de ses pattes de devant, comme de mains, pour porter
les aliments à sa bouche; au lieu de se cacher sous terre,
il est toujours en l'air; il approche des oiseaux par sa légèreté,
5 il demeure comme eux sur la cime des arbres, parcourt les
forêts en sautant de l'un à l'autre, y fait aussi son nid, et
ne descend à terre que quand les arbres sont agités par la
violence des vents.

Il ne s'engourdit pas comme le loir pendant l'hiver, il
10 est en tout temps très éveillé, et pour peu qu'on touche au
pied de l'arbre sur lequel il repose, il sort de sa petite
bauge, fuit sur un autre arbre, ou se cache à l'abri d'une
branche. Il ramasse des noisettes pendant l'été, en remplit
les troncs, les fentes des vieux arbres, et a recours en hiver
15 à sa provision, il les cherche aussi sous la neige, qu'il écarte
en grattant. Il va ordinairement par petits sauts et quelquefois par bonds; il a les ongles si pointus et les mouvements
si prompts, qu'il grimpe en un instant sur un hêtre dont
l'écorce est fort lisse. Le poil de sa queue sert à faire des
20 pinceaux; mais sa peau ne fait pas une bonne fourrure.

L'un des écureuils que nous voyons sur notre tableau
mange une noisette qu'il tient entre ses pattes de devant.
L'écureuil est un rongeur; on lui reconnaît cette propriété
à ses dents incisives très longues et très aiguës. Nous con-
25 naissons d'autres rongeurs, p. ex. la souris, le rat, le lièvre
et le castor, qui vit en colonies, construit des digues sur
les rivières, se bâtit des huttes, coupe des arbres avec ses
fortes dents, et bat la terre glaise de sa queue écailleuse.

III.

30 Nous voyons aussi perché sur le grand chêne un pic;
c'est un pivert, le plus connu des pics et le plus commun
dans nos bois. Il arrive au printemps et fait retentir les
forêts de cris aigus et durs que l'on entend de loin, et qu'il
jette surtout en volant par élans et par bonds.

35 Le pic vert se tient à terre plus souvent que les autres
pics, surtout près des fourmilières. Il attend les fourmis au passage, couchant sa longue langue dans le petit sentier qu'elles
ont coutume de tracer et de suivre à la file; et lorsqu'il sent

sa langue couverte de ces insectes, il la retire pour les avaler; mais si les fourmis ne sont pas assez en mouvement, et lorsque le froid les tient encore renfermées, il va sur la fourmilière et l'ouvre avec les pattes et le bec.

Dans d'autres fois il grimpe contre les arbres, qu'il s attaque et qu'il frappe à coups de bec redoublés; travaillant avec la plus grande activité, il dépouille souvent les arbres secs de toute leur écorce: on entend de loin ces coups de bec et l'on peut les compter. Le son rendu par la partie du bois qu'il frappe semble lui faire connaître les endroits creux où 10 se nichent les vers qu'il recherche, ou bien une cavité dans laquelle il puisse se loger lui-même et disposer son nid.

IV.

Au pied du chêne, nous voyons un *renard*. Le renard est d'une couleur rousse. Il est fameux par ses ruses; ce 15 que le loup ne fait que par sa force, il le fait par adresse, et réussit plus souvent. Sa nourriture favorite se compose de poules, d'oies, de canards. Il se loge au bord des bois, à portée des hameaux; il écoute le chant des coqs et le cri des volailles. S'il peut franchir les clôtures, ou passer par- 20 dessous, il ne perd pas un instant, il ravage la basse-cour, il y met tout à mort, se retire ensuite lestement en emportant sa proie, qu'il cache sous la mousse, ou porte à son terrier; il revient quelques moments après en chercher une autre, qu'il emporte et cache de même, mais dans un autre endroit jusqu'à 25 ce que le jour ou le mouvement dans la maison l'avertisse qu'il faut se retirer et ne plus revenir. Il est très avide de miel, il attaque les abeilles sauvages, les guêpes, les frelons, qui d'abord tâchent de le mettre en fuite, en le perçant de mille coups d'aiguillon; il se retire en effet, mais c'est en se roulant 30 pour les écraser; et il revient si souvent à la charge qu'il les oblige à abandonner le guêpier, alors il le déterre et en mange le miel et la cire. Il prend aussi les hérissons, les roule avec ses pattes, et les force à s'étendre. Enfin il mange du poisson, des écrevisses, des hannetons, des sauterelles etc. 35

Contre les chiens il se défend avec courage. Il mord dangereusement, opiniâtrément, et l'on est obligé de se servir d'un fer ou d'un bâton pour le faire démordre. Son

glapissement est une espèce d'aboiement. A la fin du glapissement il donne un coup de voix plus fort, plus élevé,
et semblable au cri du paon. En hiver, surtout pendant la
neige et la gelée, il ne cesse de donner de la voix, et il est
5 au contraire presque muet en été. C'est dans cette saison
que son poil tombe et se renouvelle; l'on fait peu de cas
de la peau des jeunes renards, ou des renards pris en été.

Il a le sommeil profond, on s'approche aisément sans
l'éveiller: lorsqu'il dort, il se met en rond comme les chiens;
10 mais lorsqu'il ne fait que se reposer, il étend les jambes de
derrière et demeure étendu sur le ventre: c'est dans cette
posture qu'il épie les oiseaux le long des haies. Ils ont
pour lui une si grande antipathie, que dès qu'ils l'aperçoivent,
ils poussent un petit cri d'avertissement: les geais, les merles
15 surtout, l'accompagnent du haut des arbres, répètent souvent
le petit cri d'avis, et le suivent quelquefois à plus de deux
ou trois cents pas.

V.

Près du chêne (à quelque distance du chêne), nous
20 voyons plusieurs champignons. Quelques-uns d'entre eux
sont comestibles (bons à manger), d'autres sont vénéneux.
Celui qui est rouge avec des taches blanches s'appelle le
tue-mouche.

Cette belle plante qui est près du ruisseau s'appelle la
25 digitale, elle est aussi vénéneuse. La belladone qui se trouve
de l'autre côté possède la même propriété.

Non loin de là, à côté d'un arbre récemment abattu, se
trouvent deux jeunes enfants, ils sont occupés à chercher
des fraises.

30 ## VI.

A gauche du chêne coule un ruisseau dont l'eau est
très claire. Au milieu de l'eau, sur une pierre, se trouve
une bergeronnette. A cet endroit, le ruisseau forme une
petite cascade dont le bruit est très agréable à entendre.
35 Sur la rive droite, il y a un rocher couvert de mousse
derrière lequel se tient caché un chevreuil. Ses oreilles
dressées nous indiquent qu'il épie, afin de s'assurer si personne ne vient troubler son séjour près du ruisseau dans
lequel il vient boire.

VII.

Non loin du ruisseau se trouve la cabane des *char-bonniers* qui ont construit deux meules de bois. Celles-ci sont recouvertes de terre pour que le bois brûle lentement et sans flamme. L'un des charbonniers a appliqué une échelle 5 contre la meule.

VIII.

A côté de la cabane, il y a un grand sapin sur lequel nous apercevons un *hibou*. Le hibou est un oiseau de proie parce qu'il se nourrit exclusivement de la chair d'autres ani- 10 maux L'aigle, le vautour, le faucon, l'épervier sont aussi des oiseaux de proie. Ils ont tous le bec crochu et aigu, ce qui leur permet de saisir facilement et d'emporter leur proie. A cet effet, leurs ongles sont aussi longs et acérés: on les appelle *serres*. Les oiseaux de proie volent avec 15 une telle force et une telle rapidité, qu'un faucon, perdu dans la forêt de Fontainebleau, fut, le lendemain, retrouvé à Malte.

Les hiboux ont le plumage très doux, ce qui fait qu'ils volent sans bruit. Ils détruisent beaucoup de rats et d'autres 20 animaux nuisibles. Le hibou ne vole que la nuit parce que la lumière du jour est trop vive pour lui.

IX.

Dans le fond du tableau nous voyons plusieurs *bûcherons* qui sont en train d'abattre des arbres. Le garde-forestier est 25 venu examiner les travaux. Il indique à l'un des ouvriers les arbres qu'ils doivent abattre. Il a son fusil sur son dos et est accompagné de son chien.

A droite, nous voyons une pauvre vieille femme qui est venue dans la forêt ramasser du bois mort. Elle en a fait 30 un fagot qu'elle porte sur le dos.

Pour lui faciliter la besogne elle a un grand bâton au bout duquel se trouve un crochet de fer. Ainsi, elle peut attirer facilement à elle les branches mortes. C'est en même temps pour elle un soutien. 35

A travers les arbres, nous apercevons un chariot chargé de plusieurs troncs d'arbres, préparés par les bûcherons que nous voyons sur le côté gauche du tableau.

X.

Non loin du chêne, nous remarquons une *fourmilière,* un petit monticule que les fourmis ont élevé. Si nous regardons de près une fourmilière, notre attention se trouvera vivement attirée par le peuple laborieux qui l'habite. On ne peut qu'admirer le va-et-vient continuel de ces petits êtres infatigables. Quel courage, quelle ardeur au travail elles apportent, quand leur habitation a été bouleversée ou endommagée! Oeufs et matériaux de toutes sortes sont charriés au plus vite. Si parmi elles quelqu'une est blessée, vite des ouvrières courent à son secours. La fourmi est le modèle du travail soutenu et appliqué. Connaissez-vous aussi le fourmilier à la langue très longue avec laquelle il englue les fourmis?

XI.

Près de la fourmilière dont nous venons de parler un *serpent* rampe dans l'herbe. Il y a des serpents inoffensifs, et des serpents venimeux dont la morsure accompagnée de l'émission d'un poison liquide donne lieu à des accidents plus ou moins graves, souvent mortels. Les autres ne mordent pas, mais s'enroulent autour de leur proie; ceux-là ne peuvent nous faire courir de danger que quand ils sont de très grande taille. C'est le cas du Boa de l'Amérique du Sud, des Pythons d'Afrique et de quelques autres espèces où l'on trouve des individus ayant 12 mètres de longueur! De pareilles bêtes sont capables d'étouffer un bœuf en l'étreignant dans leurs replis. En Europe il y a un serpent venimeux, c'est la vipère, et c'est un des moins dangereux. Le *venin* est un liquide qui s'emmagasine dans une petite poche placée à la racine d'une longue dent très pointue. Cette dent est percée d'un canal. Quand l'animal mord, la dent pèse sur la poche; une goutte de venin suit le canal et pénètre dans la partie mordue. Quand on arrache cette dent (il y en a une de chaque côté), comme font les charlatans, on peut se faire mordre impunément par la vipère. Le venin de vipère donne la fièvre, une grande enflure, parfois la gangrène (destruction complète de la vie dans une partie du corps) et même la mort.

II. A TROMPEUR TROMPEUR ET DEMI.

Proverbe.

Un renard, voyant des poules juchées avec leur coq dans
une cour, tâchait de les attirer par de belles paroles: «J'ai,
dit-il, une bonne nouvelle à vous apprendre, c'est que les 5
animaux ont tenu un grand conseil, et ont fait entre eux
une paix éternelle. Descendez, célébrons de bonne amitié
cette paix.» Le coq, plus fin que le renard, se dresse sur
ses ergots et regarde de tous côtés. — Que regardez-vous
donc? — Je regarde deux chiens qui s'avancent.» Et le 10
renard de fuir à toutes jambes. — «Eh! dit le coq, la paix
est faite entre les animaux. — Oh! lui crie le renard en
courant de plus belle, peut-être que ces deux chiens n'en
savent pas encore la nouvelle.»

III. LE CORBEAU ET LE RENARD. 15

Maître corbeau, sur un arbre perché,
   Tenait en son bec un fromage.
Maître renard, par l'odeur alléché,
   Lui tint à peu près ce langage:
   «Eh! bonjour, monsieur du corbeau! 20
Que vous êtes joli! que vous me semblez beau!
   Sans mentir, si votre ramage
   Se rapporte à votre plumage,
Vous êtes le phénix des hôtes de ces bois.»
A ces mots, le corbeau ne se sent pas de joie: 25
   Et pour montrer sa belle voix,
Il ouvre un large bec, laisse tomber sa proie.
Le renard s'en saisit, et dit: «Mon bon monsieur,
   Apprenez que tout flatteur
   Vit aux dépens de celui qui l'écoute: 30
Cette leçon vaut bien un fromage, sans doute.»
   Le corbeau, honteux et confus,
Jura, mais un peu tard, qu'on ne l'y prendrait plus.

La Fontaine.

68. LE LION. 35

Un pauvre esclave s'était échappé de la maison de son
maître; mais il fut repris et condamné à mort. On le con-
duisit dans une vaste arène qui était entourée de murs, et

on lâcha contre lui un lion redoutable par sa férocité!
Plusieurs milliers de spectateurs assistaient à cette scène.
Le lion, furieux, s'élança vers le condamné! Mais tout
à coup il s'arrêta, se mit à remuer la queue et à sauter de
5 joie autour de l'esclave, dont il léchait même les mains.
Tout le monde était frappé d'étonnement et l'on demanda
au condamné l'explication de ce prodige. Alors l'esclave
raconta ce qui suit:
    «Quand je me fus enfui de chez mon maître, je gagnai
10 le désert et me cachai dans une caverne. A peine y étais-
je entré, que ce lion y vint aussi, en poussant des gémisse-
ments plaintifs et en me présentant sa patte où une grosse
épine était enfoncée. Je retirai l'épine, et bientôt l'animal
se trouva guéri. Dès ce moment il m'approvisionna de gibier,
15 et nous vivions ensemble dans la caverne en fort bonne
intelligence. Mais, à la dernière battue, nous fûmes séparés
l'un de l'autre et pris tous deux. Et maintenant ce fidèle
animal se réjouit de m'avoir retrouvé.»
    Ravi de voir la gratitude du bon lion, le peuple s'écria:
20 «Vive l'homme charitable! et vive le lion reconnaissant!»
L'esclave fut remis en liberté et comblé de riches présents.
Depuis ce jour, le lion ne le quitta plus et il l'accompagna
partout avec la docilité d'un chien, sans faire de mal à
personne.   Chr. v. Schmid, trad. p. André van Hasselt.

25   1. Questions.
      2. Konjugation der Verba.
      3. Imparfait und Passé défini.
      4 Schriftliche Übungen: Der erste Teil wird in der ersten,
die Erzählung des Sklaven in der dritten Person wiedergegeben.

30 *69. L'ABBÉ DE MOLIÈRES ET LE VOLEUR.

    L'abbé de Molières était un homme simple et pauvre,
étranger à tout, hors à ses travaux scientifiques.
    Il n'avait point de valets, et travaillait dans son lit, faute
de bois, sa culotte sur sa tête, par-dessus son bonnet, les
35 deux côtés pendant à droite et à gauche. Un matin, il entend
frapper à sa porte: «Qui va là? — Ouvrez!» L'abbé tire un
cordon, et la porte s'ouvre. L'abbé ne regardant pas: «Qui

êtes-vous? — Donnez-moi de l'argent. — De l'argent? — Oui, de l'argent! — Ah! j'entends, vous êtes un voleur. — Voleur ou non, il me faut de l'argent. — Vraiment oui, il vous en faut? Eh bien! cherchez là-dedans.» Il tend le cou, presente un des côtés de la culotte, le voleur fouille. «Eh bien? — Il n'y a pas d'argent. — Vraiment non, mais il y a ma clef. — Eh bien! cette clef? . . — Cette clef, prenez-la. — Je la tiens. — Allez-vous-en à ce secrétaire, ouvrez.» Le voleur met la clef dans un autre tiroir: «Laissez donc, ne dérangez pas, ce sont mes papiers; à l'autre tiroir vous [10] trouverez de l'argent. — Le voilà. — Eh bien! prenez; fermez donc le tiroir!» Le voleur s'enfuit. «Monsieur le voleur! fermez donc la porte! . . Il laisse la porte ouverte! . . Quel chien de voleur! . . Il faut que je me lève par le froid qu'il fait! maudit voleur!» L'abbé saute à bas, va fermer la porte, [15] et revient se mettre au travail, sans songer peut-être qu'il n'avait pas de quoi payer son dîner.   Chamfort.

Proverbe: Contentement passe richesse.

*70. HISTOIRE DU BONHOMME MAUGRÉANT.

I. [20]

Il y avait une fois un paysan qui avait autant d'enfants qu'il y a de pierres dans les champs. On l'appelait le père Maugréant; et il était bien nommé, car le pauvre homme maugréait toujours entre ses dents.

Il allait au cabaret plus souvent qu'à l'église; mais c'était [25] pour chasser le souci, disait-il. Un jour qu'il y était depuis des heures et des heures et que le souci ne voulait pas s'en aller, il se dit tout à coup en se frappant le front:

«Mieux vaut s'adresser au bon Dieu que rester ici; j'irai le trouver et je lui demanderai pourquoi toute la chance est [30] toujours pour les autres et tout le guignon pour moi.»

Et là-dessus, il se lève et se met à chercher le chemin du paradis.

A force de chercher et de marcher, de tourner et de virer, il finit par y arriver.   [35]

Il frappe à la porte: Pan! pan!

— Qui est là? dit Saint Pierre.

— C'est moi, grand saint, vous savez bien, le père Maugréant . . . qui a autant d'enfants qu'il y a de pierres dans les champs.

— Et que voulez-vous?

⁵ — Parler au bon Dieu — — Je voudrais lui demander pourquoi toute la chance est toujours pour les autres et tout le guignon pour moi.

— Le Seigneur est dans sa vigne et il n'aime pas les questions. Passez votre chemin.

¹⁰ — Grand saint . . . je suis un pauvre père de famille . . . si vous vouliez, vous qui faites des miracles . . .

— Allons — attendez, bonhomme, dit Saint Pierre, je vais voir par là si j'ai quelque chose pour vous . . .

Saint Pierre referme sa porte, mais il revient bientôt.

¹⁵ — Tenez, voilà un panier qui en fait, des miracles. Quand vous voudrez vous en servir, vous n'aurez qu'à dire comme ça:

> Petit panier, petit panier,
> fais ton métier!

²⁰ et vous verrez ce qui arrivera. Mais quand vous en aurez assez, n'oubliez pas de dire:

> Suffit, suffit
> pour aujourd'hui!

Ah! . . . encore . . . Vous n'avez pas besoin de le montrer ²⁵ à tout le monde, ni de dire que c'est moi qui vous l'ai donné . . . Vous entendez? . . .

II.

Le bonhomme ne savait pas trop si c'était pour rire ou pour tout de bon; il prit le panier en secouant les oreilles ³⁰ et sans songer à remercier; mais dès qu'il se vit seul, il essaya si les paroles feraient leur effet. Aussitôt, voilà que le panier commence à grouiller, à bouillonner, et puis à déborder de petits pains de toutes façons et de toutes sortes de petits poissons. Et il en venait, il en venait! c'était ³⁵ comme un torrent. La route en fut bientôt toute couverte. Le bonhomme ne savait plus où poser le pied et il commençait à s'effrayer; heureusement il se rappela qu'il fallait crier:

Suffit, suffit
pour aujourd'hui!
et le torrent s'arrêta.

Il s'assit alors sur un tas de cailloux et se régala on
peut penser comment. 5

Il n'avait que l'embarras du choix: carpes, anguilles,
saumons, turbots, tous les poissons de la mer et des rivières
nageaient là devant lui dans la sauce. Cependant le bonhomme commença bientôt à hocher la tête et à maugréer
tout bas. Quelque chose lui manquait. — «Je mange, je 10
mange ... et je ne bois rien!» Et comme il levait les yeux
en disant cela, il se retrouva justement devant le cabaret, et
il y entra tout droit.

«Apportez du meilleur vin et deux verres,» dit-il en
clignant de l'œil au cabaretier qui d'habitude lui tenait 15
compagnie. «Et si vous voulez vous régaler de poisson, en
voilà pour toute la maison. Seulement ... vous n'avez pas
besoin de dire à tout le monde ce que vous allez voir ...
vous entendez? «Petit panier, petit panier,
fais ton métier!» 20
Et voilà que le panier se remet à grouiller, à bouillonner,
et puis à déborder de petits pains de toutes façons et de
toutes sortes de petits poissons sur la table, sur les chaises,
sur le plancher et jusque dans la rue.

«Ramassez, ramassez! disait le bonhomme, ne vous 25
gênez pas, quand il n'y en a plus, il y en a encore.»
Et il fallait voir le cabaretier et la cabaretière courir
après les plats!

Mais tout en travaillant ainsi des pieds et des mains ils
se disaient tout bas: «Si nous pouvions aussi attraper le 30
panier, c'est ça qui nous conviendrait dans notre métier.»

Ils essayèrent d'abord de savoir du bonhomme où on
pourrait bien en avoir un pareil; mais il tenait à garder ce
secret-là pour lui seul et il ne desserra pas les dents.
Cependant ils lui versèrent si souvent et si bien qu'il finit 35
par s'endormir. La bonne femme alla chercher alors dans
sa cuisine un panier à peu près pareil, qui lui avait justement
servi la veille à rapporter du poisson dont on voyait encore
des écailles, et elle le mit à la place du panier merveilleux

qu'elle cacha soigneusement. Quand le bonhomme se réveilla,
il prit son panier sans se méfier de rien et se hâta de chercher le chemin de la maison.

Il arriva juste au moment où sa femme mettait une
5 pauvre soupe sur la table, entourée d'une ribambelle d'enfants petits et grands, affamés et maugréants . . . avec des
yeux ! . . . Le bonhomme, qui avait passé la nuit dehors,
allait être reçu comme il le méritait; mais dès le seuil de la
porte il se hâta de s'écrier en brandissant son panier:
10 «Ne vous gâtez pas l'appétit, mes enfants! j'apporte de
quoi vous régaler tous. Vous voyez bien ce panier-là? . . .
bon; maintenant vous allez tous dire comme ça:

Petit panier, petit panier,
fais ton métier !

15 et vous verrez ce qui arrivera!»

Et ils firent comme il leur disait, pour voir ce qui arriverait. Mais ils eurent beau dire et crier, le petit panier ne
savait qu'un métier, qui était de rester petit panier.

Le bonhomme n'y comprenait plus rien; il tournait,
20 tournait autour de la table, et regardait de tous les côtés
son panier, en maugréant, maugréant, comme de sa vie il
n'avait jamais maugréé. Sa femme et ses enfants ne savaient
s'ils devaient rire ou pleurer et le croyaient fou.

«Attendez, attendez!» s'écrie-t-il soudain, «il sent déjà
25 le poisson . . . sentez-vous!» Il le sentait en effet, terrible-
ment, mais le pauvre homme n'en put tirer autre chose.

«Est-ce que ça ne serait pas le mien? se dit-il enfin.
Est-ce que par hasard . . .?»

Et sans écouter sa femme ni ses enfants qui veulent le
30 retenir, il court demander à la cabaretière s'il ne s'est pas
trompé.

— «Impossible, répond-elle, vous voyez qu'il n'y a ici
ni panier ni corbeille. Bien sûr vous aurez oublié comment
il faut dire.»

35 — «C'est bien sûr ça,» dit-il.

Elle lui verse là-dessus un verre du meilleur, et le voilà
reparti pour le paradis, où cette fois il arrive bientôt.

Il frappe à la porte: Pan! pan!

— Qui est là? dit Saint Pierre.

— C'est moi, grand saint, vous savez bien, le père
Maugréant ... qui a autant d'enfants qu'il y a de pierres
dans les champs.

— Mais, mon bonhomme, on vous a déjà donné hier.

— Oui, grand saint, mais c'est votre panier; je ne sais 5
pas ce qu'il a, il ne veut plus aller ...

— Eh bien, laissez-le reposer. Je vais voir par là si
j'ai autre chose pour vous.

Saint Pierre referme sa porte, mais il revient bientôt.

— Tenez, voilà un coq, mais un coq! ... Vous n'avez 10
qu'à lui dire comme ça:

Coq de Saint Pierre, coq de Saint Pierre,
Montre un peu ce que tu sais faire!

et vous verrez ce qui arrivera ... ah! ... encore ... Vous
n'avez pas besoin de le montrer à tout le monde ...   15

— Oh! je ne suis pas si bête que j'en ai l'air.

— Ni de dire que c'est moi qui vous l'ai donné, vous
entendez? Je n'en ai pas comme ça à la douzaine à distribuer.»

Et Saint Pierre referme sa porte sans attendre d'autre 20
remerciment.

Quand le bonhomme se revit seul sur la route, c'était
justement devant le cabaret, et il y entra tout droit.

— D'où venez-vous donc comme ça avec ce beau coq
rouge dans votre panier, papa Maugréant? lui demande la 25
cabaretière de sa voix la plus douce.

— Je reviens de là où il n'y en a pas comme ça à la
douzaine à distribuer, répondit-il d'un air finaud en s'asseyant
devant la table.

On lui servit du meilleur, et tout ce qu'il voulut, et 30
bientôt l'envie de faire admirer sa nouvelle merveille commença à lui démanger.

«Coq de Saint Pierre, coq de Saint Pierre,
Montre un peu ce que tu sais faire!»

III.   35

Et voilà le coq qui bat des ailes et qui chante: Coquerico! d'une voix de trompette. Et à chaque cri il lui tombait du bec des grains d'or et des diamants gros comme de

petits pois; et le bonhomme les ramassait dans son chapeau en clignant de l'œil, mais cette fois il ne donna rien à personne.

Cependant le cabaretier et la cabaretière échangèrent un coup d'œil qui voulait dire: «Voilà un coq à mettre avec notre panier.»

«Buvez donc, papa Maugréant!» disaient-ils en versant toujours, si bien qu'il finit par s'endormir encore.

La femme prit alors tout doucement, tout doucement le coq merveilleux: «Viens mon bellot, viens mon bellot» et s'en alla l'enfermer dans son poulailler, d'où elle rapporta un coq tout pareil qu'elle mit à sa place dans le panier.

Quand le bonhomme se réveilla, la nuit tombait; il jeta quelques grains d'or sur la table, prit son coq et son panier sans se méfier, et bien fier de ce qu'il rapportait, il se hâta d'arriver à la maison.

Sa femme l'attendait devant la porte avec toute sa ribambelle de petits Maugréants.

— N'es-tu pas honteux de perdre ainsi à boire ton temps et ton argent? . . .

— Bah! dit-il, de l'argent? j'ai maintenant de l'or et des diamants. Venez, les enfants. Vous voyez bien ce coq-là sur la table? . . . bon . . . à présent vous allez tous dire comme ça:

Coq de Saint Pierre, coq de Saint Pierre,
Montre un peu ce que tu sais faire!

et vous verrez ce qui arrivera.

Ils n'avaient pas grande confiance cette fois, cependant ils firent comme il leur disait pour voir ce qui arriverait. — Prr! voilà le coq qui se sauve par la chambre en criant . . . mais sans laisser tomber le moindre grain d'or ni le plus petit diamant.

Le bonhomme n'en pouvait pas croire ses yeux, il maugréait, maugréait . . . «Mais je suis pourtant bien sûr . . . Il faut que j'aie encore oublié comment il faut dire. Grosse bête que je suis!» disait-il en se prenant aux cheveux à pleins poings.

Soudain, le voilà qui court après son coq, qu'il rattrape et fourre dans son panier, puis, sans rien entendre, il part au galop.

Il ne s'arrête qu'une minute en passant au cabaret, et il arrive tout courant au paradis avec ses gros sabots, qui faisaient un bruit de tonnerre. Les étoiles commençaient justement à s'allumer.

Pan! pan! pan!

Eh bien!... qui est-ce donc qui frappe ainsi? dit Saint Pierre.

— Ouf... C'est moi, grand saint, vous savez bien... le père...

— Ah ça!... mais mon brave homme, vous venez plus souvent qu'à votre tour... et à pareille heure!...

— Vous excuserez, grand saint, mais c'est votre coq, je ne sais pas ce qu'il a... il fait comme votre panier, voyez...

— Ça... mon coq?... ça... mon panier? On vous les a changés, bonhomme.

— Changés? dit le père Maugréant qui commençait à comprendre... mais alors c'est donc ces deux filous...

— Je vous avais pourtant dit de ne les montrer à personne, reprit Saint Pierre. Vous mériteriez... Mais, non... attendez... j'ai encore par là quelque chose pour vous.

Saint Pierre étend le bras et décroche quelque chose de la muraille.

— Tenez, dit-il, voilà un sac; quand vous aurez besoin d'un coup de baguette pour votre jaquette ou pour celle d'un ami, vous n'avez qu'à dire comme ça :

Flic, flac,

baguette, hors du sac !

et vous verrez ce qui arrivera. Je ne vous dis que ça!»

Et Saint Pierre referma sa porte d'un air malin.

«Ah, ah! je vois de quoi il s'agit maintenant,» se dit le bonhomme; «mais je vous tiens, mes deux filous.»

Et il se hâta de regagner le cabaret avec son coq, son sac et son panier.

«Faites-moi rôtir ce coq-là, dit-il en entrant, et ne me le changez pas! entendez-vous, la petite mère? Vous pouvez allumer le feu avec le panier. Après ça je vous ferai voir ce que j'ai là dans mon sac,» ajouta-t-il du même air malin qu'il avait vu à Saint Pierre.

«Il va se passer quelque chose,» pensait la cabaretière; et elle se mit à préparer son coq sans faire semblant de le reconnaître, tandis que le cabaretier, qui n'était pas plus tranquille, essayait, mais en vain cette fois, d'endormir le paysan.

Lorsqu'il eut fini de se restaurer, ce qu'il ne fit pas sans maugréer, car le coq n'était pas très tendre, le bonhomme frappa comme ça du plat de la main sur la table et dit:

«A présent, je veux voir si nous nous comprenons. C'est mon coq et mon panier qu'il me faut, et tout de suite encore!...

— Votre coq et votre panier, papa Maugréant? mais vous venez de manger...

— Mon coq et mon panier, que je dis ... et si vous n'entendez pas de cette oreille-là, voilà de quoi vous faire entendre des deux oreilles:

«Flic, flac,
baguette, hors du sac!»

Et flic, flac! comme l'éclair, une baguette blanche part du sac et se met à taper le cabaretier et la cabaretière et devant et derrière, puis, aussitôt après, il se met à taper le bonhomme Maugréant et derrière et devant, de façon à les faire sauter tous les trois par la chambre.

— Arrêtez-la! arrêtez-la donc! Je veux vous rendre votre coq et votre panier! s'écriaient l'homme et la femme en se cachant la tête l'un contre l'autre.

— Halte, halte donc! tu bats ton maître! Satanée baguette! s'écriait le bonhomme en s'aplatissant contre la muraille; — Arrêteras-tu! ...

Suffit, suffit,
pour aujourd'hui! ...

Mais la baguette n'entendait rien, elle ne connaissait ni valet ni maître, elle allait toujours son train: flic, flac, et par-ci et par-là, en veux-tu, en voilà; aïe! aïe! aïe! holàlà!

Heureusement Saint Pierre entendit leurs cris du haut du paradis, et il descendit encore à temps pour les empêcher d'être roués de coups.

«Flic, flac,
baguette, vite au sac!»

dit-il en entrant.

Et la baguette obéit aussitôt.

«Allez me chercher le coq et le panier.» Quand le coq
et le panier furent sur la table, Saint Pierre parla ainsi:
«Vous avez tous les trois ce que vous méritez. Vous,
le gros dodu de cabaretier et sa petite femme, contentez- 5
vous désormais d'écorcher les gens sans les voler, sinon gare
la corde après le bâton. Pour toi, mon pauvre père Maugréant «qui as autant d'enfants qu'il y a de pierres dans les
champs» et qui maugrées toujours contre le sort et le temps,
tu vois qu'il y a aussi de ta faute dans ton affaire, et que 10
tu ne sais pas mieux profiter du bien que du mal qui t'arrive.
Je reprends mon coq, mon panier et ma baguette, mais ne
te plains que de toi-même, et tâche au moins de retenir ceci:
Aide-toi, le ciel t'aidera!»
— Et le conte finit là.   15

*71. UNE LÉGENDE PYRÉNÉENNE.

Une nuit d'hiver, un pauvre homme s'était perdu sur
une montagne, et il cherchait une maison pour demander
quelque chose à manger. Après avoir cherché longtemps,
il finit par trouver une cabane. Elle était grande, et elle 20
avait l'air riche. En effet, il y avait dedans deux hommes,
qui mangeaient une bonne soupe bien chaude, et sur le feu,
une tranche de viande qui grillait. Mais ces hommes dirent
au pauvre:
«Nous n'avons rien pour vous,» et ils excitèrent leur 25
chien contre lui.

Le pauvre homme monta un peu plus haut, sur la
montagne. Il trouva une autre cabane toute petite et qui
avait l'air très pauvre. Il cogna. On répondit: «Entrez.»

Quand il fut entré, le pauvre ne trouva là qu'un petit 30
vacher, tout seul, et très jeune. Il mangeait un morceau de
pain, sans rien de plus, et il n'y avait pas de feu dans la
cheminée.

«Mon pauvre homme, dit le petit vacher, je n'ai plus
que ce petit morceau de pain, et j'ai encore bien faim. Mais 35
je vous le donne tout de même et je veux que vous couchiez
ici cette nuit.»

Il le fit asseoir, il lui donna son pain, et il alluma du feu pour qu'il pût se chauffer.

« C'est vrai, dit le pauvre, que tu n'as pas grand'chose à manger, mais il y a là un petit veau bien grand. Tue-le,
5 et nous le mangerons. »

Le petit vacher répondit qu'il avait peur que son maître ne le battît s'il tuait le veau. Mais le pauvre lui dit: « N'aie pas peur, ton maître ne te fera pas de mal. »

Alors le petit vacher tua le veau. Ils l'écorchèrent, ils
10 le firent cuire, et ils se mirent à le manger: « Mets tous les os dans la peau, » dit le pauvre, et à mesure qu'ils mangeaient, ils jetaient leurs os dans la peau. Seulement le petit vacher en garda un pour s'en faire un sifflet. C'était un des os du pied.

15 Ensuite ils allèrent se coucher. Le petit vacher donna son lit au pauvre, et lui, il se coucha sur un peu de paille.

« Tu entendras beaucoup de bruit cette nuit, dit le pauvre au petit vacher, mais n'aie pas peur, tu n'auras aucun mal. »

20 Et en effet, la nuit il y eut un orage terrible. On entendait un grand bruit, comme si toute l'eau qu'il y avait sur la terre, tombait sur la maison. Tout le temps, tout le temps on entendait des coups de tonnerre, et la terre en tremblait. Et entre les tuiles du toit, on apercevait la lueur
25 des éclairs, mais le petit vacher n'avait pas peur, parce que le pauvre lui avait dit de ne pas avoir peur. Quand le matin vint, le pauvre se réveilla en entendant le petit vacher qui s'écriait: « Tiens, mon petit veau! » et en effet le veau était là tout vivant qui tetait sa mère. Seulement il boitait,
30 car il lui manquait un os du pied. C'était celui que le petit vacher avait gardé pour s'en faire un sifflet. Alors le pauvre prit cet os, et il le remit au petit veau, et le petit veau fut tout à fait comme avant. Ensuite ils sortirent pour voir le dégât que l'orage avait fait, et ils virent que la maison d'en
35 bas, où étaient les deux hommes qui n'avaient rien voulu donner au pauvre, avait été emportée par l'eau, avec tous les hommes et toutes les vaches et tous les chiens et toutes les choses qui étaient dedans. A la place il y avait un grand lac où tout ça s'était noyé. Et ce lac n'a jamais séché depuis.

Encore aujourd'hui les bergers du pays ont peur de s'approcher
de ce lac, et il y en a qui disent que la nuit de Saint-Jean
ils ont vu sortir du lac des hommes, des vaches, des chiens,
qui montent quelque temps sur la montagne jusqu'à l'endroit
où était autrefois la cabane. Ils y restent quelque temps ₅
comme s'ils y pleuraient; et quand vient le jour, ils retournent
se noyer dans le lac. J. Pansy.

72. LES CANCANS.

Nous ne faisions naguère
Qu'une paire d'amis, 10
Et nous ne songions guère
A nous voir désunis.

Mais on a dit
Que j'avais dit,
Que tu avais dit 15
Qu'on avait dit.
Ah! Ah! Ah!
Le bon cancan que voilà.

*73. LE LIVRE.

Le livre est formé de plusieurs feuilles de papier *im-* ₂₀
primées, pliées, cousues ensemble et protégées par une
couverture. Chaque feuille comprend un nombre de feuillets d'égale grandeur. Un feuillet présente deux pages.
Sur les pages on voit des lettres, des mots, des chiffres,
des lignes et quelquefois des figures, des images. ₂₅
La première page du livre porte le *titre*. Le titre fait
connaître le nom du livre, l'usage auquel il doit servir, le
nom de la personne qui l'a écrit et le nom de celle qui l'a
imprimé.
A la fin du livre se trouve, le plus souvent, une *table* ₃₀
des matières. Lorsque le livre est fermé, il présente six
faces rectangulaires: les deux *plats*, le *dos* et les trois petites
faces formant la *tranche*. Plusieurs personnes prennent part
à la confection d'un livre. L'*auteur* l'écrit; l'*imprimeur*
l'imprime; le *brocheur* plie les feuilles imprimées, coud en- ₃₅
semble les feuillets et y met une couverture de papier de

couleur. On dit alors que le livre est *broché*. Pour rendre les livres très solides, on les *relie*, c'est-à-dire qu'on leur donne une couverture de cuir, de maroquin, ou simplement de carton. L'artisan qui relie les livres est un *relieur*. On 5 appelle *libraire* le négociant qui fait le commerce des livres.

Louis Genonceaux et Maurice Valère.

*74. EXERCICE.

Stellung der Pronoms personnels conjoints.

1. Le maître donne un crayon à un élève en disant:
10   Je te donne le crayon.
      Qu'est-ce que je te donne?
L'élève répond: Vous me donnez le crayon.
Le maître demande: Est-ce que je te le donne?
L'élève répond: Oui, monsieur, vous me le donnez.
15 2. Le maître donne une plume à un élève en disant:
      Je te donne la plume.
      Qu'est-ce que je te donne?
L'élève répond: Vous me donnez la plume.
Le maître demande: Est-ce que je te la donne?
20 L'élève répond: Oui, monsieur, vous me la donnez.
3. Le maître donne deux crayons (deux plumes) à un élève en disant:
      Je te donne les crayons.
      Qu'est-ce que je te donne?
25 L'élève répond: Vous me donnez les crayons (les plumes).
Le maître demande: Est-ce que je te les donne?
L'élève répond: Oui, monsieur, vous me les donnez.
4. Le maître donne un crayon (une plume, deux crayons) à deux élèves en disant:
30   Je vous donne le crayon (la plume, les crayons).
      Qu'est-ce que je vous donne?
Les élèves répondent: Vous nous donnez le crayon (la plume, les crayons).
35 Le maître demande: Est-ce que je vous le (la, les) donne?
Les élèves répondent: Oui, monsieur, vous nous le (la, les) donnez.

5. Le maître dit à un élève:
   Donne-moi le crayon (la plume, les crayons).
   Qu'est-ce que tu me donnes?
   L'élève répond: Je vous donne le crayon (la plume,
   les crayons).   5
   Le maître demande: Est-ce que tu me le (la, les) donnes?
   L'élève répond: Je vous le (la, les) donne.
6. Le maître dit à deux élèves:
   Donnez-moi le crayon (la plume, les crayons).
   Qu'est-ce que vous me donnez?   10
   Les élèves répondent: Nous vous donnons le crayon
   (la plume, les crayons).
   Le maître demande: Est-ce que vous me le (la, les)
   donnez?
   Les élèves répondent: Nous vous le (la, les) donnons. 15
7. Le maître dit à un élève:
   Donne-moi le crayon (la plume, les crayons).
   Il demande à la classe: Qu'est-ce qu'il me donne?
   La classe répond: Il vous donne le crayon (la plume,
   les crayons).   20
   Il demande à la classe: Est-ce qu'il me le (la, les)
   donne?
   La classe répond: Oui, monsieur, il vous le (la, les) donne.
8. Le maître dit à deux élèves:
   Donnez-moi le crayon (la plume, les crayons).   25
   Il demande à la classe: Qu'est-ce qu'ils me donnent?
   La classe répond: Ils vous donnent le crayon (la
   plume, les crayons).
   Il demande à la classe: Est-ce qu'ils me le (la, les)
   donnent?   30
   La classe répond: Oui, monsieur, ils vous le (la, les)
   donnent.
9. Le maître donne le crayon (la plume, les crayons) à
   un ou plusieurs élèves en demandant à la classe:
   Qu'est-ce que je lui (leur) donne?   35
   La classe répond: Vous lui (leur) donnez le crayon
   (la plume, les crayons).
   Le maître demande: Est-ce que je le (la, les) lui (leur)
   donne?

La classe répond: Oui, monsieur, vous le (la, les) lui (leur) donnez.

10. Le maître dit à un élève de ne pas donner le crayon (la plume, les crayons) à un autre élève, en demandant:

Est-ce que tu le (la, les) lui donnes?

L'élève répond: Non, monsieur, je ne le (la, les) lui donne pas.

Le maître demande à la classe: Est-ce qu'il le (la, les) lui donne?

La classe répond: Non, monsieur, il ne le (la, les) lui donne pas.

11. Le maître dit à deux élèves de ne pas donner le crayon (la plume, les crayons) à deux autres élèves, en demandant:

Est-ce que vous le (la, les) leur donnez?

Les élèves répondent: Non, monsieur, nous ne le (la, les) leur donnons pas.

Le maître demande à la classe: Est-ce qu'ils le (la, les) leur donnent?

La classe répond: Non, monsieur, ils ne le (la, les) leur donnent pas.

12. Le maître dit à un élève (à plusieurs élèves) de ne pas lui donner le crayon (la plume, les crayons).

Il demande à cet élève (à ces élèves): Est-ce que vous me le (la, les) donnez?

Les élèves répondent: Non, monsieur, nous ne vous le (la, les) donnons pas.

Il demande à la classe: Est-ce qu'ils me le (la, les) donnent?

La classe répond: Non, monsieur, ils ne vous le (la, les) donnent pas.

Sätze über die Bilder.

Premier tableau:

1. La petite fille donne la nourriture aux canetons.

Qu'est-ce qu'elle leur donne?

Elle leur donne la nourriture.

Est-ce qu'elle la leur donne?

Oui, monsieur, elle la leur donne.

2. La petite fille donne de la nourriture aux canetons.
Qu'est-ce qu'elle leur donne?
Elle leur donne de la nourriture.
Est-ce qu'elle leur donne de la nourriture?
Oui, monsieur, elle leur en donne.

3. La mère donne la tartine à son fils.
Qu'est-ce qu'elle lui donne?
Elle lui donne la tartine.
Est-ce qu'elle lui donne la tartine?
Oui, monsieur, elle la lui donne.

4. Le père donne de l'avoine à ses chevaux.
Qu'est-ce qu'il leur donne?
Il leur donne de l'avoine.
Est-ce qu'il leur donne de l'avoine?
Oui, monsieur, il leur en donne.

5. La meunière a donné un bouquet à la jeune fille.
Qu'est-ce qu'elle lui a donné?
Elle lui a donné un bouquet.
Est-ce qu'elle lui a donné le bouquet?
Oui, elle le lui a donné.

Deuxième tableau:

1. La femme porte la gerbe (les gerbes) au chariot.
Qu'est-ce qu'elle y porte?
Elle y porte la gerbe (les gerbes).
Est-ce qu'elle y porte la gerbe (les gerbes)?
Oui, monsieur, elle l'y (les y) porte.

2. Les jeunes garçons mettent leurs habits sur la rive.
Qu'est-ce qu'ils y mettent?
Ils y mettent leurs habits.
Est-ce qu'ils y mettent leurs habits?
Oui, monsieur, ils les y mettent.

3. Vous voyez du blé dans le champ.
Qu'est-ce que vous y voyez?
Nous y voyons du blé.
Est-ce que vous y voyez du blé?
Oui, monsieur, nous y en voyons.

4. Le pâtre conduit les vaches au pâturage.
Qu'est-ce qu'il y conduit?
Il y conduit les vaches.

Est-ce qu'il y conduit les vaches?
Oui, monsieur, il les y conduit.
5. Le petit garçon apporte la cruche à son père.
Qu'est-ce qu'il lui apporte?
6   Il lui apporte la cruche.
Est-ce qu'il lui apporte la cruche?
Oui, monsieur, il la lui apporte.
Troisième tableau:
1. La dame offre des raisins au chasseur.
10   Qu'est-ce qu'elle lui offre?
Elle lui offre des raisins.
Est-ce qu'elle lui offre des raisins?
Oui, monsieur, elle lui en offre.
2. Le villageois donne la pomme au citadin.
15   Qu'est-ce qu'il lui donne?
Il lui donne la pomme.
Est-ce qu'il lui donne la pomme?
Oui, monsieur, il la lui donne.
3. Les vendangeurs mettent les raisins dans les hottes.
20   Qu'est-ce qu'ils y mettent?
Ils y mettent les raisins.
Est-ce qu'ils y mettent les raisins?
Oui, ils les y mettent.
4. La paysanne met les pommes de terre dans le sac.
25   Qu'est-ce qu'elle y met?
Elle*y met les pommes de terre.
Est-ce qu'elle y met les pommes de terre?
Oui, monsieur, elle les y met.
5. Le petit garçon jette les pommes dans le tablier de sa sœur.
30   Qu'est-ce qu'il y jette?
Il y jette les pommes.
Est-ce qu'il y jette les pommes?
Oui, monsieur, il les y jette.
Quatrième tableau:
35   1. Le maréchal-ferrant remet un fer au cheval.
Qu'est-ce qu'il lui remet?
Il lui remet un fer.
Est-ce qu'il lui remet un fer?
Oui, monsieur, il le lui remet.

2 La jeune fille donne du vin au postillon.
Qu'est-ce qu'elle lui donne?
Elle lui donne du vin.
Est-ce qu'elle lui donne du vin?
Oui, monsieur, elle lui en donne.   5
3. La petite fille donne le bâton à l'homme de neige.
Qu'est-ce qu'elle lui donne?
Elle lui donne le bâton.
Est-ce qu'elle lui donne le bâton?
Oui, elle le lui donne.   10
Nach diesen Mustern bilden die Schüler weitere Sätze
über die 8 Bilder.

75. QUELQUES TRAITS D'HISTOIRE.

1. JULES CÉSAR ET VERCINGÉTORIX.

I.   15

Jules César, illustre général romain, conquérant de la
Gaule, homme d'État éminent et écrivain de premier ordre,
naquit en 101 avant notre ère. La République romaine était
alors profondément troublée par la rivalité du parti populaire
et du parti aristocratique. Bien que César fût de naissance 20
illustre, il s'appliqua dès sa jeunesse à flatter le parti populaire
afin de combattre son adversaire Pompée.

Bientôt il ne fut bruit dans Rome que de la générosité,
du faste, de l'esprit et des talents du jeune ambitieux. Il
dépensait avec une insouciante prodigalité la grande fortune 25
qu'il possédait.

Ses amis l'avaient vu pleurer devant une statue d'Alexandre
en répétant: «A mon âge il avait conquis le monde et je
n'ai encore rien fait.» Un autre jour, traversant un pauvre
village, il s'écria: «J'aimerais mieux être le premier ici que 30
le second dans Rome.»

Dans un voyage sur mer, il fut fait prisonnier par des
pirates qui demandèrent une grosse somme d'argent pour sa
rançon. «Vous en aurez le double, leur dit-il, mais je vous
ferai pendre.» A peine remis en liberté, il arma à ses frais 35
plusieurs vaisseaux, poursuivit les corsaires et les fit mettre
à mort comme il l'avait annoncé. Il était facile de reconnaître

à ces traits une âme ardente, impérieuse et prédestinée aux grandes choses.

A quarante-deux ans, les suffrages du peuple l'investirent du consulat, qui était chez les Romains la plus haute
5 magistrature de la République. Pour entretenir sa popularité, il prodigua au peuple les jeux et les spectacles, et obtint, en sortant de charge au bout d'un an, le gouvernement d'une province du nord de l'Italie, voisine de la *Gaule.*

II.

10 On appelait alors *Gaule* le pays que nous nommons *la France*. Il était compris entre les Alpes, l'océan Atlantique, les Pyrénées et la mer Méditerranée. Sur ce vaste territoire vivait une population de cinq ou six millions d'hommes dont l'humeur belliqueuse était un objet d'effroi pour les peuples
15 voisins. Les Gaulois aimaient passionément la guerre et les aventures. «*Race indomptable,* disait d'eux un écrivain de l'antiquité, *ils font la guerre non seulement aux hommes, mais à la nature et aux dieux. Ils lancent des flèches contre le ciel quand il tonne; ils prennent les armes contre la tem-*
20 *pête; ils marchent, l'épée à la main, au-devant des fleuves débordés ou de l'Océan en courroux.*»

Ces terribles batailleurs avaient plus d'une fois franchi les frontières de leur pays. En 390 avant Jésus-Christ, ils pénétrèrent en Italie, écrasèrent une armée romaine qui
25 voulut les arrêter sur les bords de l'Allia, prirent et détruisirent Rome. Les Romains avaient conservé le souvenir de ce grand désastre. Ils se souvenaient aussi que beaucoup de Gaulois avaient pris du service dans les armées d'Annibal.

César pensa avec raison que le meilleur moyen d'aug-
30 menter sa popularité était d'achever la conquête de la Gaule dont la partie méridionale appartenait depuis plusieurs années déjà aux Romains.

Il profita donc de la première occasion qui se présenta pour intervenir dans les affaires des Gaulois, toujours en guerre les
35 uns contre les autres. Pendant neuf années, de 59 à 50 avant Jésus-Christ, le général romain appliqua toutes les ressources de son génie militaire, toute la valeur et toute la discipline de ses légions, à dompter la résistance acharnée des Gaulois.

III.

Parmi les généraux gaulois que César eut à combattre, aucun ne lui résista avec autant de valeur et d'habileté qu'un tout jeune homme, chef d'une tribu des Arvernes (habitants de l'Auvergne), Vercingétorix. [5]

Le jeune chef lutta longtemps contre les envahisseurs de son pays. Une dernière et sanglante bataille décida du sort de la guerre; cette bataille se donna en Bourgogne, aux environs de Semur. Vaincu après des prodiges de valeur, Vercingétorix alla se jeter, à quelques lieues de là, dans une [10] ville nommée Alésia, qui s'élevait sur une montagne escarpée, l'Auxois, au confluent de deux ruisseaux. César environna la ville de fossés et de palissades qu'il fit flanquer de vingt-trois forts, afin de contraindre les Gaulois à se rendre, en les réduisant par la famine. Vercingétorix tenta plusieurs [15] fois de franchir les premières fortifications, mais malgré tous ses efforts il ne réussit pas. N'ayant plus que pour trente jours de vivres, il réunit tous les chefs qui combattaient sous son commandement et leur dit: Partez avant que les remparts dans lesquels on veut vous enfermer soient achevés par [20] l'ennemi: répandez-vous dans toute la Gaule, appelez les tribus aux armes, et venez nous secourir!»

IV.

Ces ordres furent exécutés. De toutes parts les Gaulois s'armèrent. Deux cent quarante mille fantassins et huit mille [25] cavaliers accoururent vers la ville assiégée. La garnison, forte de quatre-vingt mille hommes, manquant de vivres, commençait à désespérer, quand elle aperçut l'armée libératrice: elle la salua par une immense clameur. Malheureusement, les fortifications élevées par César formaient entre les [30] assiégés et l'armée qui s'avançait un obstacle terrible. Des deux côtés, et de la ville même et du camp des tribus gauloises, on tenta d'emporter les remparts; attaques sur attaques, charges de cavalerie, assauts de fantassins, tout fut essayé, mais en vain. [35]

Enfin, après une lutte suprême, Vercingétorix, ayant vu fuir ses alliés, rentra dans la place, et déclara à ses concitoyens que, tout étant perdu, il était prêt à s'offrir comme

victime aux vainqueurs. On envoya des députés à César:
le Romain ordonna que les Gaulois livrassent leur chef et
rendissent les armes. Le héros de la Gaule n'hésita pas;
il se revêtit de sa plus riche armure, sauta sur son cheval
5 de bataille, et traversant au galop la plaine qui séparait les
deux camps, se présenta devant César qui siégeait sur son
tribunal. Alors, sans mot dire, il jeta aux pieds du vainqueur son épée, son javelot, son casque et demeura immobile.
Tant de grandeur toucha les officiers de César: mais lui le
10 fit charger de chaines. Vercingétorix resta six ans dans une
dure captivité, et n'en sortit que pour servir d'ornement au
triomphe du conquérant de sa patrie; après quoi, César lui fit
trancher la tête sur la première marche de l'escalier qui condui-
sait au Capitole. Ainsi périt le chef glorieux dont le crime était
15 d'avoir défendu son pays.   D'après George Duruy et Eugène Rendu.

2. CHARLEMAGNE (768—814).

I.

Après avoir été conquise par Jules César, la Gaule fit
pendant plus de quatre cents ans partie de l'empire romain.
20 Mais cet empire fut au commencement du cinquième siècle
après Jésus-Christ envahi par des peuplades barbares que
les légions ne surent pas repousser. La Gaule fut comme
les autres provinces la proie des envahisseurs.
Les Francs, peuplade guerrière venue de la Germanie
25 ou Allemagne, occupèrent la partie septentrionale de la France.
Sous leur roi *Clovis*, qui se convertit au christianisme, les
Francs achevèrent la conquête de la Gaule. En 732 ils re-
poussèrent sous la conduite d'un vaillant chef, *Charles-Martel*,
une invasion des Arabes qui, après avoir conquis le nord de
30 l'Afrique et de l'Espagne, venaient de passer les Pyrénées.
Vingt ans après, le fils de Charles-Martel, Pepin le Bref,
devint roi des Francs en 752. Son successeur fut le fameux
Charlemagne ou Charles le Grand. Le règne de ce prince
est un des plus longs et des plus importants que l'histoire
35 connaisse. Il ne dura pas moins de quarante-six années, de
768 à 814. Il fut rempli par de grandes guerres et de grands
travaux d'organisation.

II.

La Gaule était séparée de la Germanie par un fleuve large et profond, le Rhin. Les Francs au contact de la civilisation romaine qui florissait en Gaule, quand ils conquirent ce pays, avaient adouci la rudesse de leurs mœurs. Les 5 autres tribus germaniques, toujours établies sur la rive droite du Rhin, étaient encore plongées dans la plus grossière barbarie. Les Saxons, surtout, se faisaient remarquer par la férocité de leurs mœurs. Ils étaient pour les Francs de redoutables voisins, car tentés par la fertilité des pays situés 10 sur l'autre rive du Rhin, ils essayaient souvent de franchir le grand fleuve.

C'est contre ce peuple que Charlemagne entreprit une série d'expéditions. Le but qu'il se proposa fut humain et généreux: il voulait arracher les Saxons à leur barbarie. Mais 15 les moyens qu'il employa furent cruels: toute rébellion, tout soulèvement furent comprimés avec une inexorable rigueur.

C'est en vain que Witikind essaya de prolonger la lutte. Ce vaillant chef fut obligé de se soumettre après avoir été pendant plusieurs années l'âme de la résistance. Charles 20 imposa aux Saxons vaincus l'obligation de recevoir le baptême. Des églises, des monastères s'élevèrent sur l'emplacement que les forêts occupaient jadis.

III.

Charlemagne fit encore plusieurs autres expéditions en 25 Germanie. Il vainquit les Bavarois et les Avares. Il voulut aussi intervenir dans les affaires de l'Espagne occupée alors par les Arabes. C'est dans une des campagnes qu'il fit au sud des Pyrénées que périt le fameux Roland. La légende a fait de Roland un héros dont la force et le courage étaient 30 extraordinaires. Son épée, *Durandal*, fendait le roc, et les montagnards montrent encore dans les Pyrénées une brèche énorme entre deux hautes masses de granit: c'est Durandal, disent-ils, qui a fait cette ouverture. Plus tard, les merveilleux exploits de Roland furent célébrés par les poètes. Un de ces 35 poèmes est resté fameux sous le nom de *Chanson de Roland*.

En l'an 800, Charlemagne se trouvait maître de la France, de l'Allemagne, des trois quarts de l'Italie, d'une partie de l'Espagne. Il se rendit à Rome, et le jour de Noël de l'an 800, reçut des mains du pape la couronne d'empereur d'Occident.

IV.

D'importants travaux furent accomplis sous ce règne.
5 Un pont fut construit sur le Rhin, à Mayence; des églises et des palais s'élevèrent à Aix-la-Chapelle, résidence favorite de l'empereur.

Charlemagne n'était guère plus instruit que les hommes de son temps. C'est à peine s'il savait le latin, et l'on n'est
10 pas bien sûr qu'il ait jamais été en état d'écrire. Mais, quoique barbare encore, il comprenait à merveille les avantages de l'instruction. Aussi le voit-on créer des écoles, jusque dans son propre palais. Il surveillait lui-même les travaux des élèves, s'intéressait à leurs progrès, et adressait des paroles
15 sévères aux jeunes nobles qui ne faisaient pas preuve d'une application suffisante.

«Vous comptez, leur dit-il un jour avec colère, sur les services de vos pères; mais sachez qu'ils ont été récompensés et que l'État ne doit rien qu'à celui qui mérite par lui-même.»

20 ## V.

Un récit du moine de Saint-Gall, qui en 884, à la demande de l'empereur Charles le Gros écrivit les *Faits et gestes de Charlemagne*, montre l'idée qu'avaient de sa puissance, sinon les contemporains, du moins la génération qui
25 leur succéda.

Charlemagne arrive par delà les Alpes pour combattre le roi des Lombards. Didier est sur les murs de l'avie avec le comte Ogier, qui a fui pour éviter le châtiment de quelque faute, et il contemple avec effroi l'armée des Francs qui
30 s'approche. D'abord il ne voit qu'un épais nuage de poussière; ce sont les machines de guerre qui vont battre le mur de sa cité royale. «Voilà Charles, s'écrie Didier, avec cette grande armée. — Non, dit Ogier». Alors apparaît la troupe immense des simples soldats. «Assurément, Charles s'avance
35 triomphant au milieu de cette foule. — Pas encore», répond Ogier. Cependant on découvre le corps des gardes, vieux guerriers qui ne connaissaient jamais de repos. «Pour le coup c'est Charles, s'écrie Didier, plein d'effroi. — Non, reprend

Ogier, pas encore.» A la suite viennent les évêques, les abbés, les clercs de la chapelle et les comtes. Alors Didier crie en sanglotant: «Descendons et cachons-nous dans les entrailles de la terre, loin de la face d'un si terrible ennemi. — Quand vous verrez la moisson s'agiter d'horreur dans les 5 champs, dit Ogier, alors vous pourrez croire à l'arrivée de Charles.» Il n'avait pas fini ces paroles, qu'on commença de voir au couchant comme un nuage ténébreux soulevé par le vent du nord-ouest, qui convertit le jour en ténèbres. Mais l'empereur approchant un peu plus, l'éclat des armes fit luire 10 sur Pavie un jour plus sombre que toute nuit. Alors parut Charles lui-même, tout couvert d'une armure de fer, la main gauche armée d'une lance, la droite étendue sur son invincible épée; Ogier le reconnaît, et frappé d'épouvante, il chancelle et tombe en disant: «Le voici.» 15

D'après George Duruy.

3. BERTRAND DUGUESCLIN.

I.

Duguesclin naquit, en 1314, près de Rennes, l'antique et belle capitale de la Bretagne. Duguesclin était laid de 20 figure, il avait un caractère intraitable, mais il était plein de courage et d'audace. Dès l'âge de seize ans, il trouve moyen de prendre part, sans être connu, à un de ces combats simulés qu'on appelait tournois, et qui étaient une des grandes fêtes de l'époque. Il entre au milieu des com- 25 battants avec la visière de son casque baissée, pour n'être connu de personne, et terrasse l'un après l'autre seize chevaliers qui s'offrent à le combattre. Au moment où il terrassait son dernier adversaire, celui-ci lui enlève son casque du bout de sa lance et on reconnaît le jeune Bertrand 30 Duguesclin. Son père accourt à lui et l'embrasse: il est proclamé vainqueur au son des fanfares.

II.

Après s'être ainsi fait connaître, Duguesclin entra dans l'armée et commença à combattre les Anglais, qui occupaient 35 alors une grande partie de la France.

Il remporta sur eux une série de victoires; par malheur, un jour il se trouva vaincu et fut fait prisonnier. Le *Prince noir*, fils du roi d'Angleterre, fit faire bonne garde autour de lui, et on le tint en prison à Bordeaux. Il languit ainsi plusieurs mois. Un jour le prince le fit amener devant lui.

— Bertrand, dit-il, comment allez-vous?

5 — Sire, par Dieu, qui créa tout, j'irai mieux quand vous voudrez bien; j'entends depuis longtemps dans ma prison les rats et les souris qui m'ennuient fort; je n'entends plus le chant des oiseaux de mon pays, mais je l'entendrai encore quand il vous plaira.

10 — Eh bien, dit le prince, il ne tient qu'à vous que ce soit bientôt.

Et le prince essaya de lui faire jurer de ne plus combattre pour sa patrie. Bertrand refuse.

On finit par convenir que Bertrand Duguesclin recouvre-
15 rait sa liberté en payant une énorme somme d'argent pour sa rançon.

— Comment ferez-vous pour amasser tant d'argent? dit le prince.

— Si besoin est, répliqua Bertrand, il n'y a femme ou
20 fille en mon pays, sachant filer, qui ne voudrait gagner avec sa quenouille de quoi me sortir de prison.

On permit alors à Duguesclin d'aller chercher lui-même tout cet argent, sous le serment qu'il reviendrait le rapporter.

III.

25 Duguesclin quitta Bordeaux monté sur un roussin de Gascogne, et il recueillit déjà, chemin faisant, une partie de la somme.

Mais voilà qu'il rencontre de ses anciens compagnons d'armes, qui, eux aussi, avaient été mis en liberté sur parole
30 et ne pouvaient trouver d'argent pour se racheter.

— Combien vous faut-il? demanda Bertrand.

Les uns disent «cent livres!» les autres «deux cents livres!» et Bertrand les leur donne.

Quand il arrive en Bretagne, à son château où résidait
35 sa femme, il avait donné tout ce qu'il avait. Il demanda alors à sa femme de lui remettre les revenus de leur domaine et même ses bagues, ses bijoux.

— Hélas! répondit-elle, il ne me reste rien, car il est venu une grande multitude de pauvres écuyers et chevaliers, qui me demandaient de payer leur rançon. Ils n'avaient d'espoir qu'en moi, et je leur ai donné tout ce que nous possédions.

Duguesclin serra sa femme sur son cœur.

— Tu as fait tout comme moi, lui dit-il, et je te remercie d'avoir si bien compris ce que j'aurais fait moi-même à ta place.

IV.

Alors Bertrand se remit en route pour aller retrouver le Prince noir.

— Où allez-vous loger? lui demanda celui-ci.

— En prison, monseigneur, répondit Bertrand. J'ai reçu plus d'or, il est vrai, qu'il n'était nécessaire pour me libérer; mais j'ai tout dépensé à racheter mes pauvres compagnons d'armes, de sorte qu'il ne me reste plus un denier.

— Par ma foi! avez-vous vraiment été assez simple que de délivrer les autres pour demeurer vous-même prisonnier?

— Oh! sire, comment ne leur aurais-je pas donné? Ils étaient mes frères d'armes, mes compagnons.

V.

Duguesclin ne resta pourtant point en prison: peu de temps après son retour, on vit arriver aux portes de la ville des mulets chargés d'or. C'était le roi de France qui envoyait la rançon de son fidèle général.

Duguesclin put donc recommencer à combattre pour son pays. Il chassa successivement les Anglais de toutes les villes qu'ils occupaient en France, sauf quatre.

Duguesclin était déjà vieux et il combattait encore; il assiégeait la forteresse de Châteauneuf-Randon, située dans les montagnes des Cévennes. Le gouverneur de la ville promit de se rendre. Mais Duguesclin mourut sur ces entrefaites; la ville se rendit néanmoins au jour fixé, et on apporta les clefs des portes sur le tombeau de Duguesclin, comme un dernier hommage rendu à la mémoire du généreux guerrier.

D'après G. Bruno,
Le Tour de la France par deux enfants.

4. JEANNE D'ARC.

I.

Jeanne d'Arc était née en 1412 à Domremy, dans le département des Vosges, et elle n'avait jamais quitté son
5 village.

Bien souvent, tandis que ses doigts agiles dévidaient la quenouille de lin, elle avait entendu dans la maison de son père raconter la grande misère qui régnait alors au pays de France. La guerre et la famine duraient depuis quatre-
10 vingts ans. Les Anglais étaient maîtres de presque toute la France; ils s'étaient avancés jusqu'à Orléans et avaient mis · le siège devant cette ville; ils pillaient et rançonnaient le pauvre monde. Les ouvriers n'avaient point de travail, les maisons abandonnées s'effondraient, et les campagnes désertes
15 étaient parcourues par les brigands. Le roi Charles VII, trop indifférent aux misères de son peuple, fuyait devant l'ennemi, oubliant dans les plaisirs et les fêtes la honte de l'invasion.

Lorsque la simple fille songeait à ces tristes choses, une grande pitié la prenait. Elle pleurait, priant de tout son
20 cœur Dieu et les saintes du paradis de venir en aide à ce peuple de France que tout semblait avoir abandonné.

Un jour, à l'heure de midi, tandis qu'elle priait dans le jardin de son père, elle crut entendre une voix s'élever: Jeanne, va trouver le roi de France; demande-lui une armée,
25 et tu délivreras Orléans.

Jeanne était timide et douce; elle se mit à fondre en larmes. Mais d'autres voix continuèrent à lui ordonner de partir, lui promettant qu'elle chasserait les Anglais.

Persuadée enfin que Dieu l'avait choisie pour délivrer la
30 patrie, elle se résolut à partir.

Tout d'abord elle fut traitée de folle, mais la ferme dou-ceur de ses réponses parvint à convaincre les plus incrédules. Le roi lui-même finit par croire à la mission de Jeanne, et lui confia une armée.

35

II.

A ce moment les Anglais étaient encore devant Orléans, et toute la France avait les yeux fixés sur la malheureuse ville, qui résistait avec courage, mais qui allait bientôt man-

quer de vivres. Jeanne, à la tête de sa petite armée, pénétra
dans Orléans malgré les Anglais. Elle amenait avec elle un
convoi de vivres et de munitions.

Les courages se ranimèrent. Alors Jeanne, entrainant
le peuple à sa suite, sortit de la ville pour attaquer les 5
Anglais.

Dès la première rencontre, elle fut blessée et tomba de
cheval. Déjà le peuple, la croyant morte, prenait la fuite:
mais elle, arrachant courageusement la flèche restée dans la
plaie et remontant à cheval, courut vers les retranchements 10
des Anglais. Elle marchait au premier rang et enflammait
ses soldats par son intrépidité: toute l'armée la suivit, et les
Anglais furent chassés. Peu de jours après, ils étaient forcés
de lever le siège.

Après Orléans, Jeanne se dirigea vers Reims, où elle 15
voulait faire sacrer le roi. D'Orléans à Reims la route était
longue, couverte d'ennemis. Jeanne les battit à chaque rencontre, et son armée entra victorieuse à Reims, où le roi
fut sacré dans la grande cathédrale.

Jeanne déclara alors que sa mission était finie et qu'elle 20
devait retourner à la maison de son père. Mais le roi n'y
voulut pas consentir et la retint en lui laissant le commandement de l'armée.

III.

Bientôt Jeanne fut blessée à Compiègne, prise par trahison 25
et vendue aux Anglais qui l'achetèrent dix mille livres. Puis
les Anglais la conduisirent à Rouen où ils l'emprisonnèrent.
Le procès dura longtemps. Les juges faisaient tout ce qu'ils
pouvaient pour embarrasser Jeanne, pour la faire se contredire
et se condamner elle-même. Mais elle, répondant toujours 30
avec droiture et sans détours, savait éviter leurs embûches.

— Est-ce que Dieu hait les Anglais? lui demandait-on.

— Je n'en sais rien, répondit-elle; ce que je sais, c'est qu'ils
seront tous mis hors de France, sauf ceux qui y périront.

On lui demandait encore comment elle faisait pour vaincre: 35

— Je disais: «Entrez hardiment parmi les Anglais,» et
j'y entrais moi-même.

— Jamais, ajouta-t-elle, je n'ai vu couler le sang de la
France sans que mes cheveux se levassent.

Après ce long procès, après des tourments et des ou-
trages de toute sorte, elle fut condamnée à être brûlée vive
sur la place de Rouen.

En écoutant cette sentence barbare, la pauvre fille se
5 prit à pleurer. «Rouen! Rouen! disait-elle, mourrai-je ici?»
Mais bientôt ce grand cœur reprit courage.

Elle marcha au supplice tranquillement; pas un mot de
reproche ne s'échappa de ses lèvres ni contre le roi qui
l'avait lâchement abandonnée, ni contre les juges iniques qui
10 l'avaient condamnée. Quand elle fut attachée sur le bûcher,
on l'alluma. Le Frère qui avait accompagné Jeanne d'Arc
était resté à côté d'elle, et tous les deux étaient environnés
par des tourbillons de fumée. Jeanne eut peur pour lui, non
pour elle, et lui dit de descendre.

15 Alors il descendit et elle resta seule au milieu des flam-
mes qui commençaient à l'envelopper. Elle pressait entre
ses bras une petite croix de bois. On l'entendit crier: Jésus!
Jésus! et elle mourut.

Le peuple pleurait: quelques Anglais essayaient de rire,
20 d'autres se frappaient la poitrine, disant: — Nous sommes
perdus, nous avons brûlé une sainte.   D'après G. Bruno.

5. BAYARD, LE CHEVALIER SANS PEUR ET SANS REPROCHE.

I.

25 A quelques lieues de Grenoble, au milieu des superbes
montagnes du Dauphiné, on trouve les ruines d'un vieux
château à moitié détruit par le temps: c'est là que naquit,
au quinzième siècle, le jeune Bayard, qui par son courage
et sa loyauté mérita d'être appelé «le chevalier sans peur et
30 sans reproche.»

Son père avait été lui-même un brave homme de guerre.
Peu de temps avant sa mort, il appela ses enfants, au nombre
desquels était Bayard, alors âgé de treize ans. Il demanda
à chacun d'eux ce qu'il voulait devenir.

35 — Moi, dit l'aîné, je ne veux jamais quitter nos montagnes et notre maison, et je veux servir mon père jusqu'à
la fin de ses jours.

— Eh bien, Georges, dit le vieillard, puisque tu aimes la maison, tu resteras ici à combattre les ours de la montagne.

Pendant ce temps-là, le jeune Bayard se tenait sans rien dire à côté de son père, le regardant avec un visage riant et éveillé.

— Et toi, Pierre, quel état veux-tu suivre? lui demanda son père.

— Monseigneur mon père, je vous ai entendu tant de fois raconter les belles actions accomplies par vous et par les nobles hommes du temps passé, que je voudrais vous 10 ressembler et suivre la carrière des armes. J'espère, Dieu aidant, ne vous point faire déshonneur.

— Mon enfant, répondit le bon vieillard en pleurant, Dieu t'en donne la grâce. — Et il avisa au moyen de satisfaire le désir de Bayard. 15

II.

Quelques jours après, le jeune homme était dans la cour du château, vêtu de beaux habits neufs en velours et en satin, sur un cheval caparaçonné: il était prêt à partir chez le duc de Savoie, où il devait faire l'apprentissage du 20 métier de chevalerie. Les chevaliers étaient de nobles guerriers qui juraient solennellement de consacrer leur vie et leur épée à la défense des veuves, des orphelins, des faibles et des opprimés.

La mère de Bayard, du haut d'une des tourelles du 25 château, contemplait son fils les larmes aux yeux, toute triste de le voir partir. Elle descendit par derrière la tour, et le faisant venir auprès d'elle, elle lui adressa gravement ces paroles:

— Pierre, mon ami, je vous fais de toutes mes forces 30 ces trois commandements: le premier, c'est que par-dessus tout vous aimiez Dieu et le serviez fidèlement; le second, c'est que vous soyez doux et courtois, ennemi du mensonge, sobre et toujours loyal; le troisième, c'est que vous soyez charitable: donner pour l'amour de Dieu n'appauvrit jamais 35 personne.

Le jeune Bayard tint parole à sa mère. A vingt et un ans, il fut armé chevalier. Pour cela, il fit ce qu'on appelait la *veillée des armes;* il passa toute une nuit en prières; puis le lendemain matin un chevalier, le frappant du plat de son épée, lui dit:

— Au nom de Dieu, je te fais chevalier.

III.

Il serait trop long de raconter ici toutes les grandes actions de Bayard. Un jour, il sauva l'armée française au pont du Garigliano, en Italie; les ennemis allaient s'emparer de ce pont pour se jeter par là à l'improviste sur l'armée française. Bayard, qui les vit, dit à son compagnon: — Allez vite chercher du secours, ou notre armée est perdue. Quant aux ennemis, je tâcherai de les *amuser* jusqu'à votre retour.

En disant ces mots, le bon chevalier, la lance au poing, alla se poster au bout du pont. Déjà les ennemis allaient passer, mais, comme un lion furieux, Bayard s'élance, frappe à droite et à gauche et en précipite une partie dans la rivière. Ensuite, il s'adosse à la barrière du pont, de peur d'être attaqué par derrière, et se défend si bien que les ennemis, dit l'histoire du temps, se demandaient si c'était bien un homme. Il combattit ainsi jusqu'à l'arrivée du secours. Les ennemis furent chassés et l'armée française fut sauvée.

IV.

Après une vie remplie de hauts faits, il fut mortellement blessé dans une bataille contre l'armée de l'empereur Charles-Quint. Il avait été chargé de protéger la retraite de l'armée française. Lorsque les Espagnols venaient fondre sur les soldats français accablés de fatigue et de misère, ils trouvaient toujours devant eux le chevalier Bayard, qui les arrêtait tout court et souvent les faisait rebrousser chemin; mais dans une de ces rencontres, une pierre lancée par une grosse arquebuse, vint le frapper au côté droit et lui brisa l'épine dorsale. Quand il sentit le coup, il s'écria: «Jésus!» Puis il ajouta: «Hélas! mon Dieu, je suis mort!» Il baisa la croix de son épée comme un crucifix, en disant tout haut: «Ayez pitié de moi, mon Dieu, et pardonnez-moi mes péchés.» Puis il devint tout pâle, et faillit tomber. Mais il eut l'énergie de se retenir à l'arçon de sa selle, jusqu'à ce que son écuyer vînt l'aider à descendre.

On le coucha au pied d'un arbre. Il voulait qu'on lui
tournât le visage du côté des ennemis. — Je ne leur ai jamais tourné le dos, dit-il, et je ne veux pas commencer au
moment de mourir.» Comme il voyait arriver les Espagnols,
il supplia ceux qui l'entouraient de se retirer pour ne pas 5
tomber entre les mains des ennemis.

Les autres le quittèrent en pleurant; mais son fidèle
écuyer ne voulut jamais le quitter.

Bientôt les ennemis arrivèrent. Ils avaient tant d'estime
pour Bayard, qu'ils furent presque aussi affligés que les 10
Français de le voir blessé à mort.

A ce moment, un prince français, Charles de Bourbon,
qui avait trahi son pays et servait contre la France dans
l'armée espagnole, s'approcha comme les autres de Bayard:
Eh! capitaine Bayard, dit-il, vous que j'ai toujours aimé pour 15
votre grande bravoure et votre loyauté, que j'ai pitié de
vous voir en cet état!

Ah! pour Dieu, Monseigneur, répondit Bayard, n'ayez
point pitié de moi; mais plutôt de vous-même, qui êtes passé
dans les rangs des ennemis et qui combattez à présent votre 20
patrie, au lieu de la servir. Moi, c'est pour ma patrie que
je meurs.

Presque aussitôt après avoir dit ces belles paroles, il
mourut.   D'après G. Bruno et Ch. Jeannel.

6. NAPOLÉON Ier (1769—1821). 25
La retraite de Russie.

Il neigeait. On était vaincu par sa conquête.
Pour la première fois l'aigle baissait la tête.
Sombres jours! l'empereur revenait lentement,
Laissant derrière lui brûler Moscou fumant.
Il neigeait. L'âpre hiver fondait en avalanche, 30
Après la plaine blanche une autre plaine blanche.
On ne connaissait plus les chefs ni le drapeau.
Hier la grande armée, et maintenant troupeau.
On ne distinguait plus les ailes ni le centre: 35
Il neigeait. Les blessés s'abritaient dans le ventre
Des chevaux morts; au seuil des bivouacs désolés
On voyait des clairons à leur poste gelés,

Restés debout, en selle et muets, blancs de givre,
Collant leur bouche en pierre aux trompettes de cuivre.
Boulets, mitraille, obus, mêlés aux flocons blancs, —
Pleuvaient; les grenadiers, surpris d'être tremblants,
5   Marchaient pensifs, la glace à leur moustache grise.
Il neigeait, il neigeait toujours! la froide bise
Sifflait; sur le verglas, dans des lieux inconnus,
On n'avait pas de pain et l'on allait pieds nus.
Ce n'étaient plus des cœurs vivants, des gens de guerre;
10   C'était un rêve errant dans la brume, un mystère,
Une procession d'ombres sur le ciel noir.
La solitude, vaste, épouvantable à voir,
Partout apparaissait, muette vengeresse.
Le ciel faisait sans bruit, avec la neige épaisse,
15   Pour cette immense armée un immense linceul;
Et, chacun se sentant mourir, on était seul.
Sortira-t-on jamais de ce funeste empire?
Deux ennemis! Le Czar, le Nord. Le Nord est pire.
On jetait les canons pour brûler les affûts.
20   Qui se couchait, mourait. Groupe morne et confus,
Ils fuyaient; le désert dévorait le cortège.
On pouvait, à des plis qui soulevaient la neige,
Voir que des régiments étaient endormis là.
O chutes d'Annibal! Lendemains d'Attila!
25   Fuyards, blessés, mourants, caissons, brancards, civières,
On s'écrasait aux ponts pour passer les rivières.
On s'endormait dix mille, on se réveillait cent.
Ney, que suivait naguère une armée, à présent
S'évadait, disputant sa montre à trois cosaques.
30   Toutes les nuits, qui vive! alerte! assauts! attaques!
Ces fantômes prenaient leurs fusils, et sur eux
Ils voyaient se ruer, effrayants, ténébreux,
Avec des cris pareils aux voix des vautours chauves,
D'horribles escadrons, tourbillons d'hommes fauves.
35   Toute une armée ainsi dans la nuit se perdait.
L'empereur était là, debout, qui regardait.
Il était comme un arbre en proie à la cognée;
Sur ce géant, grandeur jusqu'alors épargnée,
Le malheur, bûcheron sinistre, était monté;

Et lui, chêne vivant par la hache insulté,
Tressaillant sous le spectre aux lugubres revanches,
Il regardait tomber autour de lui ses branches.

Victor Hugo.

*76.

I. L'ORDRE ET LE DÉSORDRE.

a) L'ordre présente trois avantages: il soulage la mémoire,
il ménage le temps, il conserve les choses.
Le désordre présente trois inconvénients: l'ennui, l'impatience et la perte de temps.
L'ordre a besoin de trois serviteurs; la volonté, l'attention
et l'adresse.
Le désordre a trois maîtres: la précipitation, la paresse,
l'étourderie.

b) 1. L'ordre, le désordre.
L'avantage, le désavantage.
L'obéissance, la désobéissance.
L'espérance, la désespérance; l'espoir, le désespoir.
Obéir, désobéir.
Obliger, désobliger.
Plaire, déplaire.
2. Avantage, avantageux.
Courage, courageux.
Orage, orageux.
Danger, dangereux.

II. LA MÈRE ET SON FILS.

‹Est-il vrai qu'en paradis
On n'aura plus rien à faire?›
Demandait Paul à sa mère.

‹Très vrai; mais nul n'est admis,
Mon enfant, en paradis,
S'il n'a travaillé sur terre.›

P. B. des Valades.

LIEDER.

1. Au clair de la lune.

Au clair de la lune, Mon a-mi Pier-rot,
Prête-moi ta plu-me Pour écrire un mot; Ma chandelle est
mor - te, Je n'ai plus de feu, Ouvre-moi ta por - te,
Pour l'amour de Dieu.

Au clair de la lune,
Pierrot répondit,
Je n'ai pas de plume,
Je suis dans mon lit,
Va chez la voisine,
Je crois qu'elle y est,
Car dans sa cuisine,
On bat le briquet.

2. Ma Normandie.

Andante.

Quand tout re-naît à l'es-pé-ran-ce, Et que l'hiver fuit loin de nous, Sous le beau ciel de no-tre Fran-ce, Quand

Sostenuto.

le soleil re-vient plus doux, Quand la na-tu-re est re-ver-di-e, Quand

express.

l'hirondel-le est de retour, J'ai-me à revoir ma Normandi-e, C'est le pa-ys qui m'a don-né le jour.

J'ai vu les champs de l'Helvétie,	Quand je reverrai la prairie,
Et ses chalets et ses glaciers;	Je chanterai à mon retour
J'ai vu le ciel de l'Italie,	Le refrain qu'en d'autres pays
Et Venise et ses gondoliers;	Je répétais à chaque jour
En saluant chaque patrie,	Auprès de ma mère chérie
Je me disais: Aucun séjour	Pour l'égayer dans ses vieux jours:
N'est plus beau que ma Normandie,	Rien n'est plus beau que la Normandie,
C'est le pays qui m'a donné le jour.	C'est le pays où j'ai reçu le jour.

3. Quand trois poules.

Moderato.

Quand trois poules vont au champ, La pre-miè-re va de-vant,

La second' suit la premiè-re, La troisièm' march' la der-nière;

Quand trois poules vont au champ, La pre-miè-re va devant.

4. J'ai passé par la porte St.-Denis.

Allegretto.

J'ai passé par la porte Saint-Denis, J'ai marché sur la queue

d'une souris. La sou-ris a fait cri cri,

Et mon petit conte est fi - ni.

5. Le chat de Jeannette.

Alla marcia.

mf

Le chat de Jean-nette Est une jo - lie bête;

p

mf

Quand il veut se faire beau, Il se lèche le mu - seau, A-

vec sa sa - live, Il fait la les - sive.

6. A Paris.

Allegretto.   M. Walter.

A Pa-ris,   à Pa-ris,   Sur mon petit cheval gris; Au
A Me-lun,   à Me-lun,   Sur mon petit cheval brun;
A Montrouge,   à Montrouge,   Sur mon petit cheval rouge.

pas, au pas, au trot, au trot, au ga - lop, au

pas, au pas, au trot, au trot, au ga - lop!

7. Petit oiseau.

Paroles de L. Fortoul. à 2 voix. Musique d'Allyre Bureau.

Chœur. Allegretto.

Chant.

En-fin nous te te-nons, Petit, pe - tit oiseau, En-

En-fin nous te te-nons, Petit, pe - tit oiseau, En-

Piano.

Solo.

fin nous te tenons Et nous te gar - de-rons Dieu m'a fait pour vo-

fin nous te tenons Et nous te gar - de-rons.

Fin.

ler, Gen - tils, gentils en - fants, Dieu m'a fait pour vo-

ler, Laissez - moi m'en al - ler.

D. C.

Chœur.	Nous, nous te donnerons,	Chœur.	Nous te gardons encor,
	Petit, petit oiseau,		Petit, petit oiseau,
	Nous, nous te donnerons		Nous te gardons encor
	Biscuits, sucre et bonbons.		Une belle cage en fils d'or.
Solo.	Ce qui doit me nourrir,	Solo.	La plus belle maison,
	Gentils, gentils enfants,		Gentils, gentils enfants,
	Ce qui doit me nourrir		La plus belle maison
	Aux champs seul peut venir.		Pour moi n'est que prison.

Chœur. Tu dis la vérité,
Petit, petit oiseau,
Tu dis la vérité,
Reprends ta liberté!

8 a. J'avais un camarade.

Mel.: Ich hatt' einen Kameraden.

J'avais un camarade,
Le meilleur d'ici-bas.
Le tambour nous rassemble :
Nous avançons ensemble,
Marchant du même pas. *(bis)*

Vint un boulet rapide,
Est-ce pour moi, pour toi?
Sur lui tombe la foudre,
Il roule dans la poudre,
Comme un lambeau de moi *(bis)*

Il tend sa main mourante,
Nous allions faire feu :
— Autre devoir m'appelle!
Dans la vie éternelle,
Au revoir, frère! Adieu! *(bis)*

14*

8 b. Le bon Camarade.

J'avais un camarade,
Le meilleur d'ici-bas;
Le tambour de bataille
Roulait. De même taille
Nous marquions même pas.

Un boulet dans l'air passe,
Est-ce pour moi, pour toi?
Lui, c'est lui qui succombe;
A mes côtés il tombe
Comme un lambeau de moi.

Vers moi sa main mourante
Se tend, je faisais feu.
A bientôt, mon fidèle,
Dans la paix éternelle
Va, camarade, adieu!

9. Frère Jacques.

Moderato.   à 2 voix.

Frè - re Jacques, frè - re Jacques, dormez-
vous? dormez-vous? sonnez les ma - ti - nes, sonnez les ma-

Frè-re
Jacques, frè-re Jacques, dor - mez - vous? dor - mez-

10. Le Sapin.

Mel.: O Tannenbaum.

Mon beau sapin, roi des forêts,
  Que j'aime ta verdure!
Quand par l'hiver bois et gué-
      rets
Sont dépouillés de leur attrait,
Mon beau sapin, roi des forêts,
  Tu gardes ta parure.

Toi que Noël planta chez nous
  Au saint anniversaire.
Mon beau sapin, comme ils sont
      doux
Et tes bonbons et tes joujoux;
Toi que Noël planta chez nous
  Par les mains de ma mère.

Mon beau sapin, tes verts sommets
    Et leur fidèle ombrage
De la foi qui ne ment jamais,
De la constance et de la paix,
Mon beau sapin, tes verts sommets
    M'offrent la douce image.

11. Le couvre-feu (Les Huguenots).

Poésie de Scribe.   Musique de Meyerbeer (1794—1864).

Andante moderato.

Ren-trez ha-bi-tants de Pa - ris Te-nez-vous clos en vos lo-

gis   Que tout bruit meu-re   Quit - tez ces lieux

Car voi - ci l'heu-re L'heu-re du cou-vre-feu.   *pp* Ren-

trons ha-bi-tants de Pa - ris Te-nons-nous clos en nos lo-

gis   Que tout bruit meu-re   Quit-tons ces lieux

Car voi - ci l'heu-re   L'heu-re du cou-vre - feu.

12. Le Sommeil de l'Enfant.

Paroles de A. Carteret.   Musique de Claude Augé.

Andantino.

Pe - tit en - fant,   dé - jà la bru - ne au-

tour de   la mai-son s'é - tend: On doit dor - mir
quand vient la   lu - ne, pe - tit   en - fant,
pe - tit   en - fant.

Petit enfant, dans la chaumière
Les moutons rentrent en bêlant:
De tes yeux bleus clos la paupière,
    Petit enfant.

Petit enfant, rêve aux pervenches
Qu'on trouve le long du torrent,
Rêve aux jolis oiseaux des branches,
    Petit enfant.

Petit enfant, dors sans alarmes;
Mais si quelque frayeur te prend,
Ta mère sèchera tes larmes,
    Petit enfant.

Texte in Lautschrift.*)

1. lǝ mönje ki dǝr.

mönje, tü dǝr,
tᴣ mulɛ va trɔ vit;
mönje, tü dǝr,
tᴣ mulɛ va trɔ fɔr.
tᴣ mulɛ va trɔ vit,
tᴣ mulɛ va trɔ fɔr.

2. le dwa.

s ɛ lẅi ki va a la ʃas,
s ɛ lẅi ki a tẅe lɔ ljɛvr,
s ɛ lẅi ki l a fɛ kẅir,
s ɛ lẅi ki l a mãᴣe.
e lɔ pti glɛ glɛ,
ki etɛ dɛrjɛr lɔ mulɛ,
dizɛ: mwa, ᴣ ã vö, ᴣ ã vö,
ᴣ ã vö! ᴣ ã vö! ᴣ ã vö!

3. a! tü sɔrtira, bikɛt.

a! tü sɔrtira, bikɛt, bikɛt,
a! tü sɔrtira dɔ se ʃu la.

il fot ale ʃɛrʃe lɔ lu,
lɔ lu n vö pa mãᴣe bikɛt,
bikɛt nɔ vö pa sɔrtir de ʃu.

a! tü sɔrtira, bikɛt, bikɛt,
a! tü sɔrtira dɔ se ʃu la.

il fot ale ʃɛrʃe lɔ ʃjɛ,
lɔ ʃjɛ n vö pa mɔrdr lɔ lu,
lɔ lu n vö pa mãᴣe bikɛt,
bikɛt nɔ vö pa sɔrtir de ʃu.

*) Dieselben Texte in der üblichen Orthographie s. folgende Seite

1. Le meunier qui dort.

Meunier, tu dors,
Ton moulin va trop vite;
Meunier, tu dors,
Ton moulin va trop fort.
Ton moulin va trop vite,
Ton moulin va trop fort.

2. Les doigts.

C'est lui qui va à la chasse,
C'est lui qui a tué le lièvre,
C'est lui qui l'a fait cuire,
C'est lui qui l'a mangé.
Et le petit glin glin,
Qui était derrière le moulin,
Disait: Moi, j'en veux, j'en veux,
J'en veux! j'en veux! j'en veux!

3. Ah! tu sortiras, biquette.

Ah! tu sortiras, biquette, biquette,
Ah! tu sortiras de ces choux-là.

Il faut aller chercher le loup,
Le loup ne veut pas manger biquette,
Biquette ne veut pas sortir des choux.

Ah! tu sortiras, biquette, biquette,
Ah! tu sortiras de ces choux-là.

Il faut aller chercher le chien,
Le chien ne veut pas mordre le loup,
Le loup ne veut pas manger biquette,
Biquette ne veut pas sortir des choux.

aӀ tü sɔrtira, bikɛt, bikɛt,
aӀ tü sɔrtira dɔ sc ʃu la.

il ʃot ale ʃɛrʃe lɔ batɔ,
lɔ batɔ n vö pa batr lɔ ʃjɛ̃,
lɔ ʃjɛ̃ n vö pa mɔrdr lɔ lu,
lɔ lu n vö pa mãʒe bikɛt,
bikɛt nɔ vö pa sɔrtir de ʃu.

aӀ tü sɔrtira, bikɛt, bikɛt,
aӀ tü sɔrtira dɔ se ʃu la.

il ʃot alc ʃɛrʃc lɔ ʃɛrmjc,
lɔ ʃɛrmjc vö bjɛ̃ prãdr lɔ batɔ,
lɔ batɔ vö bjɛ̃ batr lɔ ʃjɛ̃,
lɔ ʃjɛ̃ vö bjɛ̃ mɔrdr lɔ lu,
lɔ lu vö bjɛ̃ mãʒe bikɛt,
bikɛt vö bjɛ̃ sɔrtir de ʃu.

aӀ tü sɔrtira, bikɛt, bikɛt,
aӀ tü sɔrtira dɔ se ʃu la.

4. 1 ãʃã gate.

ãʃã gate,
vö tü dü pate?
— nɔ, mãmã, il ɛ trɔ sale.
— vö tü dü rɔti?
— nɔ, mãmã, ɛ trɔ kẅi.
— vö tü d la salad?
— nɔ, mãmã, ɛl ɛ trɔ ʃad.
— vö tü dü pɛ̃?
— nɔ, mãmã, il nɔ vo rjɛ̃.
— ãʃã gate,
tü n vö rjɛ̃ mãʒe;
ãʃã gate,
tü sra ʃwɛtel

5. 1 ekɔlje.

kã ʒ etɛ pti,
ʒɔ n etɛ pa grã;
ʒ alɛ a 1 ekɔl
kɔm lc ptiz ãʃã,

Ah! tu sortiras, biquette, biquette,
Ah! tu sortiras de ces choux-là.

Il faut aller chercher le bâton,
Le bâton ne veut pas battre le chien,
Le chien ne veut pas mordre le loup,
Le loup ne veut pas manger biquette,
Biquette ne veut pas sortir des choux.

Ah! tu sortiras, biquette, biquette,
Ah! tu sortiras de ces choux-là.

Il faut aller chercher le fermier,
Le fermier veut bien prendre le bâton,
Le bâton veut bien battre le chien,
Le chien veut bien mordre le loup,
Le loup veut bien manger biquette,
Biquette veut bien sortir des choux.

Ah! tu sortiras, biquette, biquette,
Ah! tu sortiras de ces choux-là.

4. L'enfant gâté.

Enfant gâté,
Veux-tu du pâté?
— Non, maman, il est trop salé.
— Veux-tu du rôti?
— Non, maman, il est trop cuit.
— Veux-tu de la salade?
— Non, maman, elle est trop fade.
— Veux-tu du pain?
— Non, maman, il ne vaut rien.
— Enfant gâté,
Tu ne veux rien manger;
Enfant gâté,
Tu seras fouetté!

5. L'écolier.

Quand j'étais petit,
Je n'étais pas grand;
J'allais à l'école
Comme les petits enfants,

5 su dã ma pɔʃ,
dü pɛ dã mɔ̃ panjc;
ʒ alɛ aʃte de pwar
ʃe martɛ̃ l episjc.

6. la ʃãsɔ̃ dü ʃa ki s fɛ bo.

lɔ ʃa də ʒanɛt
ɛt ün ʒɔli bɛt;
kãt il vö s fɛr bo,
il sɔ leʃ lə müzo,
avɛk sa saliv
il fɛ la lɛsiv.

7. lə matɛ̃.

vwasi l ɔrɔr,
la nẅi s ãfẅi;
lə sjɛl sə dɔr,
lə sɔlɛj lẅi.

8. lə kuvrə fɔ̃.

rãtre, abitã də pari,
tɔne vu klo ã vo lɔʒi;
kə tu brẅi mɔ̃r,
kite se ljö,
kar vwasi l ɔ̃r,
l ɔ̃r dü kuvrə fɔ̃.

Les Huguenots.

9. swɛ dü nuvɛl ã.

me ʃɛr e bɔ̃ parã, rɔsve mɔ̃n ɔmaʒ,
c mɔ̃ prɔmje kɔ̃plimã;
ʒɔ vuz em boku, ʒɔ vö ɛtrə bjɛ̃ saʒ;
kã ʒɔ sre grã c savã,
ʒɔ vuz ã dire davãtaʒ.

Un sou dans ma poche,
Du pain dans mon panier;
J'allais acheter des poires
Chez Martin l'épicier.

6. La chanson du chat qui se fait beau.

Le chat de Jeannette
Est une jolie bête;
Quand il veut se faire beau,
Il se lèche le museau,
Avec sa salive
Il fait la lessive.

7. Le matin.

Voici l'aurore,
La nuit s'enfuit;
Le ciel se dore,
Le soleil luit.

8. Le couvre-feu.

Rentrez, habitants de Paris,
Tenez-vous clos en vos logis;
Que tout bruit meure,
Quittez ces lieux,
Car voici l'heure,
L'heure du couvre-feu.

Les Huguenots.

9. Souhait du nouvel an.

Mes chers et bons parents, recevez mon hommage,
Et mon premier compliment;
Je vous aime beaucoup, je veux être bien sage;
Quand je serai grand et savant,
Je vous en dirai davantage.

10. la ptit irᴣdɛl.

s etɛ sür la turɛl
d ᴣ vjö klɔʃe brüni.
la pətit irᴣdɛl
etɛt o bɔr dü ni.

«kuraᴣl di sa mɛr,
uvrə tᴣn ɛl o vã,
uvrə la tut ãtjɛr,
e t elãs ãn avã.»

mɛ l irᴣdɛl ezit
ᴄ di: «s ɛ bjᴇ̃ prɔfᴣ;
mᴣn ɛl ɛ trɔ pətit.»
sa mɛr lᴡi repᴣ:

«kã ᴣ mə sᴡi ᴣəte
dü o də nɔtrə twɑ,
lə bᴣ djö m a pɔrte,
pətit kɔm twa.»

l irᴣdɛl leᴣer
uvrə sᴣn ɛl o vã,
l uvrə bjᴇ̃ tut ãtjɛr,
e s elãs ãn avã.

, ɛl vɔl, o sürprizl
ɛl nə krᴇ̃ plü rjᴇ̃.
tut otur də l egliz,
kɔm ɛl vɔl dᴣ bjᴇ̃l

e sa mɛr avɛk ɛl
də tu sᴣ kᴏr ʃãtɛ
sa ʃãsᴣ d irᴣdɛl
o djö ki la pɔrtɛ.

Rambert (Maître phonétique 1890).

11. amüzɛt.

a. ʃa vi ro,
   ro tãta ʃa,
   ʃa mi pat a ro,
   ro brüla pat a ʃa.

10. La petite hirondelle.

C'était sur la tourelle
D'un vieux clocher bruni.
La petite hirondelle
Était au bord du nid.

«Courage! dit sa mère,
Ouvre ton aile au vent,
Ouvre-la tout entière,
Et t'élance en avant.»

Mais l'hirondelle hésite
Et dit: «C'est bien profond;
Mon aile est trop petite.»
Sa mère lui répond:

«Quand je me suis jetée
Du haut de notre toit,
Le bon Dieu m'a portée,
Petite comme toi.»

L'hirondelle légère
Ouvre son aile au vent,
L'ouvre bien tout entière,
Et s'élance en avant.

Elle vole, oh surprise!
Elle ne craint plus rien.
Tout autour de l'église,
Comme elle vole donc bien!

Et sa mère avec elle
De tout son cœur chantait
Sa chanson d'hirondelle
Au Dieu qui la portait.

Rambert (Maître phonétique 1890).

11. Amusettes.

a. Chat vit rôt,
Rôt tenta chat,
Chat mit patte à rôt,
Rôt brûla patte à chat.

b. ri tãta lɔ ra,
   ra tãtc tɑta lɔ ri.

c. pi a o ni,
   kaj a bɑ ni,
   vɛr n a os,
   ra ãn a,
   ʃa ãn a,
   top osi.

d. tɔ tc t at il otc ta tuʔ

e. didɔ dina, dit ɔ, dü do d ɔ dɔdü dɛdɔ.

f. kɔbjɛ̃ se si sɔsisɔ siʔ si su sc si sɔsisɔ si.

g. se sriz sɔ si sür k ɔ n sc si s ã sɔ.

h. vwasi si ʃasɔr saʃã ʃasc.

i. mür puri,
   tru s i fi,
   ra s i mi,
   ʃa l i pri.

k. kat pla pla dã kat pla krö,
   kat pla krö dã kat pla pla.

12. la fwar.

a tü ʒamɛ vü ün ʃwarʔ

il j ãn a ün tu lez ã dã nɔt vilaʒ.

o mwɑ d ʒüjɛ ɔ vwɑ vnir dɔ tu le kolc boku d grãd vwatür ki rsãbl a de vagɔ dɔ ʃmɛ̃tʃɛr. dɔdã, il j a de ʃamij dɔ bɔcmjɛ̃; ɛlz i viv kɔm dã dc mezɔ.

il vɔ tus sür la grãd plas, e la il kɔstrɰiz de barak u il mɔtrɔ tut sɔrt dɔ ʃoz kürjöz: dc bɛt ʃerɔs, ɛtsɛtera.

s ɛ trɛ drol dɔ vwar tu sa.

ɔ ʒur, dãz ün ʃwar, ɔn ãtãdɛ ɔn ɔm ki kriɛ: «ãtrc mesjö, ãtrc mcdam! pur di sãtim, dö su, vuz alc vwar ɔn animal ɛkstraɔrdinɛr. s ɛt ɔ ʃa, mɛ s n ɛ pɑ ɔ ʃa; il a la tɛt d ɔ ʃa, mɛ s n ɛ pɑ ɔ ʃa; il a lez jö d ɔ ʃa, mɛ s n ɛ pɑ

b. Riz tenta le rat,
   Rat tenté tâta le riz.

c. Pie a haut nid,
   Caille a bas nid,
   Ver n'a os,   5
   Rat en a,
   Chat en a,
   Taupe aussi.

d. Ton thé t'a-t-il ôté ta toux?

e. Didon dina, dit-on, du dos d'un dodu dindon.   10

f. Combien ces six saucissons-ci? Six sous ces six
   saucissons-ci.

g. Ces cerises sont si sures qu'on ne sait si c'en sont.

h. Voici six chasseurs sachant chasser.

i. Mur pourrit,   15
   Trou s'y fit,
   Rat s'y mit,
   Chat l'y prit.

k. Quatre plats plats dans quatre plats creux,
   Quatre plats creux dans quatre plats plats.   20

12. La foire.

As-tu jamais vu une foire?

Il y en a une tous les ans dans notre village.

Au mois de juillet on voit venir de tous les côtés beaucoup de grandes voitures qui ressemblent à des wagons de   25
chemin de fer. Dedans, il y a des familles de bohémiens;
elles y vivent comme dans des maisons.

Ils vont tous sur la grande place, et là ils construisent
des baraques où ils montrent toutes sortes de choses curieuses:
des bêtes féroces, etc.   30

C'est très drôle de voir tout ça.

Un jour, dans une foire, on entendait un homme qui
criait: «Entrez messieurs, entrez mesdames! Pour dix centimes,
deux sous, vous allez voir un animal extraordinaire. C'est
un chat, mais ce n'est pas un chat; il a la tête d'un chat, 35
mais ce n'est pas un chat; il a les yeux d'un chat, mais ce

ʒ ʃa; il a lez ɔrɛj d ʒ ʃa, mɛ s n ɛ pa ʒ ʃa; il a lə müzo
d ʒ ʃa, mɛ s n ɛ pa ʒ ʃa; il a le dã d ʒ ʃa, la buʃ d ʒ ʃa,
le grif d ʒ ʃa, mɛ s n ɛ pa ʒ ʃa: il rsãbl a ʒ ʃa kɔm dö
gut d o, mɛ s n ɛ pa ʒ ʃa. ki vö vwar sɔt animal kürjö?
s di sãtim, dö su, mesjö, medaml ãtre, s il vu plɛ, sa n kut
kə di sãtim, dö su sölmãl»
    ʒn ãtrɛ pur vwar s kə s etɛ; e save vu s k ʒ vwajɛ?
dəvine ʒ pöl s etɛt ün ʃat.

n'est pas un chat; il a les oreilles d'un chat, mais ce n'est
10 pas un chat; il a le museau d'un chat, mais ce n'est pas un
chat; il a les dents d'un chat, la bouche d'un chat, les griffes
d'un chat, mais ce n'est pas un chat: il ressemble à un chat
comme deux gouttes d'eau, mais ce n'est pas un chat. Qui
veut voir cet animal curieux? Dix centimes, deux sous,
15 messieurs, mesdames! Entrez, s'il vous plaît, ça ne coûte
que dix centimes, deux sous seulement!»
    On entrait pour voir ce que c'était; et savez-vous ce
qu'on voyait? Devinez un peu! C'était une chatte.

EXERCICES ORAUX ET ÉCRITS.

a. Im Anschluſs an die vier ersten Bilder, nach grammatischen Kategorieen geordnet.

A. Premier tableau.

I. Substantiv und Artikel.

1. Schreibet 10 Substantive mit *le*, 10 mit *la*, z. B.: *le coq, la poule*.
2. Schreibet Substantive mit *l'*, z. B.: *l'oiseau, l'agneau*.
3. Bildet Sätzchen nach dem Muster:
   Voilà le canard, voilà un canard.
   Voilà la cane, voilà une cane.
4. Schreibet Beispiele nach dem Muster: *Voilà l'hirondelle, voilà les hirondelles.*
5. *Qu'est-ce que c'est?* *C'est un sapin, ce sont des sapins.*
   C'est une fleur, ce sont des fleurs.
6. Bildet den Plural der Substantive *moineau, oiseau, étourneau, agneau, château, ruisseau, tableau, cheval,* nach dem Muster: *C'est un moineau, ce sont des moineaux.*
7. *Est-ce le coq ou le canard?* *C'est le coq.*
8. *Est-ce la poule?* *Ce n'est pas la poule, c'est la cane.*
9. *Qui est-ce?* *C'est le père; c'est la mère, ce sont les enfants.*

II. Die gebräuchlichsten Präpositionen in Verbindung mit Substantiven.

1. *dans.* Bildet Sätze mit *dans* nach dem Muster: *Où est le père? Le père est dans le champ.*
2. *sur.* Z. B.: *La jeune fille est sur la passerelle.*
3. *sous.* *Les canards sont sous la passerelle.*
4. *devant.* *Le champ est devant la forêt.*
5. *derrière.* *La forêt est derrière le champ.*

15*

6. *près de.*

  a. *près de la ... Le jardin est près de la maison.*
  b. *près de l' ... L'agneau est près de l'enfant.*
  c. *près du ... Le moulin est près du ruisseau.*
  d. *près des ... Les moineaux sont près des poules.*

7. Bildet Sätze mit verschiedenen Präpositionen nach dem Muster: *Montre-moi le père qui est dans le champ. Voilà le père qui est dans le champ.*

III. Adjektive.

1. *noir, noire; blanc, blanche; vert, verte; bleu, bleue; gris, grise; brun, brune; rouge, jaune.*

  a. Bildet mit den unten stehenden Substantiven Fragen nach dem Muster: *De quelle couleur est le pot?* und beantwortet sie mit einem der oben stehenden Adjektive und beachtet dabei die Übereinstimmung des Geschlechts von Substantiv und Adjektiv.

    L'agneau, la neige, le feu, le ciel, le caneton, le moineau, l'étourneau, le chien, le cheval, la ruche etc.

  b. Setzet diese Fragen und Antworten in den Plural (Sätze mit Subst., die gewöhnlich nicht im Plural gebraucht werden, sind wegzulassen, z. B.: *la neige*).

    Beispiel: *De quelle couleur sont les canetons? Les canetons sont jaunes.*

2. *grand, petit; long, longue, court; haut, bas, basse; rond, carré; pointu; beau, bel, belle, beaux, belles.*

  Bildet Fragen und Antworten mit diesen Adjektiven und den unten folgenden Substantiven nach dem Muster: *Est-ce que la cigogne est grande ou petite? La cigogne est grande.*

  Substantive: *Le moineau, le coq, l'hirondelle, le cheval, la colline, la montagne, le clocher, le rucher, le tronc du cerisier, la porte, le bec du moineau, le bec de la cigogne, les pattes de la cigogne, les pattes du canard; le coq (beau), la rose* etc.

3. Schreibet Beispiele nach folgendem Muster: *La maison est petite, voilà la petite maison.*

4. Schreibet die folgenden Beispiele, indem ihr das Adjektiv verändert: *Le sapin est vert, la forêt est ... le pré est vert, la prairie est ..., l'oiseau est grand, la cigogne est ..., le*

pot est noir, la fumée est ..., le cheval est blanc, la neige est ... etc.

5. Schreibet mit den unten stehenden Subst. Sätzchen nach dem Muster: *Voilà un sapin vert, voilà des sapins verts.*

Subst.: *Le cheval, l'étourneau, le caneton, la poule, la cane, le chien, le coq, le moineau, la fleur, la prairie, le pré, la forêt, la feuille* etc.

6. Bildet mit den unten stehenden Subst. und Adj. Sätzchen nach dem Muster: *Voilà un beau cerisier, voilà de beaux cerisiers.*

Bel oiseau, petite maison, belle rose, grande cigogne, petit moineau, haute montagne, haut clocher etc.

7. Schreibet Sätze mit *ce, cet, cette, ces*, z. B.: *Ce cheval est brun. Cet oiseau est petit* etc.

IV. Verba und Pronomina.

1. *Que fait le père? Le père herse, il herse. Présent: Je herse* etc.

Infinitif: *herser.*
Radical: *hers.*
Terminaison: *er.*

Schreibet nach obigem Muster über *la mère, le grand-père, la servante, le touriste, le petit garçon, le canard, l'alouette,* indem ihr nach der Thätigkeit fraget.

2. *Est-ce que la mère herse? La mère ne herse pas, elle ne herse pas.* Schreibet die Sätze unter 1 mit der Negation.

3. Bildet die Frageform derselben Sätze nach dem Muster: *La mère bêche-t-elle? Est-ce que la mère bêche? Oui, elle bêche.* ♂♀

4. Setzet das *Présent* folgender Verba in die Frageform: *herser, travailler, chanter,* z. B.: *hersé-je (est-ce que je herse), herses-tu?* etc.

5. Schreibet diese Fragen mit der Verneinung, z. B.: *Ne chanté-je pas (Est-ce que je ne chante pas?)* etc.

V. *Présent* von *avoir* und *être*.
Das Possessivpronomen.

1. Schreibet das *Présent* von *avoir* und das *Prés.* von *être* in Verbindung mit dem Possessivpronomen nach folgendem Muster:

a. *Le grand-père a un jardin; il est dans son jardin.*
J'ai un jardin, je suis dans mon jardin, je suis dans le mien etc.

b. *Le meunier a un moulin, il est dans son moulin.*
   J'ai un moulin, je suis dans mon moulin, je suis dans le mien etc.

2. Bildet die Frageform dieser Sätze, z. B.:
   Le grand-père a-t-il un jardin? Est-il dans son jardin?
   Ai-je un jardin? Est-ce que j'ai un jardin?
   Suis-je dans mon jardin? Est-ce que je suis etc.

3. *J'ai un bouquet; voilà mon bouquet, c'est le mien.*
   Tu as un bouquet; voilà ton bouquet, c'est le tien etc.

4. *Les enfants sont dans la rue.*
   Je suis dans la rue etc.

5. Bildet die verneinte Behauptungsform dieser Sätze und schreibet:
   Je n'ai pas de bouquet etc. *Je ne suis pas dans la rue.*

6. Bildet Sätze mit bejahter und verneinter Behauptung, sowie mit bejahter und verneinter Frage nach dem Muster:
   La servante est dans la cuisine.
   La servante n'est pas dans la cuisine.
   La servante est-elle dans la cuisine?
   La servante n'est-elle pas dans la cuisine?
   Benutzet folgende Sätze: *L'agneau est près de la grand'-mère, le moulin est près du ruisseau, le grand-père est près du cerisier, le chien est près des enfants, les moineaux sont près des poules, les canards sont sous la passerelle.*

7. Bildet die bejahte und verneinte Behauptung und die bejahte und verneinte Frage unten stehender Sätze nach dem Muster:
   La fille a un chapeau de paille.
   La fille a-t-elle un chapeau de paille?
   La fille n'a pas de chapeau de paille.
   La fille n'a-t-elle pas de chapeau de paille?

8. Sätze: *La mère a une bêche, le père a une herse, l'étourneau a un nichoir, les cigognes ont un nid, le petit garçon a une beurrée, le touriste a un bâton* etc.

VI. Numerale.

1. Schreibet die Grundzahlen von 1—10, von 10—20 etc.

2. Stellet Fragen über die Zahl der Gegenstände auf dem Bilde und beantwortet sie, z. B.: *Combien de poules y a-t-il sur notre tableau? Il y a trois poules.*

3. Schreibet die Additions-, Subtraktions-, Multiplikations- und Divisionsbeispiele auf S. 13, 14 und 15 des Übungsbuches in Worten.

4. Schreibet die Namen der Monate und bildet Beispiele von Daten nach dem Muster:

Le combien sommes-nous aujourd'hui?
Quel quantième avons-nous aujourd'hui?
Nous sommes (nous avons) aujourd'hui le huit octobre.

5. Schreibet die Ordnungszahlen von 1—10, von 10—20 etc.

6. Schreibet die Ordnungsreihe der Wochentage nach folgendem Muster: *Quel est le premier jour de la semaine? Le premier jour de la semaine est le dimanche* etc. (S. S. 13, 4.)

VII. Ersatz der Deklination der Substantive.

1. Bildet in den unten stehenden Sätzen die Umschreibung der Kasusformen, indem ihr nach folgendem Muster die fehlenden Substantive einsetzt:

Nom. *Le grand-père est dans le jardin.*
Acc. *Je vois le grand-père dans le jardin.*
Umschr. des Gen. *C'est le jardin du grand-père.*
    „   „ Dat. *Le jardin appartient au grand-père.*

Sätze: 1. *Le meunier est au moulin.*
   On voit . . .
   C'est la maison . . .
   Le champ appartient . . .

2. *La jeune fille vient du moulin.*
   On voit . . . sur la passerelle.
   C'est le chapeau . . .
   La meunière a donné un bouquet . . .

3. *Les canetons sont près de la maison.*
   La petite fille nourrit . . .
   La cane est la mère . . .
   La petite fille donne de la nourriture . . .

4. *L'agneau est près de la grand'mère.*
   Le petit-fils caresse . . .
   On tricote des bas avec la laine . . .
   Les enfants donnent à manger . . .

VIII. Gegenüberstellung und Vergleichung.

Celui-ci, celui-là.

Beispiele: *Voilà deux oiseaux; celui-ci est un coq, celui-là est une cigogne.*

Voilà des oiseaux; ceux-ci sont des canards, ceux-là sont des cigognes.

Voilà deux maisons; celle-ci appartient à un paysan, celle-là appartient au meunier.

IX. Compositions.

Schreibet Aufsätzchen über:

1. *La maison.*	6. *Le rucher et les abeilles.*
2. *La cigogne.*	7. *Le ruisseau et le moulin.*
3. *Les hirondelles.*	8. *Les collines et les montagnes.*
4. *Le jardin.*	9. *Les oiseaux du premier tableau.*
5. *Le cerisier.*	10. *Les quadrupèdes du premier tableau.*
	11. *Les arbres du premier tableau.*
	12. *Les personnes du premier tableau.*

B. Deuxième tableau.

I. Das relative Pronomen.

1. *qui* und *que.*

  a. Bildet Sätze mit *qui* nach dem Muster: *L'homme qui est assis au pied du chêne, garde le troupeau. Les hommes qui travaillent au champ, coupent le blé.*

  b. mit *que*, z. B.: *Le troupeau que l'homme garde, se compose de vaches et de chevaux. Les hommes que nous voyons dans le champ, coupent le blé.*

2. *dont. Les moulins dont nous voyons les grandes ailes, sont des moulins à vent.*

3. *lequel, laquelle, lesquels, lesquelles.*

  Le ruisseau dans lequel les garçons se baignent, prend sa source dans la forêt. Le faucheur aiguise sa faux; voilà la pierre à aiguiser avec laquelle il aiguise la faux.

4. Bildet Sätze mit *qui, que, dont, lequel, laquelle, lesquels, lesquelles* nach dem ersten Bilde.

II. Formenbildung der Verba.

1. *avoir.*

   a. Schreibet Sätze, wie: *Le gardien du troupeau a un chalumeau.*

   b. Setzet diese Sätze in das *Imparfait, Passé défini* und *Futur simple.*

   c. Konjugieret jede Zeitform einzeln in Sätzen, z. B.:
   > *J'ai un chalumeau*
   > *tu as un chalumeau* etc.

   d. Bildet die zusammengesetzten Formen und zwar das *Passé indéfini, Plus-que-parfait, Passé antérieur* und *Futur antérieur,* z. B.: *J'ai eu un chalumeau* etc.

   e. Dieselben Übungen in der Frageform, z. B.: *Le gardien a-t-il un chalumeau? Ai-je un chalumeau?* Ebenso mit der Umschreibung: *Est-ce que.*

2. *être.* Dieselben Übungen wie mit *avoir* in Sätzen, wie: *Le gardien du troupeau est assis au pied du chêne,* oder: *Le faucheur est dans le champ. — Je suis dans le champ* etc.

3. Verba auf *er.*

   a. Infinitiv. Bildet Sätze nach dem Muster: *Le faucheur veut faucher le blé.* (Unterstreichet den Infinitiv. *Soulignes l'infinitif!*)

   b. *Participe passé.*
   > *Le faucheur a fauché le blé.*

   c. *Présent. Que fait le faucheur? Il fauche le blé.*
   > *Je fauche*
   > *tu fauches* etc.
   > *Soulignes les terminaisons.*

   d. Dieselbe Übung mit *Imparfait, Passé défini, Futur simple.* Ebenso werden die zusammengesetzten Zeitformen gebildet.

4. Zusammenstellung der Formen des Indikativs nach folgendem Muster:
   > Infinitiv: *jouer du chalumeau.*
   > P. passé: *joué.*

   a. Présent: *Le gardien joue du chalumeau.*
   b. Imparfait: » » *jouait* »
   c. Passé défini: » » *joua* »
   d. Futur simple: » » *jouera* »

e. Passé indéfini: *Le gardien a joué du chalumeau.*
f. Plus-que-parfait: »   »   *avait joué*   »
g. Passé antérieur: »   »   *eut joué*   »
h. Futur antérieur: »   »   *aura joué*   »

5. Schreibet diese Zusammenstellung in der 1., 2. u. s. w. Person *sing.* und *plur.*

6. Schreibet Sätze mit dem *Conditionnel présent* und dem *Conditionnel passé* nach dem Muster: *Le gardien du troupeau jouerait du chalumeau, s'il avait le temps. Le gardien aurait joué, s'il avait eu le temps.*

                       Je jouerais etc.

7. Bildet den Imperativ nach folgendem Muster:

              Joue du chalumeau.
              Jouons   »
              Jouez   »

Dasselbe mit der Negation.

8. Konjugiert nach dem Muster unter Nr. 4 die Sätze:

     Les garçons se baignent dans le ruisseau.
     Les garçons se déshabillent.
     Les garçons s'habillent.

Beachtet die Bildung der zusammengesetzten Zeiten mit *être*.

9. Konjugiert nach demselben Muster: *Le garçon jette de l'eau* und beachtet die Verdoppelung des *t* vor den stummen Endungen.

10. Konjugiert ebenso: *Le propriétaire du champ s'essuie le front* und beachtet das *i* vor den stummen, *y* vor den betonten Endungen.

11. Schreibet in den verschiedenen Zeitformen: *Cet homme-là range les gerbes* und beachtet die Einschiebung des *e* vor *a* und *o*.

Desgleichen: *Deux hommes chargent un chariot.*

Ebenso: *Le père achète un filet à papillons pour son fils.*

12. Verba auf *ir*.

Konjugiert nach dem oben gegebenen Muster: *Le poulain bondit près de la jument.*

       La petite fille nourrit les canetons.
       Le petit garçon remplit la cruche.
       Le faucheur finit son travail.

13. Verba auf *re*.
Konjugieret: *Le valet tend les gerbes à son camarade.*
Le paysan vend du blé.
14. Verba auf *oir*. Konjugieret:
Le petit garçon aperçoit les papillons.
Le petit garçon reçoit un filet à papillons de son père.
J'aperçois des faucheurs qui retournent au village.
Le faucheur doit aiguiser la faux.

III. Das fragende Pronomen.

1. Bildet Sätze mit *quel, quelle,*
quels, quelles,
z. B.: *Quel instrument le faucheur emploie-t-il?*
De quel instrument le faucheur se sert-il?
2. mit *qui* (wer? wen?)   *qui est-ce qui; qui est-ce que.*
que.   z. B.: *Qui travaille dans le champ?*
Que porte la femme?
3. mit *lequel, laquelle.*
z. B.: *Lequel de ces faucheurs a effarouché les perdrix.*
Laquelle de ces deux femmes a donné son chapeau à son enfant?

IV. Komparation des Adjektivs.

Bildet Beispiele nach dem Muster: *Le chêne est plus haut que le bouleau, le sapin est plus haut que le chêne, le sapin est le plus haut arbre de la forêt.*

V. Compositions.

Schreibet Aufsätzchen über:
1. *Le champ de blé.*
2. *Les garçons qui se baignent.*
3. *Les papillons.*
4. *Le gardien et son troupeau.*
5. *Les moulins à vent.*
6. *Le deuxième tableau.*

_____

C. Troisième tableau.

, I. Das Passiv.

1. Schreibet je 2 Sätze nach dem Muster: *Le paysan laboure le champ, le champ est labouré par le paysan.*

Setzet diese Sätze in den Plural und beachtet die Veränderung des *Part. passé.*

2. Schreibet folgende Sätze im *Imparfait, Passé défini, Futur
simple* und *Conditionnel présent:*

a. *Le petit paysan porte les lièvres.*
Les lièvres sont portés par le petit paysan.
b. *La femme récolte les pommes de terre.*
Les pommes de terre sont récoltées par la femme.
c. *Les vignerons coupent les raisins.*
Les raisins sont coupés par les vignerons.
d. *Le paysan attelle les bœufs.*
Les bœufs sont attelés par le paysan.
e. *Le petit garçon ramasse le cerf-volant.*
Le cerf-volant est ramassé par le petit garçon etc.

3. Schreibet dieselben Sätze im *Passé indéfini, Plus-que-parfait,
Passé antérieur, Futur antérieur* und *Conditionnel passé.*

4. Zusammenstellung der Formen des Passivs:

Infinitiv: *être porté.*

a. Présent: *Je suis porté.*
b. Imparfait: *J'étais porté.*
c. Passé défini: *Je fus porté.*
d. Futur simple: *Je serai porté.*
e. Passé indéfini: *J'ai été porté.*
f. Plus-que-parfait: *J'avais été porté.*
g. Passé antérieur: *J'eus été porté.*
h. Futur antérieur: *J'aurai été porté.*
i. Conditionnel présent: *Je serais porté.*
k. Conditionnel passé: *J'aurais été porté.*

Andere Beispiele nach diesem Muster in den verschiedenen
Personen des Singulars und Plurals.

II. Subjekt, Prädikat, Objekt.

La dame offre des raisins au chasseur.

a. **Qui** *offre des raisins au chasseur?*
La dame. Subjekt.

b *Que fait la dame?*
elle offre. Prädikat.

c. *Qu'est-ce qu'elle offre au chasseur?*
   des raisins. Direktes Objekt.

d. *A qui offre-t-elle des raisins?*
   au chasseur. Indirektes Objekt.

Zerleget folgende Sätze ebenso:

Le villageois donne une pomme au petit citadin.
La petite fille donne la nourriture aux canetons.
Le petit garçon apporte la cruche à son père.

III. Veränderlichkeit des *Participe passé.*

Bildet Sätze nach folgendem Muster:

a. *Les pommes de terre sont récoltées.*
   Les lièvres furent portés.
b. *Le chasseur a tué les lièvres.*
   Il les a tués.
   La femme a récolté les pommes de terre.
   Elles les a récoltées.
c. *Combien de lièvres a-t-il tués?*
   Combien de bœufs le paysan a-t-il attelés?
d. *Le petit citadin mange la pomme que le villageois lui a donnée.*
   Le petit paysan porte les lièvres que le chasseur a tués.
e. *Voilà les lièvres tués par le chasseur.*
   Voilà les chèvres attachées à un pieu.

IV. *Après avoir; avant de.*

Bildet Sätze nach dem Muster:

a. *Après avoir labouré, le paysan sème.*
   Après avoir coupé les raisins, les vignerons les mettent dans des baquets.
b. *Avant de récolter, il faut semer.*
   Avant de semer, il faut labourer.
c. *Après avoir coupé les raisins, les vignerons retournent au village.*
   Après les avoir coupés, ils les mettent dans des baquets.

V. Teilbegriff und Teilungsartikel.

1. Bildet Sätze mit Substantiven, die eine Menge bezeichnen und beachtet nach denselben *de* ohne Artikel bei den Gesamtnamen, z. B.:

La femme porte une corbeille de raisins sur sa tête.
Voilà une corbeille de pommes cueillies par le garçon.
La femme met un sac de pommes de terre sur la brouette.
*Sur le toit de la grange nous voyons un grand nombre d'hi-
rondelles.*

2. Sätze mit Adverbien der Quantität, z. B.:

*Le garçon a cueilli beaucoup de pommes, assez de pommes,
trop de pommes* etc.
Le citadin n'a pas de pommes.
Combien de pommes le villageois lui a-t-il données?
Combien de lièvres le chasseur a-t-il tués?

3. *La femme a allumé du feu; elle a allumé du feu avec des
allumettes.*
Le chasseur a tué des lièvres.
Les batteurs battent du blé avec des fléaux.

4. *Voilà de bons raisins, de belles pommes.*
Voilà des raisins mûrs, des pommes mûres.
Des oies blanches, des oies grises.

VI. Adverb.

Le chasseur est poli; il salue la dame poliment.
Le laboureur travaille avec assiduité, il travaille assidûment.
L'homme s'est blessé à mort; il s'est mortellement blessé.

VII. Gebrauch von *tout*.

1. *Tout chemin mène à Rome.*
2. *Le paysan laboure tout le champ.*
3. *Le garçon a-t-il cueilli toutes les pommes?*
Est-ce que toutes les chèvres ont des cornes?
(La nuit tous les chats sont gris.)

Bildet Sätze mit *tout* über das erste und zweite Bild.

VIII. Compositions.

Schreibet Aufsätzchen über:

1. *Le laboureur.*
2. *La femme qui récolte les pommes de terre.*
3. *La vendange.*
4. *Le chasseur.*

5. *Les batteurs en grange.*

6. *Le garçon qui cueille des pommes.*

7. *Les oiseaux passagers (les hirondelles et les cigognes).*

8. *Le Rhin.*

9. *Le fleuve.*

10. *Les instruments dont se servent les cultivateurs.*

11. *Ce que les cultivateurs font au printemps, en été, en au-*
    tomne et en hiver.

12. *Le blé (quand on le sème, quand on le moissonne et quand*
    on le bat). _____

D. Quatrième tableau.

I. Das Pronomen.

1. *Que fait le maréchal-ferrant?*
   Le maréchal-ferrant ferre le cheval, il le ferre.
   Bildet ähnliche Sätze.

2. *Je ferre le cheval, je le ferre.*

3. *Qui ferre le cheval? Moi, je le ferre* etc.

4. *Un monsieur patine avec une dame, il patine avec elle, il*
   patine sans elle; elle patine sans lui.
   Je patine avec toi, tu patines avec moi etc.

5. *Est-ce le maréchal lui-même qui tire le soufflet? Non, ce*
   n'est pas lui, c'est l'apprenti.
   C'est moi qui ferre le cheval.
   C'est toi qui le ferres etc.
   Ähnliche Sätze mit andern Verben.

6. *La petite fille donne le bâton à l'homme de neige?*
   Elle le donne à l'homme de neige.
   Elle le lui donne.

7. Schreibet: *Elle me donne le bâton, elle me le donne.*

elle te donne	»	»	»	*te le*	».
elle nous donne	»	»	»	*nous le*	»
elle vous donne	»	»	»	*vous le*	»
elle lui donne	»	»	»	*le lui*	»
elle leur donne	»	»	»	*le leur*	»

   Dieselbe Übung mit den Sätzen:
   Il me donne la pomme, il me la donne etc.
   Il m'indique le chemin, il me l'indique.

8. Dieselbe Übung mit dem Satze: *Elle donne du vin au postillon, elle lui en donne. Elle m'en donne* etc.

9. *Où est l'apprenti? L'apprenti est dans la forge, il y est, vous l'y trouverez.*

        Schreibet: *Vous m'y trouverez.*

                Vous nous y trouverez.

                Vous les y trouverez.

10. *Est-ce qu'il y a de la glace sur l'étang? Oui, il y en a* etc.

11. *Donnez-moi un verre de vin, je vous en prie.*

    Donnez-le-moi; donnez-le-lui etc.

12. *Donnez-moi du feu, je vous en prie.*

    Donnez-m'en.

13. *Ne mettez pas vos livres sur le bord de l'étang.*

    Ne les y mettez pas.

14. Bildet Sätze nach diesen Mustern über die andern Bilder.

II. Sätze mit zusammengesetzten Präpositionen.

Bildet Sätze mit:

vis-à-vis de	*à l'aide de*
à côté de	*au moyen de*
au-dessus de	*au dedans de*
au dessous de	*au dehors de*
à cause de	*au travers de*
le long de	*(à travers les champs*
au milieu de	*au travers des champs).*

III. Compositions.

Schreibet Aufsätzchen über:

1. *L'étang.*
2. *La forge, le traîneau de poste.*
3. *L'homme de neige.*
4. *Le quatrième tableau.*

---

b. Im Anschluſs an die Lesestücke.

Seite 18, II. *A Paris il y a des rues* etc.

> 22, II. Saget nach dem Rätsel etwas über *l'or, l'ange, l'orange.*

> 27, II. 1. *La servante a apporté la lampe* etc.

          2. *Modifiez la petite histoire pour deux mouches.*

Seite 28, IIIa. Setzet die Sätze in den Plural.

> 31, *La cigogne.* Setzet den Plural: *Les cigognes sont de grands oiseaux* etc.

> 33, I. Ändert die Sätze 1—6 für mehrere Häuser.

> 35, II. » » » 1—6 » » Mühlen (S. 6 *Les ânes des meuniers* etc.)

> 38, II. Setzet in diesen Sätzen den Plural, z. B.: *Les serruriers font les serrures* etc.

> 39, III. Setzet den Plural statt des Singulars, z. B.: *Les couteaux sont des instruments tranchants.*

> 50, I. Bildet andere Sätze nach dem Muster: *Le ruisseau n'est pas couvert de glace, le ruisseau n'est plus couvert de glace.*

> 51, II. Setzet im 2., 3., 4. u. 5. Satz den Singular statt des Plurals.

> 53, V. Setzet statt des Subjektes *on* in Zeile 2 *nous*, ebenso auf Seite 54 in den Zeilen 1, 3, 4, in den Zeilen 6, 8, 10 den Plural statt des Singulars.

> 55, I. Setzet den Plural statt des Singulars, z. B.: *Voilà les coucous qui chantent.*

> 57, I. *Modifier l'historiette pour deux petites souris.*

> 58, 2. *A modifier pour deux petites poules.*

> 59, I. Lasset den Jäger die Geschichte erzählen.

> 60, II. Ändert das Stückchen für zwei Söhne verschiedener Eltern.

> 60, III. Setzet das *Présent.*

> 61, c. Bildet Sätze nach dem Muster: *Le voyageur voyage* etc.

> 69, III. Setzet die Ausdrücke *il neige, il gèle, il dégèle, il fait du verglas* in sämtliche Zeiten (einfache und zusammengesetzte).

> 70, Ex. 31. Setzet die Sätze in die verschiedenen Zeiten.

> 82. Verwandelt Zeile 8—15 in die Beschreibung eines bestimmten Gewitters, indem ihr als ersten Satz benutzet: *Un jour, la chaleur était excessive.*

> 85, a. Setzet den Singular statt des Plurals (der Satz *Le miel est sucré* etc. bleibt weg.)

> 86. Setzet in den Zeilen 7—13 das *Imparfait* und *Passé déf.* statt des *Présent.*

Seite 89, I. a. Setzet die Sätze *un trésorier royal est accusé, le roi se rend au palais* in alle Zeiten.

  b. Bildet Sätze nach dem Muster: *Je ne vois rien que quatre murs, je ne vois que quatre murs.*

  c. Setzet das, was der Schatzmeister erzählt, in die 3. Person, z. B.: *Dans sa jeunesse il gardait les moutons.*

» 90, II. a. Bildet Sätze nach dem Muster: *Je change mon logis, Je change de logis,* indem ihr die Wörter *l'habit, la place, la maison* anwendet.

  b. *On fait venir des violons* in alle Zeiten umzusetzen.

  c. Lasset den König die Geschichte erzählen, indem ihr als ersten Satz benutzet: *J'étais toujours loué, trompé et volé: c'était à qui pillerait mes trésors.*

» 99, II. Setzet in den Zeilen 32—36 das *Présent.*

» 106, II. Setzet das *Présent.*

» 106, III. Desgl.

» 107, V. Desgl.

» 108, I. Beantwortet folgende Fragen: *Où Madame Théophile dormait-elle? Où rêvait-elle? Où descendait-elle? A quoi assistait-elle?* (Statt des persönlichen und besitzanzeigenden Pronomens der 1. Person wird das der 3. gesetzt.)

» 111, II. a. Ändert die Erzählung, indem ihr die erste Person Sing. setzet.

  b. Desgl. unter Anwendung der 3. Person Sing.

» 112, I. Ändert das Stück für zwei Personen, ebenso das folgende.

» 116, VI. Ändert die 5 ersten Sätze für mehrere Bäcker.

» 120. Lasset die Geschichte *Les quatre cri-cris* von der Bäckerin, dann von dem Freunde erzählen.

» 126, b. Zu ändern für mehrere Schmiede.

» 129, Ex. 47, I. 1. Der Marschall von Sachsen erzählt, was ihm begegnet ist.

  2. Der Hufschmied erzählt die Geschichte.

» 129, Ex. 47, II. Der Vater erzählt es.

» 130, III. Setzet das *Présent* statt der Zeitformen der Vergangenheit.

Seite 137, Z. 3 u. 6. Beachtet den Gebrauch des Verbums *monter* in den beiden Sätzen und vergleichet damit: *Le valet a sorti le cheval de l'écurie.*

» 137. *Les bâtiments de la ferme.* Erkläret in einfachen Sätzen die Wörter *l'écurie, l'étable, la porcherie, la bergerie, le poulailler, la grange.*

« 138. *Le paysan et son cheval.* Setzet das Präsens statt der Zeitformen der Vergangenheit.

» 151. *Le sifflet.* Erzählet die Geschichte in der 3. Person.

» 155. *L'Aiguilleur.* Der Vater erzählt die Begebenheit.

» 156. *La lampe à pétrole.* Die Beschreibung ist so umzuändern, dafs sie folgendem Anfangssatz entspricht: *Les lampes à pétrole comprennent les parties suivantes: les pieds, les réservoirs, les becs, les mèches, les remontoirs et les verres.*

» 161. II. Ändert die Beschreibung nach dem Satze: *Les lions sont très forts.*

GRAMMATIK.

Die Laute.

1. Die Vokale.

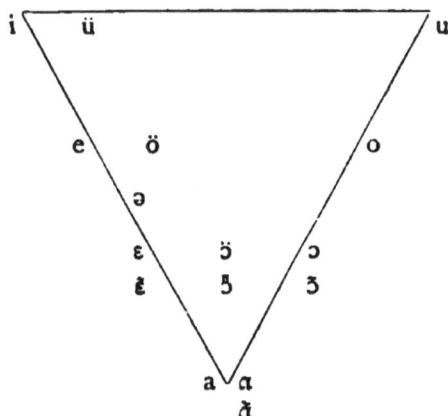

Beispiele.*)

1. Geschlossene Vokal-laute.	2. Offene Vokal-laute.	3. Nasalvokale.
lə livr *(le livre)*		
lə mür *(le mur)*		
la buʃ *(la bouche)*		
lə ne *(le nez)*	la ʃɛz *(la chaise)*	la mɛ̃ *(la main)*
dö *(deux)*	l ö̃j *(l'œil)*	ɛ̃ *(un)*
lə do *(le dos)*	la pɔrt *(la porte)*	lə frɔ̃ *(le front)*
la tabl *(la table)*	lə pwal *(le poêle)*	lə bã *(le banc)*

4. Neutralvokal (nur in unbetonten Silben):
lə prəmje *(le premier).*

---

*) Die Quantität der Vokale ist nicht bezeichnet, weil erfahrungsgemäß,
wenn nur jedes Wort erst mündlich eingeübt wird, Fehler gegen die Quantität kaum vorkommen.

2. Die Konsonanten.

	a. Verschluss-laute:		b. Engelaute:		Mittellaute (stimmlos und stimmhaft):		
	stimm-los.	stimm-haft	stimm-los.	stimm-haft	c. Halb-vokalische Engelaute.	d. Nasen-laute.	e. Flüssige Laute.
1. Lippenlaute.	p	b			w ẅ	m	
2. Zahn Lippen-laute.			f	v			
3. Vorder-zungenlaute.	t	d	s ʃ	z ʒ		n `	l r
4. Zungen-ruckenlaute.					j	ñ	
5. Zungen-wurzellaute.	k	g					r
6. Stimmbänder-hauchlaut.			(h)				

Beispiele.

	a.		b.		c.	d.	e.
1.	la pɔrt *(la porte)*	lə bã *(le banc)*			lə dwa *(le doigt)* wit *(huit)*	lə mür *(le mur)*	
2.			lə frõ *(le front)*	lə livr *(le livre)*			
3.	la tabl *(la table)*	lə do *(le dos)*	sɛt *(sept)* la ʃɛz *(la chaise)*	la ʃɛz *(la chaise)* la ʒãb *(la jambe)*		lə ne *(le nez)*	lə livr *(le livre)* lə frõ *(le front)*
4.					lə pje *(le pied)*	la sigõñ *(la cigogne)*	
5.	la krɛ *(la craie)*	la lãg *(la langue)*					lə frõ *(le front)*

Anmerkungen: 1. Unterscheide sorgfältigst stimmlose und stimmhafte Laute!

2. r darf sowohl als Vorderzungenlaut wie auch als Zungenwurzellaut gesprochen werden; ñ kann ersetzt werden durch nj mit schwach palatalisiertem n.

3. w wird hervorgebracht mit der Zungenlage des u — Wölbung der Zungenwurzel —, doch mit mehr vorgestülpten Lippen, so dafs eine ganz kleine rundliche Ausflufsenge entsteht. ẅ wird hervorgebracht mit der Zungenlage des ü — Hebung der Vorderzunge —, doch mit gröfserer Annäherung der Ober- und Unterlippe, so dafs eine spaltförmige Ausflufsenge entsteht.

3 ### 3. Silbe und Wort.

1. Silbenzahl.

Einsilbige Wörter: lə *(le)*, pɔrt *(porte)*, ʃɑ̃br *(chambre)*, ʃjɛ *(chien)*, ʃnɛtr *(fenêtre)*, pwɑl *(poêle)*.

Zweisilbige Wörter: pla-fɔ̃ *(plafond)*, e-pɔ̃ʒ *(éponge)*, ɔ-rɛj *(oreille)*, pwa-trin *(poitrine)*.

Dreisilbige Wörter: kwa-drü-pɛd *(quadrupède)*, i-rɔ̃-dɛl *(hirondelle)*, mɛr-krə-di *(mercredi)*.

Gesetz. Ein Wort enthält so viele Lautsilben, als darin Vokale gesprochen werden.

4 #### 2. Offene und geschlossene Lautsilben.

a. Offene Silben: pla-fɔ̃ *(plafond)*, ka-je *(cahier)*. Sie endigen auf einen Vokallaut.

b. Geschlossene Silben: pɔrt *(porte)*, ʃɑ̃br *(chambre)*, sɛr-vɑ̃t *(servante)*. Sie endigen auf einen oder mehrere konsonantische Laute.

5 #### 3. Silbengrenze.

a. pla-fɔ̃ *(plafond)*, e-pɔ̃ʒ *(éponge)*, ka-je *(cahier)*, krɛ-jɔ̃ *(crayon)*, lɔ̃-di *(lundi)*, a-ño *(agneau)*.

b. kwa-drü-pɛd *(quadrupède)*, ta-blo *(tableau)*, ɑ̃-kri-e *(encrier)*, pa-tri *(patrie)*, e-gliz *(église)*. aber: gar-sɔ̃ *(garçon)*, kan-tɔ̃ *(canton)*.

Gesetz. a. Ein Konsonantlaut zwischen zwei Vokalen gehört zur zweiten Lautsilbe.

b. Mehrere Konsonantlaute gehören zur zweiten Lautsilbe, wenn sie sich (wie z. B. dr, tr, gl, bl, kr) zusammen aussprechen lassen.

Regel. Im Französischen sind die meisten Lautsilben offen.

6 #### 4. Betonungsgesetz.

mu-lɛ *(moulin)*, sɛr-vɑ̃t *(servante)*; aber lɔrs-kə *(lorsque)*.

Auf der letzten vollen*) Silbe des Einzelwortes liegt ein schwacher Nachdruck — der Wortton.

---

*) Silben, die den Laut ə enthalten, nennt man dumpf, alle anderen voll oder tönend.

4. Lautgruppe im Satz.

1. Lautgruppen. 7

a̱ pari, il j a ün rü; dä̱ set rü, il j a ün mez3.

A Paris, il y a une rue; dans cette rue, il y a une maison.

Zumeist werden mehrere auf einander folgende Worte ohne Pause wie ein Wort zusammengesprochen.

● 2. Betonung der Lautgruppe. 8

Die letzte volle Silbe der Gruppe hat den Ton. Der Wortton tritt gewöhnlich ganz zurück.

3. Wortgrenze. 9

trä̱ tɔm *(trente hommes)*, vɔ trɔrɛj *(votre oreille)*.

ü nar ma la mɛ̃ *(une arme à la main)*.

Es gilt dasselbe Gesetz wie für die Silbengrenze, d. h. der Schlufskonsonant (bezw. die Schlufskonsonanten) eines Wortes wird als Anfangskonsonant des nächsten gesprochen, wenn dies mit einem Vokallaute beginnt.

4. Bindungsgesetz. 10

3 grä tarbr *(un grand arbre)*; aber 3 grä pɔmje *(un grand pommier)* und lə pɔmje ɛ grä *(le pommier est grand)*.

3 bɔ nä̱ſä̱ *(un bon enfant)*; aber l ä̱ſä̱ ɛ bɔ *(l'enfant est bon)*.

vu zave *(vous avez)*; aber vu kɔte *(vous comptez)* und kɔte vu *(comptez-vous)*?

Die im Einzelworte, sowie vor Konsonanten und Pausen verstummten Schlufskonsonanten werden vor vokalischem Anlaut innerhalb der Lautgruppen zumeist gesprochen. (Es gilt dabei das Gesetz der Wortgrenze.)

Doch werden zwischen Vokalen alle zu bindenden Engelaute stimmhaft, alle Verschlufslaute stimmlos gesprochen.

5. Hiatustilgung. 11

Der durch die Aufeinanderfolge zweier Vokale in der Wortgrenze entstehende Hiatus wird beseitigt:

a. Durch Einschiebung eines Konsonanten.

Statt a ɔ *(a-on)* sagt man a t ɔ *(a-t-on)*.

„ dɔna il *(donna-il)* sagt man dɔna t il *(donna-t-il)*.*)

„ si ɔ *(si on)* sagt man oft si l ɔ *(si l'on)*.

b. Durch Ausfall des auslautenden Vokals in den Wörtern ɟɔ *(je)*, mɔ *(me)*, tɔ *(te)*, lɔ *(le)*, sɔ *(se, ce)*, dɔ *(de)*, nɔ *(ne)*, kɔ *(que)*, la *(la)*; in si *(si)* vor il *(il, ils)*.**)

c. Durch Verwendung einer andren Form:

Statt ma ami *(ma amie)* sagt man mɔn ami *(mon amie)*.

Die Schrift.

1. Die Buchstaben und ihre Namen.

12

a = ɑ		*n* = ɛn
b = be		*o* = o
c = se		*p* = pe
d = de		*q* = kü
e = e		*r* = ɛr
f = ɛf		*s* = ɛs
g = ɟe		*t* = te
h = aʃ		*u* = ü
i = i		*v* = ve
j = ɟi		*w* = dublɔ ve
k = kɑ		*x* = iks
l = ɛl		*y* = i grɛk
m = ɛm		*z* = zɛd

Anm.: Die auf einen Konsonanten auslautenden Buchstabennamen (ɛf, aʃ, ɛl, ɛm, ɛn, ɛr, ɛs) sind weiblichen Geschlechts, mit Ausnahme der drei letzten des Alphabets, welche wie die übrigen männlich sind.

---

*) Auch nach verstummtem e der Endung der 3. Pers. Sing. des Präsens der Verben der 1. Konj. ist t einzuschieben, also dɔn t il *(donne-t-il)?* Vgl. hiermit das Einschieben eines s-Lautes in der 2. Pers. Sing. des Imperativs vor ɔ *(en)* und i *(y)*, wenn nicht Binde-s vorhanden ist, d. i. in der 1. Konj., dɔnz ɔ *(donnes-en)*, rɛsts i oder rɛstɔz i *(restes-y)*.

**) Vgl. deutsch „hab' ich" für „habe ich."

2. Orthographische Hilfszeichen. 13

1. Die Accente: a) ′ Der Akut *(accent aigu): une éponge.*
   b) ` Der Gravis *(accent grave): père, là, où.*
   c) ^ Der Zirkumflex*) *(accent circonflexe):*
      la fenêtre, le maître.
2. ؞ Das Häkchen *(cédille)* unter c: *le garçon.*
3. ·· Das Trema *(tréma): le maïs, Noël.*
4. ⸲ Das Auslassungszeichen *(apostrophe): l'oreille.*
5. – Der Bindestrich *(trait d'union): porte-plume, vingt-trois, montre-t-il?*

3. Die Satzzeichen. 14

1. , Das Komma *(la virgule).*
2. . Der Punkt *(le point).*
3. ; Der Strichpunkt *(le point-virgule).*
4. : Der Doppelpunkt *(les deux points).*
5. ? Das Fragezeichen *(le point d'interrogation).*
6. ! Das Ausrufezeichen *(le point d'exclamation).*
7. — Der Gedankenstrich *(le tiret).*
8. ( ) Die Klammer *(la parenthèse).*
9. « » Die Anführungszeichen *(les guillemets).*

4. Bezeichnung der Laute in der Schrift. 15
a. Die Vokale.

Laut-zeichen.	Schriftzeichen.	Beispiele.
i	*i*	*le livre.*
ü	*u*	*le mur.*
u	*ou*	*la bouche.*
e**)	1. *é* (in offenen Schrift-silben).	1. *l'é-té, une é-paule.*
	2. *e* (in geschlossenen Schriftsilben).	2. *le nez, le pied, le plancher* (aber *une é-glise*).
	3. *ai* (besonders in Verbalformen).	3. *j'ai, je parlai* (ich sprach).

---

*) Der Zirkumflex bezeichnet gewöhnlich den Ausfall eines Lautes, ofters eines s, vgl. *fenêtre* = Fenster, *forêt* = Forst.

**) Der Laut e kommt nur in offenen Lautsilben vor; über Laut- und Schriftsilben s. § 4 u. § 22.

Laut-zeichen.	Schriftzeichen.	Beispiele.
ö	1. *eu* 2. *œu*	1. *deux.* 2. *les bœufs* [le bö].
o	1. *o (ô)* 2. *au* 3. *eau*	1. *le dos; le trône* (der Thron). 2. *une épaule.* 3. *le tableau.*
ε	1. *è* (in offenen Schrift-silben). 2. *e* (in geschlossenen Schriftsilben). 3. *ê* 4. *ai, aî* 5. *ei*	1. *le pè-re.* 2. *il est, cet-te.* 3. *la fenêtre, la forêt.* 4. *la chaise; le maître.* 5. *seize.*
ö	1. *eu* 2. *œu*	1. *neuf.* 2. *le bœuf.*
ɔ	1. *o* 2. *au*	1. *la porte.* 2. *Paul.*
a	*a*	*la carte.*
α	*a, â*	*pas; le château.*
ə	*e*	*le.*
ɛ̃	1. *in, im**) 2. *ain, aim*	1. *le printemps; grim-per* (klettern). 2. *la main; la faim* (der Hunger).
jɛ̃	*ien*	*le chien.*
œ̃	*un, um*	*un; le parfum.*
õ	*on, om*	*une éponge; je compte.*
ã	1. *an, am* 2. *en, em*	1. *le plancher; la cham-bre.* 2. *la dent; l'empereur* (der Kaiser).

*) Zur Bezeichnung der Nasalvokale dient zumeist *m* statt *n* vor Lippenbuchstaben (*p, b, m, f, v*).

b. Die Konsonanten.

1. Laut und Schrift stimmen gewöhnlich überein bei *p, b, t, d, m, n, l, r, f, v* (aus Beispielen zu erschliefsen).

2. Andere Schriftzeichen, oft auch mehrfache Schreibweisen gelten für folgende Laute:

Lautzeichen.	Schriftzeichen.	Beispiele.
k	1. *c* (vor Konsonanten und am Wortende, sowie vor *a, o, u*).	1. *un crayon, un encrier. le sac* (Sack). *la carte, je compte, un écu* (Thaler).
	2. *q* am Wortende.	2. *cinq, le coq.*
	3. *qu* vor Vokalen.	3. *quatre, qui.*
ks	*x*	*l'index.*
g	1. *g* (vor Konsonanten und am Wortende, sowie vor *a, o, u*).	1. *le groupe, l'église. le joug* (Joch). *le garçon, la cigogne, aigu.*
	2. *gu* vor *e, i*	2. *la langue, Guillaume.*
gz	*x*	*un exercice.*
s	1. *s*	1. *la servante, le fils, un escalier* (Treppe).
	2. *ss* zwischen Vokalen.	2. *la classe* (Klasse).
	3. *c* vor *e, i*	3. *ce, la cigogne.*
	4. *ç* vor *a, o, u*	4. *ça* (dies), *le garçon, reçu* (empfangen).
	5. *x*	5. *six, soixante.*
	6. *t* bisweilen vor *i* + Vokal.	6. *la nation.*
z	1. *z*	1. *douze.*
	2. *s* zwischen Vokalzeichen.	2. *la maison, vous avez.*
ʃ	*ch*	*la chambre.*
5	1. *j*	1. *une jambe.*
	2. *g* vor *e, i*	2. *une horloge, le logis.*
	3. *ge* vor *a, o, u*	3. *il nagea* (er schwamm), *le pigeon.*

Laut-zeichen.	Schriftzeichen.	Beispiele.
w wa, wa	ou oi	*oui, une alouette.* *poire, trois.*
ẅ	u	*huit, une aiguille.*
j	1. *i* 2. *y* 3. *il, ill*	1. *le pied, monsieur.* 2. *le crayon.* 3. *un œil, une oreille.*
ñ	*gn*	*la cigogne.*

17 **5. Stumme Schriftzeichen.**

a. Stumme Vokalzeichen.

1. *u* als Hilfszeichen nach *g* und *q* zur Bezeichnung der Laute g und k, ebenso *e* nach *g* zur Bezeichnung des Lautes ʒ sind aus der vorausgehenden Zusammenstellung bekannt. Suche weitere Beispiele!

2. stummes *e*: Früher gesprochenes, jetzt verstummtes *e* ist in der heutigen Schreibweise noch vielfach erhalten.

Beispiele: *la porte, une chambre, la craie, il donne, il jouera, les canetons, j'eus, Jean* etc.

18 **b. Stumme Konsonantzeichen.**

1. Für fast alle Konsonantzeichen lassen sich Beispiele finden, in welchen sie in der heutigen Aussprache stumm sind: *tu es, tu as, le nez, le bras, un doigt, le pied, sept, le fils, le panier, la noix* etc.

19 2. Der Buchstabe *h.*

a. *une hirondelle* [ün irʒdɛl], *l'homme* [l ɔm].

b. *un hêtre* [ʒ ɛtr], *une herse* [ün ɛrs], *la hauteur* [la otɔr].

Der Buchstabe *h* wird überhaupt nicht mehr ausgesprochen; doch unterscheidet man noch im Wortanlaut für die Grammatik

a. vokalisches *h (h muette),*

b. konsonantisches *h (h aspirée).*

Das letztere, stumm wie das erstere, wirkt insofern als Konsonant, als es die Bindung von Konsonanten, sowie den Ausfall eines vorausgehenden unbetonten Vokals verhindert*).

---

*) Doch hüte man sich vor dem festen Stimmeinsatz des Deutschen und spreche nicht etwa la'ʒt *(la honte),* sondern la ʒt.

3. Die Doppelkonsonanten werden in der Regel wie ein- 20
fache gesprochen:
une hirondelle, une alouette, la classe, un homme.

6. Schreibregeln. 21

1. *elle, appliqué, ils battent, battre;* aber *tu bats, il bat.*
Doppelkonsonanten stehen nur, wenn ihnen ein Vokal
vorausgeht und ein Vokal oder *l* oder *r* folgt (vgl. dagegen
deutsch: schaffen — er schafft; statt).

2. *les châteaux, heureux, je peux, les genoux;* aber *nous,
les clous, les verrous.*

Am Wortende steht *x* statt *s* nach *au* und *eu* und bei
einigen Wörtern nach *ou.*

7. Die Silbengrenze in der Schrift. 22

Lautsilben: me-z3, gar-s3, ser-văt, sriz, i-stwar.
Schriftsilben: *mai-son, gar-çon, ser-van-te, ce-ri-se, his-toi-re.*
Lautsilben und Schriftsilben stimmen nicht immer überein. Wie offene und geschlossene Lautsilben unterscheidet
man auch offene und geschlossene Schriftsilben.

Als Regel für die Silbentrennung beim Schreiben gilt:
Ein Konsonantzeichen gehört zur nächsten Silbe: *mai-son,
gar-çon, hi-ron-del-le, tra-vail-ler, o-reil-le.*

Nur *l* und *r* ziehen den vorausgehenden anderen Konsonanten mit zur nächsten Silbe: *ta-ble, ar-bre;* aber *hi-ron-del-le.*

gn und *ch* gehören als Zeichen für einen Laut (ñ und ʃ)
zur nächsten Silbe: *mon-ta-gne; bou-che.*

x und *y* lassen, da sie Zeichen für zwei Laute sind (*x* =
ks, gz; *y* = ij), Silbentrennung nicht zu, wenn sie zwischen Vokalen stehen: *exa-men, payer;* wohl aber: *ex-cu-ser, pay-san.*

Artikel, Substantiv und Adjektiv.

1. Die Formen des Artikels. 23

	Singular.		Plural.
	männl.	weibl.	
a. Der bestimmte Artikel: vor Kons.	le	la	les*)
	vor Vok.	l'	
b. Der unbestimmte Artikel:	un*)	une	(des)*)

---

*) Das *s* von *les* und *des* und das *n* von *un* binden.

Anm.: *le hêtre* [lə ɛtr], *la hauteur* [la otɔ̈r], *les hautes Alpes* [le otz alp]; aber *l'habit* [1 abi], *l'hiver* [1 ivɛr].
Wörter, die mit dem sogenannten konsonantischen *h* anfangen, gelten als konsonantisch anlautend (vgl. § 19).

24   2. Verschmelzung von *le* und *les* mit *de* und *à.*

Statt *de le* sagt man *du**)
  „ *à le* „   „ *au*
  „ *de les* „   „ *des*
  „ *à les* „   „ *aux.*

25   3. Das Geschlecht der Substantive.

Die Substantive sind entweder männlich oder weiblich. Das Geschlecht ist gewöhnlich zu erkennen an der Form des Artikels.

26   4. Pluralbildung der Substantive und Adjektive.

a. *Le petit enfant* [lə ptit ãfã] — *les petits enfants* [le ptiz ãfã].

L'enfant est petit [1 ãfã ɛ pti] — *les enfants sont petits* [lez ãfã sɔ̃ pti].

Der Plural der Substantive und Adjektive wird in der Schrift meistens bezeichnet durch *s*; dieses *s* bindet.

Anm. 1. *le tableau — les tableaux, l'oiseau — les oiseaux;*
  le beau jour — les beaux jours;
  le jeu — les jeux, le cheveu — les cheveux.

Nach *au* und *eu* wird statt *s* im Plural *x* geschrieben (vgl. § 21).

Anm. 2. *le bras — les bras*
  la noix — les noix
  le nez — les nez
  l'homme heureux — les hommes heureux.

Die Substantive und Adjektive auf *s, x, z* erhalten kein Zeichen des Plurals.

27   b. Abweichende Pluralbildung.

1. *le cheval* [lə ʃval] — *les chevaux* [le ʃvo]
  égal [egal] gleich — *égaux* [ego].

Die Wörter auf *al* [al] verwandeln dies im Plural in *aux* [o].

2. Merke besonders:
le travail [lə travaj] — *les travaux* [le travo]
le soupirail [lə supiraj] (Luftloch) — *les soupiraux* [le supiro]
l'œil [l œj] — *les yeux* [lez jö]
le ciel [lə sjɛl] — *les cieux* [le sjö].

c. **Pluralbildung der zusammengesetzten Substantive.** 28
Les cerfs-volants, les petits-fils, les grands-pères (aber *les grand'mères), les rouges-gorges, les chemins de fer, les bateaux à vapeur, les moulins à vent, les timbres-poste, les pierres à aiguiser, les porte-plumes, mesdames.*)
Hierbei entscheidet der Sinn (veränderlich sind überhaupt nur Substantive, Adjektive und Pronomen).

5. Ersatz der Kasusformen. 29
l'élève = „der Schüler" und „den Schüler".
de l'élève = des Schülers.
à l'élève = dem Schüler.
Das französische Substantiv hat keine besonderen Kasusformen. Die Kasusverhältnisse werden ausgedrückt:
a. durch die Wortstellung: Der Nominativ als Subjekt steht gewöhnlich vor dem Verb, der Accusativ als Objekt folgt ihm: *Le père aime son fils* = der Vater liebt seinen Sohn; *le fils aime son père* = der Sohn liebt seinen Vater.
b. durch Umschreibung: dem deutschen Genetiv entsprechen im Französischen Umschreibungen mit *de*, dem Dativ solche mit *à*, z. B. *le livre de Charles* = das Buch Karls (oder: von Karl), *j'ai écrit une lettre à mon ami* = ich habe meinem Freunde (oder: an meinen Freund) einen Brief geschrieben.

6. Das Geschlecht der Adjektive. 30

a. *bleu*	— *bleue*	*français*	— *française*
joli	— *jolie*	*petit*	— *petite*
dur	— *dure*	b. *riche*	— *riche*
grand	— *grande*	*jaune*	— *jaune.*

---

*) Vgl. deutsch: Dampfschiff — Dampfschiffe, Windmühle — Windmühlen. Briefmarke — Briefmarken.

a. Die weibliche Form des Adjektivs wird in der Schrift durch Anhängung eines stummen *e* bezeichnet; dieses *e* macht stumme Endkonsonanten laut*).

b. Adjektive auf stummes *e* erhalten kein Zeichen für die weibliche Form.

c. Änderungen, teils nur orthographischer, teils auch lautlicher Natur (vgl. §§ 15, 16, 21, 22):

cher	— *chère*	*bon*	— *bonne*
fier	— *fière*	*brun*	— *brune*
secret	— *secrète*	*neuf*	— *neuve*
muet	— *muette*	*blanc*	— *blanche*
mortel	— *mortelle*	zu vergleichen die	
public	— *publique*	Substantive:	
long	— *longue*	*époux*	— *épouse*
heureux	— *heureuse*	*jardinier*	— *jardinière*
bas	— *basse*	*paysan*	— *paysanne*
premier	— *première*	*lion*	— *lionne*
chrétien	— *chrétienne*	*voisin*	— *voisine.*

d. Doppelformen für das männliche Geschlecht.
beau, bel — belle; beau jardin, bel arbre, belle fleur nouveau, nouvel — nouvelle; nouveau monde, nouvel habit, nouvelle année.

31

7. **Komparation des Adjektivs.**

a. Die Komparation geschieht zumeist durch Umschrei-bung:

beau — plus beau — le plus beau
belle — plus belle — la plus belle
schön — schöner — der (die) schönste.

Merke: *le plus beau livre — mon plus beau livre,*
le plus grand cheval — le cheval le plus grand.

b. Besondere Komparativformen haben:

bon (gut)	— *meilleur*	— *le meilleur,*
mauvais (schlimm)	— *pire*	— *le pire,*
petit (gering)	— *moindre*	— *le moindre.*

---

*) Ein so aus dem Auslaut in den Inlaut tretender Vokal wird zumeist verlängert, z. B. [grá] mit kurzem ã, [grãd] mit langem ã.

(*mauvais* ‹schlecht› und *petit* ‹klein› werden durch Um
schreibung gesteigert).

Anm.: **Als** nach einem Komparativ heifst *que.*

8. **Übereinstimmung des Adjektivs mit dem Substantiv**   32
oder Pronomen.

le bon père   — *la bonne mère*
les bons pères — *les bonnes mères*
il est bon   — *elles sont bonnes.*

Das Adjektiv richtet sich in Geschlecht und Zahl nach
dem Substantiv oder Pronomen, auf welches es sich bezieht.*)

9. **Teilbegriff und Teilungsartikel.**   33

a. *une tasse de café, une livre de sucre, une corbeille
de poires, une poignée de sel, une boîte d'allumettes; beaucoup de vin, peu d'eau, tant de fenêtres, combien d'oiseaux?*

Bestimme in den vorausgehenden Beispielen den Teil (Teilbegriff —
Ausdruck der Menge) und das Ganze (Gesamtbegriff — Gesamtname); vgl. das Deutsche „Ein Heer tapferer Soldaten" (Genetiv), aber
„ein Glas Wasser."

Nach den Ausdrücken der Menge steht der Gesamtname
mit *de* ohne Artikel.

Ausdrücke der Menge:

1. Substantive: *un verre, une bouteille, un groupe, un
kilo* etc.

2. Adverbien:

beaucoup viel, viele   *peu* wenig, wenige
plus mehr   *moins* weniger
trop zu viel, zu viele   *trop peu* zu wenig, zu wenige
tant so viel, so viele   *combien, (que)* wie viele
autant ebensoviel, ebensoviele *ne...pas, ne...point* kein, keine
assez genug   *ne ... rien* nichts.

Ausnahmen: *bien des élèves; la plupart des élèves.*

b. 1. *du feu, de l'encre, de la nourriture, des encriers.* 34
2. *j'ai bu du vin, de ton vin, de bon vin.*

1. Ist der vom Ganzen zu nehmende Teil nicht ausgedrückt, so steht der Gesamtname mit *de* und bestimmtem
Artikel (Teilungsartikel).

---

*) Vgl. die Beispiele in Exerc. 16.

2. An Stelle des Artikels kann ein Pronomen oder Adjektiv treten: *de bon vin;* aber *du vin rouge, des chants nouveaux.*

Anm.: *Les deux pièces sont réunies par des rivets* (40,5). *La forêt se compose de sapins* (35,28). *Le ciel se couvre de nuages* (102,25). *Sans argent; avec courage (courageusement).*

Der Teilungsartikel steht nach allen Präpositionen, nur nicht nach *de,* gewöhnlich nicht nach *sans* und häufig nicht nach *avec.*

35 **10. Gebrauch·des Artikels bei Ländernamen.**

a. *La France est un beau pays. L'Allemagne est notre patrie.*

b. 1. *Je vais en France.*
Les bouches du Rhône sont en France (41,15).

2. *Le roi de France, l'empereur d'Allemagne.*
L'empire d'Allemagne est borné, à l'est, par la Russie. Paris est la plus grande de toutes les villes de France (41,10).

a. Die Ländernamen stehen gewöhnlich mit dem Artikel.

b. Der Artikel fehlt:

1. stets nach *en.*

2. oft nach *de,* besonders wenn ein Titel vorausgeht.

Das Adverb.

36 **1. Ursprüngliche Adverbien.**

a. Des Orts: *ici, là.*

b. Der Zeit: *hier, demain.*

c. Der Art und Weise: *bien* (Adj.: *bon*), *mal* (Adj.: *mauvais*).

d. Des Grades: *très, beaucoup.*

e. Der Aussageweise: *oui, non.*

2. Abgeleitete Adverbien.

heureux — heureuse — heureusement.

Sie werden gebildet durch Anhängung der Silbe *-ment* (altes weibliches Subst. = «Weise») an die weibliche Form des Adjektivs.

Anm.: *ment* wird an die männliche Form des Adjektivs angehängt, wenn dieselbe auf einen Vokal endigt:

poli — *poliment.*

3. Komparation des Adverbs. 37

heureusement — *plus heureusement* — *le plus heureusement.*

Ausnahmen:

bien (gut)	— *mieux*	— *le mieux,*
mal (schlimm)	— *pis*	— *le pis,*
peu (wenig)	— *moins*	— *le moins,*
beaucoup (viel)	— *plus*	— *le plus.*

4. Adjektiv und Adverb. 38

a. *Les soldats sont braves* die Soldaten sind tapfer.

b. *Les soldats ont bravement combattu* die Soldaten haben tapfer gekämpft.

Cette écriture est très bonne.

L'élève écrit très bien.

Cet épi qui se penchait si modestement est rempli des plus beaux grains; l'autre, qui se dressait si orgueilleusement, est entièrement vide (78).

a. Das Adjektiv bestimmt ein Substantiv oder Pronomen näher.

b. Das Adverb bestimmt ein Verb, Adjektiv oder Adverb näher.

Das Numerale. 39

Grundzahlen:	Ordnungszahlen:
1. *un* [5], *une* [ün]	*le premier* [prəmje], *la pre-mière* [prəmjɛr]
2. *deux* [dö]	*le second* [səgɔ̃], *la seconde* [səgɔ̃d]
	und *le (la) deuxième* [dözjɛm]
3. *trois* [trwa]	*le troisième* [trwazjɛm]
4. *quatre* [kat(r)]	*le quatrième* [katriɛm]
5. *cinq* [sɛk]	*le cinquième* [sɛkjɛm]
6. *six* [sis]	*le sixième* [sizjɛm]
7 *sept* [sɛt]	*le septième*
8. *huit* [wit]	*le huitième*
9. *neuf* [nɔ̃f]	*le neuvième* [nɔ̃vjɛm]

17*

10. *dix* [dis] *le dixième* [dizjɛm]
11. *onze* [ɔz] *le onzième*
12. *douze* [duz] *le douzième*
13. *treize* [trɛz] *le treizième*
14. *quatorze* [katɔrz] *le quatorzième*
15. *quinze* [kɛz] *le quinzième*
16. *seize* [sɛz] *le seizième*
17. *dix-sept* [dis sɛt] *le dix-septième*
18. *dix-huit* [diz ẅit] *le dix-huitième*
19. *dix-neuf* [diz nɔf] *le dix-neuvième*
20. *vingt* [vɛ] *le vingtième*
21. *vingt et un* [vɛt e ɔ̃] *le vingt et unième* [vɛt e ünjɛm]
22. *vingt-deux* [vɛd dö] *le vingt-deuxième* [vɛd dözjɛm]
23. *vingt-trois* [vɛt-trwa] *le vingt-troisième*
24. *vingt-quatre* [vɛt katr] *le vingt-quatrième*
30. *trente* [trãt] *le trentième*
40. *quarante* [karãt] *le quarantième*
50. *cinquante* [sɛ̃kãt] *le cinquantième*
60. *soixante* [swasãt] *le soixantième*
70. *soixante-dix* [swasãd dis] *le soixante-dixième*
71. *soixante et onze* [swasãt e ɔz] *le soixante et onzième*
72. *soixante-douze* [swasãd duz] *le soixante-douzième*
80. *quatre-vingt(s)* [katrə vɛ] *le quatre-vingtième*
81. *quatre-vingt-un* [katrə vɛ ɔ̃] *le quatre-vingt-unième*
88. *quatre-vingt-huit* [katrə vɛ ẅit] *le quatre-vingt-huitième*
90. *quatre-vingt-dix* [katrə vɛ dis] *le quatre-vingt-dixième*
91. *quatre-vingt-onze* [katrə vɛ ɔz] *le quatre-vingt-onzième*
100. *cent* [sã] *le centième* [sãtjɛm]
101. *cent un* [sã ɔ̃] *le cent unième* [sã ünjɛm]
108. *cent huit* [sã ẅit] *le cent huitième*
111. *cent onze* [sã ɔz] *le cent onzième*
400. *quatre cents* [kat sã] *le quatre centième*
401. *quatre cent un* [kat sã ɔ̃] *le quatre cent unième*

1000. *mille* [mil]	*le millième*
1001. *mille un* [mil 3]	*le mille unième*
1100. *mille cent* [mil sã]	*le mille centième*
onze cents [3s sã]	*le onze centième*
10000. *dix mille* [di mil]	*le dix millième*
1000000. *un million* [3 miljɔ]	*le millionième.*

Bemerkungen:

1.*) a. *nous sommes huit* [ẅit].

six [si] *fois six* [sis] *font trente-six* [sis].

cinq [sɛk] *pour cent.*

b. *le neuf* [nɔf] *mai; le neuf* [nɔf] *avril.*

Bei den Zahlen *cinq* bis *dix* wird der Schlufskonsonant gesprochen, wenn sie substantivisch gebraucht sind, d. i.

a. wenn kein Substantiv folgt;

b. beim Datum, da hier z. B. *le neuf mai* für *le neuf* (= *le neuvième) de mai* steht.

Hiergegen vergleiche folgende Beispiele und beachte vor vokalisch anlautenden Substantiven die Bindung nach § 10: *cinq* [sɛ] *canards, six* [si] *poules, neuf* [nɔ] *canetons. cinq* [sɛk] *hirondelles, six* [siz] *œufs, neuf* [nɔv] *heures.*

2. Vor den Zahlwörtern bleibt der Hiatus bestehen· *le huitième, les* [le] *onze livres,* also auch in 81, 88, 91, 101, 108, 111.

Bei den Zahlen 21 bis 29 wird das *t* von *vingt* gesprochen.

3. Zwischen Zehnern und Einern stehen Bindestriche. In 21, 31 ... 71 steht *et* statt des Bindestrichs.

4. *trois cents soldats; quatre-vingts hommes;* aber *trois cent mille soldats; page quatre-vingt.*

cent im Plural und *quatre-vingt* (4 × 20) nehmen Plural-*s* an, wenn keine weitere Zahl folgt und es sich um eine Mehrheit von Personen oder Sachen handelt.

5. *mil huit cent quatre-vingt-onze.* Statt *mille* schreibt man *mil* in Jahreszahlen.

6. a. *le trois juillet.*

b. *Napoléon trois* (III); *page quatre-vingt.*

Die Grundzahl steht statt der Ordnungszahl:
a. beim Datum.
  b. zur Unterscheidung von Personen gleichen Namens
     oder von Sachen gleicher Art.
Ausnahme: *le premier janvier, Charles premier, chapitre premier.*
7. *en dix-huit cent quatre-vingt;* aber *le premier août dix-huit cent quatre-vingt* ohne *en.*

Das Pronomen.

41 1. Das persönliche und reflexive Pronomen und die Pronominaladverbien *y* und *en.*

a. Das unbetonte persönliche Pronomen.

Es kommt nur in enger Verbindung mit dem Verb vor.
Singular.

	1.	2.	3.	
Nom.	*je*	*tu*	*il*	*elle*
Acc.	*me*	*te*	*le*	*la*
Dat.	*me*	*te*	*lui*	*lui*

Plural.

	1.	2.	3.	
Nom.	*nous*	*vous*	*ils*	*elles*
Acc.	*nous*	*vous*	*les*	*les*
Dat.	*nous*	*vous*	*leur*	*leur*

42   b. Das betonte persönliche Pronomen.

	1.	2.	3.	
Sing.	*moi*	*toi*	*lui*	*elle*
Plur.	*nous*	*vous*	*eux*	*elles*

Die Kasusverhältnisse werden wie beim Substantiv ausgedrückt (vgl. § 29 und das erste Beispiel von § 44).

43   c. Das reflexive Pronomen.

3. Person { unbetont: *se*
            { betont: *soi.*

d. Gebrauch des betonten persönlichen Pronomens. 44

A qui ai-je donné mon livre? — A moi.
Qui a dit cela? — Moi.
Je suis plus grand que toi.
avec lui; sans elle.
c'est moi; c'est toi.

e. Gebrauch von *soi*.   45

Chacun pour soi.
On doit parler rarement de soi.

Soi wird gebraucht in Bezug auf unbestimmte Personen (besonders nach *on, chacun, personne*).

f. Die Pronominaladverbien *y* und *en*.   46

1. *Est-ce que la grand'mère est à la porte? — Oui,*
elle y est.
Est-ce que la servante est dans la cuisine? — Oui,
elle y est.

Das tonlose Adverb *y* vertritt *à (dans, en, sur)* mit einem Substantiv oder Pronomen (zumeist Ortsbestimmungen).

2. *Qu'est-ce qui sort de la cheminée? — La fumée*
en sort.
Combien de poules vois-tu? — J'en vois trois.

Das tonlose Adverb *en* vertritt *de* mit einem Substantiv oder Pronomen.

g. Stellung des unbetonten persönlichen Pronomens 47
und der Pronominaladverbien *y* und *en*.

1. *Est-ce que le père herse le champ? Oui, il le herse.*
Il l'a hersé.
Ne lui montrez pas ce livre.
Est-ce que les canards sont dans l'eau? Oui, ils y sont.
Combien de canetons voyez-vous? Nous en voyons
neuf.

Accusativ und Dativ des persönlichen Pronomens, sowie *y* und *en* stehen vor ihrem Verb (oder Hilfsverb).

Ausnahme: *Montrez-lui ce livre!* — *Prends-en! Vas-y!*
Donne-le à ton frère! — *Assieds-toi!*

Nur beim bejahten Imperativ steht das Pronomen nach.
Es erhält*) den Ton; darum werden *le* und *la* in dieser Stellung
nicht apostrophiert, statt *me, te* sagt man *moi, toi.*

48 2. *Vous me donnez le crayon.* — *Vous me le donnez.* —
Vous ne me le donnez pas. — *Donnez-le-moi!* — *Ne
me le donnez pas!*

Treffen Accusativ und Dativ zusammen, so steht der
Accusativ dem Verb zunächst.

Ausnahme: *La mère donne le crayon à son fils.* — *Elle
le lui donne.*
La petite fille donne la nourriture aux canetons. —
Elle la leur donne.
Donne-la-leur!

Nur die Dative *lui, leur* stehen immer nach den Accusativen *le, la, les.*

49 3. *Le pâtre conduit les vaches au pâturage.* — *Il les
y conduit.*
La dame offre des raisins au chasseur. — *Elle lui
en offre.* — *Offre-lui-en!* — *Il y en a beaucoup.*

y und *en* stehen nach den persönlichen Fürwörtern,
y vor *en.*

50 4. *Il me l'a présenté.* — *Il m'a présenté à lui.*

Nur die Accusative *le, la, les* können mit Dativen verbunden werden; bei anderen Accusativen wird der Dativ durch
à mit dem betonten persönlichen Pronomen umschrieben.

5. *Prends-en!* — *donne-le-lui!* — *vas-y!* — *donne-m'en!* —
iras-tu à Paris? — *la servante prépare-t-elle le dîner?*

Die dem Verb folgenden persönlichen Pronomen sowie
y und *en* werden unter sich und mit dem Verb durch Bindestriche verbunden; (nach einem Auslassungszeichen fällt der
Bindestrich weg).

---

*) falls kein weiteres Pronomen folgt.

2. Das besitzanzeigende oder possessive Pronomen. 51

1. Das adjektivische (unbetonte).

Singular. Plural.

männlich weiblich

mon	*ma*	*mes*
ton	*ta*	*tes*
son	*sa*	*ses*
notre		*nos*
votre		*vos*
leur		*leurs*

Statt *ma, ta, sa* gebraucht man vor vokalischem Anlaut *mon, ton, son: mon oreille, son autre maison.*

2. Das substantivische (betonte).

männlich weiblich

le mien	*la mienne*
le tien	*la tienne*
le sien	*la sienne*
le nôtre	*la nôtre*
le vôtre	*la vôtre*
le leur	*la leur*

Für die Pluralbildung gilt dieselbe Regel wie bei den Substantiven und Adjektiven:

les miens, les miennes, les tiens ...
les nôtres, les vôtres, les leurs.

3. Das hinweisende und bestimmende Pronomen.

a. **Das hinweisende (demonstrative) Pronomen.**

1. Das adjektivische (unbetonte). 53

männlich weiblich

Sing *ce* dieser, jener *cette*
cet*) (vor vokalischem Anlaut)

Plur. *ces.*

Zur stärkeren Hervorhebung hängt man die Adverbien *-ci* (aus *ici* hier) und *-là* (dort) an das Substantiv:

cet homme-ci der Mann hier, dieser Mann,
cet homme-là der Mann dort, jener Mann

*) Vgl. beau, bel, belle § 30 d.

54   2. Das substantivische*).

	männlich	weiblich	neutral
			*ce***) das, es
Sing.	*celui-ci* dieser	*celle-ci*	*ceci* das hier, dies
	celui-là jener	*celle-là*	*cela (ça)* das dort, jenes
Plur.	*ceux-ci*	*celles-ci*	
	ceux-là	*celles-là*	

55   b. Das bestimmende (determinative) Pronomen
(substantivisch).

	männlich	weiblich	neutral
			ce (vor *qui*)
Sing.	*celui* derjenige	*celle*	dasjenige
Plur.	*ceux*	*celles*	

Gebrauch. *Le père a deux chevaux; celui qui se trouve
à gauche est brun, celui qui se trouve à droite est blanc.
Le cours de la Garonne n'est pas si long que celui de la
Seine.*

Auf *celui* folgt immer *de* oder ein relatives Pronomen.

4. **Das relative Pronomen.**

56   1. Das einfache.

Singular und Plural.

Nom.	*qui* welcher, der, was
Acc.	*que*

57   2. Das zusammengesetzte.

	männlich	weiblich
Sing.	*lequel*	*laquelle*
Plur.	*lesquels*	*lesquelles*

Zusammenziehungen:
*duquel, desquels, desquelles,
auquel, auxquels, auxquelles.*

---

*) Vgl. die Beispiele in Exerc. 23.
**) Vor vokalischem Anlaut c', also c'est; beachte den Bindestrich in
est-ce, sont-ce?

3. Gebrauch.

a. Gewöhnlich wird *qui*, *que* gebraucht (vgl. die Beispiele in Exerc. 37 a.)

b. *Voilà le garçon à qui* (oder *auquel*) *j'ai donné ton livre.*
Voilà la colline sur laquelle il y a des moulins à vent.

Nach Präpositionen steht in Beziehung auf Personen gewöhnlich *qui*, in Beziehung auf Sachen *lequel*.

c. *Les garçons dont les vêtements sont sur la rive se baignent.*
Le moulin dont nous voyons la grande roue est près du ruisseau.

Statt *de* + Relativpronomen gebraucht man gewöhnlich das Relativadverb *dont* (= wovon); der Satzbau bleibt unverändert.

5. Das fragende Pronomen.

1. Das adjektivische.

	männlich	weiblich
Sing.	*quel* welcher?	*quelle*
Plur.	*quels*	*quelles*

2. Das substantivische.

a. Das einfache.

		(que was?)
Nom.	qui wer?	(que was?)
Acc.	qui wen?	que was?

Allein stehend, sowie nach Präpositionen gebraucht man *quoi* statt *que*.
Dazu die Umschreibungen:

Nom.: *qui est-ce qui* wer? *qu'est-ce qui* was?
Acc.: *qui est-ce que* wen? *qu'est-ce que* was?

b. Das zusammengesetzte (betonte).

	männlich	weiblich
Sing.	*lequel* welcher?	*laquelle*
Plur.	*lesquels*	*lesquelles*

Zusammenziehungen wie beim entsprechenden relativen Pronomen.

61   Gebrauch von *lequel.*

Lequel de ces livres désirez-vous?

Lequel trifft eine Auswahl; es folgt darauf *de* mit einem Substantiv, oder es ist ein Substantiv zu ergänzen.

62   **6. Die unbestimmten Pronomen.**

Adjektivische (unbetonte).   Substantivische (betonte).

1. *Certain, e* ein gewisser

divers, es
différents, tes } verschiedene

plusieurs (männl. u. weibl.)
    mehrere.

            2. *on (l'on)* man
            personne jemand, niemand
            rien etwas, nichts.

3. *chaque* jeder   *chacun, e* jeder
   quelque irgend ein   *quelqu'un, e* jemand
            quelque chose etwas.

4.   *aucun, e* } irgend einer,
       nul, le } keiner
     un autre ein andrer
     le même derselbe
     tout, e jeder — *tout* alles
     tout, e ganz — *le tout* das Ganze
     tous, toutes alle.

Gebrauch von *tout:*

toute classe — toute la classe — toutes les classes
jede Klasse die ganze Klasse   alle Klassen.

Beachte die Aussprache des substantivischen *tous* [tus]:
Chacun pour soi, Dieu pour tous [tus].

63   **Die Präpositionen.**

       1. Einfache Präpositionen.

de von, aus   *devant* vor (räumlich)
à zu, in, nach, an   *derrière* hinter
en in, nach   *avant* vor (zeitlich)
dans in   *après* nach

avec mit	*contre* gegen (räumlich und im
sans ohne	feindlichen Sinne)
chez bei (von Personen)	*vers* gegen, nach, zu
sur auf	*pour* für
sous unter	*par* durch, von
entre zwischen, unter	*depuis* seit
parmi unter	*excepté* aufser
envers gegen	*pendant* während *(pendant que*
	Konjunktion).

2. Zusammengesetzte Präpositionen.　　**61**

vis-à-vis de gegenüber
à côté de neben
au-dessus de oberhalb, über
au-dessous de unterhalb, unter
près de bei (räumlich)
à cause de wegen
d'après nach, gemäfs
afin de um zu
au lieu de anstatt
au milieu de mitten in
auprès de bei
autour de um
jusqu'à bis.

Bemerkungen:

a. *Après avoir labouré, le paysan sème.*
Avant de récolter, il faut semer.

Nach einer Präposition kann keine andre Verbalform stehen als der Infinitiv.

b. Gebrauch von *à, en, dans:*

1. a. *A Paris, à Berlin, à Londres.*
   b. *En France, en Allemagne, en Normandie.*
   c. *Dans la France méridionale, dans la Grande-Bretagne.*

2. Merke: a. *En été, en automne, en hiver,* aber *au printemps.*
   b. *En 1891* (im Jahre); aber *le trois avril 1891.*

65   **Die Konjunktionen.**

et und

ou oder

mais aber

non seulement — *mais encore*

     nicht nur   — sondern auch

ni — *ni* (mit *ne* beim Verb)

     weder — noch

aussi auch

car denn

donc also

quand   }

lorsque } als

pendant que während

avant que bevor

jusqu'à ce que bis

ainsi que sowie

comme da, wie

parce que weil

puisque da ja, weil

si wenn

quoique   }

bien que } obgleich

pour que   }

afin que } damit

} regieren den Konjunktiv.

Das Verb.

Konjugationstabelle.

Avoir.

Indikativ *(Indicatif)*.

Präsens *(Présent).*		Perfekt *(Passé indéfini).*	
j'ai [ʒ e]		*j'ai eu* [ʒe ü]	
tu as [tü a]		*tu as eu* [tü az ü]	
il a [il a]	ich habe	*il a eu* [il a ü]	ich habe gehabt
nous avons [nuz avɔ̃]		*nous avons eu* [nuz avɔ̃z ü]	
vous avez [vuz ave]		*vous avez eu* [vus avez ü]	
ils ont [ilz ɔ̃]		*ils ont eu* [ilz ɔ̃t ü]	
Imperfekt *(Imparfait).*		**1. Plusquamperfekt *(Plus-que-parfait).***	
j'avais [ʒ av ɛ]		*j'avais eu* [ʒavɛz ü]	
tu avais [tü av ɛ]		*tu avais eu* [tü avɛz ü]	
il avait [il av ɛ]	ich hatte	*il avait eu* [il avɛt ü]	ich hatte gehabt
nous avions [nuz av jɔ̃]		*nous avions eu* [nuz avjɔ̃z ü]	
vous aviez [vuz av je]		*vous aviez eu* [vuz avjez ü]	
ils avaient [ilz av ɛ]		*ils avaient eu* [ilz avɛt ü]	
Historisches Perfekt *(Passé défini).*		**2. Plusquamperfekt *(Passé antérieur).***	
j'eus [ʒ ü]		*j'eus eu* [ʒ üz ü]	
tu eus [tü ü]		*tu eus eu* [tü üz ü]	
il eut [il ü]	ich hatte	*il eut eu* [il üt ü]	ich hatte gehabt
nous eûmes [nuz ü m]		*nous eûmes eu* [nuz ümz ü]	
vous eûtes [vuz ü t]		*vous eûtes eu* [vuz üts ü]	
ils eurent [ilz ü r]		*ils eurent eu* [ilz ürt ü]	
1. Futur *(Futur simple).*		**2. Futur *(Futur antérieur).***	
j'aurai [ʒ ɔre]		*j'aurai eu* [ʒ ɔre ü]	
tu auras [tü ɔra]		*tu auras eu* [tü ɔraz ü]	
il aura [il ɔra]	ich werde haben	*il aura eu* [il ɔra ü]	ich werde gehabt haben
nous aurons [nuz ɔrɔ̃]		*nous aurons eu* [nuz ɔrɔ̃z ü]	
vous aurez [vuz ɔre]		*vous aurez eu* [vuz ɔrez ü]	
ils auront [ilz ɔrɔ̃]		*ils auront eu* [ilz ɔrɔ̃t ü]	

1. Konditional *(Conditionnel présent)*.		2. Konditional *(Conditionnel passé)*.	
j'aur ais [ʒ ɔr ɛ]	ich würde haben	*j'aurais eu* [ʒ ɔrɛz ü]	ich würde gehabt h.
tu aur ais [tü ɔr ɛ]		*tu aurais eu* [tü ɔrɛz ü]	
il aur ait [il ɔr ɛ]		*il aurait eu* [il ɔrɛt ü]	
nous aur ions [nuz ɔrjɔ̃]		*nous aurions eu* [nuz ɔrjɔz ü]	
vous aur iez [vuz ɔr je]		*vous auriez eu* [vuz ɔrjez ü]	
ils aur aient [ilz ɔr ɛ]		*ils auraient eu* [ilz ɔrɛt ü]	

Konjunktiv *(Subjonctif)*.

Präsens *(Présent)*.		Perfekt *(Passé)*.	
j'ai e [ʒ ɛ]	ich habe	*j'aie eu* [ʒ ɛ ü]	ich habe gehabt
tu ai es [tü ɛ]		*tu aies eu* [tü ɛz ü] •	
il ai t [il ɛ]		*il ait eu* [il ɛt ü]	
nous ay ons [nuz ɛ jɔ̃]		*nous ayons eu* [nuz ɛjɔz ü]	
vous ay ez [vuz ɛ je]		*vous ayez eu* [vuz ɛjez ü]	
ils ai ent [ilz ɛ]		*ils aient eu* [ilz ɛt ü]	

Imperfekt *(Imparfait)*.		Plusquamperfekt *(Plus-que-parfait)*.	
j'eu sse [ʒ ü s]	ich hätte	*j'eusse eu* [ʒ üs ü]	ich hätte gehabt
tu eu sses [tü ü s]		*tu eusses eu* [tü üs ü]	
il e ût [il ü]		*il eût eu* [il üt ü]	
nous eu ssions [nuz ü sjɔ̃]		*nous eussions eu* [nuz üsjɔz ü]	
vous eu ssiez [vuz ü sje]		*vous eussiez eu* [vuz üsjez ü]	
ils eu ssent [ilz ü s]		*ils eussent eu* [ilz üst ü]	

Imperativ *(Impératif)*.

ai e [ɛ] habe	
ay ons [ɛ jɔ̃] laſst uns haben	
ay ez [ɛ je] habt	

Infinitiv *(Infinitif)*.

Präsens *(Présent)*.	Perfekt *(Passé)*.
av oir [av war] haben	*avoir eu* [avwarü] gehabt haben

Partizip *(Participe)*.

Präsens *(Présent)*.	Perfekt *(Parfait)*.
ay ant [ɛ jɑ̃] habend	*ayant eu* [ɛjɑ̃t ü] gehabt habend
Perfekt *(Passé)*.	
eu [ü] gehabt	

Être.

Indikativ (*Indicatif*).

Präsens (*Présent*).		Perfekt (*Passé indéfini*).	
je *suis* [ʒə swi]		j'ai *été* [ʒ e ete]	
tu *es* [tü e]	ich bin	tu as *été* [tü az ete]	ich bin gewesen
il *est* [il e]		il a *été* [il a ete]	
nous *sommes* [nu sɔm]		nous avons *été* [nuz avɔz ete]	
vous *êtes* [vuz et]		vous avez *été* [vus avez ete]	
ils *sont* [il sɔ̃]		ils ont *été* [ilz ɔ̃t ete]	

Imperfekt (*Imparfait*).		1. Plusquamperfekt (*Plus-que-parfait*).	
j'*étais* [ʒ ete]		j'avais *été* [ʒ avɛz ete]	
tu *étais* [tü ete]	ich war	tu avais *été* [tü avez ete]	ich war gewesen
il *était* [il ete]		il avait *été* [il avet ete]	
nous *étions* [nuz etjɔ̃]		nous avions *été* [nuz avjɔ̃z ete]	
vous *étiez* [vuz etje]		vous aviez *été* [vuz avjez ete]	
ils *étaient* [ilz ete]		ils avaient *été* [ilz avet ete]	

Historisches Perfekt (*Passé défini*).		2. Plusquamperfekt (*Passé antérieur*).	
je *fus* [ʒə fü]		j'eus *été* [ʒ üz ete]	
tu *fus* [tü fü]	ich war	tu eus *été* [tü üz ete]	ichwar gewesen
il *fut* [il fü]		il eut *été* [il üt ete]	
nous *fûmes* [nu füm]		nous eûmes *été* [nuz ümz ete]	
vous *fûtes* [vu füt]		vous eûtes *été* [vuz üts ete]	
ils *furent* [il für]		ils eurent *été* [ilz ürt ete]	

1. Futur (*Futur simple*).		2. Futur (*Futur antérieur*).	
je *serai* [ʒə sre]		j'aurai *été* [ʒ ɔre ete]	
tu *seras* [tü sra]	ich werde sein	tu auras *été* [tü ɔraz ete]	ich werde gewesen s.
il *sera* [il sra]		il aura *été* [il ɔra ete]	
nous *serons* [nu srɔ̃]		nous aurons *été* [nuz ɔrɔ̃z ete]	
vous *serez* [vu sre]		vous aurez *été* [vuz ɔrez ete]	
ils *seront* [il srɔ̃]		ils auront *été* [ilz ɔrɔ̃t ete]	

1. Konditional (*Conditionnel présent*).		2. Konditional (*Conditionnel passé*).	
je *serais* [ʒə srɛ]		j'aurais *été* [ʒ ɔrɛz ete]	
tu *serais* [tü srɛ]	ich würde sein	tu aurais *été* [tü ɔrɛz ete]	ich würde gewesen s.
il *serait* [il srɛ]		il aurait *été* [il ɔrɛt ete]	
nous *serions* [nu sərjɔ̃]		nous aurions *été* [nuz ɔrjɔ̃z ete]	
vous *seriez* [vu sərje]		vous auriez *été* [vuz ɔrjez ete]	
ils *seraient* [il srɛ]		ils auraient *été* [ilz ɔrɛt ete]	

Konjunktiv *(Subjonctif)*.

Präsens *(Présent)*.		Perfekt *(Passé)*.	
je soi s [ʒǝ swa]		*j'aie été* [ʒ ε ete]	
tu soi s [tü swa]		*tu aies été* [tü ez ete]	
il soi t [il swa]	ich sei	*il ait été* [il εt ete]	ich sei gewesen
nous soy ons [nu swa jʒ]		*nous ayons été* [nuz εjʒz ete]	
vous soy ez [vu swa je]		*vous ayez été* [vuz εjez ete]	
ils soi ent [il swa]		*ils aient été* [ilz εt ete]	
Imperfekt *(Imparfait)*.		Plusquamperfekt *(Plus-que-parfait)*.	
je fu sse [ʒǝ fü s]		*j'eusse été* [ʒ üs ete]	
tu fu sses [tü fü s]		*tu eusses été* [tü üs ete]	
il fû t [il fü]	ich wäre	*il eût été* [il üt ete]	ich wäre gewesen
nous fu ssions [nu fü sjʒ]		*nous eussions été* [nuz üsjʒz ete]	
vous fu ssiez [vu fü sje]		*vous eussiez été* [vuz üsjez ete]	
ils fu ssent [il fü s]		*ils eussent été* [ilz üst ete]	

Imperativ *(Impératif)*.

soi s [swa] sei	
soy ons [swa jʒ] lafst uns sein	
soy ez [swa je] seid	

Infinitiv *(Infinitif)*.

Präsens *(Présent)*.	Perfekt *(Passé)*.
êt re [εt r] sein	*avoir été* [avwar ete] gewesen sein

Partizip *(Participe)*.

Präsens *(Présent)*.	Perfekt *(Parfait)*.
ét ant [et ã] seiend	*ayant été* [εjãt ete] gewesen seiend
Perfekt *(Passé)*.	
ét é [et e] gewesen	

Fragende und verneinte Formen.

a. von *avoir*.

Präsens *(Présent)*.

fragend.	verneint.	fragend-verneint.
habe ich?	ich habe nicht.	habe ich nicht?
ai-je [ɛ ʒ]	*je n'ai pas*	*n'ai-je pas*
as-tu [a tü]	*tu n'as pas*	*n'as-tu pas*
a-t-il [at il]	*il n'a pas*	*n'a-t-il pas*
avons-nous [avɔ̃ nu]	*nous n'avons pas*	*n'avons-nous pas*
avez-vous [ave vu]	*vous n'avez pas*	*n'avez-vous pas*
ont-ils [ɔ̃t il]	*ils n'ont pas*	*n'ont-ils pas*

1. Futur *(Futur simple)*.

Sing. 1. Pers. *aurai-je* [ɔrɛ ʒ]? werde ich haben?
     3. Pers. *aura-t-il* [ɔra t il]? wird er haben?

Perfekt *(Passé indéfini)*.

fragend: *ai-je eu?* habe ich gehabt?
verneint: *je n'ai pas eu* ich habe nicht gehabt.
fragend-verneint: *n'ai-je pas eu?* habe ich nicht gehabt?

b. von *être*.

Präsens *(Présent)*.

fragend.	verneint.	fragend-verneint.
bin ich?	ich bin nicht.	bin ich nicht?
suis-je [sẅi ʒ]	*je ne suis pas*	*ne suis-je pas*
es-tu [ɛ tü]	*tu n'es pas*	*n'es-tu pas*
est-il [ɛt il]	*il n'est pas*	*n'est-il pas*
sommes-nous [sɔm nu]	*nous ne sommes pas*	*ne sommes-nous pas*
êtes-vous [ɛt vu]	*vous n'êtes pas*	*n'êtes-vous pas*
sont-ils [sɔ̃t il]	*ils ne sont pas*	*ne sont-ils pas*

1. Futur *(Futur simple)*.

Sing. 1. Pers. *serai-je* [srɛ ʒ]? werde ich sein?
     3. Pers. *sera-t-il* [srat il]? wird er sein?

Perfekt *(Passé indéfini)*.

fragend: *ai-je été?* bin ich gewesen?
verneint: *je n'ai pas été* ich bin nicht gewesen.
fragend-verneint: *n'ai-je pas été?* bin ich nicht gewesen?

I. donner.
(Vokalische Konjugation.)

II. finir.
(Konsonantische Konjugation.)

III. rompre.

Das Aktiv.

a. Die einfachen und zusammengesetzten Formen.

Indikativ (*Indicatif*).

Präsens (*Présent*).

I. donner	II. finir	III. rompre
je donne [dɔn] ich gebe	je finis [fini] ich endige	je romps [rɔ̃] ich breche
tu donnes [dɔn]	tu finis [fini]	tu romps [rɔ̃]
il donne [dɔn]	il finit [fini]	il rompt [rɔ̃]
nous donnons [dɔn ɔ̃]	nous finissons [finis ɔ̃]	nous rompons [rɔ̃pɔ̃]
vous donnez [dɔn e]	vous finissez [finis e]	vous rompez [rɔ̃pe]
ils donnent [dɔn]	ils finissent [finis]	ils rompent [rɔ̃p]

Imperfekt (*Imparfait*).

I. donner	II. finir	III. rompre
je donnais [dɔnɛ] ich gab	je finissais [finisɛ] ich endigte	je rompais [rɔ̃pɛ] ich brach
tu donnais [dɔnɛ]	tu finissais [finisɛ]	tu rompais [rɔ̃pɛ]
il donnait [dɔnɛ]	il finissait [finisɛ]	il rompait [rɔ̃pɛ]
nous donnions [dɔnjɔ̃]	nous finissions [finisjɔ̃]	nous rompions [rɔ̃pjɔ̃]
vous donniez [dɔnje]	vous finissiez [finisje]	vous rompiez [rɔ̃pje]
ils donnaient [dɔnɛ]	ils finissaient [finisɛ]	ils rompaient [rɔ̃pɛ]

Historisches Perfekt (*Passé défini*).

I. donner	II. finir	III. rompre
je donnai [dɔne] ich gab	je finis [fini] ich endigte	je rompis [rɔ̃pi] ich brach
tu donnas [dɔna]	tu finis [fini]	tu rompis [rɔ̃pi]
il donna [dɔna]	il finit [fini]	il rompit [rɔ̃pi]
nous donnâmes [dɔn am]	nous finîmes [fin im]	nous rompîmes [rɔ̃pim]
vous donnâtes [dɔn at]	vous finîtes [fin it]	vous rompîtes [rɔ̃pit]
ils donnèrent [dɔn er]	ils finirent [fin ir]	ils rompirent [rɔ̃pir]

1. Futur (Futur simple).

ich werde geben

je donner ai	[dɔnr e]
tu donner as	[dɔnr a]
il donner a	[dɔar a]
nous donner ons	[dɔnr 5]
vous donner ez	[dɔnr e]
ils donner ont	[dɔnr 3]

ich werde endigen

je finir ai	[finir e]
tu finir as	[finir a]
il finir a	[finir a]
nous finir ons	[finir 3]
vous finir ez	[finir e]
ils finir ont	[finir 3]

ich werde brechen

je rompr ai	[rɔpr e]
tu rompr as	[rɔpr a]
il rompr a	[rɔpr a]
nous rompr ons	[rɔpr 3]
vous rompr ez	[rɔpr e]
ils rompr ont	[rɔpr 3]

1. Konditional (Conditionnel présent).

ich würde geben

je donner ais	[dɔnr ɛ]
tu donner ais	[dɔnr ɛ]
il donner ait	[dɔnr ɛ]
nous donner ions	[dɔnərjɜ]*)
vous donner iez	[dɔnərje]*)
ils donner aient	[dɔnr e]

*) oder dɔr iɜ, dɔr ie auszusprechen.

ich würde endigen

je finir ais	[finir ɛ]
tu finir ais	[finir ɛ]
il finir ait	[finir ɛ]
nous finir ions	[finir jɜ]
vous finir iez	[finir je]
ils finir aient	[finir e]

ich würde brechen

je rompr ais	[rɔpr ɛ]
tu rompr ais	[rɔpr ɛ]
il rompr ait	[rɔpr ɛ]
nous rompr ions	[rɔpri ɜ]
vous rompr iez	[rɔpr ie]
ils rompr aient	[rɔpr e]

Konjunktiv (Subjonctif).

Präsens (Présent).

ich gebe

je donn e	[dɔn]
tu donn es	[dɔn]
il donn e	[dɔn]
nous donn ions	[dɔn jɜ]
vous donn iez	[dɔn je]
ils donn ent	[dɔn]

ich endige

je fin isse	[finis]
tu fin iss es	[finis]
il fin isse	[finis]
nous fin iss ions	[finis jɜ]
vous fin iss iez	[finis je]
ils fin iss ent	[finis]

ich breche

je romp e	[rɔp]
tu romp es	[rɔp]
il romp e	[rɔp]
nous romp ions	[rɔp jɜ]
vous romp iez	[rɔp je]
ils romp ent	[rɔp]

Konjunktiv (Subjonctif).

Imperfekt (Imparfait).

je donnasse [dɔn as] ich gäbe	je finisse [fin is] ich endigte	je rompisse [rɔ̃p is] ich bräche
tu donnasses [dɔn as]	tu finisses [fin is]	tu rompisses [rɔ̃p is]
il donnât [dɔn a]	il finît [fin i]	il rompît [rɔ̃p i]
nous donnassions [dɔn asjɔ̃]	nous finissions [fin isjɔ̃]	nous rompissions [rɔ̃p isjɔ̃]
vous donnassiez [dɔn asje]	vous finissiez [fin isje]	vous rompissiez [rɔ̃p isje]
ils donnassent [dɔn as]	ils finissent [fin is]	ils rompissent [rɔ̃p is]

Imperativ (Impératif).

donne [dɔn] gieb¹	finis [fini] endige¹	romps [rɔ̃] brich¹
donnons [dɔn ɔ̃]	finissons [finis ɔ̃]	rompons [rɔ̃p ɔ̃]
donnez [dɔn e]	finissez [finis e]	rompez [rɔ̃p e]

Infinitiv (Infinitif).

donner [dɔn e] geben	finir [fin ir] endigen	rompre [rɔ̃p r] brechen

Partizip (Participe).

Präsens (Présent).

donnant [dɔn ɑ̃] gebend	finissant [finis ɑ̃] endigend	rompant [rɔ̃p ɑ̃] brechend

Perfekt (Passé).

donné [dɔn e] gegeben	fini [fin i] geendigt	rompu [rɔ̃p ü] gebrochen

b. Die umschreibenden Formen des Aktivs.

Indikativ (*Indicatif*).

Perfekt (*Passé indéfini*).		
j'ai donné	*j'ai fini*	*j'ai rompu*

1. Plusquamperfekt (*Plus-que-parfait*).		
j'avais donné	*j'avais fini*	*j'avais rompu*

2. Plusquamperfekt (*Passé antérieur*).		
j'eus donné	*j'eus fini*	*j'eus rompu*

2. Futur (*Futur antérieur*).		
j'aurai donné	*j'aurai fini*	*j'aurai rompu*

2. Konditional (*Conditionnel passé*).		
j'aurais donné	*j'aurais fini*	*j'aurais rompu*

Konjunktiv (*Subjonctif*).

Perfekt (*Passé*).		
j'aie donné	*j'aie fini*	*j'aie rompu*

Plusquamperfekt (*Plus-que-parfait*).		
j'eusse donné	*j'eusse fini*	*j'eusse rompu*

Infinitiv Perfekt (*Infinitif passé*).

avoir donné	*avoir fini*	*avoir rompu*

Partizip Perfekt (*Participe parfait*).

ayant donné	*ayant fini*	*ayant rompu*

Frageformen. 70

Präsens (*Présent*).

donné-je [dɔnɛ ʒ]; dafür gewöhnl. *est-ce que je donne?*
donne-t-il [dɔnt il]?

Hist. Perfekt (*Passé défini*).

donnai-je [dɔnɛ ʒ]?
donna-t-il [dɔnat il]?

1. Futur (*Futur simple*).

donnerai-je [dɔnrɛ ʒ]?
donnera-t-il [dɔnrat il]?

Sonst stumme Endkonsonanten werden vor Vokalen gebunden, z. B.: *donnent-ils* [dɔnt il], *donnait-il* [dɔnɛt il], *rompt-il* [rɔ̃t il]?

71

Das Passiv.

Indikativ *(Indicatif)*.

Präsens *(Présent)*.
je suis loué ich werde gelobt
tu es loué
il est loué
elle est louée
nous sommes loués
vous êtes loués
ils sont loués   ·
elles sont louées

Imperfekt *(Imparfait)*.
j'étais loué ich wurde gelobt

Hist. Perfekt *(Passé indéfini)*.
je fus loué ich wurde gelobt

1. Futur *(Futur simple)*.
je serai loué ich werde gelobt werden

1. Konditional *(Conditionnel présent)*.
je serais loué ich würde gelobt werden

Perfekt *(Passé indéfini)*.
j'ai été loué ich bin gelobt worden

1. Plusquamperfekt *(Plus-que-parfait)*.
j'avais été loué ich war gelobt worden

2. Plusquamperfekt *(Passé antérieur)*.
j'eus été loué ich war gelobt worden

2. Futur *(Futur antérieur)*.
j'aurai été loué ich werde gelobt worden sein

2. Konditional *(Conditionnel passé)*.
j'aurais été loué ich würde gelobt worden sein

Konjunktiv *(Subjonctif)*.

Präsens *(Présent)*.
je sois loué ich werde gelobt

Imperfekt *(Imparfait)*.
je fusse loué ich würde gelobt

Perfekt *(Passé)*.
j'aie été loué ich sei gelobt worden

Plusquamperfekt *(Plus-que-parfait)*.
j'eusse été loué ich wäre gelobt worden

Imperativ *(Impératif)*.

> sois *loué* werde gelobt
> soyons *loués*
> soyez *loués*

Infinitiv *(Infinitif)*.

> **Präsens** *(Présent)*.
> *être loué* gelobt werden
> **Perfekt** *(Passé)*.
> *avoir été loué* gelobt worden sein

Partizip *(Participe)*.

> **Präsens** *(Présent)*.
> *étant loué* gelobt werdend
> **Perfekt** *(Parfait)*.
> *ayant été loué* gelobt worden seiend

Das reflexive Verb.

72

Präsens *(Présent de l'indicatif)*.	Perfekt *(Passé indéfini)*.
ich bade mich	ich habe mich gebadet
je me baigne [bεñ]	*je me suis baigné*
tu te baignes	*tu t'es baigné*
il se baigne	*il s'est baigné*
elle se baigne	*elle s'est baignée*
nous nous baignons	*nous nous sommes baignés*
vous vous baignez	*vous vous êtes baignés*
ils se baignent	*ils se sont baignés*
elles se baignent.	*elles se sont baignées.*

Imperativ *(Impératif)*.

a. bejahend.	b. verneint.
baigne-toi	*ne te baigne pas*
baignons-nous	*ne nous baignons pas*
baignez-vous.	*ne vous baignez pas.*

Infinitiv *(Infinitif)*.

se baigner sich baden.

Bemerkungen zu den Verbalformen.

73   **1. Arten der Formen.**

Je donne — je donnerai — j'ai donné.

Man unterscheidet beim Verb einfache, zusammengesetzte (1. Futur und 1. Konditional) und umschreibende Formen.

74   **2. Stamm und Endungen.**

Die einfachen Formen bestehen aus:

a. dem Stamme — dem Träger der Bedeutung:
   nous donnons wir geben, *vous donnez* ihr gebt.

b. der Endung, welche die Beziehungen des Thätigkeitsbegriffs ausdrückt:
   nous donnons wir geben, *vous donnez* ihr gebt.

Doch ist die geschriebene Endung zuweilen ganz verstummt.*)

Bei den zusammengesetzten Formen wird der zweite Teil als Endung empfunden.

75   **3. Von den Endungen.**

Die Endungen sind:

a. ständige d. h. für alle Verben in derselben Verbalform gleiche:
   nous donnons — nous rompons.

b. wechselnde d. h. für verschiedene Verben in derselben Verbalform verschiedene:
   je donne — je romps.

Bei den meisten Endungen kann man unterscheiden Personalzeichen und Tempus- oder Moduszeichen. Als Personalzeichen finden sich zumeist *s, s, t, ons, ez, ent.* Demnach ist das Tempuszeichen des Imperfekts *ai* bzw. *i.* Das Tempuszeichen des hist. Perfekts und des Imperf. Konj. ist *a* oder *i.*

---

*) Infolgedessen lauten z. B. bei der vokalischen Konjugation alle Formen des Sing. und die 3. Plur. des Präsens gleich.

4. Einteilung in Konjugationen. 76

Nach den wechselnden Endungen unterscheidet man für
einzelne Formen verschiedene Konjugationsarten.

1. Nach den wechselnden Endungen des Infinitivs und
des Partizips des Perfekts unterscheidet man 3 Konjugationen:

	I.	II.	III.
Inf.	*er*	*ir*	*re*
Part. Perf.	*é*	*i*	*u*

Einige Verben der 3. Konjugation endigen im Infinitiv
auf *oir*.

2. Nach den wechselnden (geschriebenen) Endungen im
Sing. des Präsens und des Imperativs unterscheidet man:

a. die vokalische Konjugation,

b. die konsonantische Konjugation.

a. Die vokalische Konjugation hat nur vokalische
Endungen (vgl. die Übersicht in § 77). Es gehören hierzu
die Verben, deren Infinitiv auf *er* endigt (I. Konjugation).

b. Die konsonantische Konjugation hat im Sing. des
Präsens und des Imperativs konsonantische Endungen. Es
gehören hierzu die Verben, deren Infinitiv endigt auf *ir*
(II. Konjugation), *re* (III. Konj.) oder *oir* (Untergruppe
der III. Konj.)

3. Das hist. Perf. und das Imperf. Konj. haben bei den
Verben vokalischer Konjugation als Tempuszeichen *a*. Dies
ist beim hist. Perf. in der 1. Sing. geschlossenes *e* (geschrieben *ai*), in der 3. Plur. offenes *e* (geschrieben *è*) geworden.
Bei den meisten Verben konsonantischer Konjugation ist
das Tempuszeichen *i*, bei einigen *u*. Da sich aus dem
wechselnden Tempuszeichen die Konjugationsart erkennen
läfst, nennen wir es Erkennungsvokal.

Sieht man von dem Erkennungsvokale ab, so sind die
Endungen des hist. Perf. und des Imperf. Konj. ständige
aufser in der 1. und 3. Person Singular des hist. Perf., wo
bei den Verben vokalischer Konjugation das Personalzeichen
fehlt.

Übersicht der wechselnden Endungen.

		Vok. Konj. I.	Konson. Konjugation II. III.
Infinitiv		*er*	*ir*	*re (oir)*
Partizip Perfekt		*é*	*i*	*u*
Präs. Ind. Sing.	1.	*e*	*s*
	2.	*es*	*s*
	3.	*e*	*t*
Imperativ Sing.	2.	*e*	*s*
Erkennungsvokal d. hist. Perf. u. d. Impf. Konj.		*a*	*i (u)*
Hist. Perf. Sing.	1.	—	*s*
Personalendungen	3.	—	*t*

Alle übrigen Verbalendungen haben ständige Endungen.

77   ## 5. Übersicht aller Endungen des Verbs.

(Die ständigen Endungen sind fett gedruckt; bei den wechselnden Endungen stehen die der vokalischen Konjugation links, die der konsonantischen rechts.)

Indikativ *(Indicatif)*.

Präsens *(Présent)*.

e [-]   *s* [-]
es [-]   *s* [-]
e [-]   *t* [-]
    ons [ɔ̃]
    ez [e]
    ent [-]

Imperfekt *(Imparfait)*.

ais [ɛ]
ais [ɛ]
ait [ɛ]
ions [jɔ̃]
iez [je]
aient [ɛ]

Konjunktiv *(Subjonctif)*.

Präsens *(Présent)*.

e [-]
es [-]
e [-]
ions [jɔ̃]
iez [je]
ent [-]

Imperfekt *(Imparfait)*.

asse [as]   *isse* [is]
asses [as]   *isses* [is]
ât [a]   *ît* [i]
assions [asjɔ̃] *issions* [isjɔ̃]
assiez [asje]   *issiez* [isje]
assent [as]   *issent* [is]

Hist. Perfekt *(Passé défini).*	
ai [e]	*is* [i]
as [a]	*is* [i]
a [a]	*it* [i]
ûmes [am]	*îmes* [im]
âtes [at]	*îtes* [it]
èrent [er]	*irent* [ir]

1. Futur *(Futur simple).*

ai [e]
as [a]
a [a]
ons [3]
ez [e]
ont [3]

1. Konditional *(Conditionnel présent).*

ais [ɛ]
ais [ɛ]
ait [ɛ]
ions [j3]
iez [je]
aient [ɛ]

Imperativ *(Impératif).*

2.	*e* [–]	*s* [–]
1.	*ons* [3]	
2.	*ez* [e]	

Infinitiv *(Infinitif).*

er [e]	II. Konj.: *ir* [ir]
	III. Konj.: *re* [rə]
	oir [war]

Partizip *(Participe).*
Präsens *(Présent).*
ant [ã]

Perfekt *(Passé).*

é [e]	II. Konj.: *i* [i]
	III. Konj.: *u* [ü].

6. Vom Stamme. 78

Die meisten Verben bilden alle ihre Formen von einem Stamme (verschiedene Stämme z. B. bei *être, aller*).

Man findet den Stamm eines Verbs, indem man von der 1. Pers. Plur. des Präs. Ind. die Endung wegläfst: *nous parlons;* Stamm: *parl.*

Anm. 1. Die meisten Verben der II. Konjugation haben im Indikativ, Konjunktiv, Imperativ, Partizip des Präsens und im Indikativ des Imperfekts die Stammerweiterung *iss: nous finissons;* dagegen: *nous sortons.*

Anm. 2. *nous croyons;* Stamm *croi; y* steht für *ij; j* ist zur Hiatustilgung eingeschoben vor vollem Endungsvokal, d. i. in den endungsbetonten Formen (vgl. *roi, royaume, royal*).

79

7. Veränderung des Stammes.

Der Stamm ist

a. bei manchen Verben unveränderlich, d. h. in allen Formen gleich (vgl. die Formen von *donner*).

b. bei anderen Verben veränderlich, d. h. in den verschiedenen Formen verschieden.

Die Veränderung betrifft:

1. den konsonantischen Stammesschlufs,
2. den Stammvokal.

80

8. Der konsonantische Stammesschlufs.

a.

écrire	— *nous écriv ons*	— *j'écri s*
vivre	— *nous viv ons*	— *je vi s*
suivre	— *nous suiv ons*	— *je sui s*
lire	— *nous lis ons*	— *je li s*
connaître	— *nous connaiss ons*	— *je connai s*
finir	— *nous finiss ons*	— *je fini s*
courir	— *nous cour ons*	— *je cour s*
servir	— *nous serv ons*	— *je ser s*
dormir	— *nous dorm ons*	— *je dor s*
perdre	— *nous perd ons*	— *je perd s*
vêtir	— *nous vêt ons*	— *je vêt s*
sortir	— *nous sort ons*	— *je sor s*
mettre	— *nous mett ons*	— *je met s*
mentir	— *nous ment ons*	— *je men s*
rompre	— *nous romp ons*	— *je romp s*

Der konsonantische Stammesschlufs ist bei allen Verben konsonantischer Richtung im Sing. des Präs. Ind. (nebst den geschriebenen konsonantischen Endungen) verstummt und in der Schrift zumeist ausgefallen. Nur *r* ist in Laut und Schrift erhalten.

Von den verstummten Stammesendlauten sind in der Schrift nur die Zeichen für Verschlufslaute erhalten (in Anlehnung an die Schreibung im Infinitiv, vgl. § 81). Der Buchstabe *t* nach einem Konsonantzeichen ist ausgefallen. Die Buchstaben *n* und *m* stehen zur Bezeichnung eines vorausgehenden Nasalvokals.*)

---

*) Beim Verstummen eines nasalen Konsonanten wird der vorausgehende Vokal immer nasaliert (vgl. § 84 gegen Schlufs).

b nous *mettons* — *mettre* 81
nous *battons* — *battre*
nous *perdons* — *perdre*
nous *rompons* — *rompre*
nous *vendons* — *vendre*
nous *vainquons* — *vaincre*.

Dagegen: nous *conduisons* — *conduire*
nous *disons* — *dire*
nous *faisons* — *faire*
nous *lisons* — *lire*
nous *plaisons* — *plaire*
nous *écrivons* — *écrire*.

Vor der konsonantischen Infinitivendung *re* sind die Stammesendkonsonanten in Laut und Schrift nur dann erhalten, wenn sie Verschlußlaute sind.

Die Buchstaben *n* und *m* stehen zur Bezeichnung eines vorausgehenden Nasalvokals.

Ausnahmen: nous *vivons* — *vivre*
nous *suivons* — *suivre*.

9. Der Stammvokal unter dem Wechsel der Betonung. 82

Je nachdem die Betonung auf dem Stamme oder der Endung ruht, sind die Formen des Verbs:

1. stammbetont: je *donne*, *rompre*,
2. endungsbetont: *donnant*, *finir*.

Jedes vollständige Verb hat mindestens 9 stammbetonte Formen: Die 3 Personen des Sing. und die 3. Pers. Plur. im Indikativ und Konjunktiv des Präsens und die 2. Pers. Sing. des Imperativs.

Die wechselnde Betonung hat vielfach einen Wechsel des Stammvokals bewirkt. Man unterscheidet alsdann eine betonte und eine unbetonte Stammform.

a. I. Konjugation. 83

1. *appeler*, n. *appelons*; j'*appelle*, j'*appellerai*.
   [aple], [nuz aplɔ̃]; [ʒ apɛl], [ʒ apɛlre].
2. *jeter*, n. *jetons*; je *jette*, je *jetterai*.
   [ʒ(ə)te], [nu ʒ(ə)tɔ̃]; [ʒə ʒɛt], [ʒə ʒɛtre].

3. *mener,*   *n. menons;*   *je mène,*   *je mènerai.*
[m(ə)ne],   [nu m(ə)nɔ̃];   [ʒə mɛn],   [ʒə mɛnre].

4. *acheter,*   *n. achetons;*   *j'achète,*   *j'achèterai.*
[aʃte],   [nuz aʃtɔ̃];   [ʒ aʃɛt],   [ʒ aʃɛtre].

geler,   *n. gelons;*   *je gèle,*   *je gèlerai.*
[ʒ(ə)le],   [nu ʒ(ə)lɔ̃];   [ʒə ʒɛl]   [ʒə ʒɛlre].*)

Dem dumpfen oder verstummten ə der unbetonten Stammform entspricht ɛ in der betonten Stammform. Derselbe
Laut ist eingetreten in den zusammengesetzten Formen.**)

In der Schrift wird der Laut ɛ bezeichnet durch *e* und
Verdoppelung des folgenden Konsonantzeichens bei den
Verben auf *eler* und *eter,* durch *è* bei den übrigen Verben,
sowie ausnahmsweise bei *acheter* und *geler.*

84   **b. II. Konjugation.**

1. *venir, n. venons; ils viennent, je viens, je viendrai.*
[v(ə)nir],   [nu v(ə)nɔ̃];   [il vjɛn],   [ʒə vjɛ̃], [ʒə vjɛ̃dre].***)

Dem dumpfen oder verstummten ə der unbetonten Stammform entspricht jɛ in der betonten Stammform bei *venir* und
tenir. Derselbe Laut ist eingetreten in den zusammengesetzten
Formen.

Vor konsonantischen Endungen ist jedoch jɛ durch Verstummen des Stammesendkonsonanten *n* zu jɛ (geschrieben
ien) geworden (vgl. S. 286 Anm.). Der Laut ɛ von jɛ wird
in der Schrift ausgedrückt durch *e* und Verdoppelung des
folgenden *n*.†) (In den zusammengesetzten Formen ist *d*
zwischen *n* und *r* eingeschoben).

85 2. *mourir, n. mourons; ils meurent, je meurs; je mourrai.*
[murir],   [nu murɔ̃];   [il mɶr],   [ʒə mɶr]; [ʒə mure].††)

Dem u (geschriebenem *ou*) der unbetonten Stammform
entspricht ɶ (geschriebenes *eu*) in der betonten Stammform
bei *mourir.*

---

*) vgl. *le chandelier — la chandelle, modeler — le modèle, clever — l'élève.*

**) Die zusammengesetzten Formen (1. Futur und 1. Konditional) haben
aufser dem Haupttone auf der Endung häufig noch einen Nebenton auf dem
Stammvokal. In diesem Falle mufs an Stelle des ə, welches nur in unbetonten Silben vorkommt, der betonte Stammvokal treten.

***) vgl. *entretenir — l'entretien; mien — mienne.*

†) vgl. *chienne, l'ienne, chrétienne, européenne.*

††) vgl. *le courage — le cœur, éprouver — l'épreuve.*

c. III. Konjugation. 86

1. *prendre*, *n. prenons, ils prennent, je prends, je prendrai.*
[prãdr], [nu prʒnʒ̃], [il prɛn], [ʒʒ prã], [ʒʒ prãdre].
Dem dumpfen ʒ der unbetonten Stammform entspricht
ɛ in der betonten Stammform bei *prendre*.

Dies ɛ ist jedoch vor konsonantischen Endungen durch
Verstummen des Stammesendkonsonanten *n* zu ã (geschrieben
en) geworden.

Zwischen *n* und *r* ist *d* eingeschoben wie bei *viendrai*;
und dies *d* ist auch in die Schreibung des Sing des Präsens
übergegangen. Der Laut ɛ wird in der Schrift ausgedrückt
durch *e* und Verdoppelung des folgenden *n* (vgl. *venir*).

2. *faire*, *n. faisons, je fais, je ferai.* 87
[fɛr], [nu f(ʒ)zʒ̃], [ʒʒ fɛ], [ʒʒ f(ʒ)re].
Dem dumpfen oder verstummten ʒ der unbetonten Stammform entspricht ɛ in der betonten Stammform bei *faire*.

Die Schrift hat überall *ai*. In den zusammengesetzten
Formen spricht man ʒ und schreibt *e*.

3. *boire*, *n. buvons, ils boivent, je bois, je boirai.* 88
[bwar], [nu büvʒ̃], [il bwav], [ʒʒ bwa], [ʒʒ bware].*)
Dem ü (geschriebenem *u*) der unbetonten Stammform
entspricht wa (geschriebenes *oi*) in der betonten Stammform
bei *boire*.

4. *devoir*, *n. devons, ils doivent, je dois, je devrai.* 89
[dʒvwar], [nu dʒvʒ̃], [il dwav], [ʒe dwa], [ʒʒ dʒvre].**)
Dem dumpfen oder verstummten ʒ (geschriebenem *e*) der
unbetonten Stammform entspricht wa (geschriebenes *oi*) in der
betonten Stammform bei den Verben auf — *evoir*.

5. *pouvoir*, *n. pouvons, ils peuvent, je peux, je pourrai.* 90
[puvwar], [nu puvʒ̃], [il pʒv], [ʒʒ pö], [ʒʒ pure].
Dem u (geschriebenem *ou*) der unbetonten Stammform
entspricht ʒ bzw. ö (geschriebenes *eu*) in der betonten Stammform bei *pouvoir, vouloir, mouvoir*.

ʒ wird gesprochen im Wortinnern, ö im Auslaut.

---

*) vgl. *le buveur — la boisson.*
**) vgl. *me — moi, peser — le poids.*

91 10. Der Stammvokal unter dem Wechsel von offenen und geschlossenen Lautsilben.

Der Laut e *(é)* kommt nur in offenen Lautsilben vor; in geschlossenen Lautsilben wird daraus ɛ *(è)*.*)

I. Konjugation.

[re ñe],   [ʒə rɛñ],   [nu re ñɔ],   [ʒə re ñre]
n. régnons,   je règne,   régner,   je régnerai.

Bei den Verben mit konsonantischem Stammesschlufs und vorausgehendem geschlossenen e (geschrieben *é*) wird e (é) zu ɛ (è) in den stammbetonten Formen (nur hier ent-stehen geschlossene Lautsilben). Vgl. dagegen *créer*, wo *e* in allen Formen in offener Silbe steht:

     je crée,   n. créons,   créer,   je créerai.
     [ʒə kre],   [nu kreɔ],   [kre e],   [ʒə krere].

92 11. Stammveränderung im historischen Perfekt und Partizip Perfekt.

     a. Verkürzter Stamm (der konsonantische Stammesschlufs und der Stammvokal sind ausgefallen); der Erkennungsvokal ist *u.*

	Stamm.		
lire	*lis*	*je lus*	*lu*
connaitre	*connaiss*	*je connus*	*connu*
boire	*buv*	*je bus*	*bu*
croire	*croi*	*je crus*	*cru*
devoir**)	*dev*	*je dus*	*dù, due, dus,*
pouvoir	*pouv*	*je pus*	*pu [dues*
pleuvoir	*pleuv*	*il plut*	*plu*
avoir	*av*	*j'eus*	*eu*
savoir	*sav*	*je sus*	*su.*

     b. Der Stammvokal ist zumeist verändert (zu *i*); an ihn treten unmittelbar die Personalendungen des histor. Perfekt und im Partizip meistens *s* oder *t*.

---

*) vgl. *régner — le règne, régler — la règle, le Suédois — la Suède, remédier — le remède — le médecin, j'ai* [ʒ e] *— ai-je* [a ʒ] *le pre-mier — la première.*
**) Ebenso die übrigen Verben auf *—evoir.*

	Stamm		
mettre	*mett*	*je mis*	*miu*
prendre	*pren*	*je pris*	*pris*
faire	*fais*	*je fis*	*fait*
dire	*dis*	*je dis*	*dit*
rire	*ri*	*je ris*	*ri*
s'asseoir	*assey*	*je m'assis*	*assis*
voir	*voi*	*je vis*	*vu*
tenir	*ten*	*je tins*	*tenu*
venir	*ven*	*je vins*	*venu.*

12. Der vokalische Stammesschlufs.

1. *je loue — nous créons — il rit.*

Der vokalische Stammesschlufs bleibt beim Zusammentreffen mit den Endungen unverändert.

2. *croire,*	*n. croyons,*	*je crois,*	*je croirai.*
[krwar],	[nu krwajɔ̃],	[ʒɔ krwa],	[ʒɔ krware].
employer,	*n. employons,*	*j'emploie,*	*j'emploierai.*
[ãplwaje],	[nuz ãplwajɔ̃],	[ʒ ãplwa],	[ʒ ãplware].
fuir,	*n. fuyons,*	*je fuis,*	*je fuirai.*
[fẅir],	[nu fẅijɔ̃],	[ʒɔ fẅi],	[ʒɔ fẅire].
appuyer,	*n. appuyons,*	*j'appuie,*	*j'appuierai.*
[apẅije],	[nuz apẅijɔ̃],	[ʒ apẅi],	[ʒ apẅire].
payer,	*n. payons,*	{ *je paie* [pɛ],	*je paierai* [pɛre].
[pɛje],	[nu pɛjɔ̃],	{ *je paye* [pɛj],	*je payerai* [pɛjre].

Stämme auf *oi, ui, ai* schieben vor vollem Endungsvokal (d. i. in den endungsbetonten Formen) zur Hiatustilgung *j* ein; statt *ij* schreibt man *y* (vgl. § 78 Anm. 2). *i* steht also nur in den stammbetonten und zusammengesetzten Formen.

Bei den Verben auf *ayer* kann *y* in allen Formen geschrieben werden; die Aussprache ist dementsprechend.

13. Orthographische Eigentümlichkeiten.

a. Die Endungen betreffend:

a. *je (tu) peux, je (tu) veux, je (tu) vaux.*

Statt *s* steht *x* nach *au* und *eu* (vgl. § 21).

b. *il vend, il moud, il vêt, il met; il vainc.*

Die Endung *t* fällt weg nach *d* und *t*, ebenso bei *il vainc.*

b. den Stamm betreffend:

commencer, je commence — n. commençons, je commençai.
recevoir, nous recevons — je reçois, je reçus.
nager, je nage — n. nageons, je nageai.
(vgl. § 16.)

96　　14. **Die Ableitung der einfachen Verbalformen.**

Bei Unterscheidung von betonter und unbetonter Stammform lassen sich mit den in § 77 zusammengestellten Endungen die regelmäfsigen einfachen Formen des Verbs zwar sicher bilden, doch können daneben die folgenden praktischen Regeln für die Bildung einiger Formen von Nutzen sein.

a. Von dem **Präsens Indikativ** können abgeleitet werden:

1. Das Imperfekt, von der 1. Pers. Plur. durch Verwandlung von *ons* in *ais*: *nous donn ons — je donn ais.*

2. Das Partizip Präsens, von der 1. Pers. Plur. durch Verwandlung von *ons* in *ant*: *nous donn ons — donn ant.*

3. Das Präsens Konjunktiv, von der 3. Pers. Plur. durch Weglassung von *nt*: *ils donn ent — je donn e.*

Die 1. und 2. Pers. Plur. — endungsbetont — haben den Stamm in derselben Form wie die entsprechenden Personen des Präs. Ind. (unbetonte Stammform): Ind. *nous recev ons*, Konj. *nous recev ions*; dagegen stammbetont: Ind. *ils reçoiv ent*, Konj. *je reçoiv e.*

4. Der Imperativ, durch Weglassung der entsprechenden Pronomen: *tu finis — finis, nous finissons — finissons. vous finissez — finissez.*

Bei der vokalischen Konjugation fällt in der 2. Pers. Sing. das *s* der Endung weg, aufser vor *y* und *en: tu donnes — donne — donnes-en* [dɔnzã].

b. Von der **2. Pers. Sing.** des **historischen Perfekts** kann abgeleitet werden: das Imperfekt Konjunktiv durch Anhängung von *se: tu donn as — je donn asse.*

15. Bildung der zusammengesetzten Formen.   97

Je donner ai — ils rompr ont — tu recevr ais.

Das Futur besteht aus dem Infinitiv des Hauptverbs und dem Präsens von *avoir.*

Der Konditional besteht aus dem Infinitiv des Hauptverbs und dem Imperfekt von *avoir.*

je finir ai ich (zu) endigen habe = ich werde endigen.

je finir ais ich (zu) endigen hatte (oder hätte) = ich würde endigen.

av ist ausgefallen, und die Infinitivendungen *re* und *oir* sind in Laut und Schrift verkürzt zu *r.*

Bei den Verben der 1. Konj. wird das sonst stumme *r* des Infinitivs wieder laut, während das geschlossene *e* zu dumpfem ə übergeht oder ganz verstummt.

16. Bildung der umschreibenden Formen.   98

J'ai donné — il avait fini — tu eus rompu.
il fut loué — je me suis baigné — il est allé.

avoir wird verwendet gewöhnlich im Aktiv, *être* stets im Passiv und bei den reflexiven Verben, sowie ausnahmsweise im Aktiv bei den Verben:

> *aller   — venir*
> *entrer — sortir*
> *arriver — partir*
> *naître — mourir*
> *tomber.*

17. Übersicht der abweichenden Verbalformen, nach   99
Konjugationen geordnet.

I. Konjugation.

1. Wechsel des Stammvokals:
   a. *appeler, jeter, mener, acheter* etc. (§ 83).
   b. *régner* etc. (§ 91).

2. Einschiebung von *j* zwischen Stamm und Endung:
   employer, appuyer, payer etc. (§ 94).

II. Konjugation.

1. Ohne Stammerweiterung, im übrigen wie *finir* gehend:
dormir, servir, partir, sortir, mentir, sentir, se repentir.

Präs. Ind.	Impf. Ind.	Imperativ.
je dors	*je dormais*	*dors*
tu dors	Präs. Konj.	*dormons*
il dort	*je dorme*	*dormez*
nous dormons	Part. Präs.	
vous dormez	*dormant*	
ils dorment.		

2. Wechsel des Stammvokals:
venir, tenir, mourir etc. (§ 84 und § 85 und die Liste
der unregelmäfsigen Verben in § 100).
3. Einschiebung von *j* zwischen Stamm und Endung:
fuir (§ 94 und § 100).
4. Unregelmäfsige Bildung im hist. Perf. und Part. Perf.
(§ 92 und § 100).

III. Konjugation.

1. Verben auf *evoir:*
devoir, recevoir, apercevoir.

Präs. Ind.	Hist. Perf.
je dois	*je dus*
tu dois	1. Futur.
il doit	*je devrai.*
nous devons	Part. Perf.
vous devez	*dû*), due,*
ils doivent	*dus, dues*

2. Wechsel des Stammvokals:
*prendre, faire, boire, pouvoir, vouloir, mouvoir, de-
voir* etc. (§ 86—90 und § 100).
3. Einschiebung von *j* zwischen Stamm und Endung:
croire, voir etc. (§ 94 und § 100).
4. Unregelmäfsige Bildung im hist. Perf. und Part. Perf.
(§ 92 und § 100).

---

*) Der Zirkumflex auf *u* steht zur Unterscheidung von *du = de .t*

18. Einzelne unregelmäßige Verben.*)

Infinitiv.	Präsens.	Hist. Perfekt.	Partizip.	Bemerkungen.
1. *aller* gehen *j'irai*	je vais n. allons ils vont tu vas v. allez Präs. Konj. il va j'aille Imperat.: va (vas-y) n. allions	j'allai	allé	Verschiedene Stämme (§ 78).
2. *venir* kommen *je viendrai*	je viens n. venons ils viennent tu viens v. venez il vient	je vins	venu	Veränderter Stammvokal (§ 84). Perf. mit stammhaftem i (§ 92). Komposita *convenir* passen *devenir* werden *revenir* zurückkommen.
3. *tenir* halten (wie *venir*)				Komposita *contenir* enthalten *retenir* zurückhalten
4. *ouvrir* öffnen *j'ouvris*	j'ouvre n. ouvrons ils ouvrent tu ouvres v. ouvrez il ouvre Imperat.: ouvre	j'ouvris	ouvert	Im Ind. Präs. Übertritt in die 1. Konj.

*) Von jedem Verb sind angegeben: der Inf., das ganze Präs., die 1. Sing. des hist. Perf. und das Part. Perf., die übrigen Formen nur dann, wenn sie unregelmäßig sind; und zwar finden sich unter dem Inf. die zusammengesetzten, unter dem Präs. die einfachen Formen außer Impf. Konj., welches sich in seiner Bildungsweise dem hist. Perf. anschließt. (vgl. § 96).

Infinitiv.	Präsens.	Hist. Perfekt.	Partizip.	Bemerkungen.
5. *couvrir* bedecken *découvrir* entdecken *offrir* anbieten *souffrir* leiden	wie *ouvrir*			
6. *cueillir* pflücken *je cueillerai*	*je cueille* *n. cueillons* *ils cueillent* *tu cueilles* *v. cueillez* *il cueille* Imperat.: *cueille*	*je cueillis*	*cueilli*	Im Präs. Ind. und im Futur Übertritt in die I. Konjug.
7. *vêtir* bekleiden	*je vêts* *n. vêtons* *ils vêtent* *tu vêts* *v. vêtez* *il vêt*	*je vêtis*	*vêtu*	
8. *fuir* fliehen	St.: *fui* *je fuis* *n. fuyons* *ils fuient* *tu fuis* *v. fuyez* *il fuit*	*je fuis*	*fui*	Einschieben von j zur Hiatustilgung (§ 94).

Infinitiv.	Präsens.	Hist. Perfekt.	Partizip.	Bemerkungen.
9. *courir* laufen *je courrai*	*je cours* *tu cours* *il court* — n. *courons* *ils courent* v. *courez*	*je courus*	*couru*	Futur nach einem In-finitiv auf —rr. Komposita: *accourir* herbeilaufen, *parcourir* durcheilen, *secourir* helfen
10. *mourir* sterben *je mourrai*	*je meurs* *tu meurs* *il meurt* — n. *mourons* *ils meurent* v. *mourez*	*je mourus*	*mort*	Veränderter Stamm-vokal (§ 85) Futur nach einem Inf. auf —rr.
11. *acquérir* erlangen *j'acquerrai*	*j'acquiers* *tu acquiers* *il acquiert* — n. *acquérons* *ils acquièrent* v. *acquérez*	*j'acquis*	*acquis*	Veränderter Stamm-vokal. Futur nach einem Inf. auf —rr. Hist. Perf. und Part. mit stammhaftem i.
12. *vaincre* siegen	*je vaincs* *tu vaincs* *il vainc* — n. *vainquons* *ils vainquent* v. *vainquez*	*je vainquis*	*vaincu*	Die Schreibung qu vor allen Vokalen außer u (vaincu). Wegfall der Endung in der 3. Sing. Präs. (§ 95).
13. *mettre* stellen, setzen, legen	*je mets* *tu mets* *il met* — n. *mettons* *ils mettent* v. *mettez*	*je mis*	*mis*	Im Präs. Sing. nur ein s (§ 80). Wegfall der Endung in der 3. Sing. Präs. (§ 95). Hist. Perf. und Part. mit stammhaftem i (§ 92). Komposita: *admettre* zulassen, *permettre* erlauben, *remettre* übergeben.

Infinitiv.	Präsens.	Hist. Perfekt.	Partizip.	Bemerkungen.
14. *craindre* fürchten	je *crains* tu *crains* il *craint* — n. *craignons* ils *craignent* v. *craignez*	je *craignis*	*craint*	S. 286 Anm.
15. *prendre* nehmen	je *prends* tu *prends* il *prend* — n. *prenons* ils *prennent* v. *prenez*	je *pris*	*pris*	Veränderter Stammvokal (§ 86) II. Perf. u. Part. mit stammhaftem *i* (§ 92). Komposita: *apprendre* lernen *comprendre* verstehen.
16. *suivre* folgen	je *suis* tu *suis* il *suit* — n. *suivons* ils *suivent* v. *suivez*	je *suivis*	*suivi*	*v* im Inf. erhalten (§ 81 Ausn.). Kompositum: *poursuivre* verfolgen.
17. *écrire* schreiben	j'*écris* tu *écris* il *écrit* — n. *écrivons* ils *écrivent* v. *écrivez*	j'*écrivis*	*écrit*	
18. *vivre* leben	je *vis* tu *vis* il *vit* — n. *vivons* ils *vivent* v. *vivez*	je *vécus*	*vécu*	*v* im Inf. erhalten (§ 81 Ausn.).

Infinitiv.	Präsens.	Hist. Perfekt.	Partizip.	Bemerkungen.
19. *boire* trinken	je bois, tu bois, il boit — n. *buvons*, v. *buvez*, ils *boivent*	je *bus*	*bu*	Veränderter Stammvokal (§ 86). Hist. Perf. und Part. mit verkürztem Stamm (§ 92a).
20. *lire* lesen	je lis, tu lis, il lit — n. *lisons*, v. *lisez*, ils *lisent*	je *lus*	*lu*	Hist. Perf. und Part. mit verkürztem Stamm (§ 92a).
21. *dire* sagen	je dis, tu dis, il dit — n. *disons*, v. *dites*, ils *disent*	je *dis*	*dit*	Hist. Perf. und Part. mit stammh. i (§ 92). Kompositum *redire* noch einmal sagen.
22. *conduire* führen	je conduis, tu conduis, il conduit — n. *conduisons*, v. *conduisez*, ils *conduisent*	je *conduisis*	*conduit*	
23. *construire* bauen, *reduire* verwandeln, *traduire* übersetzen	wie *conduire*		.	

Infinitiv.	Präsens.	Hist. Perfekt.	Partizip.	Bemerkungen.
24. *faire* machen *je ferai*	*je fais* *tu fais* *il fait* n. *faisons* ils *font* v. *faites* Präs. Konj. *je fasse* n. *fassions*	*je fis*	*fait*	Veränderter Stammvokal (§ 87). Hist. Perf. mit stammhaftem *i* (§ 92). Komposition: *satisfaire* befriedigen.
25. *connaître* kennen	*je connais* n. *connaissons* ils *connaissent* *tu connais* v. *connaissez* *il connaît*	*je connus*	*connu*	*i* vor *t* (S. 249 Anm.*). Hist. Perf. und Part. mit verkürztem Stamm (§ 92 a).
26. *paraître* erscheinen *apparaître* erscheinen *disparaître* verschwinden	wie *connaître*.			
27. *croire* glauben	St.: *croi* *je crois* n. *croyons* ils *croient* *tu crois* v. *croyez* *il croit*	*je crus*	*cru*	Einschieben von *j* zur Hiatustilgung (§ 94.) Hist. Perf. u. Part. mit verkürztem Stamm. (§ 92 a).

Infinitiv.	Präsens.			Hist. Perfekt.	Partizip.	Bemerkungen.
28. *rire* lachen	je ris, tu ris, il rit	n. rions, v. riez	ils rient	je ris	ri	Hist. Perf. u. Part. mit stammhaftem i (§ 92).
29. *moudre* mahlen	je mouds, tu mouds, il moud	n. moulons, v. moulez	ils moulent	je moulus	moulu	Das im Inf. eingeschobene d auch im Präs. geschr. Wegfall der Endung in der 3. Sing. Präs. (§ 95).
30. *plaire* gefallen	je plais, tu plais, il plaît	n. plaisons, v. plaisez	ils plaisent	je plus	plu	î vor t (S. 249 Anm.°). Hist. Perf. u. Part. mit verkürztem Stamm (§ 92a).
31. *naître* geboren werden	je nais, tu nais, il naît	n. naissons, v. naissez	il naissent	je naquis	né	î vor t (S. 249 Anm.°).
32. *mouvoir* bewegen	je meus, tu meus, il meut	n. mouvons, v. mouvez	ils meuvent	je mus	mû mus	Veränderter Stammvokal (§ 90). Hist. Perf. u. Part. mit verkürztem Stamm (§ 92a). je mus.
33. *pleuvoir* regnen	il pleut	St.: pleuv — Impf. Ind. il pleuvait — Präs. Konj. il pleuve		il plut	plu	siehe mouvoir.

Infinitiv.	Präsens.	Hist. Perfekt.	Partizip.	Bemerkungen.
34. *pouvoir* können *je pourrai*	*je peux* *tu peux* *il peut* n. *pouvons* ils *peuvent* v. *pouvez* Präs. Konj. *je puisse* n. *puissions*	*je pus*	*pu*	siehe *mouvoir* (jedoch *je peux* § 95). *je puis* Nebenform von *je peux*.
35. *savoir* wissen *je saurai*	*je sais* *tu sais* *il sait* n. *savons* ils *savent* v. *savez* Präs. Konj. *je sache* n. *sachions* Imperat.: *sache, sachons, -ez* Part. Präs: *sachant*	*je sus*	*su*	Hist. Perf. u. Part. mit verkürztem Stamm (§ 92a).
36. *valoir* wert sein *je vaudrai*	*je vaux* *tu vaux* *il vaut* n. *valons* ils *valent* v. *valez* Präs. Konj. *je vaille* n. *valions*	*je valus*	*valu*	*l* vor Konsonanten zu *u* verwandelt. *d* im Futur eingeschoben. *je vaux* (§ 95).
37. *falloir* müssen, nötig sein *il faudra*	*il faut* St.: *fall* Impf. Ind. Präs. Konj. *il fallait* *il faille*	*il fallut*	*fallu*	siehe *valoir*.

Infinitiv.	Präsens.	Hist. Perfekt.	Partizip.	Bemerkungen.
38. *vouloir* wollen *je voudrai*	*je veux* *tu veux* *il veut* / n. *voulons* v. *voulez* ils *veulent* Imperat. *veuille, veuillez* / Präs. Konj. *je veuille* n. *voulions*	*je voulus*	*voulu*	Veränderter Stammvokal (§ 90). *d* im Futur eingeschoben. *je veux* (§ 95).
39. *voir* sehen *je verrai*	St.: *voi* / *je vois* *tu vois* *il voit* / n. *voyons* v. *voyez* ils *voient*	*je vis*	*vu*	Einschieben von *j* / zur Hiatustilgung (§ 94). Hist. Perf. mit stammhaftem *i* (§ 92). Komposita: *revoir* wiedersehen, *prévoir* vorhersehen.
40. *s'asseoir* sich setzen *je m'assierai*	St.: *assied* / *je m'assieds* *tu t'assieds* *il s'assied* / n. n. *asseyons* v. v. *asseyez* ils *s'asseyent*	*je m'assis*	*assis*	Einschieben von *j* zur Hiatustilgung. Veränderter Stammvokal. Hist. Perf. u. Part. mit verkürztem Stamm (§ 92a)

101 19. Alphabetisches Verzeichnis unregelmäfsiger Verben.*)

acquérir 11	*cueillir* 6	*mouvoir* 32	*souffrir* 5
aller 1	*découvrir* 5	*naitre* 31	*suivre* 16
apparaitre 26	*dire* 21	*offrir* 5	*tenir* 3
s'asseoir 40	*disparaitre* 26	*ouvrir* 4	*traduire* 23
boire 19	*écrire* 17	*plaire* 30	*vaincre* 12
conduire 22	*faire* 24	*pleuvoir* 33	*valoir* 36
connaitre 25	*falloir* 37	*paraitre* 26	*venir* 2
construire 23	*fuir* 8	*pouvoir* 34	*vêtir* 7
courir 9	*lire* 20	*prendre* 15	*vivre* 18
couvrir 5	*mettre* 13	*reduire* 23	*voir* 39
craindre 14	*moudre* 29	*rire* 28	*vouloir* 38
croire 27	*mourir* 10	*savoir* 35	

102   20. Imperfekt und historisches Perfekt.

Jacot était un perroquet tapageur. Tout lui était permis. Il mangeait dans les assiettes, buvait dans les verres. Un soir il se plaça etc.

Une petite poule voulait quitter la cour pour aller voir la forêt. «Ma petite, reste ici!» cria sa mère. — Mais la petite poule partit, et la fouine croqua la pauvre petite sotte.

Das Imperfekt *(Imparfait)* wird gebraucht, um eine Handlung der Vergangenheit als damals im Verlaufe begriffen zu bezeichnen, insbesondere um bleibende Zustände, Gewohnheiten, Sitten auszudrücken (Was war schon?).

Das historische Perfekt *(Passé défini)* wird gebraucht, um eine Handlung der Vergangenheit als damals eintretend zu bezeichnen (Was geschah hierauf?).

103   21. Konjunktiv und Indikativ.

1a. *On n'est pas bien sûr que Charlemagne ait jamais été en état d'écrire* (194, 10).

Jamais je n'ai vu couler le sang de la France sans que mes cheveux se hérissent (199, 38; vgl. 137, 11).

b. *Se peut-il qu'on le mange?* (106, 36; vgl. 150, 33).

c. *Voulez-vous que le pain soit fendu?* (119, 23).

César ordonna que les Gaulois livrassent leur chef

---

* Die Zahl hinter jedem Verb bezeichnet die Nummer, unter welcher es in § 100 aufzufinden ist.

et rendissent les armes (192, 2; vgl. 89, 35; 92, 7; 203, 1).

Il fit publier que tous ceux qui prétendaient à l'emploi de haut receveur eussent à se rendre dans l'antichambre du roi (91, 31).

Le boulanger mit les grillons dans une boîte avec des trous sur le couvercle, pour qu'ils puissent respirer (122, 16).

Avant que la saison des fêtes n'ait dispersé tous ces pauvres gens, la foule se porte chaque soir dans leur quartier (163, 23).

d. *Le roi fut fâché que de ces soixante et quatre danseurs il y eût soixante et trois filous* (92, 21). *Je trouve fort étrange qu'une tige mince et rampante, comme l'est celle-là, porte des fruits si gros et si magnifiques* (84, 7).

e. *Il faut que j'aie encore oublié comment il faut dire* (178, 35).

f. *Bien que César fût de naissance illustre, il s'appliqua à flatter le parti populaire* (189, 20). *Si pauvre que je fusse alors, j'étais bien plus heureux que je ne le suis aujourd'hui* (90, 11).

Der Konjunktiv (*Subjonctif*) wird gebraucht, um Ungewifsheit, Möglichkeit, Wunsch, Gemütsbewegung, Notwendigkeit, Zugeständnis auszudrücken. Er steht zumeist in Nebensätzen, besonders immer nach den Konjunktionen *pour que, afin que, avant que, bien que, quoique, sans que.*

g. Beispiele des Konjunktivs in Hauptsätzen:
C'eût été vraiment superbe à voir (84, 13).
Chacun de nous en eût fait autant (100, 5).

2. Direkte und indirekte Rede.

a. Direkt: *Le père dit* (Präsens): *Je vais dans le champ.*
Indirekt: *Le père dit qu'il va dans le champ.*

b. Direkt: *Le père dit* (hist. Perf.): *Je vais dans le champ.*
Indirekt: *Le père dit qu'il allait dans le champ.*

c. Direkt: *Les assistants déclarèrent: La chose est impossible.*

Indirekt: *Les assistants déclarèrent que la chose
était impossible* (99, 35).

d. Direkt: *Je demandai au père: Où allez-vous?*
Indirekt: *Je demandai au père où il allait.*

e. Direkt: *Nous demandions: Cagnotte n'est-il pas venu
enfin?*
Indirekt: *Nous demandions si Cagnotte n'était pas
venu enfin* (111, 20).

Abweichend vom Deutschen steht im Französischen der
Indikativ in der indirekten Rede und in der indirekten Frage.

104   **22. Veränderlichkeit des Partizip Perfekt.**

a. *Les épis courbés.*)*

b. *Les pommes que le paysan a cueillies, sont belles.
— Nous nous sommes baignés.*

c. *Les arbres sont abattus.**) La terre est éclairée
par le soleil. Les cigognes sont revenues d'Afrique.*

a. Das Partizip Perfekt *(Participe passé)* ohne Hilfsverb
richtet sich wie ein Adjektiv nach seinem Substantiv.

b. Das mit *avoir* verbundene Partizip Perfekt *(Participe
passé)*, sowie das der reflexiven Verben richtet sich
nach seinem vorausgehenden Accusativobjekt.

c. Sonst bei *être* richtet sich das Partizip Perfekt *(Participe passé)* nach seinem Subjekt.

Fragekonstruktion.

105   1. *Qui est dans la cuisine?
Combien de moineaux sont venus?*

Gerade Wortfolge, wenn ein Fragewort Subjekt oder
Attribut des Subjekts ist.

106   2. *Herse-t-il le champ?
Où herse-t-il?
Que fait-il?
Qu'est-ce donc?*

---

*) vgl. *les épis droits.*
**) vgl. *les arbres sont hauts.*

Einfache Umstellung, wenn ein persönliches Pronomen oder *ce* Subjekt ist.

    3. *Le père herse-t-il?*   107

      Où les canetons nagent-ils?

      De quels arbres la forêt se compose-t-elle?

Absolute Konstruktion, wenn ein Substantiv Subjekt ist.

Zusätze: 1 a. *Où nagent les canetons?*   108

         De quels arbres se compose la forêt?

      b. *Que fait le grand-père?*

a. Beginnt der Fragesatz mit einem Fragewort, so **kann** die einfache Umstellung stehen, auch wenn das Subjekt ein Substantiv ist.

b. Nach dem Accusativ *que* **mufs** stets die einfache Umstellung stehen.

    2 a. *Pourquoi les moineaux sont-ils venus?*

      b. *De quelle main la fille tient-elle le bouquet?*

      D'où le petit Georges aperçut-il les pommes?

      Quand les cigognes sont-elles revenues chez nous?

Die absolute Konstruktion **mufs** jedoch eintreten:

a. wenn *pourquoi* das Fragewort ist.

b. wenn das Prädikat ein Substantivobjekt bei sich hat oder aus einer umschreibenden Verbalform besteht.

    3 a. *Est-ce que le père herse?*   109

      b. *Qui est-ce qui est dans la cuisine?*

      Qui est-ce que tu montres?

      c. *Qu'est-ce qui sort de la cheminée?*

      Qu'est-ce que le père fait?

      d. *Où est-ce que les cigognes ont passé l'hiver?*

      D'où est-ce que les cigognes sont revenues?

      Quand est-ce que les cigognes sont revenues?

Nach den Umschreibungen mit *est-ce que, qui est-ce qui etc* steht die gerade Wortfolge.

WÖRTERBUCH.

Die Zahlwörter (nachzuschlagen in der Grammatik § 39), sowie die von Adjektiven abgeleiteten Adverbien sind in das Wörterbuch nicht aufgenommen.

Betreffs der Adjektive merke: Bei denjenigen Adjektiven, welche die weibliche Form aus der männlichen durch Anhängung von Lauten bzw. Buchstaben bilden, finden sich die anzuhängenden Laute bzw. Buchstaben, durch Komma getrennt, hinter der männlichen Form z. B. *étroit, e* [etrwa, t]. Werden dagegen die Schluss-Laute bzw. -Buchstaben der männlichen Form in der weiblichen durch andre ersetzt, so sind die zu ersetzenden Laute bzw. Buchstaben durch fetten Druck gekennzeichnet, z. B. *étranger, ère* [etrãʒe, **ar**].

Abkürzungen: s. = Substantiv, m. = Maskulinum, f. = Femininum, sg. = Singular, pl. = Plural, a. = Adjektiv, adv. = Adverb, v. = Verb, p. p. = *participe passé*, qn. = *quelqu'un, qch.* = *quelque chose;* — bedeutet Wiederholung eines Wortes oder eines Teils desselben.

A.

à [a] in, an, zu, nach, bei, auf; ersetzt den Dativ.

abandonner [abãdɔne] verlassen, im Stiche lassen.

abat-jour [aba ʒur] m. Lampenschirm.

abattre [abatr] niederschlagen, fällen; *s'—* sich niederlassen, sich niedersenken; *petite pluie abat grand vent* mit Geduld kann man viel ausrichten.

abbé [abe] m. Abbé (Geistlicher ohne bestimmtes Amt).

abeille [abɛj] f. Biene.

aboiement [abwamã] m. Bellen.

abondance [abɔ̃dãs] f. Überflufs.

abondant, e [abɔ̃dã, t] reichlich.

d'abord [d abɔr] zuerst, anfangs.

aboyer [abwaje] bellen.

abréger [abreʒe] abkürzen.

abreuver [abrɔ̃ve] tränken.

abri [abri] m. Schutz, Obdach.

abricot [abriko] m. Aprikose.

abricotier [abrikɔtje] m. Aprikosenbaum.

abriter [abrite] vor Wind und Wetter schützen.

absence [apsãs] f. Abwesenheit, Mangel.

absent, e [apsã, t] abwesend.

accabler [akable] niederdrücken, übermannen.

accent [aksã] m. Akzent, Ton.

accepter [aksɛpte] annehmen.

accident [aksidã] m. Unfall.

accompagner [akɔ̃pañe] begleiten.

accomplir [akɔ̃plir] vollenden, ausführen.

accorder [akɔrde] gewähren, *s'—* sich vertragen.

accourir [akurir] herbeieilen.

accuser [aküze] anklagen.

acéré, e [asere] scharf.

acharné, e [aʃarne] erbittert.

achat [aʃa] m. Kauf, Einkauf.

acheter [aʃte] kaufen.

acheteur [aʃtɔr] m. Käufer.

achever [aʃve] vollenden, beendigen.

acier [asje] m. Stahl.

acquérir [akerir] erlangen.

acquis, e [aki, z] p. p. von *acquérir.*

acquitter [akite] quittieren.

acte [akt] m. Akt, Aufzug.

action [aksjɔ̃] f. Handlung, Thätigkeit, That; Wirkung.

activer [aktive] in Thätigkeit setzen, beleben, anfachen.

activité [aktivite] f. Fleifs.

addition [adisjɔ̃] f. Addition.

adieu [adjö] Gott befohlen, lebe wohl!

admettre [admɛtr] zulassen, annehmen, anerkennen.

administrateur [administratɔr] m. Verwalter.

administrer [administre] verabreichen, geben.

admirer [admire] bewundern.

adopter [adɔpte] annehmen.
adoucir [aluair] mildern.
adresse [adrɛs] f. Geschicklichkeit.
adresser [adrɛse] richten; *s'* — sich lehnen an, sich wenden an.
adriatique [adri(j)atik] adriatisch; *la mer A*— das Adriatische Meer.
adroit, e [adrwa, t] geschickt, gewandt.
adversaire [advɛrsɛr] m. Gegner.
aérer [aere] lüften.
affaire [afɛr] f. Sache, Angelegenheit.
affamer [afame] aushungern.
affiche [afiʃ] f. Anschlagezettel.
affirmer [afirme] versichern.
affliction [afliksjɔ] f. Kummer.
affliger [afliʒe] betrüben.
affluent [aflɥã] m. Nebenfluß, Zufluß.
affranchir [afrãʃir] freimachen.
affreux, se [afró, z] entsetzlich, fürchterlich.
affût [afü] m. Lafette.
afin que [afɛ kə] damit; *afin de* um zu.
africain, e [afrikɛ, ɛn] afrikanisch.
Afrique [afrik] f. Afrika.
âge [aʒ] m. Alter.
âgé, e [aʒe] alt.
agent [aʒã] m. (Polizei-)Beamter.
agile [aʒil] beweglich, schnell.
agilité [aʒilite] f. Behendigkeit.
agir [aʒir] handeln, thätig sein; *il s'agit de* es handelt sich um.
agiter [aʒite] (heftig) bewegen.
agneau [aɲo] m. Lamm.
agréable [agreabl] angenehm.
ah [a] ah! ach! — *ça* ei!
aide [ɛd] f. Hilfe; *à l'— de* mit Hilfe von, vermittelst.
aider [ɛde] helfen.
aïe au! ach!
aïeul [ajɔl] m. Großvater; *aïeuls* Großväter, Großeltern.
aigle [ɛgl] 1. m. Adler (Vogel); 2. f. Adler (Feldzeichen).
aigre [ɛgr] sauer, herb.
aigrette [ɛgrɛt] f. Federbusch.
aigu, ë [egü] scharf, durchdringend; *accent* — Akut.

aiguille [egɥij] f. Nadel, Zeiger.
aiguilleur [egɥijɔr] m. Weichensteller.
aiguillon [egɥijɔ] m. Stachel.
aiguiser [egɥize] schärfen, wetzen.
aile [ɛl] f. Flügel.
ailleurs [ajɔr] sonstwohin, anderswo.
aimable [ɛmabl] liebenswürdig.
aimer [ɛme] lieben, gern haben, — *à faire qch.* etwas gern thun; — *mieux* lieber wollen.
aîné, e [ɛne] älter.
ainsi [ɛsi] so, auf diese Art; *ainsi que* so wie; *s'il en est* — wenn es wahr ist, wenn es sich so verhält, wenn dem so ist; *pour* — *dire* so zu sagen, gewissermaßen.
air [ɛr] m. Luft; Aussehen, Miene.
aire [ɛr] f. Dreschtenne.
aisance [ɛzãs] f. Gemächlichkeit, Wohlhabenheit.
aise, [ɛz] f. Bequemlichkeit; *être à son* — sich behaglich fühlen.
aisé, e [ɛze] leicht.
aisselle [ɛsɛl] f. Achselhöhle.
Aix-la-Chapelle [ɛks la ʃapɛl] Aachen.
ajouter [aʒute] hinzufügen.
alarme [alarm] f. Unruhe, Furcht.
alerte [alɛrt] 1. a. wachsam, rasch; 2. Interj.: Achtung! Auf!
Alésia [alezja] f. Stadt im alten Gallien.
Alexandre [alɛksãdr] m. Alexander.
Alexis [alɛksi] m. Alexis.
aligner [aliɲe](schnurgerade)aufstellen.
aliment [alimã] m. Nahrungsmittel, Speise.
allécher [aleʃe] anlocken.
Allemagne [almañ] f. Deutschland.
allemand, e [almã, d] deutsch.
aller [ale] gehen; sich befinden; kleiden, stehen; — *chercher* holen; — *trouver* aufsuchen; — *faire qch.* im Begriffe sein etwas zu thun, und etwas thun, etwas thun wollen; *s'en* — weg-, fortgehen; — *et retour* Hin- und Rückreise.
Allia [alja] f. Allia.
allié [alje] m. Verbündeter.
allongé, e [alɔʒe] langgezogen, länglich

allonger [alɔ̃ʒe] verlängern, länger machen, ausdehnen.

allons [alɔ̃] wohlan! wahrhaftig!

allumer [alüme] anzünden.

allumette [alümɛt] f. Zündhölzchen.

allumeur [alümɔr] m. Anzünder.

alors [alɔr] dann, alsdann; damals; jusqu' alors bis dahin.

alouette [alwɛt] f. Lerche.

Alpes [alp] f. pl. Alpen.

amaigrir [amɛgrir] mager machen, abzehren.

amande [amãd] f. Mandel, Mandelkern, Kern.

amas [ama] m. Anhäufung, Menge.

amasser [amase] anhäufen, sammeln.

amateur [amatɔr] m. (Kunst)freund.

ambigu, ë [ãbigü] zweideutig.

ambitieux, se [ãbisjɔ̃, z) ehrgeizig.

âme [am] f. Seele.

s'améliorer [ameljɔre] sich bessern, besser werden.

amener [amne] herführen, herfahren, mitbringen.

amer, ère [m. u. f.: amɛr] bitter.

Amérique [amerik] f. Amerika.

amertume [amɛrtüm] f. Bitterkeit.

ami, e [ami] s. Freund(in).

amical, e [amikal] freundschaftlich.

amitié [amitje] f. Freundschaft.

s'amollir [amɔlir] erweichen, weich werden.

amont [amɔ̃] aufwärts; en — stromauf, zu Berg.

amour [amur] m. Liebe.

amusement [amüzmã] m. Unterhaltung, Zeitvertreib.

amuser [amüze] unterhalten, belustigen; die Zeit vertreiben.

amusette [amüzɛt] f. Scherzgedicht, Scherzzeile.

an [ã] m. Jahr.

ancre [ãkr] f. Anker.

André [ãdre] m. Andreas.

âne [an] m. Esel.

ânesse [anɛs] f. Eselin.

anglais, e [ãglɛ, z] englisch.

Anglais [ãglɛ] m. Engländer.

Angleterre [ãglɔtɛr] f. England.

anguille [ãgij] f. Aal.

animal [animal] m. Tier; — domestique Haustier.

animer [anime] beleben.

année [ane] f. Jahr.

Annibal [anibal] m. Hannibal.

anniversaire [anivɛrsɛr] m. Jahrestag, Geburtstag.

annoncer [anɔ̃se] ankündigen.

annulaire [anülɛr] m. Ring-, Goldfinger.

anse [ãs] f. Henkel, Griff.

anthropophage [ãtrɔpɔfaʒ] m. Menschenfresser.

antichambre [ãtiʃãbr] f. Vorzimmer.

antipathie [ãtipati] f. Abneigung.

antique [ãtik] alt, altertümlich.

antiquité [ãtikite] f. Altertum.

Antony [ãtɔni] m. Antony.

août [au; u] m. August (Monat); faire l'— ernten.

apercevoir [apɛrsɔvwar] bemerken.

s'aplatir [aplatir] sich platt legen.

apparaître [aparɛtr] erscheinen.

apparence [aparãs] f. Aussehen.

appartenir [apartɔnir] gehören.

appauvrir [apovrir] arm machen.

appel [apɛl] m. Zuruf.

appeler [aple] rufen, nennen; s'appeler heifsen.

appétit [apeti] m. Appetit.

application [aplikasjɔ̃] f. Fleifs.

appliqué, e [aplike] fleifsig.

appliquer [aplike] anlegen, anwenden; s'— sich angelegen sein lassen.

apporter [apɔrte] herzutragen, (mit)-bringen.

apprendre [aprãdr] lernen, erfahren; melden.

apprenti [aprãti] m. Lehrling.

s'apprêter [aprɛte] sich bereit machen.

approche [aprɔʃ] f. Annäherung.

approcher [aprɔʃe] näher bringen, sich nähern; s'— de sich nähern.

approvisionner [aprɔvizjɔne] verproviantieren; versehen.

appuyer [apwije] stützen, lehnen.

âpre [apr] rauh, streng.

après [apra] nach, nachher, — -demain übermorgen; d'— nach, gemäfs.

arabe [arab] arabisch.

Arabe [arab] m. Araber.

arbre [arbr] m. Baum; — fruitier Obstbaum; — forestier Waldbaum; — à aiguilles Nadelholzbaum.

arc [ark] m. Bogen.

Arc [ark] m.; Jeanne d'Arc Johanna von Arc, Jungfrau von Orleans.

architecte [arfitekt] m. Baumeister.

arçon [arɔ̃] m. Sattel-Baum, -Bogen.

ardent, e [ardã, t] feurig, voll feuriger Thatkraft.

ardeur [ardɔr] f. Eifer. [tafel.

ardoise [ardwaz] f. Schiefer, Schiefer-

arène [aren] f. Arena, Kampfplatz.

argent [arʒ.l] m. Silber, Geld.

argile [arʒil] f. Thon.

aristocratique [aristɔkratik] aristokratisch, Adels- ...

arme [arm] f. Waffe; — à feu Feuer-

armée [arme] f. Heer. [waffe.

armer [arme] bewaffnen, ausrüsten; — chevalier zum Ritter schlagen.

armure [armür] f. Rüstung. [rohr.

arquebuse [arkɔbüz] f. Büchse, Feuer-

arracher [araʃe] ausreifsen, heraus-ziehen, entreifsen.

arrêter [arete] aufhalten; s'— sich aufhalten, stehen bleiben, anhalten.

arrière [arjer] zurück; en — zurück, rückwärts.

arrivée [arive] f. Ankunft.

arriver [arive] ankommen, sich er-eignen; widerfahren.

arrondir [arɔ̃dir] (ab)runden.

arroser [aroze] befeuchten, bewässern, durchfliefsen.

arsenal [arsɔnal] m. Zeughaus.

article [artikl] m. Artikel, Gegenstand; à l'— de la mort im Sterben.

articuler [artiküle] (deutlich) aus-sprechen.

artisan [artizã] m. Handwerker.

Arverne [arvern] m. Arverner.

Asie [azi] f. Asien.

asile [azil] m. Zufluchtsort.

aspect [aspe] m. Anblick.

assaut [aso] m. Angriff, Sturm.

assembler [asãble] versammeln.

asseoir [aswar] setzen.

assez [ase] genug, ziemlich.

assidu, e [asidü] emsig, beharrlich.

assiduité [asidüite] f. Emsigkeit, Pünkt-lichkeit.

assidûment [asidümã] adv. von assidu.

assiégé [asjeʒe] m. Belagerter.

assiéger [asjeʒe] belagern.

assiette [asjet] f. Teller.

assis, e [asi, z] sitzend; être — sitzen

assistant [asistã] anwesend.

assister [asiste] qn. beistehen, helfen; — à beiwohnen.

assourdissant, e [asurdisã, t] betäubend.

assuré, e [asüre] sicher

assurément [asüremã] sicherlich.

assurer [asüre] versichern.

atelier [atɔlje] m. Werkstatt.

Athènes [aten] f. Athen.

atlantique [atlãtik] atlantisch.

attacher [ataʃe] befestigen, binden; s'— sich anhängen, sich heften.

attaque [atak] f. Angriff.

attaquer [atake] angreifen.

atteindre [atɛ̃dr] erreichen.

attelage [atlaʒ] m. Gespann.

atteler [atle] anspannen.

attendre [atãdr] warten, erwarten; s'— à sich gefafst machen auf.

attente [atãt] f. Warten, Erwartung; salle d'— f. Wartesaal.

attentif, ve [atãtif, v] aufmerksam.

attention [atãsjɔ̃] f. Aufmerksamkeit, —! aufgepafst! Achtung! faire — achtgeben, aufpassen.

Attila [atila] m Attila, Etzel.

attirer [atire] anziehen, locken.

attrait [atre] m. Reiz, Zauber.

attraper [atrape] fangen, erhaschen

attrister [atriste] betrüben.

aube [ob] f. Tagesanbruch.

auberge [ɔberʒ] f. Herberge, Gasthaus.

aucun, e [okœ̃, ün] irgend einer; mit ne keiner.

audace [odas] f. Kühnheit.

au-delà [o dla] jenseits.

au-dessus [o tsü] über, oberhalb.

au-devant [o dvã] *de* entgegen.

auge [oʒ] f. Trog.

augmenter [ɔgmãte] vermehren.

aujourd'hui [oʒurdϔi] heute.

aumône [omɔn] f. Almosen.

auparavant [oparavã] ehemals, zuvor.

auprès [oprɛ] nahe dabei; — *de* bei.

auriculaire [ɔrikülɛr] m. kleiner Finger.

aurore [ɔrɔr] f. Morgenröte.

aussi [osi] auch, ebenso, daher auch.

aussitôt [osito] sogleich, alsbald; — *que* sobald als.

Australie [ɔstrali] f. Australien.

autant [otã] so viel, so sehr; *en faire* — es ebenso machen.

auteur [otɔr] m. Schriftsteller.

authentique [ɔtãtik] echt.

automne [ɔtɔn] m. Herbst.

autour [utur] adv., — *de* präp. um, herum.

autre [otr] andrer.

autrefois [otrɔfwa] ehemals.

Autriche [otriʃ] f. Österreich.

Auvergne [ɔverñ] f. alte Provinz Frankreichs.

Auxois [ɔswa] m. Teil des alten Burgund.

aval [aval] stromabwärts; *en* — stromabwärts, zu Thal.

avalanche [avalãʃ] f. Lawine, Schneesturz.

avaler [avale] herunterschlucken, verschlingen.

avance [avãs] f. Vorsprung; *d'* — im voraus.

avancer [avãse] u. *s'* — vorwärtsgehen, vorgehen.

avant [avã] vor, vorher; — *de*, — *que* bevor, ehe; *en* — vorwärts, vorn; — *-bras* Vorderarm.

avantage [avãtaʒ] m. Vorteil, Vorzug.

avantageux, se [avãtaʒö, z] vorteilhaft.

avant-hier [avãt jer] vorgestern.

Avares [avɶr] m. pl. Avaren.

avec [avɛk] mit, bei.

avenant, e [avnã, t] einnehmend, artig.

aventure [avãtür] f. Abenteuer.

avenue [avnü] f. Allee.

averse [avɛrs] f. Platzregen.

avertir [avɛrtir] benachrichtigen.

avertissement [avertismã] m. Warnung.

aveugle [avɔgl] 1. a. blind, 2. s. Blinder.

avide [avid] gierig, lüstern.

avidité [avidite] f. Gier.

avis [avi] m. Meinung, Ansicht; Warnung. [denken.

aviser [avize] *à qch.* über etwas nach-

avoine [avwan] f. Hafer.

avoir [avwar] haben, bekommen; *il y a* es giebt; vor.

avril [avril] m. April.

B.

babiole [babjɔl] f. Kinderspielzeug.

badaud [bado] m. Maulaffe.

bagage [bagaʒ] m. Gepäck.

bague [bag] f. (Finger-)Ring.

baguette [bagɛt] f. dünner Stab, Gerte, Rute, Trommelstock.

bah [ba] pah! ach was!

baigner [beñe] baden.

bain [bɛ] m. Bad.

baiser [bɛze] küssen.

baisser [bese] herunterlassen, senken; *se* — sich bücken.

bal [bal] m. Ball.

balai [balɛ] m. Besen.

balcon [balkɔ] m. Balkon.

Bâle [bal] f. Basel.

baleine [balɛn] f. Walfisch.

balle [bal] f. (Spiel-)Ball.

ballon [balɔ] m. Luftballon.

ballonner [balɔne] sich aufblähen.

ballot [balo] m. Pack, kleiner Ballen (Waren).

baltique [baltik] baltisch; *la (mer) Baltique* die Ostsee.

bambin [bãbɛ] m. Kindchen, Junge.

banc [bã] m. Bank.

bande [bãd] f. Schar. [chen.

bandelette [bãdlɛt] f. Bändchen, Streif-

baptême [batɛm] m. Taufe.

baquet [bakɛ] m. Kübel, Zuber.

baraque [barak] f. (Jahrmarkts-)Bude.

baratte [barat] f. Butterfaß.
barbare [barbar] barbarisch, ungesittet, wild. [Roheit.
barbarie [barbari] f. Barbarei, Unkultur,
barbe [barb] f. Bart.
bariolé, e [barjole] bunt.
baromètre [barometr] m. Barometer, Wetterglas.
barre [bar; bar] f. Balken, Federstrich.
barreau [baro, baro] m. Stange eines Gitters.
barrer [bare; bare] versperren.
barrière [barjer; barjär] f. Schranke, Schutzmauer, Schutzgatter, Schlagbaum.
bas [ba] m. das Untere, Unterteil, untere Ende; Strumpf.
bas, se [ba, s] niedrig, tief; leise; là-bas dort unten, dort; en bas unten, hinunter; à — herunter.
bascule [baskül] f. Schaukel; faire la — umkippen.
base [baz] f. Grundfläche, Basis.
basse [bas] f. Baß.
basse-cour [bas kur] f. Wirtschaftshof, Hühnerhof.
bassin [basɛ̃] m. Becken.
bataille [bataj] f. Schlacht.
batailleur [batajɔr] m. Zänker.
bateau [bato] m. Boot; — à vapeur Dampfboot. [zeug.
bâtiment [batimã] m. Gebäude; Fahr-
bâtir [batir] bauen.
bâton [batɔ̃] m. Stock.
battage [bataʒ] m. das Dreschen.
batteur [batɔr] m. Schläger, Drescher.
batteuse [batöz] f. Drescherin, Dreschmaschine.
battre [batr] schlagen, überwinden, dreschen; — le beurre buttern; — le fer das Eisen schmieden; se battre à coups de boules de neige sich mit Schneeballen werfen.
battue [batü] f. Treibjagen.
bauge [boʒ] f. Nest des Eichhörnchens.
bavard [bavar] m. Schwätzer.
Bavarois [bavarwa] m. Bayer.
Bayard [bajar] m. franz. Ritter.

beau [bo], bel, belle [bɛl] schön; il fait beau (temps) es ist schönes Wetter; avoir — umsonst, vergebens; le baromètre est au — das Barometer steht auf schön; de plus belle noch rascher.
beaucoup [boku] viel, viele; sehr.
beauté [bote] f. Schönheit.
bébé [bebe] m. kleines Kind.
bec [bɛk] m. Schnabel; Brenner.
bêche [bɛʃ] f. Spaten, Schippe.
bêcher [beʃe] (um)graben.
becquée [beke] f. ein Schnabel voll; donner la — à ses petits die Kleinen füttern.
bêler [bele] blöken.
Belgique [belʒik] f. Belgien.
bélier [belje] m. Widder, Schafbock.
belladone [beladɔn] f. Belladonna, Tollbelle [bɛl] siehe beau. [kirsche.
belliqueux, se [belikö, z] kriegerisch.
bellot [belo] m. Engel (Schmeichelname).
bénir [benir] segnen.
berceau [berso] m. Wiege; Nest.
berger [berʒe] m. Schäfer, Hirt.
bergerie [berʒri] f. Schafstall, Schäferei.
bergeronnette [berʒərɔnɛt] f. Bachstelze.
Berlin [berlɛ̃] m. Berlin.
Bertrand [bertrã] m. Bertram.
besogne [bəzɔɲ] f. Arbeit.
besoin [bəzwɛ̃] m. Bedürfnis, Not; avoir — de qch. eine Sache nötig haben, brauchen; il est — es ist nötig.
bestiaux [bestjo] pl. m. Rind-, Zugvieh.
bétail [betaj] m. Vieh.
bête [bɛt] 1. a. dumm, albern; 2. s. f. Tier; — à cornes Hornvieh.
beugler [bøgle] muhen.
beurre [bɔr] m. Butter.
beurrée [böre] f. Butterbrot.
biche [biʃ] f. Hirschkuh, Hindin.
bicycle [bisikl] m. Zweirad; Veloziped mit zwei Rädern.
bielle [bjɛl] f. Kurbelstange, Lenker.
bien [bjɛ̃] adv. gut, wohl, sehr, gern; viel, viele, sehr viele; ou — oder (sonst); s. m. Gut(es), Einkünfte; homme de — Biedermann.

bienfait [bjɛfɛ] m. Wohlthat.
bientôt [bjɛto] bald.
bière [bjɛr] f. Bier.
bigarré, e [bigare] buntscheckig.
bijou [biʒu] m. Juwel, Schmuck.
billet [bijɛ] m. Fahrkarte, Fahrschein, Billet.
biquette [bikɛt] f. Zicklein.
bis [bis] noch einmal.
biscotin [biskɔtɛ̃] m. kleines, rundes Zuckerbrot.
biscuit [biskwi] m. Zwieback, Biskuit.
bise [biz] f. Nord(ost)wind.
bivouac [bivwak] m. Feldwache, Feldlager.
blâmer [blame] tadeln.
blanc, che [blã, ʃ] weifs.
blanchâtre [blãʃatr] weifslich.
blancheur [blãʃœr] f. das Weifse, weifse Farbe.
blé [ble] m. Getreide, Korn.
blessé [blɛse] m. Verwundeter.
blesser [blɛse] verwunden.
blessure [blesür] f. Wunde.
bleu, e [blö] blau.
bleuâtre [blöatr] bläulich.
bloc [blɔk] m. Block.
se blottir [blɔtir] sich kauern.
blouse [bluz] f. Bluse, Kittel.
bluet [blüɛ] m. blaue Kornblume.
blutoir [blütwar] m. Beutelkasten.
boa [boa] m. Boa, Riesenschlange.
bœuf [bɔf, pl. bö oder bɔf] m. Ochs.
bohémien [boemjɛ̃] m. Zigeuner.
boire [bwar] trinken, saufen.
bois [bwa] m. Holz; Wald.
boisson [bwasɔ̃] f. Getränke.
boîte [bwat] f. Schachtel, Dose.
boiter [bwate] hinken.
bon, ne [bɔ̃, ɔn] gut; *il fait — es thut wohl; pour tout de* — im Ernste, ernstlich. [werk.
bonbon [bɔ̃bɔ̃] m. Zuckerwerk, Naschbond* [bɔ̃] m. Sprung, Satz.
bondir [bɔ̃dir] hüpfen, aufspringen.
bonheur [bɔnœr] m. Glück.
bonhomme [bɔnɔm] m. gutmütiger Kerl, Junge, Gevatter; Männeken.

bonjour [bɔ̃ʒur] m. guten Tag, guten Morgen.
bonne [bɔn] f. Kindermädchen.
bonnet [bɔnɛ] m. Mütze.
bonsoir [bɔswar] m. guten Abend, gute Nacht.
bord [bɔr] m. Rand, Saum, Ufer, Küste.
Bordeaux [bɔrdo] m. franz. Stadt an der Garonne.
border [bɔrde] einfassen, begrenzen.
borgne [bɔrɲ] einäugig, blind.
borne [bɔrn] f. Grenzstein, Markzeichen.
borner [bɔrne] begrenzen, beschränken.
Bosphore [bɔsfɔr] m. Bosporus (Meerenge).
bosquet [bɔskɛ] m. Lustwäldchen.
botte [bɔt] f. Stiefel; Bündel.
bottine [bɔtin] f. Damen-, Schnürstiefel.
bouc [buk] m. Ziegenbock.
bouche [buʃ] f. Mund, Mündung; Backofenmund.
bouchée [buʃe] f. Mundvoll, Bissen.
boucherie [buʃri] f. Schlächterei, Fleischerladen.
bouder [bude] maulen, schmollen.
boudeur [budœr] m. Maulhänger, Trotzkopf.
bouger [buʒe] sich bewegen, sich rühren.
bouillir [bujir] kochen.
bouillonner [bujɔne] aufwallen, sprudeln.
boulanger [bulãʒe] m. Bäcker; *garçon* — Bäckergeselle.
boulangère [bulãʒɛr] f Bäckerin.
boulangerie [bulãʒri] f. Bäckerei.
boule [bul] f. Kugel, Ball.
bouleau [bulo] m. (weifse) Birke.
boulet [bulɛ] m. (Kanonen-)Kugel.
boulevard [bulvar] m. Wall; breite und lange Strafse mit Bäumen zu beiden Seiten des Fahrwegs.
bouleverser [bulvɛrse] umstürzen, aufser Fassung bringen, in Unordnung bringen.
Boulogne [bulɔɲ] f. Flecken bei Paris.
bouquet [bukɛ] m. (Blumen-)Straufs.
Bourbon [burbɔ̃] m. franz. Stadt.
bourdonnement [burdɔnmã] m. Summen.
bourdonner [burdɔne] summen.

Bourgogne [burgɔñ] f. Burgund.
bourse [burs] f. Börse.
bout [bu] m. Ende, Spitze; *venir à*
— *de qch.* mit einer Sache fertig
werden.
boutique [butik] f. (Kram-)Laden.
bouton [butɔ] m. Knospe.
braire [brɛr] wie ein Esel schreien.
brancard [brãkar] m. Tragbahre,
Sänfte.
branche [brãʃ] f. Ast, Zweig.
brandir [brãdir] schwingen.
bras [bra] m. Arm.
brassée [brase] f. ein Armvoll.
brasserie [brasri] f. Brauerei.
brave [brav] tapfer.
bravoure [bravur] f. Tapferkeit.
brebis [brəbi] f. Schaf.
brèche [brɛʃ] f. Felsspalte.
Bretagne [brətañ] f. Bretagne.
bride [brid] f. Zügel, Zaum.
brigand [brigã] m. Räuber.
brillant, e [brijã, t] glänzend.
briller [brije] glänzen, schimmern,
zucken.
brimbale [brɛbal] f. Pumpenschwengel.
brin [brɛ] m. Halm.
brique [brik] f. Back-, Ziegelstein.
briquet [brikɛ] m. Feuerstahl, -zeug.
brise [briz] f. leichter Wind.
briser [brize] (zer)brechen; *se* — zer-
platzen, zerschellen.
brocher [brɔʃe] broschieren, heften.
brocheur [brɔʃɔr] m. Bücherhefter.
brouette [bruɛt] f. Schubkarre.
brouillard [brujar] m. Nebel.
brouter [brute] abweiden, (ab)grasen.
broyer [brwaje] zerreiben, zerschroten.
bruire [brɥir] rauschen, Lärm machen.
bruit [brɥi] m. Geräusch, Lärm.
brûlant, e [brülã, t] brennend, heiss.
brûler [brüle] brennen, verbrennen.
brume [brüm] f. dicker Nebel.
brun, e [brɛ̃, ɛn] braun.
brune [brün] f. Abenddämmerung.
brunir [brünir] bräunen.
bu, e [bü] p. p. von *boire.*
bûcher [büʃe] m. Scheiterhaufen.

bûcheron [büʃrɔ] m. Holzhauer.
buisson [bɥisɔ] m. Busch, Gebüsch.
bulletin [bültɛ] m. Schein.
but [bü(t)] m. Zweck, Ziel.

C.

Ça [sa] verkürzt aus *cela* dies, das;
comme — so.
cabane [kaban] f. Hütte.
cabaret [kabarɛ] m. Schenke, Wirts-
haus.
cabaretier, ère [kabartje, ɛr] s. Schenk-
wirt(in).
cachemire [kaʃmir] m. Kaschmir-Shawl.
cacher [kaʃe] verbergen.
cadence [kadãs] f. Ruhepunkt, Takt;
en — im Takt.
cadet, te [kadɛ, t] a. u. s. jünger(e).
cadran [kadrã] m. Zifferblatt.
café [kafe] m. Kaffee.
cage [kaʒ] f. Käfig.
Cagnotte [kañɔt] m. Hundename.
cahier [kaje] m. Heft.
caille [kaj] f. Wachtel.
caillou [kaju] m. Kieselstein.
caisson [kɛsɔ] m. Munitions-, Proviant-
Wagen.
Calais [kalɛ] m. franz. Stadt am Kanal,
Dover gegenüber.
calcaire [kalkɛr] m. Kalkstein.
calendrier [kalãdrie] m. Kalender.
calice [kalis] m. Kelch.
calmer [kalme] beruhigen.
calomnier [kalɔmnje] verleumden.
calotte [kalɔt] f. Käppchen.
camarade [kamarad] m. Kamerad.
camion [kamjɔ] m. Handwagen, Karren.
camionneur [kamjɔnɔr] m. Kärrner, Roll-
knecht.
camp [kã] m. Lager.
campagnard [kãpañar] m. Landmann.
campagne [kãpañ] f. Feld, Land; Feldzug.
canal [kanal] m. Kanal.
canard [kanar] m. Ente.
cancan [kãkã] m. Klatscherei.
cancaner [kãkane] Klatschereien machen; schnattern.

candidat [kãdida] m. Kandidat, Bewerber.

cane [kan] f. Entenweibchen.

caneton [kant3] m. Entchen.

caniche [kaniʃ] m. Pudelhund.

canif [kaniſ] m. Federmesser.

canine [kanin] f. Augen-, Eckzahn.

canon [kanɔ3] m. Kanone.

canot [kano] m. Kahn, Jolle, kleines Boot.

cantatrice [kãtatris] f. Sängerin.

capable [kapabl] fähig.

— *caparaçonner* [kaparasɔne] die Decke auflegen, aufputzen.

capitaine [kapitɛn] m. Hauptmann; Schiffs-Kapitän; Feldherr.

capitale [kapital] f. Hauptstadt.

Capitole [kapitɔl] m. Kapitol.

captivité [kaptivite] f. Gefangenschaft.

car [kar] denn.

caractère [karaktɛr] m. Charakter.

— *carapace* [karapas] f. Rückenschild.

cardinal [kardinal] m. Kardinal.

caresser [karɛse] liebkosen.

carnier [karnje] m. Jagdtasche.

carotte [karɔt] f. Mohrrübe.

carpe [karp] f. Karpfen.

carré [kare] s. m. Viereck; a. viereckig.

carreau [karo] m. Viereck; Fensterscheibe.

se carrer [kare] sich spreizen.

carrière [karjɛr] f. 1. Laufbahn, Beruf, Stand; 2. Steinbruch.

carte [kart] f. Karte.

carton [kart3] m. Papp(en)deckel.

cas [ka] m. Fall; *faire — de qch.* Wert legen auf etwas.

cascade [kaskad] f. Wasserfall.

case [kaz] f. Fach.

' *caserne* [kazɛrn] f. Kaserne.

caspien, ne [kaspjɛ̃, ɛn] kaspisch.

casque [kask] m. Helm.

casquette [kaskɛt] f. Mütze, Kappe.

casser [kase] zerbrechen, zerreifsen.

castor [kastɔr] m. Biber.

cathédrale [katedral] f. Kathedrale, Dom.   [wegen.

cause [koz] f. Ursache, Sache; *à — de*

causer [koze] verursachen.

cavalerie [kavalri] f. Kavallerie, Reiterei.

cavalier [kavalje] m. Reiter.

cave [kav] f. Keller.

caverne [kavɛrn] f. Höhle.

cavité [kavite] f. Höhlung.

Cayenne [kajɛn] f. (Verbrecher-)Kolonie in Guyana.

ce [sə], *cet* [sɛt] m., *cette* [sɛt] f., *ces* [se] pl. m. u. f. dieser, diese, dieses.

ceci [sɔsi] dies.

cela [sla] jenes, das.

célébrer [selebre] feiern.

celui [sɔlwi], *celle* [sɛl], pl. *ceux* [sö], *celles* [sɛl] derjenige; *—-ci* dieser; *—-là* jener.

centime [sãtim] m. Centime.

central, e [sãtral] zentral, Zentral-.

centre [sãtr] m. Mitte; Mittelreifen.

cependant [spãdã] indessen, jedoch.

cercle [sɛrkl] m. Kreis.

céréale [sereal] f. Getreide.

cerf [sɛrf] m. Hirsch; *—-volant* [sɛr vɔlã] (Papier-)Drache.

cerise [sriz] f. Kirsche.

cerisier [srizje] m. Kirschbaum.

certain, e [sɛrtɛ̃, ɛn] gewifs, sicher.

César [sezar] m. Cäsar.'

cesser [sɛse] aufhören.

c'est-à-dire [sɛt a dir] das heifst, nämlich.

c'est-il [sɛt il] = *est-il?*

c'est que [sɛ kə] das kommt daher, weil.

Cévennes [seven] f. pl. Sevennen.

chacun, e [ʃakɔ̃, ɛn] jeder.

chagrin [ʃagrɛ̃] m. Kummer.

chaîne [ʃɛn] f. Kette.

chair [ʃɛr] f. Fleisch.

chaise [ʃɛz] f. Stuhl.

chaland [ʃalã] m. Kunde.

chalet [ʃalɛ] m. Sennhütte.

chaleur [ʃalɔr] f. Hitze, Wärme.

chalumeau [ʃalɔmo] m. Schalmei, Hirtenflöte.

chambre [ʃãbr] f. Zimmer; *— à coucher* Schlafzimmer.

chamois [ʃamwa] m. Gemse.

champ [ʃ] m. Feld; sur le — auf der Stelle.

champignon [ʃãpiñɔ̃] m.(Erd-)Schwamm.

chance [ʃãs] f. Glück; Aussicht.

chanceler [ʃãsle] wanken.

chandelier [ʃãdəlje] m. Leuchter.

chandelle [ʃãdɛl] f. Kerze, Licht.

changement [ʃãʒmã] m. Wechsel.

changer [ʃãʒe] ändern, wechseln, verwandeln; schillern.

chanson [ʃãsɔ̃] f. Lied.

chant [ʃã] m. Gesang.

chanter [ʃãte] singen, krähen.

chanteuse [ʃãtøz] f Sängerin.

chanvre [ʃãvr] m. Hanf. —

chapeau [ʃapo] m. Hut.

chapelier [ʃapəlje] m. Hutmacher.

chapelle [ʃapɛl] f. Kapelle.

chapitre [ʃapitr] m. Kapitel.

chapler [ʃaple] dengeln. —

chapon [ʃapɔ̃] m. Kapaun. —

chaque [ʃak] jeder.

char [ʃar] m. Wagen.

charbon [ʃarbɔ̃] m. Kohle.

charbonnier [ʃarbɔnje] m. Kohlenbrenner; — est maître en sa maison jeder ist Herr in seinem Hause.

chardon [ʃardɔ̃] m. Distel.

chardonneret [ʃardɔnrɛ] m. Distelfink.

charge [ʃarʒ] f. Last; Ladung; Angriff; Amt.

charger [ʃarʒe] (be)laden, belasten, beauftragen; — de chaînes in Ketten legen.

chariot [ʃarjo] m. Wagen.

charitable [ʃaritabl] barmherzig.

charité [ʃarite] f. (Nächsten-)Liebe.

charlatan [ʃarlatã] m. Marktschreier, Schwindler.

Charlemagne [ʃarləmañ] m. Karl der Grofse.

Charles [ʃarl] m. Karl.

Charles-Martel [ʃarlə martɛl] Karl Martell.

Charles-Quint [ʃarlə kɛ̃] Karl V. (deutscher Kaiser).

charmant, e [ʃarmã, t] reizend, allerliebst.

charme [ʃarm] m. 1. Weifsbuche, 2. Reiz, Zauber; il se porte comme un charme er befindet sich wie ein Fisch im Wasser.

charmer [ʃarme] entzücken. [arbeit.

charpente [ʃarpãt] f. Gebälk; Zimmer-
charpentier [ʃarpãtje] m. Zimmermann.

charretier [ʃartje] m.(Fracht-)Fuhrmann.

charrette [ʃarɛt] f. zweirädriger Karren.

charrier [ʃarje] anfahren; treiben, mit Eis gehen.

charron [ʃarɔ̃] m. Wagner, Stellmacher.

charrue [ʃary] f. Pflug.

chasse [ʃas] f. Jagd.

chasser [ʃase] (weg-)jagen, vertreiben.

chasseur [ʃasœr] m. Jäger.

chat [ʃa] m. Katze.

château [ʃato] m. Schlofs.

Châteauneuf-de-Rendon [ʃatonœf də rãdɔ̃] franz. Ortsname.

châtiment [ʃatimã] m.Züchtigung, Strafe.

chaton [ʃatɔ̃] m. Kätzchen (auch an Pflanzen).

chatte [ʃat] f. weibliche Katze.

chaud, e [ʃo, d] warm, heifs; pleurer à chaudes larmes heifse Thränen vergiefsen; j'ai — es ist mir warm; il fait — es ist warm.

chaudière [ʃodjɛr] f. Kessel.

chauffage [ʃofaʒ] m. Feuerung; bois de — Brennholz.

chauffer [ʃofe] warm, heifs machen; se — sich wärmen.

chauffeur [ʃofœr] m. Heizer.

chaume [ʃom] m. Stroh; Dachstroh.

chaumière [ʃomjɛr] f. Strohhütte.

chauve [ʃov] kahl, entblöfst von Federn oder Haaren.

chaux [ʃo] f. Kalk. [führer.

chef [ʃɛf] m. Haupt, Häuptling, An-
chemin [ʃmɛ̃] m. Weg; — de fer Eisenbahn; en —, — faisant unterwegs.

cheminée [ʃmine] f. Kamin, Schornstein.

chêne [ʃɛn] m. Eiche.

chenille [ʃnij] f. Raupe.

cher, chère [ʃer] lieb, teuer.

chercher [ʃɛrʃe] suchen; aller — holen.

chéri, e [ʃeri] zärtlich geliebt, teuer.

cheval [ʃval] m. Pferd.

chevalerie [ʃvalri] f. Rittertum.

chevalier [ʃvalje] m. Ritter.

cheveu [ʃvö] m. Haar.

cheville [ʃvij] f. Knöchel.

chèvre [ʃɛvr] f. Ziege.

chevreau [ʃəvro] m. junge Ziege, Zicklein.

chevreuil [ʃəvrɔj] m. Rehbock.

chevron [ʃəvrɔ] m. Dachsparren.

chevroter [ʃəvrɔte] meckern.

chez [ʃe] bei, zu.

chicorée [ʃikɔre] f. Cichorie.

chien [ʃjɛ] m. Hund.

chienne [ʃɛn] f. Hündin.

chiffonner [ʃifɔne] zerknittern. —

chiffre [ʃifr] m. Ziffer, Zahl, Zahlzeichen.

Chine [ʃin] f. China.

chirurgien [ʃirürʒjɛ] m. Chirurg, Wundarzt.

choc [ʃɔk] m. Stofs.

chocolat [ʃɔkɔla] m. Schokolade.

chœur [kɔr] m. Chor.

choisir [ʃwazir] auserwählen.

choix [ʃwa] m. (Aus-)Wahl.

choquer [ʃɔke] zuwider sein.

chose [ʃoz] f. Sache, Ding; *autre* — etwas andres; *quelque* — etwas.

chou [ʃu] m. Kohl.

chou-fleur [ʃu flɔr] m. Blumenkohl.

chrétien, ne [kretjɛ, ɛn] christlich.

christianisme [kristjanism] m. Christentum.

Christophe [kristɔf] m. Christoph.

chute [ʃüt] f. Fall, Sturz.

ci [si] hier; *ce* .. *-ci* dieser; *ci-gît* hier ruht (siehe *gésir*).

cidre [sidr] m. Zider, Apfelwein.

ciel [sjɛl] m. (pl. *cieux* [sjö]) Himmel.

cigale [sigal] f. Zikade, Grille.

cigare [sigar] m. Zigarre.

cigogne [sigɔɲ] f. Storch.

cil [sil] m. Wimper.

cime [sim] f. Gipfel.

circuler [sirküle] hin- und herfahren; hin- und hergehen.

cire [sir] f. Wachs.

ciseau [sizo] m. Meifsel; — *x* pl. Schere.

citadin [sitadɛ] m. Städter.

cité [site] f. Stadt.

citer [site] anführen, nennen.

citron [sitrɔ] m. Zitrone.

citrouille [sitruj] f. Kürbis.

civière [sivjɛr] f. Tragbahre.

civilisation [sivilizasjɔ] f. Zivilisation, Kultur, Gesittung.

clair [klɛr] m. Schein.

clair, e [klɛr] hell, klar.

clairet, te [klɛrɛ, t] blafsrot.

clairon [klɛrɔ] m. Hornist.

clameur [klamɔr] f. Geschrei.

claquer [klake] klappern, knallen.

clarté [klarte] f. Klarheit, Helle.

classe [klas] f. Klasse.

classer [klase] klassifizieren, ordnen.

clef [kle] f. Schlüssel.

clerc [klɛr] m. Geistlicher.

cligner [kliɲe] blinzeln.

climat [klima] m. Klima.

cloche [klɔʃ] f. Glocke.

clocher [klɔʃe] m. Kirchturm.

clochette [klɔʃɛt] f. Glöckchen.

clore [klɔr] schliefsen; — *la poupière* die Augen zuthun.

clos, e [klo, z] 1. a. verschlossen; 2. s. m. Einfriedigung; — *(de vigne)* eingezäunter Weinberg.

clôture [klotür] f. Einfriedigung.

clou [klu] m. Nagel.

Clovis [klɔvis] m. Chlodwig.

club [klüb] m. Klub.

coac [kwak] rab (Ruf der Raben).

coasser [koase] quaken.

Coblence [koblãs] f. Koblenz.

cocher [kɔʃe] m. Kutscher.

cochère [kɔʃɛr] a. f.; *porte* — Thorweg.

cochon [kɔʃɔ] m. Schwein; — *de lait* (Span-)Ferkel.

cocon [kɔkɔ] m. Puppe, Seidenraupengespinst.

cœur [kɔr] m. Herz; *de bon* — von Herzen, herzhaft; *de tout mon* — von ganzem Herzen.

cognée [kɔɲe] f. Axt.

cogner [koŝe] klopfen.

coiffer [kwafe] den Kopf bedecken.

coin [kwŝ] m. Winkel, Ecke.

col [kol] m. Hals, Verengerung.

colchique [kolŝik] m. Herbstzeitlose.

colère [kolar] f. Zorn.

colimaçon [kolimasŝ] m. Weinbergs-schnecke.

colique [kolik] f. Kolik, Bauchgrimmen.

collège [kolaʒ] m. Kollegium; (städt.) Gymnasium.   [gen.

coller [kole] kleben, heften, anschmie-

collier [kolje] m. *(de cheval)* Kummet.

colline [kolin] f. Hügel.

Cologne [koloŝ] f. Köln.

Colomb [kolŝ] m. Kolumbus.

colombier [kolŝbje] m. Taubenschlag.

colonie [koloni] f. Kolonie.

colonne [kolon] f. Säule.

colza [kolza] m. Raps; *huile de* — Rüböl.

combat [kŝba] m. Kampf.

combattant [kŝbatŝ] m. Kämpfer, Kämpe.

combattre [kŝbatr] (be)kämpfen.

combien [kŝbjŝ] wie viel(e); *le* — *sommes-nous?* den wievielten haben wir?

comble [kŝbl] m. Übermaſs; *être au* — bis zum Rande voll, gefüllt sein, übermäſsig, höchst, auſserordentlich.

combler [kŝble] überhäufen.

comestible [komestibl] eſsbar.

commandement [komŝdmŝ] m. Befehl; Gebot.

commander [komŝde] befehlen, bestellen.

comme [kom] wie, als, gleichsam wie; — *ça* so; — *si* als ob.

commencement [komŝsmŝ] m. Anfang.

commencer [komŝse] anfangen.

comment [komŝ] wie.

commerçant [komarsŝ] m. Kaufmann.

commerce [komars] m. Handel; *faire le* — Handel treiben.

commissionnaire [komisjonar] m. Dienstmann.

commode [komod] bequem.

commun, e [komŝ, ün] gemein(sam).

communal, e [komünal] a. Gemeinde-.

communiquer [komünike] mitteilen; in Verbindung stehen.

compagnie [kŝpaŝi] f. Gesellschaft.

compagnon [kŝpaŝŝ] m. Kamerad, Gesellschafter, Gefährte; — *d'armes* Waffenbruder.

comparer [kŝpare] vergleichen.

compas [kŝpa] m. Zirkel.

compenser [kŝpŝse] ersetzen.

Compiègne [kŝpjaŝ] f. franz. Stadt (Oise).

complaisamment [kŝplazamŝ] nachgiebig, gefällig.

complet, ète [kŝpla, t] vollständig.

compliment [kŝplimŝ] m. Grufs, feierliche Anrede.

composer [kŝpoze] zusammensetzen, bilden; *se* — zusammengesetzt sein.

comprendre [kŝprŝdr] begreifen, verstehen; enthalten, umfassen.

comprimer [kŝprime] unterdrücken.

compris, e [kŝpri, z] p. p. von *comprendre*.

comptant [kŝtŝ] m. Bargeld: *au* — gegen bar.

compte [kŝt] m. Rechnung; *livre de* — Schuld-Buch.

compter [kŝte] zählen.

comptoir [kŝtwar] m. Ladentisch.

comte [kŝt] m. Graf.

concevoir [kŝsŝvwar] abfassen.

concitoyen [kŝsitwajŝ] m. Mitbürger.

conclure [kŝklür] schliefsen.

condamné [kŝdane] m. Verurteilter.

condamner [kŝdane] verurteilen.

conduire [kŝdŝir] führen.

conduit, e [kŝdŝi, t] p. p. von *conduire*.

conduit [kŝdŝi] m. (Leitungs-)Röhre, Rinne.

conduite [kŝdŝit] f. Leitung, Führung. Röhrenwerk.

confection [kŝfeksjŝ] f. Anfertigung.

confiance [kŝfjŝs] f. Vertrauen.

confier [kŝfje] (an)vertrauen.

confluent [kŝflŝŝ] m. Zusammenfluſs.

confus, e [kŝfü, z] ungeordnet, bestürzt.

conjugaison [kŝʒügazŝ] f. Konjugation.

connaissance [kɔnɛsãs] f. Bekannter.
connaître [kɔnɛtr] (er)kennen, kennen lernen.
connu, e [kɔnü] p. p. von *connaître*.
conquérant [kɔkerã] m. Eroberer.
conquérir [kɔkerir] erobern.
conquête [kɔkɛt] f. Eroberung.
consacrer [kɔsakre] weihen.
conseil [kɔsɛj] m. Rat.
conseiller [kɔsɛje] m. Ratgeber.
consentir [kɔsãtir] einwilligen.
conséquence [kɔsekãs] f. Folge; *en —* folglich.
par conséquent [par kɔsekã] folglich.
conserver [kɔsɛrve] erhalten, (auf)bewahren. [bedeutend.
considérable [kɔsiderabl] beträchtlich,
consigne [kɔsiñ] f. Raum zur Aufbewahrung des Gepäcks; *mettre ses bagages à la —* sein Gepäck zur Aufbewahrung übergeben.
consister [kɔsiste] bestehen.
consolation [kɔsɔlasj3] f. Trost.
consommateur[kɔsɔmatɔr]m. Verzehrer, Gast.
constamment [kɔstamã] adv. beständig.
constance [kɔstãs] f. Standhaftigkeit, Beständigkeit.
Constantinople [kɔstãtinɔpl] f. Konstantinopel.
constituer [kɔstitüe] ausmachen, bilden.
construire [kɔstrüir] bauen.
consulat [kɔsüla] m. Konsulat.
consulter [kɔsülte] um Rat fragen.
contact [kɔtakt] m. Berührung.
conte [kɔt] m. Erzählung; Märchen.
contempler [kɔtãple] betrachten.
contemporain[kɔtãporɛ]m. Zeitgenosse.
contenir [kɔtnir] enthalten.
content, e [kɔtã, t] zufrieden.
contentement [kɔtãtmã] m. Zufriedenheit; Genügsamkeit; *— passe richesse* Genügsamkeit geht über Reichtum.
contenter [kɔtãte] befriedigen; *se — de* sich begnügen mit.
continuel, le [kɔtinüɛl] beständig.
continuer [kɔtinüe] fortsetzen, fortfahren.

contractile [kɔtraktil] zusammenziehbar.
contraindre [kɔtrɛdr] zwingen.
contraire [kɔtrɛr] m. Gegenteil.
contraste [kɔtrast] m. schroffer Gegensatz.
contre [kɔtr] gegen.
contredire [kɔtrədir] widersprechen.
contrée [kɔtre] f. Gegend.
convaincre [kɔvɛkr] überzeugen.
convenable [kɔvnabl] passend.
convenir [kɔvnir] *à* passen; *— de* zugeben.
conversation [kɔvɛrsasj3] f. Unterhaltung, Gespräch. [übertreten.
convertir [kɔvɛrtir] verwandeln; *se —*
convoi [kɔvwa] m. Zug, Zufuhr.
coq [kɔk] m. Hahn.
coque [kɔk] f. (Eier-)Schale.
coquelicot [kɔkliko] m. Klatschrose.
coquerico [kɔkriko] m. Kikeriki.
coquille [kɔkij] f. Schale.
corbeau [kɔrbo] m. Rabe.
corbeille [kɔrbɛj] f. Korb.
corde [kɔrd] f. Strick, Seil.
cordeau [kɔrdo] m. Meßschnur.
cordon [kɔrd3] m. Schnur, Band, Klinkenzug.
cordonnier [kɔrdɔnje] m. Schuhmacher.
corne [kɔrn] f. Horn.
corneille [kɔrnɛj] f. Krähe.
corps [kɔr] m. Körper; Korps, Abteilung.
corridor [kɔridɔr] m. Flur, Gang.
corsaire [kɔrsɛr] m. Seeräuber.
cortège [kɔrtɛʒ] m. Zug.
cosaque [kɔzak] m. Kosak.
costume [kɔstüm] m. Anzug, Tracht.
côte [kot] f. Küste, Hügel, Abhang.
côté [kote] m. Seite; *à — (de)* nahebei, neben; *de tous (les) —s* überall.
coteau [kɔto] m. Abhang, Hügel.
cotillon [kɔtij3] m. Unterrock.
coton [kɔt3] m. Baumwolle; Wolle; wolliges Haar an Pflanzen.
cott [kɔt] (Ruf der Hennen).
cou [ku] m. Hals; *— -de-pied* Spann
couchant [kuʃã] m. Abend, Westen.
couche [kuʃ] f. Lager, Bett; Lage.

— 321 —

coucher [kuʃe] liegen, schlafen; niederlegen; *se* — sich (schlafen) legen, untergehen; *être couché* liegen, schlafen

coucou [kuku] m. Kuckuck.

coude [kud] m. Ellenbogen.

coudre [kudr] (zusammen)nähen, -heften.

couler [kule] fließen.

couleur [kulœr] f. Farbe.

coup [ku] m. Schlag, Stich, Hieb, Stoß, Tritt, Schuß, Streich; — *de voix* Aufschrei; — *d'œil* Blick; *tout à* - plötzlich; *pour le* — diesmal.

coupe [kup] f. Schale.

coupe-pâte [kup pat] m. Teigmesser.

couper [kupe] (zer)schneiden.

couple [kupl] f. u. m. Paar.

cour [kur] f. Hof; *basse-* — Hühnerhof.

courage [kuraʒ] m. Mut.

courageux, se [kuraʒö, z] mutig.

courber [kurbe] krümmen, beugen.

courir [kurir] laufen, eilen, herumlaufen; — *après* nachlaufen.

couronne [kurɔn] f. Krone, Kranz.

couronner [kurɔne] krönen, bekränzen.

courroux [kuru] m. Zorn, Grimm.

cours [kur] m. Lauf.

course [kurs] f. Gang, Weg.

court, e [kur, t] kurz; *court* adv. kurz, plötzlich; *arrêter* — schnell aufhalten.

courtisan [kurtizã] m. Höfling.

courtois, e [kurtwa, z] höflich, ritterlich.

cousin [kuzɛ̃] m. Vetter.

cousine [kuzin] f. Base, Cousine.

coussin [kusɛ̃] m. Kissen.

coussinet [kusinɛ] m. kleines Kissen, Polsterchen.

couteau [kuto] m. Messer.

coutelier [kutəlje] m. Messerschmied.

coûter [kute] kosten.

coûteux, se [kutö, z] kostspielig, teuer.

coutume [kutüm] f. Gewohnheit; *comme de* — wie gewöhnlich.

couture [kutür] f. Naht.

couvée [kuve] f. Brut.

couver [kuve] brüten.

couvercle [kuvɛrkl] m. Deckel.

couvert, e [kuvɛr, t] p. p. von *couvrir*.

couverture [kuvɛrtür] f. Decke.

couvre-feu [kuvrə fö] Feierabendglocke; Zeichen, daß die Thore geschlossen werden.

couvrir [kuvrir] bedecken.

craie [krɛ] f. Kreide.

craindre [krɛ̃dr] fürchten.

craint, e [krɛ̃, t] p. p. von *craindre*.

craintif, ve [krɛ̃tif, v] furchtsam, ängstlich.

crâne [kran] m. Schädel.

craquer [krake] krachen.

crayon [krɛjɔ̃] m. Bleistift.

créateur [kreatœr] m. Schöpfer.

crédit [kredi] m. Kredit; *à* — auf Borg.

créer [kree] schaffen.

crème [krɛm] f. Rahm, Sahne.

crête [krɛt] f. (Hahnen-)Kamm.

creuser [kröze] graben.

creux, se [krö, z] hohl, tief.

cri [kri] m. Schrei; Tierstimme.

criard, e [kriar, d] schreiend.

cri-cri [kri kri] m. Grille.

crier [krie] rufen, schreien, ausrufen, zurufen.

crime [krim] m. Verbrechen.

crinière [krinjɛr] f. Mähne.

cristal [kristal] m. Kristall. [tiker.

critique [kritik] m. Kunstrichter, Kri-

croasser [kroase] krächzen; schreien (von Raben).

crochet [krɔʃɛ] m. Haken.

crochu, e [krɔʃü] hakenförmig, krumm.

crocodile [krɔkɔdil] m. Krokodil.

croire [krwar] glauben, halten für.

croiser [krwaze] kreuzen.

croissance [krwasãs] f. Wachstum.

croissant [krwasã] m. zunehmender Mond, (Mond-)Sichel; vgl. *croître*.

croître [krwatr] wachsen.

croix [krwa] f. Kreuz.

croquer [krɔke] verschlingen.

croquignole [krɔkiñol] f. Nasenstüber.

cru, e [krü] p. p. von *croire*.

cruche [krüʃ] f. Krug.

crucifix [krüsifi] m. Kruzifix.

cruel, le [krüɛl] grausam.

Cuba [küba] f. Kuba (gröfste Insel der Antillen).

cueillir [köjür] pflücken.

cuic [kwik] quiek!

cuiller [küjɐr] f. Loffel.

cuillerée [küjre] f. (ein) Löffel voll.

cuir [kwir] m. Leder.

cuire [kwir] kochen, backen, braten, brennen.

cuisine [kwizin] f. Küche.

cuisse [kwis] f. Oberschenkel.

cuisson [kwis3] f. Kochen, Brennen.

cuivre [kwivr] m. Kupfer.

cuivrer [kwivre] verkupfern.

culotte [külɔt] f. (kurze Knie-)Hosen.

cultivateur [kültivatɔr] m. Landmann.

cultiver [kültive] Feld bestellen, pflanzen.

culture [kültür] f. Bestellung (des Bodens); *instrument de* — Ackergerät.

curieux, se [kürjö, z] neugierig, merk*cuve*[küv]f. Zuber, Bütte, Kufe. [würdig.

Czar [ksar, tsar] m. Czar.

D.

daigner [dɐñe] geruhen.

dame [dam] f. Dame, Frau.

Danemark [danmark] m. Dänemark.

danger [dãʒe] m. Gefahr.

dangereux, se [dãʒrö, z] gefährlich.

dans [dã] in.

danser [dãse] tanzen.

danseur [dãsɔr] m. Tänzer.

Danube [danüb] m. Donau.

date [dat] f. Datum.

datte [dat] f. Dattel.

dattier [datje] m. Dattelpalme.

Dauphiné [dofine] m. altfranz. Provinz.

davantage [davãtaʒ] mehr.

de [də] von, aus, mit, auf; ersetzt den Genetiv.

débâcle[debakl] f. plötzlicher Eisbruch, Eisgang.

débarrasser [debarase] befreien, losmachen.

déborder [debɔrde] überfliefsen, aus den Ufern treten.

debout [dəbu] aufrecht, stehend; *rester* — stehen bleiben.

débris [debri] m. pl. Trummer, Überrest.

deçà [dəsa] dieseits, — *delà* hin und her.

décembre [desãbr] m. December.

déchirer [deʃire] zerreifsen.

décidément [desidenɑl] adv. sicherlich, ohne Frage.

décider [deside] entscheiden.

déclarer [deklare] erklären.

décontenancer [dekɔtnãse] aus der Fassung bringen, verblüffen.

découvert, e [dekuvɐr, t] p. p. von *découvrir.*

découvrir [dekuvrir] entdecken, entblöfsen.

décrocher [dekrɔʃe] loshaken, herunterreifsen, herunternehmen.

dédaigner [dedɐñe] verschmähen.

dédain [dedɛ̃] m. Verachtung.

dedans [dədã] darin, hinein; *là-* — da drinnen.

défendre [defãdr] verteidigen, verbieten.

défense [defãs] f. Verteidigung, Verbot; Stofszahn, Fangzahn.

défilé [defile] m. Engpafs; Vorbeifahrt.

défunt, e [defõ, t] verstorben.

dégager [degaʒe] freimachen, entwickeln.

dégât [dega] m. Schaden, Verwüstung.

dégeler [deʒle] tauen.

degré [dəgre] m. Grad.

déguiser [degize] verkleiden.

dehors [dəɔr] adv. draufsen; s. m. Äufsere; *au* — aufserhalb, draufsen.

déjà [deʒa] schon.

déjeuner [deʒɔne] 1. v. frühstücken; 2. s. m. Frühstück.

delà [dəla] jenseits.

délayer [delɛje] einrühren, verdünnen.

délecter [delɛkte] ergötzen.

délicieux, se [delisjø, z] köstlich.

délier [delje] aufbinden.

délivrer [delivre] befreien.

demain [dmɛ̃] morgen.

demande [dmãd] f. Bitte.

demander [dmãde] bitten, verlangen; fragen.

démanger [dãmãʒe] jucken.

demeure [dəmœr] f. Wohnung.

demeurer [dəmœre] wohnen, bleiben.

demi, e [dəmi] halb; à — eur Hälfte.

demi-heure [dəmi œr] f. halbe Stunde.

démordre [demɔrdr] nach dem Beifsen loslassen.

denier [dənje] m. Denar, Heller, Geld.

dent [dã] f. Zahn.

denteler [dãtle] auszacken, zähnen.

dentelle [dãtɛl] f. Spitze.

denter [dãte] mit Zähnen versehen.

dentition [dãtisjɔ̃] f. das Zahnen.

départ [depar] m. Abfahrt.

département [departəmã] m. Bezirk, Departement.

dépayser [depeize] in die Fremde schicken.

dépêche [depɛʃ] f. Depesche.

se dépêcher [depeʃe] sich beeilen.

dépens [depã] m. pl. Unkosten.

dépenser [depãse] ausgeben.

dépit [depi] m. Ärger.

dépiter [depite] ärgern.

déplaire [deplɛr] mifsfallen.

déposer [depoze] (nieder)legen.

dépouiller [depuje] berauben, entblättern.

dépourvu, e [depurvü] entblöfst.

depuis [dəpwi] seit, seitdem.

député [depüte] m. Abgesandter.

déranger [derãʒe] stören, in Unordnung bringen.

dernier, ère [dɛrnje, ɛr] letzte.

dérober [derɔbe] entziehen, stehlen.

derrière [dɛrjɛr] hinten, hinter; par — hinten; s. m. der hintere Teil.

dès [dɛ] seit, schon; — que sobald als.

désagréable [dezagreabl] unangenehm.

se désaltérer [dezaltere] seinen Durst löschen.

désastre [dezastr] m. Unglück, Unstern.

désavantage [dezavãtaʒ] m. Nachteil.

descendre [desãdr] hinabsteigen, herunterkommen, hinunter-, herunterfahren, hinuntergehen, aussteigen.

désert, e [dezɛr, t] 1 a. wüst, öde, leer; 2 s. m. Wüste

déserter [dezɛrte] ausreifsen, entlaufen.

déserteur [dezɛrtœr] m. Deserteur, Ausreifser. [lung.

désespérance [dezɛsperãs] f. Verzweiflung.

désespérer [dezɛspere] verzweifeln.

désespoir [dezɛspwar] m. Verzweiflung.

déshabiller [dezabije] entkleiden.

déshonneur [dezɔnœr] m. Unehre, Schande.

désigner [deziɲe] bezeichnen.

désir [dezir] m. Wunsch, Verlangen.

désirer [dezire] wünschen.

désobéir [dezɔbeir] ungehorsam sein.

désobéissance [dezɔbeisãs] f. Ungehorsam.

désobliger [dezɔbliʒe] qn. jemand einen schlechten Dienst erweisen, ungefällig sein.

désoler [dezɔle] verwüsten, zerstören.

désordre [dezɔrdr] m. Unordnung.

désormais [dezɔrmɛ] von da (nun) an.

desserrer [desere] losmachen; ne pas — les dents den Mund nicht aufthun.

dessiner [desine] zeichnen.

dessous [tsu] unter, unten; au- — de unter, par- — unter.

dessus [tsü] oben, darauf, über; de — von etwas weg; au- — de über, oberhalb; là- — darüber, daraufhin; par- — über.

destiner [dɛstine] bestimmen.

destruction [dɛstrüksjɔ̃] f. Zerstörung.

désunir [dezünir] trennen, entzweien.

détacher [detaʃe] losmachen, loslösen.

déterrer [detɛre] ausgraben.

détour [detur] m. Umweg, Umschweif.

détourner [deturne] unterschlagen, aufwühlen, wegschaufeln.

détresse [detrɛs] f. Angst, höchste Not.

détroit [detrwa] m. Meerenge.

détruire [detrüir] zerstören, vertilgen.

devant [dəvã] vor, vorn, voraus; s. m. der vordere Teil, Vordergrund.

développer [devlɔpe] entwickeln, aufrollen; se — sich entfalten.

devenir [dəvnir] werden.

dévider [devide] ab-haspeln, -wickeln.

deviner [dəvine] raten.

devoir [dəvwar] v. müssen, sollen; schuldig sein; verdanken; s. m. Pflicht.

dévorer [devɔre]verschlingen, verzehren.

dévouement [devumã] m. Ergebenheit, Aufopferung.

diable [djabl] m. Teufel.

diamant [djamã] m. Diamant.

Didier [didje] m. Desiderius.

Didon [didɔ] f. Dido (Gründerin Karthagos, 880 v. Chr.).

Dieu [djö] m. Gott; *dieux* pl. Götter.

différent, e [diferã, t] verschieden.

difficile [difisil] schwer, schwierig.

digitale [diʒital] f. Fingerhut.

dignité [diñite] f. Würde.

digue [dig] f. Damm, Deich.

dilettante [diletãt] s. m. Dilettant (jem., der sich mit einer Kunst aus Liebhaberei beschäftigt).

diligence [diliʒãs] f. Post.

diligent, e [diliʒã, t] fleifsig.

dimanche [dimãʃ] m. Sonntag.

dinde [dɛ̃d] f. Truthenne.

dindon [dɛ̃dɔ] m. Truthahn.

diner [dine] 1. v. zu Mittag essen; 2. s. m. Mittagessen.

dire [dir] sagen, nennen.

direct, e [dirɛkt] unmittelbar; *train direct* Schnellzug.

direction [dirɛksjɔ] f. Richtung.

diriger [diriʒe] leiten, lenken; *se —* sich wenden, zugehen.

discipline [disiplin] f. Mannszucht.

discours [diskur] m. Rede.

disparaître [disparɛtr] verschwinden.

disperser [dispərse] zerstreuen.

disposer [dispoze] (an)ordnen.

disputer [dispüte] streitig machen, um etwas streiten.

disque [disk] m. Scheibe.

distance [distãs] f. Entfernung, Abstand.

distinguer [distɛ̃ge] unterscheiden.

distribuer [distribüe] verteilen.

distribution [distribüsjɔ] f. Austeilung, Spendung.

dit, e [di, t] p. p. von *dire*.

divers, e [diver, s] verschieden.

divertir [divertir] zerstreuen, belustigen.

diviser [divize] teilen.

division [divizjɔ] f. (Ein-)Teilung, Division.

docile [dɔsil] gelehrig.

docilité [dɔsilite] f. Gelehrigkeit, Folgsamkeit.

dodu, e [dɔdü] 1. a. fleischig, dick; 2. s. m. der Dicke.

doigt [dwa] m. Finger; Klaue, Kralle.

domaine [dɔman] m. Domäne, Gut.

domestique [dɔmestik] a. häuslich; *animal —* Haustier.

domicile [dɔmisil] m. Wohnsitz.

dommage [dɔmaʒ] m. Schaden.

dompter [dɔ̃te] bändigen, überwinden.

dompteur [dɔ̃tɔr] m. (Tier-) Bändiger.

Domremy [dɔ̃rəmi] m. franz. Dorf (Vosges).

donc [dɔ̃, dɔ̃k] also, doch, denn.

donner [dɔne] geben; *— bataille* eine Schlacht liefern.

dont [dɔ̃] wovon, woran, dessen, deren.

dorer [dɔre] vergolden; *se —* (gold-)gelb werden.

dormir [dɔrmir] schlafen.

dos [do] m. Rücken.

double [dubl] doppelt.

doubler [duble] verdoppeln, füttern.

doucement [dusmã] leise.

douceur [dusɔr] f. Sanftmut, Anmut.

douer [dwe] begaben.

douillet [dujɛ] m. Weichling.

douleur [dulɔr] f. Schmerz.

doute [dut] m. Zweifel. [vermuten,

douter [dute] zweifeln; *se — de* ahnen,

doux, x [e [du, s] süfs, sanft, zart, mild, sanftmütig, lieblich, leise.

douzaine [duzan] f. Dutzend.

drapeau [drapo] m. Fahne.

dresser [drɛse] aufrichten, erheben.

droit [drwa] m. Recht; *— de passage* Brückengeld.

droit, e [drwa, t] recht, gerade, geradezu; *à droite* rechts.

droiture [drwatür] f. Geradheit, Aufrichtigkeit.

drôle [drol] 1 a. drollig; 2. s. m. Schelm, Schlingel.

duc [dak] m. Herzog.

Duguesclin [dügaklī] m. franz. Konnetabel († 1380).

dur, e [dör] hart, rauh.

Durandal [dürädal] f. Schwert Rolands.

durant [dörā] während.

durcir [dürsir] verhärten.

durer [düre] (an)dauern.

duvet [düve] m. Flaum, Daunenbett, Flockbett.

E.

eau [o] f. Wasser; *eau-de-vie* Branntwein. [Ebenist.

ébéniste [ebenist] m. Kunsttischler,

écaille [ekaj] f. Schuppe.

écailleux, se [ekajo, z] schuppig.

écale [ekal] f. Schale.

écarter [ekarte] entfernen.

échafaudage [eʃafodaʒ] m. Gerüste.

échange [eʃāʒ] m. Tausch; *en* — dafür.

échanger [eʃāʒe] (aus)wechseln.

échapper [eʃape] und *s'*— entschlüpfen, entgehen, entspringen, entlaufen.

échauffer [eʃofe] erwärmen.

échelle [eʃel] f. Leiter.

échelon [eʃlɔ̃] m. Sprosse.

écheniller [eʃnije] abraupen.

échine [eʃin] f. Rückgrat.

écho [eko] m. Echo, Widerhall.

éclair [eklɛr] m. Blitz (siehe *foudre*).

éclairage [eklɛraʒ] m. Beleuchtung.

éclairer [eklɛre] erleuchten, bescheinen.

éclat [ekla] m. Knall, Schall; Glanz.

éclatant, e [eklatā, t] schallend; glänzend, hell.

éclater [eklate] los-, ausbrechen; zerspringen.

éclore [eklɔr] aus dem Ei kriechen.

école [ekɔl] f. Schule.

écolier [ekɔlje] m. Schüler.

écorce [ekɔrs] f. Rinde, Schale.

écorcher [ekɔrʃe] die Haut abziehen, prellen, überteuern.

écoulement [ekulmā] m. Ausfluſs.

s'écouler [ekule] auslaufen, abflieſsen.

écouter [ekute] zuhören, horchen.

écraser [ekraze] zerschmettern, zermalmen, zerquetschen.

écrevisse [ekravis] f. Krebs.

s'écrier [ekrie] schreien, ausrufen.

écrire [ekrir] schreiben.

écrit, e [ekri, t] p. p. von *écrire*.

écrivain [ekrivē] m. Schriftsteller.

écu [ekü] m. Schild, Thaler; — *de six francs* Kronenthaler.

écume [eküm] f. Schaum.

écureuil [ekürɔj] m. Eichhörnchen.

écurie [eküri] f. Stall, Pferdestall.

écuyer [ekwije] m. Knappe.

effacer [efase] ausstreichen.

effarer [efare] bestürzt machen.

effaroucher [efaruʃe] aufscheuchen.

effectuer [efektwe] ausführen.

effet [efe] m. Wirkung; *à cet* — zu diesem Ende; *en* — wirklich.

effigie [efiʒi] f. Bildnis.

effleurer [eflœre] leicht berühren, streifen.

s'effondrer [efɔ̃dre] einfallen, einstürzen.

effort [efɔr] m. Anstrengung.

effrayer [efreje] erschrecken; *s'*— erschreckt werden, erschrecken.

effroi [efrwa] m. Schrecken.

effroyable [efrwajabl] erschrecklich.

égal, e [egal] gleich; einerlei, gleichgiltig.

également [egalmā] ebenfalls.

égarer [egare] irre führen; *s'*— sich verirren.

égayer [egeje] aufheitern.

églantier [eglātje] m. wilder Rosenstock.

église [egliz] f. Kirche.

égratignure [egratiñür] f. Kratzwunde, Schramme.

eh [e] ei! — *bien!* nun wohl! wohlan!

élan [elā] m. Satz, Sprung.

s'élancer [elāse] sich stürzen, vorwärts schnellen.

élargir [elarʒir] breiter machen, erweitern.

élastique [elastik] elastisch, federnd.

éléphant [elefā] m. Elefant.

élève [elɛv] m. u. f. Schüler.

élevé, e [elve] hoch; erzogen.

élever [elve] errichten; erziehen, grofs-
ziehen; *s'—* sich erheben, auf-
steigen.

éloge [elɔʒ] m. Lobrede.

élogieux, se [elɔʒjö, z] lobend.

éloigner [elwañe] entfernen.

embarras [ãbara] m. Schwierigkeit,
Mühe, Verlegenheit.

embarrasser [ãbarase] verwirren, verwickeln.

embaumer [ãbome] einbalsamieren.

s'embellir [ãbɛlir] sich verschönern,
schöner werden.

embouchure [ãbuʃür] f. Mündung.

embrasser [ãbrase] umarmen, küssen.

embûche [ãbüʃ] f. Falle, Schlinge.

éminent, e [eminã, t] ausgezeichnet.

émission [emisjɔ̃] f. Ausstofsen, Aus-
spritzen.

emmagasiner [ãmagazine] aufspeichern.

émouvoir [emuvwar] erregen.

s'emparer [ãpare] sich bemächtigen.

empêcher [ãpeʃe] verhindern.

empereur [ãprɔr] m. Kaiser.

empêtrer [ãpɛtre] verwickeln, behin-
dern.

empierrer [ãpjɛre] eine Steingrund-
lage machen, einsteinen.

empire [ãpir] m. (Kaiser-)Reich.

emplacement [ãplasmã] m. Platz, Stelle.

emplette [ãplɛt] f. Einkaufen, Ein-
kaufsware.

emploi [ãplwa] m. Gebrauch, Amt.

employé [ãplwaje] m. Beamter.

employer [ãplwaje] anwenden, gebrauchen.

emporter [ãpɔrte] wegtragen, fort-
reifsen; mitnehmen; nehmen.

empressement [ãprɛsmã] m. Eifer.

emprisonner [ãprizɔne] ins Gefängnis
werfen.

ému, e [emü] p. p. von *émouvoir*.

en [ã] in, an, zu, nach; dessen, deren,
davon, daraus, darum; *il — a pour
une heure* das dauert eine Stunde.

enchaîner [ãʃɛne] anketten, fesseln.

enchanter [ãʃãte] bezaubern, entzücken;
bezaubernd machen.

enclume [ãklüm] f. Ambofs.

encombre [ãkɔ̃br] m. Hindernis.

encore, encor [ãkɔr] noch; auch;
wiederum.

encourager [ãkuraʒe] ermutigen.

encre [ãkr] f. Tinte.

encrier [ãkrie] m. Tintenfafs.

encyclopédique [ãsiklɔpedik] encyklo-
pädisch, allumfassend.

endommager [ãdɔmaʒe] beschädigen.

endormir [ãdɔrmir] einschläfern; *s'—*
einschlafen.

endroit [ãdrwa] m. Ort, Stelle.

énergie [enɛrʒi] f. Energie, Kraft.

enfant [ãfã] m. u. f. Kind.

enfantin, e [ãfãtɛ̃, in] kindlich, Kinder-.

enfermer [ãfɛrme] einschliefsen, einsperren.

enfin [ãfɛ̃] endlich.

enflammer [ãflame] begeistern.

enfler [ãfle] anschwellen.

enflure [ãflür] f. Geschwulst.

enfoncer [ãfɔ̃se] versenken, eindringen.

enfouir [ãfwir] vergraben, verbergen.

enfourner [ãfurne] einschiefsen (in den
Backofen).

s'enfuir [ãfwir] entfliehen.

engluer [ãglüe] (mit Vogelleim) fangen.

s'engourdir [ãgurdir] Winterschlaf
halten.

engrais [ãgrɛ] m. Dung.

engraisser [ãgrɛse] düngen, fett machen,
mästen.

énigme [enigm] f. Rätsel.

enlever [ãlve] aufheben, fortschaffen.

ennemi, e [ɛnmi] 1. a. feindlich;
2. s. m. u. f. Feind(in).

ennui [ãnwi] m. Langeweile, Verdrufs.

ennuyer [ãnüije] langweilen.

s'enorgueillir [ãnɔrgɔjir] stolz werden.

énorme [enɔrm] ungeheuer.

enregistrer [ãrɔʒistre] eintragen, ein-
schreiben.

s'enrouler [ãrule] sich zusammenrollen

enseigne [ãsɛñ] f. Schild.

ensemble [ãsãbl] zusammen.

ememencer [ãmãse] beßen.

enruite [dußit] hierauf, nachher.

enlasser [ãtase] aufhäufen, zusammen-pferchen.

entendre [ãtãdr] hören, verstehen.

enterrer [ãtɛre] beerdigen.

entier, ère [ãtje, ɛr] ganz, vollstän-dig; tout — gänzlich.

entonnoir [ãtɔnwar] m. Trichter.

entourer [ãture] umgeben, einfassen, umringen.

entrailles [ãtraj] f. pl. Eingeweide.

entraîner [ãtrɛne] mit sich fortreißen.

entre [ãtr] unter, zwischen; d' — unter.

entrechat [ãtrəʃa] m. Luftsprung.

entrée [ãtre] f. Eintritt, Eingang.

entrefaites [ãtrəfɛt] f. pl. Zwischenzeit, sur ces — mittlerweile, unterdessen.

entrelacer [ãtrəlase] schlingen, ver-flechten.

entreprendre [ãtrəprãdr] unternehmen.

entrer [ãtre] eintreten, eindringen.

entretenir [ãtrətnir] unterhalten, er-halten.

envahir [ãvair] einen Einfall machen, angreifen.

envahisseur [ãvaisœr] m. (Länder-) Räuber (vgl. *envahir*).

enveloppe [ãvlɔp] f. Hülle, Decke.

envelopper [ãvlɔpe] einhüllen.

envers [ãvɛr] gegen.

envie [ãvi] f. Neid, Lust.

envieux, se [ãvjö, z] neidisch.

environner [ãvirɔne] umgeben, ein-schließen.

environs [ãvirɔ̃] m. pl. Umgegend.

s'envoler [ãvɔle] fortfliegen, entfliehen.

envoyer [ãvwaje] schicken; — *chercher* holen lassen.

épais, se [epɛ, s] dicht, dick.

s'épanouir [epanwir] aufgehen, auf-blühen.

épargner [eparɲe] sparen, verschonen.

épars, e [epar, s] zerstreut.

épaule [epol] f. Schulter.

épée [epe] f. Degen, Schwert.

épervier [epɛrvje] m. Sperber.

épi [epi] m. Ähre.

épicier [episje] m. Spezereihändler.

épier [epje] belauern, ausspähen.

épine [epin] f. Dorn; — *du dos* das Rückgrat.

épitaphe [epitaf] m. Grabschrift.

éponge [epɔ̃ʒ] f. Schwamm.

époque [epɔk] f. Epoche, Zeitpunkt.

épouse [epuz] f. siehe *époux*.

épouvante [epuvãt] f. Angst.

épouvantable [epuvãtabl] entsetzlich.

époux, se [epu, z] s. Gatte, Gattin.

épreuve [eprœv] f. Probe, Versuch.

s'épuiser [epɥize] sich erschöpfen, ver-siegen.

équerre [ekɛr] f. Winkelmaß.

équilibre [ekilibr] m. Gleichgewicht.

ère [ɛr] f. Ära, Zeitrechnung.

ergot [ɛrgo] m. Sporn, Afterklaue.

errant, e [ɛrã, t] umherirrend.

errer [ɛre] (umher)irren.

erreur [ɛrœr] f. Irrtum.

escadron [ɛskadrɔ̃] m. Schwadron, Masse.

escalier [ɛskalje] m. Treppe.

escarpé, e [ɛskarpe] steil, abschüssig.

esclave [ɛsklav] m. Sklave.

Espagne [ɛspaɲ] f. Spanien; *château en* — Luftschloss.

Espagnol [ɛspaɲɔl] m. Spanier.

espagnol, e [ɛspaɲɔl] spanisch.

espèce [ɛspɛs] f. Art.

espérance [ɛsperãs] f. Hoffnung.

espérer [ɛspere] hoffen

espoir [ɛspwar] m. Hoffnung.

esprit [ɛspri] m. Geist.

s'esquiver [ɛskive] sich heimlich davon machen.

essayer [ɛsɛje] versuchen, probieren.

essuyer [ɛsɥije] abwischen.

est [ɛst] m. Osten.

estime [ɛstim] f. Achtung.

et [e] und; *et... et* sowohl ... als auch.

étable [etabl] f. (Vieh-)Stall.

établir [etablir] einrichten, aufrichten, aufschlagen; anlegen; einführen; s' — sich niederlassen, sich fest-setzen.

établissement [etablismã] m. Anstalt, Bude.

étage [etaʒ] m. (erstes) Stockwerk.

étaler [etale] ausstellen.

étang [etã] m. Teich, Weiher.

État [eta] m. Staat.

état [eta] m. Beruf, Stellung, Zustand; *être en* — imstande sein.

États-Unis [etaz üni] m. pl. Vereinigte Staaten (von Nord-Amerika).

etc. = *et cetera* [etsetera] und so weiter.

été [ete] m. Sommer.

étendre [etãdr] ausstrecken, ausbreiten.

éternel, le [eternel] ewig.

étirer [etire] (aus)strecken.

étoffe [etof] f. Stoff, Zeug.

étoile [etwal] f. Stern; — *errante* Wandelstern; — *fixe* Fixstern.

étonnement [etonmã] m. Erstaunen.

étonner [etone] erstaunen.

étouffant, e [etufã, t] erstickend, schwül.

étouffer [etufe] ersticken.

étourderie [eturdəri] f. Unbesonnenheit.

étourdi [eturdi] m. Unbesonnener, Wildfang, Leichtfuß.

étourdi, e [eturdi] a. unbesonnen.

étourneau [eturno] m. Star.

étrange [etrãʒ] seltsam.

étranger, ère [etrãʒe, er] fremd.

être [etr] 1. v. sein, gehören; *n'est-ce pas* nicht wahr? 2. s. m. Wesen.

étreindre [etrãdr] fest zusammendrücken, zusammenschnüren.

étriqué, e [etrike] eng.

étroit, e [etrwa, t] eng.

Europe [ɔrɔp] f. Europa.

eux, elles [ö, el] sie. [weichen.

s'évader [evade] entwischen, ent-

éveillé, e [eveje] aufgeweckt, munter.

s'éveiller [eveje] aufwachen.

évêque [evɛk] m. Bischof.

évidemment [evidamã] offenbar.

évident, e [evidã, t] augenscheinlich.

éviter [evite] vermeiden.

exagérer [egʒaʒere] übertreiben.

examen [egzamɛ] m. Prüfung.

examiner [egzamine] prüfen, untersuchen.

excellent, e [ekselã, t] ausgezeichnet.

excepté [eksɛpte] außer.

excessif, ve [eksesif, v] übermäßig.

exciter [eksite] erregen, reizen.

exclusif, ve [e(k)sklüzif, v] ausschließlich.

excuser [e(k)sküze] entschuldigen

exécuter [egzeküte] ausführen.

exemple [egzãpl] m. Beispiel; *par* — (abgekürzt: *p. ex.*) zum Beispiel.

exercice [egzɛrsis] m. Übung.

exiger [egziʒe] (er)fordern, verlangen.

exister [egziste] bestehen, dasein.

expédition [e(k)spedisjɔ] f. Feldzug, kriegerische Unternehmung.

expérience [e(k)sperjãs] f. Erfahrung, Versuch.

explication [e(k)splikasjɔ] f. Erklärung.

expliquer [e(k)splike] erklären.

exploit [e(k)splwa] m. (Helden-)That.

exposer [e(k)spoze] ausstellen; — *en vente* zum Verkaufe ausbieten.

express [e(k)sprɛs], auch *train* — m. Schnellzug.

expression [e(k)sprɛsjɔ] f. Ausdruck.

exprimer [e(k)sprime] aussprechen, ausdrücken.

extase [e(k)staz] f. Entzückung.

extérieur, e [e(k)sterjɔr] a. äußere.

extraordinaire [e(k)strɔrdinɛr] selten, seltsam.

extrémité [e(k)stremite] f. äußerstes Ende, Spitze. [ordentlich.

extrême [e(k)strɛm] äußerst, außer-

F.

fabricant [fabrikã] m. Fabrikant.

fabriquer [fabrike] verfertigen.

face [fas] f. Antlitz, Fläche, Seite.

fâché, e [faʃe] erzürnt.

facile [fasil] leicht.

facilité [fasilite] f. Leichtigkeit.

faciliter [fasilite] erleichtern.

façon [fasɔ] f. Form, Gestalt; *de* — *à*, *de* — *que* so daß.

facteur [faktɔr] m. Briefträger.

faculté [fakülte] f. Fähigkeit; Fakultät.

fade [fad] schal, unschmackhaft.

fagot [fago] m. Reisigbündel, Welle.

faible [fεbl] schwach.

faïence [fajᾶs] f. Steingut, Fayence.

faillir [fajir] verfehlen, il faillit mourir er wäre beinahe gefallen (202, 36).

faim [fɛ̃] f. Hunger.

faine [fεn] f. Buchecker.

faire [fεr] machen, thun; lassen; comment se fait-il que...? woher kommt es, dafs?

fait [fε] m. Vorfall, That, Ereignis.

fait, e [fε, t] p. p. von *faire*.

falloir [falwar] nötig sein, müssen, brauchen; comme il faut wie sich's gehört.

fameux, se [famö, z] berühmt, ausgezeichnet, gehörig, tüchtig.

famille [famij] f. Familie.

famine [famin] f. Hunger(snot).

se faner [fane] welk, trocken werden, verschiefsen.

faneuse [fanöz] f. Heuerin; Heuwender (Maschine).

fanfare [ᾶfar] f. Trompetengeschmetter, Fanfare.

fantaisiste [fᾶtezist] humoristisch.

fantassin [fᾶtasɛ̃] m. Fufsgänger.

fantôme [fᾶtom] Geistererscheinung, Gespenst.

faon [fᾶ] m. Junges von Rot-, Dam- und Rehwild.

farceur [farsᴐr] m. Spafsmacher, Schelm.

fardeau [fardo] m. Last.

farine [farin] f. Mehl.

fascinateur, trice [fasinatᴐr, tris] bezaubernd.

faste [fast] m. Pracht. [zaubernd.

fatigue [fatig] f. Ermüdung, Mattigkeit.

fatiguer [fatige] ermüden

faucher [foʃe] mähen.

faucheur [foʃᴐr] m. Mäher, Schnitter.

faucheuse [foʃöz] f. Schnitterin; Mäh-

faucille [fosij] f. Sichel. [maschine.

faucon [fokᴐ] m. Falke.

faute [fot] f. Fehler, Schuld; — de aus Mangel an.

fauteuil [fotœj] m. Lehnstuhl.

fauve [fov] falb, fahlrot, wild.

fauvette [fovεt] f. Grasmücke

faux [fo] f. Sense.

faux, sse [fo, s] falsch.

faveur [favᴐr] f. Gunst.

favori, te [favᴐri, t] Liebling-...

favoriser [favᴐrize] begünstigen.

fébrile [febril] fieberhaft.

feindre [fɛ̃dr] sich stellen, vorgeben.

félin, e [felɛ̃, in] Katzen-...

femelle [fᴐmεl] f. Weibchen.

femme [fam] f. Frau.

fenaison [fᴐnεzᴐ] f. Heuernte.

se fendiller [fᾶdije] spalten, Risse bekommen.

fendre [fᾶdr] spalten, durchschneiden; se bersten, aufreifsen, auseinander gehen; il gèle à pierre fendre es friert, dafs die Steine bersten möchten.

fenêtre [fᴐnεtr] f. Fenster.

fenil [fᴐni] m. Heuscheuer.

fente [fᾶt] f. Spalte.

fer [fεr] m. Eisen, Hufeisen; chemin de — Eisenbahn; fer-blanc (Weifs-) Blech.

ferblantier [fεrblᾶtje] m. Klempner, Spengler.

ferme [fεrm] 1. s. f. Pachtgut, Meierei; 2. a. fest, unerschütterlich.

fermentation [fεrmᾶtasjᴐ] f. Gärung.

fermenter [fεrmᾶte] gären.

fermer [fεrme] schliefsen, zumachen.

fermier [fεrmje] m. Pächter.

fermière [fεrmjεr] f. Pächterin.

féroce [ferᴐs] wild.

férocité [ferᴐsite] f. Wildheit.

ferraille [feraj] f. altes Eisen.

ferrement [fεrmᾶ] m. eisernes Werkzeug.

ferrer [fεre] (mit Eisen) beschlagen.

fertilité [fεrtilite] f. Fruchtbarkeit.

festin [fεstɛ̃] m. Gastmahl.

fête [fεt] f. Fest.

feu [fö] m. Feuer; faire — Feuer geben.

feuillage [föjaʒ] m. Laub(werk).

feuille [föj] f. Blatt, Bogen.

feuillet [föjε] m. Blatt (von einem Bogen Papier).

février [fevri(j)e] m. Februar.

— 330 —

fi [fi] pfui!

fiacre [fjakr] m. Finker, Droschke.

fibre [fibr] f. Faser.

ficelle [fisɛl] f. Schnur, Bindfaden.

fidèle [fidɛl] treu.

fiel [fjɛl] m. Galle.

fier, ère [fjer] stolz.

fièvre [fjevr] f. Fieber.

figure [figür] f. Figur; Gesicht.

figurer [figüre] figurieren, sich befinden.

fil [fil] m. Faden, Draht; — *à plomb* Bleilot.

file [fil] f. Reihe.

filer [file] spinnen.

filet [filɛ] m. Netz.

filial, e [filjal] kindlich, Kindes-...

fille [fij] f. Tochter; Mädchen.

fillette [fijɛt] f. kleines Mädchen.

filou [filu] m. Beutelschneider, Gauner.

fils [fis] m. Sohn.

fin [fɛ̃] f. Ende.

fin, e [fɛ̃, in] schlau.

finance [finãs] f. Staatseinkünfte.

financier [finãsje] m. Finanzbeamter.

finaud, e [fino, d] pfiffig, schlau

finesse [finɛs] Feinheit, Schärfe.

finir [finir] (be)endigen; — *par* damit endigen, endlich.

fiole [fjɔl] f. kleines Fläschchen, Glas.

firmament [firmamã] m. Himmelsgewölbe, Himmel.

fixe [fiks] fest, unbeweglich.

fixer [fikse] heften, festsetzen.

flamme [flam] f. Flamme.

flanc [flã] m. Seite.

flanquer [flãke] verteidigen, flankieren.

flatter [flate] schmeicheln.

flatteur [flatœr] m. Schmeichler.

fléau [fleo] m. Dreschflegel.

flèche [flɛʃ] f. Pfeil.

fleur [flœr] f. Blume; Blüte; *en* — in Blüte.

fleurir [flœrir] blühen.

fleuve [flœv] m. Flufs, Strom.

flic, flac [flik, flak] klipp, klapp!

flocon [flɔkɔ̃] m. Flocke.

florissant [flɔrisã] blühend.

flot [flo] m. Welle, Flut.

foi [fwa] f. Glaube, Treue, *par ma* — meiner Treu! auf Ehre!

foin [fwɛ̃] m. Heu.

foire [fwar] f. Messe, Jahrmarkt.

fois [fwa] f. Mal; *à la* — auf einmal, zugleich.

folâtrer [fɔlatre] (mutwillig) herumspringen.

fond [fɔ̃] m. Hintergrund, Boden, Tiefe.

fondation [fɔ̃dasjɔ̃] f. Fundament.

fondre [fɔ̃dr] schmelzen, zusammenschmelzen, zerfliefsen, zergehen, abnehmen; sich werfen.

fonds [fɔ̃] m. Grund und Boden; Schatz.

fontaine [fɔ̃tɛn] f. Quelle, (Rohr-) Brunnen.

Fontainebleau [fɔ̃tɛnblo] m. franz. Stadt.

fonte [fɔ̃t] f. Gufseisen.

force [fɔrs] f. Kraft, Gewalt; *à* — *de* *forger* durch vieles Schmieden.

forcer [fɔrse] zwingen.

forestier [fɔrɛstje] m. Förster.

forestier, ère [fɔrɛstje, ɛr] a. Forst..., Wald...

forêt [fɔrɛ] f. Wald; *la Forêt-Noire* der Schwarzwald.

forge [fɔrʒ] f. Schmiede.

forger [fɔrʒe] schmieden.

forgeron [fɔrʒərɔ̃] m. Grobschmied.

forme [fɔrm] f. Form, Gestalt.

former [fɔrme] formen, bilden.

formidable [fɔrmidabl] furchtbar.

fort [fɔr] m. Fort, kleine Festung.

fort, e [fɔr, t] a. stark; adv. stark, sehr.

forteresse [fɔrtɔrɛs] f. Festung.

fortification [fɔrtifikasj3] f. Befestigung.

fortifier [fɔrtifje] befestigen, stärken.

fortune [fɔrtün] f. Glück; Vermögen.

fossé [fose] m. Graben.

fou [fu], *fol, folle* [fɔl] närrisch, verrückt.

foudre [fudr] f. Blitz; *on voit l'éclair, mais on est atteint d'un coup de foudre.*

fouet [fwɛ, fwa] m. Peitsche.

fouetter [fwɛte, fwate] geifseln, peitschen.

fouillbr [fuje] durchgraben, durch-
wühlen, nach-ehen.
fouine [fwin] f. Steinmarder.
foule [ful] f. Menge.
fouler [lule] (niedertreten.
four [fur] m. (Back-)Ofen.
fourche [furʃ] f. (Heu-)Gabel.
fourchette [furʃɛt] f. (Tisch-)Gabel.
fourgon [furgɔ̃] m. Mörtelhaken.
fourmi [furmi] f. Ameise.
fourmilier [furmije] m. Ameisenbär.
fourmilière [furmijɛr] f. Ameisen-
haufen.
fournée [furne] f. ein Ofen voll.
fourni, e [furni] dicht, dick, voll.
fournil [furni] m. Bäckerei, Backstube.
fournir [furnir] liefern.
fourrage [furaʒ] m. Futter.
fourrer [fure] hineinstecken; *se —* sich
verkriechen.
fourrure [furür] f. Rauchwerk, Pelz-
werk, Bekleidung.
foyer [fwaje] m. Herd.
fracas [fraka] m. Lärm, Getöse.
frais [frɛ] m. pl. Kosten.
frais, aiche [frɛ, ʃ] frisch, kühl, leicht.
fraise [frɛz] f. Erdbeere.
fraisier [frɛzje] m. Erdbeerstaude.
framboise [frãbwaz] f. Himbeere.
framboisier [frãbwazje] m. Himbeer-
strauch.
Franc [frã] m. Franke.
franc [frã] m. Frank (80 Pfennig).
français, e [frãsɛ, z] französisch.
Français [frãsɛ] m. Franzose.
France [frãs] f. Frankreich.
franchir [frãʃir] überspringen, über-
schreiten, treffen.
frapper [frape] (an)klopfen, schlagen.
frayeur [frɛjɔr] f. Angst, Schrecken.
Frédéric [frederik] m. Friedrich.
frelon [frəlɔ̃] m. Hornisse.
frémir [fremir] zittern.
fréquenter [frekãte] besuchen.
frère [frɛr] m. Bruder.
friandise [friãdiz] f. Leckerbissen.
frileux [frilö] m. Fröstling.
fripon [fripɔ̃] m. Spitzbube.

friser [frize] kräuseln.
frisson [frisɔ̃] m. Schauder.
frissonner [frisɔne] schau(d)ern, fro-
steln.
froid [frwa] m. Kälte.
froid, e [frwa, d] kalt; *il fait — es ist*
kalt; *j'ai —* ich friere.
fromage [frɔmaʒ] m. Käse.
froment [frɔmã] m. Weizen.
froncer [frɔ̃se] runzeln.
front [frɔ̃] m. Stirne.
frontière [frɔ̃tjɛr] f. Gränze.
frotter [frɔte] reiben.
fruit [frwi] m. Frucht, Obst.
fruitier, ère [frwitje, ɛr] obsttragend;
fuir [fwir] fliehen. [Obst-...
fuite [fwit] f. Flucht; *mettre en —*
in die Flucht schlagen.
fumée [fume] f. Rauch.
fumer [fume] rauchen.
fumeur [fümɔr] m. Raucher.
fumier [fümje] m. Dünger.
funeste [fünɛst] unheilvoll.
furieux, se [fürjö, z] wütend.
fusil [füzi] m. Flinte; *— à deux coups*
doppelläufiges Gewehr.
fuyard [füjar] m. Flüchtling.

G.

gage [gaʒ] m. Pfand; *gages* m. pl.
Gage, Gehalt.
gager [gaʒe] wetten.
gagner [gaɲe] gewinnen, verdienen, erreichen.
gai, e [ge] fröhlich, lustig, heiter.
gaîment [gemã] fröhlich, lustig.
gaîté [gete] f. Fröhlichkeit.
galerie [galri] f. Galerie, Gang.
galop [galo] m. Galopp.
gambader [gãbade] Sprünge machen.
Gange [gãʒ] m. Ganges (Fluß in Vorderindien).
gangrène [gãgrɛn] f. Brand.
garantir [garãtir] schützen.
garçon [garsɔ̃] m. Knabe.
garde [gard] f. Wache, Garde.
garde-barrière [gard barjɛr] m. Bahnwärter.

garde-forestier [gard fɔrɛstje] m. Waldhüter, Unterförster.

garder [garde] hüten, bewachen, behalten, bewahren.

garde-voie [gardə vwa] m. Bahnwärter, Weichensteller.

gardien [gardjɛ̃] m. Wächter.

gare [gar] f. Bahnhof.

garer [gare] verwahren, in Sicherheit bringen; *se* — ausweichen (von Eisenbahnzügen); *gare* (impératif), *sinon gare la corde* sonst hütet euch vor dem Strick. [Unteritalien.

Garigliano [gariljano] m. Fluſs in

garnir [garnir] besetzen, versehen, verzieren.

garnison [garnizɔ̃] f. Besatzung.

garniture [garnitür] f. Beschlag, Besatz.

Garonne [garɔn] f. Garonne (Fluſs in Frankreich).

Gascon [gaskɔ̃] m. Gaskogner.

gâteau [gato] m. Kuchen.

gâter [gate] verderben; verwöhnen.

gauche [goʃ] link; *à* — links.

Gaule [gol] f. Gallien.

gaulois, e [golwa, z] gallisch.

Gaulois [golwa] m. Gallier.

gazelle [gazɛl] f. Gazelle.

gazon [gazɔ̃] m. Rasen.

gazouiller [gazuje] zwitschern.

geai [ʒe] m. Häher.

géant [ʒeã] m. Riese.

gelée [ʒ(ə)le] f. Frost. [frieren.

geler [ʒ(ə)le] frieren, gefrieren, ergémir [ʒemir] seufzen.

gémissement [ʒemismã] m. Seufzer.

gêner [ʒene] genieren, belästigen.

général [ʒeneral] m. General.

général, e [ʒeneral] allgemein; Ober-..; *en* — im allgemeinen.

génération [ʒenerasjɔ̃] f. Generation, Geschlecht.

généreux, se [ʒenerö, z] edel, hochherzig.

générosité [ʒenerozite] f. Freigebigkeit.

Gênes [ʒɛn] f. Genua (Stadt in Italien).

genêt [ʒnɛ] m. Ginster, Pfriemkraut.

génie [ʒeni] m. Geist, Kopf, Genie.

génisse [ʒenis] f. Färse, junge Kuh.

génois, e [ʒenwa, z] genuesisch.

genou [ʒnu] m. Knie.

gens [ʒã] pl. m. Leute; — *de guerre* Krieger.

gentil, le [ʒãti, j] hübsch, artig.

géographique [ʒeɔgrafik] geographisch; *carte* — Landkarte.

George(s) [ʒɔrʒ] m. Georg.

gerbe [ʒɛrb] f. Garbe.

Germanie [ʒɛrmani] f. Germanien.

germanique [ʒɛrmanik] germanisch.

gésir [ʒezir] (begraben) liegen; *ci-gît* [ʒi] hier ruht.

geste [ʒɛst] m. Gebärde, Bewegung; That.

gibecière [ʒipsjɛr] f. Jagdtasche.

gibier [ʒibje] m. Wild.

Gibraltar [ʒibraltar] m. Gibraltar (engl. Stadt an der Südküste von Spanien).

gigoter [ʒigɔte] zappeln.

gilet [ʒilɛ] m. Weste.

gîte [ʒit] m. Nachtlager.

givre [ʒivr] m. Rauhfrost, Reif.

glace [glas] f. Eis.

glacier [glasje] m. Gletscher, Eisberg.

glaçon [glasɔ̃] m. Eisscholle, Eiszapfen.

glaise [glɛz] f. (auch a.) Thon.

gland [glã] m. Eichel.

glapissement [glapismã] m. Kläffen.

glin [glã] m. kleiner Finger, Schelm.

glissant, e [glisã, t] glatt.

glisser [glise] ausgleiten, schleifen (auf d. Eise), dahineilen, unvermerkt hineinstecken; *se* — sich einschleichen.

glissoire [gliswar] f. Schlitterbahn, Schleife.

globe [glɔb] m. Kugel, Globus.

gloire [glwar] f. Ruhm.

glorieux, se [glɔrjö, z] ruhmreich.

glouglou [gluglu] m. Kollern, Gluckgluck.

glouglouter [gluglute] kollern, Gluckgluck machen.

glousser [gluse] gluck(s)en.

gondolier [gɔ̃dɔlje] m. Gondelfahrer.

gonfler [gɔ̃fle] (auf)blähen; *se* — aufschwellen, aufgehen.

gorge [gɔrʒ] f. Kehle.

gosier [gozje] m. Schlund, Kehle.

gourmet [gurmɛ] m. Feinschmecker.

goût [gu] m. Geschmack (bes. von Speisen).

goûter (gute) 1. v. schmecken, kosten; 2. s. m. Vesperbrot.

goutte [gut] f. Tropfen.

gouvernail [guvɛrnaj] m. Steuer.

gouvernement [guvɛrnəmã] m. Regierung, Statthalterschaft.

gouverneur [guvɛrnɔr] m. Statthalter, Gouverneur.

grâce [gras] f. Anmut.

gracieux, se [grasjö, z] hold, allergnädiget.

gradin [gradɛ̃] m. Stufe, Terrasse.

grain [grɛ̃] m. Korn, Getreide.

graine [grɛn] f. (Samen-)Korn.

grand, e [grã, d] grofs.

grand'chose [grã ʃoz] viel.

Grande-Bretagne [grãd brətañ] f. Grofsbritannien.

grandeur [grãdɔr] f. Größe.

grandir [grãdir] grofs werden, wachsen.

Grand-Manteau [grã mãto] f. Grofsmantel (S. 112).

grand'mère [grã mɛr] f. Grofsmutter.

grand-papa [grã papa] m. Grofspapa.

grand-père [grã pɛr] m. Grofsvater.

grands-parents [grã parã] m. pl. Grofseltern.

grange [grãʒ] f. Scheune.

granit [granit] m. Granit.

grappe [grap] f. Traube; — *de raisin* Weintraube.

gras, se [gra, s] fett, schmierig, dick, grofs.

gratitude [gratitüd] f. Dankbarkeit.

gratter [grate] kratzen.

grave [grav] ernst, wichtig, feierlich.

gré [gre] m. Gefallen; à mon — nach meinem Belieben.

grec, grecque [grɛk] griechisch.

Grèce [grɛs] f. Griechenland.

grêle [grɛl] f. Hagel.

grenadier [grənadje] m. Grenadier.

grenier [grənje] m. Speicher.

Grenoble [grənɔbl] f. franz. Stadt (Isère)

grenouille [grənuj] f. Frosch.

griffe [grif] f. Klaue, Kralle.

griller [grije] rösten, braten.

grillon [grijɔ̃] m. Grille, Heimchen.

grimace [grimas] f. Grimasse, Fratze.

grimper [grɛ̃pe] klettern.

gris, e [gri, z] grau.

grisâtre [grizatr] gräulich.

grogner [groñe] grunzen.

gronder [grɔ̃de] knurren; grollen, zanken.

gros, se [gro, s] dick, grofs, stark, laut.

grosseur [grosɔr] f. Größe, Stärke.

grossier, ère [grosje, ɛr] grob, plump, roh.

grossir [grosir] grofs werden.

grouiller [gruje] knurren, wackeln, wimmeln.

groupe [grup] m. Gruppe.

grue [grü] f. Kranich.

guêpe [gɛp] f. Wespe.

guêpier [gɛpje] m. Wespennest.

ne .. guère [gɛr] kaum, schwerlich.

guéret [gerɛ] m. Brachfeld, Flur.

guérir [gerir] heilen, genesen.

guerre [gɛr] f. Krieg.

guerrier, ère [gɛrje, ɛr] kriegerisch.

guetter [gɛte] belauern.

guichet [giʃɛ] m. (Billet-)Schalter, Kasse.

guide [gid] m. Führer.

guignon [giñɔ̃] m. Unglück, Pech.

guise [giz] f. Art, Gebrauch; en — de als, statt.

H.

'h bedeutet konsonantisches h (siehe Grammatik § 19).

habile [abil] geschickt.

habileté [abilte] f. Geschick.

habiller [abije] ankleiden.

habit [abi] m. Kleid, Rock.

habitant [abitã] m. Bewohner, Einwohner.

habitation [abitasjɔ̃] f. Wohnung.

habiter [abite] wohnen, bewohnen.

habitude [abitüd] f. Gewohnheit; *av-ir l'— de* gewohnt sein an; *d'— ge*-wöhnlich.

'*hache* [aʃ] f. Axt, Beil.

'*haie* [ɛ] f. Hecke.

'*haïr* [air] hassen.

'*halle* [al] f. (Markt-)Halle, Schuppen.

'*halte* [alt] f. Ruhepunkt, Halt.

'*hameau* [amo] m. Weiler.

'*hanche* [aʃ] f. Hüfte.

'*hangar* [ãgar] m. Wagenschuppen.

'*hanneton* [ant3] m. Maikäfer.

'*hardi, e* [ardi] kühn.

'*hardiesse* [ardjɛs] f. Kühnheit.

'*haricot* [ariko] m. Bohne.

harmonieux, se [armɔnjö, z] harmonisch, wohlklingend. [Geschirr.

'*harnachement* [arnaʃmã] m. (Pferde-)

'*hasard* [azar] m. Zufall; *par —* zufällig.

'*hâter* [ate] eilen.

'*haut, e* [o, t] a. u. adv. hoch, laut; *là- —* dort oben; *en —* oben; *d'en —* hoch; s. m. der obere Teil; Höhe; *sur le — de* oben auf.

'*hauteur* [otɔr] f. Höhe, Anhöhe.

'*Havane* [avan] f. Havana.

'*Havre* [avr], *le —* franz. Hafenstadt.

hectométrique [ɛktɔmetrik] a. Hektometer .. (1 Hektometer = 100 Meter).

hélas [elas] ach!

hélice [elis] f. Schraube.

Helvétie [ɛlvesi] f. Helvetien, Schweiz.

'*hennir* [anir] wiehern.

'*Henri* [ãri] m. Heinrich.

herbe [ɛrb] f. Gras, Kraut; *mauvaise — Unkraut.

'*hérisser* [erise] sträuben.

'*hérisson* [eris3] m. Igel.

héritage [erita3] m. Erbe.

héroïque [erɔik] heldenmütig.

'*héros* [ero] m. Held.

'*herse* [ɛrs] f. Egge.

'*herser* [ɛrse] eggen.

hésiter [ezite] zögern, zaudern.

'*hêtre* [ɛtr] m. Buche.

'*heu* [o] ha! hui!

heure [ɔr] f. Stunde; Uhr.

heureux, se [ɔrö, z] glücklich.

'*heurter* [ɔrte] stofsen.

'*hibou* [ibu] m. Eule.

hier [jer] gestern.

hirondelle [irɔdɛl] f. Schwalbe.

histoire [istwar] f. Geschichte, Erzählung; — *naturelle* Naturgeschichte.

historiette [istɔrjat] f. Geschichtchen

hiver [iver] m. Winter.

'*hocher* [ɔʃe] (mifsbilligend) den Kopf schutteln.

'*holàlà* [olala] o je! o je!

'*Hollande* [ɔlãd] f. Holland.

hommage [ɔma3] m. Huldigung, tiefe Ehrerbietung.

homme [ɔm] m. Mensch, Mann; — *d'État* Staatsmann.

honnête [ɔnɛt] rechtschaffen.

'*honte* [ɔt] f. Schande. [lich.

'*honteux, se* [ɔtö, z] beschämt, schimpf-

hôpital [ɔpital] m. Krankenhaus

horizon [ɔriz3] m. Gesichtskreis, Horizont.

horloge [ɔrlɔ3] f. grofse Uhr, Turmuhr

horloger [ɔrlɔ3e] m. Uhrmacher.

horreur [ɔrɔr] f. Entsetzen.

horrible [ɔribl] grausenvoll, scheufslich

'*hors* [ɔr] (gewöhnlich mit *de*) aufser, aus

hâte [ot] m. Gast.

hôtel [ɔtɛl] m. Gasthaus; grofses Haus; — *de ville* Rathaus.

'*hotte* [ɔt] f. Tragkorb (auf dem Rucken getragen), Kiepe.

'*houblon* [ubl3] m. Hopfen.

'*houe* [u] f. Hacke, Karst.

'*houille* [uj] f. (Stein-)Kohle.

'*houlette* [ulɛt] f. Hirtenstab.

'*hue* [ü] hott! (Ruf der Fuhrleute).

'*huguenot* [ügno] m. Hugenott (franz. Protestant).

huile [ɥil] f. Öl.

huissier [ɥisje] m. Thürsteher.

humain, e [ümɛ̃, ɛn] menschlich.

humble [3lil] bescheiden.

humeur [ümɔr] f. Laune, Gemüt.

humide [ümid] feucht, nafs.

humidité [ümidite] f. Feuchtigkeit.

'*hurler* [ürle] heulen, brüllen.

'*hutte* [üt] f. Hütte.

I.

ici [isi] hier, hierher: par — hierdurch, hierher; —bas hienieden.
idée [ide] f. Gedanke, Vorstellung.
idiot [idjo] m. Dummkopf.
ignorant, e [iɲɔrɑ̃, t] unwissend.
île [il] f. Insel.
illustre [ilystr] berühmt, erlaucht.
image [imaʒ] f. Bild.
s'imaginer [imaʒine] sich einbilden.
immense [imɑ̃s] ungeheuer, unermesslich.
immobile [imɔbil] unbeweglich.
impatience [ɛ̃pasjɑ̃s] f. Ungeduld.
impérieux, se [ɛ̃perjo, z] gebieterisch.
impertinence [ɛ̃pɛrtinɑ̃s] f. Unbescheidenheit.
importance [ɛ̃pɔrtɑ̃s] f. Wichtigkeit.
important, e [ɛ̃pɔrtɑ̃, t] wichtig.
imposer [ɛ̃poze] auflegen.
impossible [ɛ̃pɔsibl] unmöglich.
impresario [ɛ̃presarjo] m. Impresario, Unternehmer öffentlicher Kunst-Darstellungen.
impression [ɛ̃presjɔ̃] f. Eindruck.
imprimer [ɛ̃prime] drucken.
imprimeur [ɛ̃primɔr] m. Buchdrucker.
improviste [ɛ̃prɔvist] adv.; à l'— unvermutet.
impunément [ɛ̃pynemɑ̃] ungestraft.
incisif, ve [ɛ̃sizif, v] einschneidend; (dent) incisive Schneidezahn.
incliner [ɛ̃kline] neigen.
inconnu, e [ɛ̃kɔnu] unbekannt.
inconvénient [ɛ̃kɔ̃venjɑ̃] m. Unannehmlichkeit, Übelstand.
incrédule [ɛ̃kredyl] ungläubig.
index [ɛ̃dɛks] m. Zeigefinger.
indicateur, trice [ɛ̃dikatɔr, tris] ı. s. Anzeiger(in); 2. a. poteau — Wegweiser.
indice [ɛ̃dis] m. Anzeichen.
indicible [ɛ̃disibl] unaussprechlich, namenlos.
indien, ne [ɛ̃djɛ̃, ɛn] indisch.
Indien [ɛ̃djɛ̃] m. Indianer.
indifférent, e [ɛ̃diferɑ̃, t] gleichgiltig.
indigestion [ɛ̃diʒɛstjɔ̃] f. verdorbener Magen.

indiquer [ɛ̃dike] anzeigen, angeben.
individu [ɛ̃dividu] m. Einzelwesen, Exemplar.
indomptable [ɛ̃dɔ̃tabl] unbezähmbar.
indubitable [ɛ̃dybitabl] unzweifelhaft.
Indus [ɛ̃dys] m. Indus (Fluß in Vorderindien)
industrieux, se [ɛ̃dystrijo, z] geschickt.
inégal, e [inegal] ungleich.
inexorable [inɛgzɔrabl] unerbittlich.
infaillible [ɛ̃fajibl] unfehlbar.
infatigable [ɛ̃fatigabl] unermüdlich.
inférieur, e [ɛ̃ferjɔr] geringer; unter...
inflammable [ɛ̃flamabl] entzündbar.
inique [inik] ungerecht.
inoccupé, e [inɔkype] unbeschäftigt.
inoffensif, ve [inɔfɑ̃sif, v] harmlos.
inquiet, ète [ɛ̃kjɛ, t] unruhig.
inquiéter [ɛ̃kjete] beunruhigen.
inquiétude [ɛ̃kjetyd] f. Aufregung.
insecte [ɛ̃sɛkt] m. Insekt.
insensiblement [ɛ̃sɑ̃sibləmɑ̃] unvermerkt.
insouciant, e [ɛ̃susjɑ̃, t] sorglos.
instant [ɛ̃stɑ̃] m. Augenblick.
instinct [ɛ̃stɛ̃] m. Instinkt, Naturtrieb.
instruction [ɛ̃stryksjɔ̃] f. Unterricht.
instruit, e [ɛ̃strɥi, t] kenntnisreich, gebildet.
instrument [ɛ̃strymɑ̃] m. Werkzeug, Instrument.
insulter [ɛ̃sylte] schimpflich behandeln.
intègre [ɛ̃tɛgr] redlich, ehrlich.
intelligence [ɛ̃teliʒɑ̃s] f. Einvernehmen.
intensité [ɛ̃tɑ̃site] f. Intensität, Kraft.
intercepter [ɛ̃tɛrsɛpte] hemmen, unterschlagen.
s'intéresser [ɛ̃terɛse] sich interessieren, teilnehmen.
intérêt [ɛ̃terɛ] m. Interesse, Teilnahme.
intérieur [ɛ̃terjɔr] m. Innere.
interrogation [ɛ̃terɔgasjɔ̃] f. Frage.
intervenir [ɛ̃tɛrvənir] vermittelnd eintreten.
intime [ɛ̃tim] vertraut; ménagerie — Hausmenagerie.
intimité [ɛ̃timite] f. Innigkeit, innige Freundschaft.

intraitable [ɛ̃trɛtabl] unzugänglich, halsstarrig.

intrépidité [ɛ̃trepidite] f. Unerschrockenheit.

introduire [ɛ̃trɔdᴡir] einführen.

inutile [inütil] unnütz, vergeblich.

invasion [ɛvazj3] f. (feindlicher) Einfall.

investir [ɛvɛstir] belohnen, in eine Würde einsetzen.

invincible [ɛvɛsibl] unbesiegbar.

inviter [ɛvite] einladen.

iris [iris] m. Iris, Regenbogenhaut.

Irlande [irlãd] f. Irland.

irriter [irite] aufbringen, reizen.

Italie [itali] f. Italien; *la haute —* Oberitalien.

italien, ne [italjɛ̃, ɛn] a. italienisch.

Italien [italjɛ̃] m. Italiener.

ivoire [ivwar] m. Elfenbein.

J.

jabot [ʒabo] m. Kropf, Busenstreif.

Jacot [ʒako] m. Jaköbchen.

Jacques [ʒak] m. Jakob.

Jacquot = Jacot.

jadis [ʒadis] ehemals.

jaillir [ʒajir] hervorspringen, sprudeln; hervorzüngeln.

jaloux, se [ʒalu, z] eifersüchtig.

jamais [ʒamɛ] jemals; *ne . . . — niemals; ne . . . — que* immer nur.

jambe [ʒãb] f. Bein.

janvier [ʒãvje] m. Januar.

jaquette [ʒakɛt] f. Jacke.

jardin [ʒardɛ̃] m. Garten.

jardinet [ʒardinɛ] m Gärtchen.

jardinier [ʒardinje] m Gärtner.

jardinière [ʒardinjɛr] f. Gärtnerin.

jarret [ʒarɛ] m. Kniekehle.

jaunâtre [ʒonatr] gelblich.

jaune [ʒon] gelb; *le fleuve Jaune* der Gelbe Flufs, der Hoang-ho (in China).

jaunir [ʒonir] gelb werden.

javelot [ʒavlo] m. Wurfspiefs.

Jean [ʒã] m. Johann; *la Saint-Jean* Johannistag.

Jeanne [ʒan] f. Johanna.

Jeannette [ʒanɛt] f. Hannchen.

Jésus [ʒezü] m Jesus.

Jésus-Christ [ʒezü kri] Jesus Christus.

jeter [ʒəte, ʃte] werfen; *se — fallen,* münden; *— de l'eau* Wasser spritzen; *— des cris* Geschrei erheben.

jeu [ʒø] m. Spiel.

jeudi [ʒødi] m. Donnerstag.

jeune [ʒœn] jung.

jeunesse [ʒœnɛs] f. Jugend.

John [dʒɔn] m. (englisch) Johann.

joie [ʒwa] f. Freude.

joindre [ʒwɛ̃dr] vereinigen, verbinden, falten.

joli, e [ʒɔli] hübsch.

Joseph [ʒozɛf] m. Joseph.

Joséphine [ʒozefin] f. Josephine.

joue [ʒu] f. Wange; *mettre qn. en —* auf jemand anschlagen, zielen.

jouer [ʒwe] spielen (*de* auf).

jouet [ʒwɛ] m. Spielzeug.

joujou [ʒuʒu] m. Spielzeug.

jour [ʒur] m. Tag; Licht; Leben; *il fait —* es ist Tag.

journal [ʒurnal] m. Tagebuch, Zeitung.

journée [ʒurne] f. Tag, Tageszeit, Tagereise.

joyeux, se [ʒwajö, z] froh, fröhlich heiter.

jucher [ʒüʃe] auf einer Stange sitzen.

juge [ʒüʒ] m. Richter.

jugement [ʒüʒmã] m. Urteil.

juger [ʒüʒe] urteilen, richten; halten.

juillet [ʒüjɛ] m. Juli.

juin [ʒᴡɛ̃] m. Juni.

Jules [ʒül] m. Julius.

Julot [ʒülo] m. kleiner Julius.

jument [ʒümã] f. Stute.

jurer [ʒüre] schwören.

jus [ʒü] m. Saft, Bruhe.

jusque [ʒüsk(ə)], *jusqu'à* bis, selbst; *jusque-là* bis dahin; *jusqu'à ce que* bis, bis dafs.

juste [ʒüst] gerecht, gerade.

justice [ʒüstis] f. Gerechtigkeit.

K.

képi [kepi] m. Käppi.
kilo [kilo] m. Kilo.
kilomètre [kilɔmetrk] a. Kilometer..

L.

la [la] (Anruf) da haben wir es.
là [la] da, dort; *là-bas* dort unten, dort; *par-là* da; *par là* dadurch.
la [la] 1. m. a (Note); 2. oh! —! —! o je! o je!
laborieux, se [labɔrjó, z] arbeitsam.
labourage [labura3] m. Pflügen.
labourer [labore] ackern, pflügen, das Feld bestellen.
laboureur [laburɔr] m. Landmann
lac [lak] m. See (m).
lâche [laʃ] feige.
lâcher [laʃe] loslassen, fahren lassen.
lacis [lasi] m. netzförmiges Gewebe.
laid, e [le, d] häfslich. [lichkeit.
laideur [ledɔr] f. Häfslichkeit, Abscheu-
laie [le] f. Bache, wilde Sau.
laisser [lese] lassen, zulassen.
lait [le] m. Milch.
laiterie [letri] f. Milchkammer.
laitière [latjar] f. Milchfrau.
lambeau [lãbo] m. Lappen, Stück.
lame [lam] f. Klinge.
lampe [lãp] f. Lampe.
lance [lãs] f. Lanze.
lancer [lãse] werfen, schleudern, loslassen, steigen lassen.
landau [lãdo] m. Landauer.
langage [lãga3] m. Sprache, Rede.
Langres [lãgr] m. franz. Stadt.
langue [lãg] f. Zunge, Sprache.
languir [lãgir] dahinschmachten.
lanterne [lãtern] f. Laterne.
lapin [lapɛ̃] m. Kaninchen.
larcin [larsɛ̃] m. Diebstahl.
large [lar3] breit, grofs.
larme [larm] f. Thräne.
latin [latɛ̃] m. Latein.
laver [lave] waschen.
lécher [leʃe] lecken, ablecken.
leçon [lasɔ̃] f. Lektion, Lehre.
lecture [lektɔr] f. Lesen, Lektüre, Lesestoff.

légende [le3ãd] f. Legende, Heiligengeschichte.
léger, ère [le3e, ɛr] leicht.
légèreté [le3erte] f. Leichtigkeit, Geschwindigkeit.
légion [le3jɔ̃] f. Legion.
légume [legüm] m. und f. Gemüse.
lendemain [lãdmɛ̃] m. folgender Tag.
lent, e [lã, t] langsam, träge.
lequel [lakɛl], *laquelle* [lakɛl] welcher.
lessive [lesiv] f. Wäsche.
leste [lɛst] flink.
lettre [lɛtr] f. Buchstabe; Brief.
leur [lɔr]; *le* —, *la* —, der, die, das ihrige.
levain [lɔvɛ̃] m. Sauerteig, Hefe.
levant [lɔvã] m. Aufgang (der Sonne); Osten.
levée [l(ɔ)ve] f. Aufziehen.
lever [l(ɔ)ve] aufheben, aufziehen; *se* — aufstehen.
levier [lɔvje] m. Hebel.
lèvre [lɛvr] f. Lippe.
lézard [lezar] m. Eidechse.
libérateur, trice [liberatɔr, tris] befreiend.
libérer [libere] befreien.
liberté [liberte] f. Freiheit.
libraire [librɛr] m. Buchhändler.
libre [libr] frei.
lien [ljɛ̃] m. Band, Bund; *liens* pl. Fesseln.
lier [lje] (ver)binden.
lieu [ljö] m. Ort, Stelle; *au* — *de* anstatt; *avoir* — stattfinden; *donner* — Veranlassung geben.
lieue [ljö] f. (Weg-)Stunde.
lièvre [ljɛvr] m. Hase.
ligne [liɲ] f. Linie.
lin [lɛ̃] m. Flachs.
linceul [lɛ̃sɔl] m. Leichentuch.
linge [lɛ̃3] m. Wäsche, Leinwand.
lion [ljɔ̃] m. Löwe.
lionceau [ljɔ̃so] m. junger Löwe
lionne [ljɔn] f. Löwin.
liqueur [likɔr] m. Flüssigkeit, Likör.
liquide [likid] 1. a. flüssig; 2. s. m. Flüssigkeit

lire [lir] lesen.
Lisette [lizɛt] f. Lieschen.
lisse [lis] glatt.
lit [li] m. Bett.
livre [livr] 1. m. Buch; 2. f. Pfund.
livrer [livre] ausliefern.
livret[livrɛ]m. Büchelchen; Einmaleins.
locomotive [lɔkɔmɔtiv] f. Lokomotive.
locution [lɔküsjɔ̃] f. Redensart.
loge [lɔʒ] f. Loge (Platz im Theater).
logement [lɔʒmã] m. Wohnung.
loger [lɔʒe] wohnen; unterbringen,
  einlogieren.
logis [lɔʒi] m. Wohnung, Behausung.
loin [lwɛ̃] weit, fern; *au — weithin,
  in die (der) Ferne; *de* — von weitem
lointain, e [lwɛ̃tɛ̃, ɛn] a. fern; s. m.
  Ferne.
loir [lwar] m. Siebenschläfer.
Loire [lwar] f. Fluß in Frankreich.
Lombard [lɔ̃bar] m. Longobarde.
Londres [lɔ̃dr] m. London.
long, ue [lɔ̃, g] lang; *le long de* entlang.
longer [lɔ̃ʒe] entlang gehen.
longtemps [lɔ̃tã] lange Zeit; lange.
longueur [lɔ̃gɜr] f. Länge.
longue-vue [lɔ̃g vü] f. Feldstecher,
  Fernrohr.
lorsque [lɔrsk(ə)] als, wenn.
louer [lwe] loben.
Louis [lwi] m. Ludwig. [= 20 frs.
louis [lwi] m. Louisd'or (Goldmünze).
Louise [lwiz] f. Luise.
loup [lu] m. Wolf.
louve [luv] f. Wölfin.
loyal, e [lwajal] aufrichtig, ohne Falsch.
loyauté [lwajote] f. Biederkeit, treue
  Gesinnung.
loyer [lwaje] m. Miete, Zins.
lu, e [lü] p. p. von lire.
luette [lwɛt] f. Zäpfchen.
lueur [lwɜr] f. Schein, Leuchten.
lugubre [lügübr] grausig.
lui [lwi] er; *lui-même* er selbst.
luire [lwir] leuchten, scheinen.
lumière [lümjɛr] f. Licht.
lundi [lɔ̃di] m. Montag.
lune [lün] f. Mond.

lutte [lüt] f. Kampf.
lutter [lüte] kämpfen.
luxe [lüks] m. Luxus, Aufwand Pracht.
lycée [lise] m. staatliches Gymnasium.
Lyon [ljɔ̃] m. Stadt in Frankreich.

M.

macadam [makadam] m. Makadam-
  Pflaster.
machine [maʃin] f. Maschine.
mâchoire [maʃwar] f. Kiefer.
maçon [masɔ̃] m. Maurer.
madame [madam] (pl.: *mesdames*) f.
  Frau.
magasin [magazɛ̃] m Magazin.
magistrature [maʒistratür] f. Amt.
magnifique [mañifik] prächtig, herrlich.
mai [mɛ] m. Mai.
maigre [mɛgr] mager.
maille [maj] f. Masche.
main [mɛ̃] f. Hand.
Main [mɛ̃] m. Main.
maint, e [mɛ̃, t] mancher.
maintenant [mɛ̃tnã] jetzt.
mairie [meri] f. Rathaus.
mais [me] aber, sondern; — *non* ge-
  wiß nicht.
maïs [mais] m. Mais.
maison [mezɔ̃] f. Haus; *à la —* zu,
  nach Hause.
maisonnette [mezɔnɛt] f. Häuschen.
maître [metr] m. Meister, Herr, Lehrer.
majesté [maʒɛste] f. Majestät.
majestueux, se [maʒɛstwö, z] majesta-
  tisch, würdevoll.
majeur [maʒɜr] m. Mittelfinger.
mal [mal] adv. übel, böse; s. m.
  Böse, Leid, Mühe; *se faire du —*
  sich wehe thun; *tu n'as pas de mal*
  es ist dir nichts passiert.
malade [malad] krank.
mâle [mal] m. Männchen.
malgré [malgre] trotz.
malheur [malɜr] m. Unglück.
malheureux, se [malɜrö, z] unglücklich
malin, gne [malɛ̃, iñ] boshaft, schlau.
malle [mal] f. Reisekoffer.
malt [malt] m. Malz.

Malte [malt] f. Malta (Insel im Mittelländischen Meere)
maman [mamã] f. Mama.
manche [mãʃ] 1. m. Heft, Griff, Stiel, — *de la charrue* Pflugsterz(e); 2. f. Armel; *la Manche* Ärmelmeer (zwischen England und Frankreich)
mancheron [mãʃrɔ̃] m. Pflugsterz(e).
manchette [mãʃɛt] f. Manschette.
mangeoire [mãʒwar] f. Futtertrog.
manger [mãʒe] essen, fressen.
manivelle [manivɛl] f. Kurbel, Handgriff.
manœuvre [manœvr] f. Arbeit, Bewegung.
manœuvrer [manœvre] eine Bewegung machen.
manquer [mãke] (ver)fehlen, mißglücken, — *à* versäumen; — *de qch.* etwas nicht haben, Mangel haben an.
marais [marɛ] m. Morast, Sumpf.
marbre [marbr] m. Marmor.
marchand [marʃã] m. Kaufmann.
marchandise [marʃãdiz] f. Ware.
marche [marʃ] f. Gang; Stufe.
marché [marʃe] m. Markt; Geschäft; *a bon* — billig.
marcher [marʃe] marschieren, gehen; — *sur qch.* auf etwas treten.
marcheur [marʃœr] m. Fußgänger.
mardi [mardi] m. Dienstag.
maréchal [mareʃal] m. Marschall; Schmied; —-*ferrant* Hufschmied.
margelle [marʒɛl] f. steinernes Brunnengeländer.
mari [mari] m. (Ehe-)Mann.
Mariette [marjɛt] f. Mariechen.
marin [marɛ̃] m. Seemann, Matrose.
Marmara [marmara] m.; *mer de* — Marmara-Meer.
maroquin [marɔkɛ̃] m. Saffian, Marokkoleder.
marquer [marke] zeigen, bezeichnen.
mars [mars] m. März.
Marseille [marsɛj] f. Stadt in Frankreich.
marteau [marto] m. Hammer.
Martin [martɛ̃] m. Martin.

masse [mas] f. Masse, Menge.
massue [masy] f. Keule.
mât [ma] m. Mast.
matériaux [materjo] m. pl. Materialien zu Bauten.
matière [matjɛr] f. Stoff, *table des* —s Inhalts-Verzeichnis.
matin [matɛ̃] m. Morgen; *ce* — heute morgen.
matinal, e [matinal] frühzeitig, früh aufstehend.
matinée [matine] f. Vormittag, Matinée, Morgen-Unterhaltung.
matines [matin] f. pl. Frühmesse.
maturité [matyrite] f. Reife; *être à sa* — reif sein.
maudit, e [modi, t] verwünscht, verflucht.
maugréant [mogreã] m. Flucher, Zänker.
maugréer [mogree] fluchen.
Maurice [mɔris] m. Moritz.
mauvais, e [mɔvɛ, z] schlecht, schlimm; *il fait* — *(temps)* es ist schlechtes Wetter.
Mayence [majãs] f. Mainz.
mécanicien [mekanisjɛ̃] m. Lokomotivführer.
mèche [mɛʃ] f. Docht.
médecin [metsɛ̃] m. Arzt.
médecine [metsin] f. Medizin, Arznei.
méditation [meditasjɔ̃] f. Nachdenken.
méditer [medite] nachsinnen, im Schilde führen.
Méditerranée [mediterane] f. Mittelländisches Meer.
se méfier [mefje] *(de)* mißtrauen, Mißtrauen hegen.
meilleur, e [mɛjœr] besser; *le* — der beste.
mélancolie [melãkɔli] f. Melancholie, Schwermut.
mélange [melãʒ] m. Mischung.
mêler [mele] (ver)mischen, (ver-)mengen.
melon [məlɔ̃] m. Melone.
Melun [məlɔ̃] m Stadt in Frankreich *(Seine-et-Marne)*.
membrane [mãbran] f. Häutchen.
membre [mãbr] m. Glied, Mitglied.

même [mɛm] selbst, sogar; *le* — derselbe; *de* — ebenso; *tout de* — dennoch; *le jour* — noch an demselben Tage.

mémoire [memwar] f. Gedächtnis.

ménage [menaʒ] m. Hauswesen.

ménager [menaʒe] sparen.

ménagère [menaʒɛr] f. Haushälterin.

ménagerie [menaʒri] f. Menagerie, Sammlung lebender Tiere, Tierhaus.

mendiant [mãdjã] m. Bettler.

Mendosa [mɛdoza] m. spanischer Name.

mener [mne] führen.

Ménilmontant [menimɔtã] m. seit 1860 zu Paris gehöriger Ort.

mensonge [mãsɔ̃ʒ] m. Lüge.

menteur [mãtɔr] m. Lügner.

mentionner [mãsjɔne] erwähnen.

mentir [mãtir] lügen.

menton [mãtɔ̃] m. Kinn.

menuisier [mənüzje] m. Tischler, Schreiner.

mer [mɛr] f. Meer.

merci [mɛrsi] m. Dank, (elliptisch) ich danke.

mercredi [mɛrkrədi] m. Mittwoch.

mère [mɛr] f. Mutter.

méridional,e [meridjɔnal] südlich, Süd-..

mériter [merite] verdienen.

merle [mɛrl] m. Amsel.

merveille [mɛrvɛj] f. Wunder; *à* — ganz vortrefflich.

merveilleux, se [mɛrvɛjö, z] wunderbar, Wunder ...

messagère [mesaʒɛr] f. Botin.

mesure [mzür] f. Maſs; *à* — *que (de)* nach Maſsgabe, in dem Maſse wie, so schnell wie.

métal [metal] m. Metall.

métier [metje] m. Handwerk.

mètre [mɛtr] m. Meter.

mettre [mɛtr] setzen, stellen, legen, stecken, bringen; anziehen, aufsetzen; unterbringen; einschlagen *(les clous);* gebrauchen *(le temps);* *se* — *à* sich daran machen, anfangen; — *à mort* umbringen.

meuble [mɔbl] m. Möbel, Hausgerät.

meubler [mɔble] möblieren, mit Hausgerät versehen.

meule 1. [mɔl] f. Mühlstein; 2. [möl] f. Schober (Heu), Kohlenmeiler.

meunier [mönje] m. Müller.

meunière [mönjɛr] f. Mullerin.

mi- [mi] adv. halb; *mi-avril* f. Mitte April.

miauler [mjole] miauen.

miche [miʃ] f. Laib.

Michel [miʃel] m. Michael.

midi [midi] m. Mittag, 12 Uhr mittags.

miel [mjɛl] m. Honig.

mien, ne [mjɛ, ɛn] der, die, das meinige.

mieux [mjö] adv. besser; *tant* — um so besser; *le* — am besten.

mignon, ne [miñɔ, ɔn] niedlich, allerliebst.

Milan [milã] m. Mailand.

milieu [miljö] m. Mitte; *au* — *de* mitten in.

militaire [militɛr] militärisch.

millet [mijɛ] m. Hirse.

millier [milje] m. Tausend.

mince [mɛs] dünn.

mine [min] f. Miene, Gesicht.

minéral, e [mineral] mineralisch, Mineral- ...

Minette [minɛt] f. Kätzchen, Miezchen.

minuit [minwi] m. Mitternacht, 12 Uhr nachts.

minute [minüt] f. Minute.

miracle [mirakl] m. Wunder.

mis, e [mi, z] p. p. von *mettre*.

misère [mizɛr] f. Elend.

mission [misjɔ̃] f. Sendung.

mitraille [mitraj] f. Kartätschenladung.

mitron [mitrɔ̃] m. Bäckerbursche.

mobile [mobil] beweglich.

mode [mɔd] f. Weise, Sitte.

modèle [mɔdɛl] m. Muster.

Modène [mɔdɛn] f. Modena (in Italien).

moderne [mɔdɛrn] modern, neu.

modeste [mɔdɛst] bescheiden, anspruchslos.

moellon [mwalɔ̃] m. Bruchstein.

mœurs [mɔrs] f. pl. Sitten.

moi [mwa] ich.

moindre [mwɛ̃dr] geringer.

moine [mwan] m. Mönch.

moineau [mwano] m. Sperling.

moins [mwɛ̃] weniger; *le* — am wenigsten; *au* —, *du* — wenigstens.

moire [mwar] f. Mohr (Stoff von dem Haare einer Ziegenart Kleinasiens)

mois [mwa] m. Monat.

moisson [mwasɔ̃] f. Ernte.

moissonneur [mwasɔnœr] m. Schnitter

moissonneuse [mwasɔnøz] f. Schnitterin.

moitié [mwatje] f. Hälfte, *à* — zur Hälfte, halb.

mol [mɔl] vgl. mou.

molaire [mɔlɛr] a. und s. f. *(dent)* — Backenzahn.

mollet [mɔlɛ] m. Wade.

moment [mɔmɑ̃] m. Augenblick; *par* —*s* von Zeit zu Zeit.

monarchie [mɔnarʃi] f. Monarchie.

monarque [mɔnark] m. Monarch.

monastère [mɔnastɛr] m. Kloster.

monde [mɔ̃d] m. Welt, Leute; *tout le* — jedermann.

monnaie [mɔnɛ] f. Münze, (klein) Geld.

monseigneur [mɔ̃sɛɲœr] m. gnädiger Herr.

monsieur [masjø] (pl. *messieurs* [mesjø]) m. Herr; mein Herr.

mont [mɔ̃] m. Berg.

montagnard [mɔ̃taɲar] m. Bergbewohner.

montagne [mɔ̃taɲ] f. Gebirge, Berg

montant [mɔ̃tɑ̃] m. Pfosten, Schenkel, Leiterbaum.

Mont-Blanc [mɔ̃ blɑ̃] m. höchster Berg der Graischen Alpen.

monter [mɔ̃te] (hinaufsteigen, hinauffahren, heraufgehen; heraufziehen; sitzen auf, reiten.

monticule [mɔ̃tikül] m. Hügel, kleiner Berg.

montre [mɔ̃tr] f. Taschenuhr.

montrer [mɔ̃tre] zeigen.

montreur [mɔ̃trœr] m. jemand, der etwas zeigt.

Montrouge [mɔ̃ruʒ] m. südliche Vorstadt von Paris.

se moquer [mɔke] sich lustig machen.

moral, e [mɔral] moralisch.

morveau [mɔrvo] m. Stück, Bissen.

mordre [mɔrdr] beißen.

morne [mɔrn] trübsinnig, niedergeschlagen.

marraine [marɛn] f. Löffel.

mort [mɔr] f. Tod; *à* — tödlich.

mort, e [mɔr, t] 1. a. tot; dürr; erloschen; 2. p. p. von *mourir*.

mortel, le [mɔrtɛl] sterblich, tödlich.

mortier [mɔrtje] m. Mörtel.

Moscou [mɔsku] m. Moskau (alte Hauptstadt von Rußland).

Moselle [mɔzɛl] f. Mosel.

mot [mo] m. Wort.

motte [mɔt] f. Erdscholle.

mou [mu] *mol, molle*, [mɔl] weich.

mouche [muʃ] f. Fliege.

mouchoir [muʃwar] m. Schnupftuch.

moudre [mudr] mahlen.

moulin [mulɛ̃] m. Mühle; — *à eau* Wassermühle; — *à vapeur* Dampfmühle; *à vent* Windmühle; — *à café* Kaffeemühle, — *à bras* Handmühle; — *à paroles* Plappermaul.

mourant [murɑ̃] m. Sterbender.

mourir [murir] sterben; aufhören, *se* — im Sterben liegen.

mousse [mus] 1. m. Schiffsjunge; 2. f. Moos.

moustache [mustaʃ] f. Schnurrbart.

mouton [mutɔ̃] m. Hammel, Schaf.

mouvement [muvmɑ̃] m. Bewegung.

mouvoir [muvwar] bewegen.

moyen [mwajɛ̃] m. Mittel; *au* — *de* vermittelst.

muet, te [mɥɛ, t] stumm.

muguet [mɥgɛ] m. Maiblume.

mulet [mulɛ] m. Maulesel.

multiplication [mültiplikasjɔ̃] f. Multiplikation.

multitude [mültitüd] f. Menge.

Munich [müniʃ] m. München.

municipal, e [münisipal] a. Gemeinde-; *conseil* — Magistrat, Stadtrat.

munir [münir] versehen.

munition [münisjɔ̃] f. Schiefsbedarf, Mundvorrat.

mur [mür] m. Mauer, Wand.

mûr, e [mür] reif.

muraille [müraj] f. Mauer, Wand.

mûrir [mürir] reifen.

museau [müzo] m. Schnauze, Maul.

musée [müze] m. Museum.

musique [müzik] f. Musik.

mystère [mister] m. Geheimnis.

N.

nager [naʒe] schwimmen.

nageur [naʒɔ̃r] m. Schwimmer.

naguère [nager] unlängst.

naissance [nesãs] f. Geburt; *donner* — das Leben geben.

naissant, e [nesã, t] entstehend, anbrechend (p. prés. von *naître*).

naître [netr] geboren werden; entstehen.

Napoléon [napɔleɔ̃] m. Napoleon.

narine [narin] f. Nasenloch.

nature [natür] f. Natur.

naturel, le [natürel] natürlich.

navet [nave] m. Kohl-Rübe.

navigateur [navigatɔ̃r] m. Seemann.

ne [nə] (meist mit *pas*) nicht; *ne*... *plus* nicht mehr; *ne* ... *plus que* nur noch.

né [ne] p. p. von *naître*.

néanmoins [neãmwɛ̃] nichtsdestoweniger.

nécessaire [neseser] nötig, notwendig.

négociant [negɔsjã] m. Kaufmann.

neige [neʒ] f. Schnee.

neiger [neʒe] schneien.

nerveux, se [nervö, z] nervös.

net, te [net] rein; *avoir les mains nettes* sich nichts vorzuwerfen haben.

nettoyer [netwaje] reinigen, putzen.

neuf, ve [nɔf, v] neu

New-York [nö jɔrk] m. New York.

Ney [ne] m. franz. Marschall.

nez [ne] m. Nase; *parler du* — durch die Nase sprechen.

ni [ni] und nicht, auch nicht; *ni* ... *ni* mit *ne* weder ... noch.

niche [niʃ] f. Hundehütte.

se nicher [niʃe] sich einnisten.

nichoir [niʃwar] m. Heckbauer.

nid [ni] m. Nest; *petit à petit l'oiseau fait son nid* Stein auf Stein will ein Haus gebauet sein.

nigaud [nigo] m. Dummkopf.

niveau [nivo] m. wagerechte Fläche, *au* — *de* auf gleicher Höhe.

noble [nɔbl] 1. adelig, edel, würdevoll, 2. s. m. Adliger.

Noël [nwel] m. Weihnachten.

noir, e [nwar] schwarz; düster.

noisetier [nwastje] m. Hasel\nufs)strauch

noisette [nwazet] f. Haselnufs.

noix [nwa] f. Nufs.

nom [nɔ̃] m. Name; *au* — im Namen.

nombre [nɔ̃br] m. Zahl; *au* — *de* an, unter der Zahl.

nombreux, se [nɔ̃brö, z] zahlreich.

nommer [nɔme] (be)nennen.

non [nɔ̃] nein; nicht; — *-seulement* nicht nur.

nord [nɔr] m. Norden; *mer du Nord* Nordsee; *nord-est* [nɔrd est] m. Nordosten; *nord-ouest* [nɔr west] m. Nordwesten.

normand, e [nɔrmã, d] normännisch.

Normandie [nɔrmãdi] f. Normandie.

nostalgie [nɔstalʒi] f. Heimweh.

note [nɔt] f. Note; Rechnung.

notion [nɔsjɔ̃] f. Kenntnis. [unsrige.

nôtre [notr]; *le, la* — der, die, das

nourrir [nurir] ernähren, aufziehen.

nourriture [nuritür] f. Nahrung.

nouveau, el, elle [nuvo, el] neu; *de* — von neuem.

nouveauté [nuvote] f. Neuheit.

nouvelle [nuvel] f. Neuigkeit; Nachricht.

novembre [nɔvãbr] m. November.

noyer [nwaje] m. Nufsbaum.

noyer [nwaje] ertränken; *se* — ertrinken.

nu, e [nü] nackt, blofs; *nu-pieds, pieds nus* barfufs.

nuage [nɥaʒ] m. Gewölk, Wolke.

nuisible [nɥizibl] schädlich.

nuit [nɥi] f. Nacht; *il fait* — es ist Nacht.

nul, le [nül] (mit *ne*) keiner.

nuque [nük] f. Nacken.

parvenir [parvanir] gelingen, es dahin bringen.

pas [pa] m. Schritt; Meerenge, Pas de Calais Straße von Calais; ne ... pas nicht; ne ... pas de kein(e).

passable [pasabl] ziemlich.

passage [pasaз] m. Übergang, Weg, Bahn, Zug.

passager [pasaзe] m.Passagier,(Durch)-reisender

passant [pasã] m. Vorübergehender.

passé, e [pase] vergangen, vorbei.

passer [pase] zubringen; vorbeigehen, vorübergehen; übertreffen; gehen, fließen, fahren, kommen durch, über: reichen; — et repasser wiederholt hinübergehen; se — sich zutragen.

passerelle [pasrel] f. Steg (über ein Wasser)

passionnément[pasjonemã]leidenschaftlich.

patatras [patatra] plumps! pardauz! kladderadatsch!

patchouli [patfuli] m. Parfüm einer lippenblütigen Pflanze in China.

pâte [pat] f. Teig.

pâté [pate] m. Pastete.

paternel, le [paternel] väterlich.

patin [patẽ] m. Schlittschuh.

patinage [patinaз]m.Schlittschuhlaufen.

patiner [patine] Schlittschuh laufen.

patois [patwa] m. Mundart.

pâtre [patr] m. Hirt.

patrie [patri] f. Vaterland.

patte [pat] f. Pfote, Tatze, Bein; patte-de-lion Edelweifs.

pâturage [patüraз] m. Weide.

Paul [pɔl] m. Paul.

paume [pom] f. flache Hand.

paupière [popjer] f. Augenlid.

pauvre [povr] arm.

pavé [pave] m. Pflaster, Straße.

paver [pave] pflastern.

pavillon [pavijɔ]m.Flagge;Ohrmuschel.

Pavie [pavi] f. Pavia (ital. Stadt)

payer [paje] bezahlen.

pays pei] m. Land, Vaterland

paysan [peizã] m. Bauer, Landmann

paysanne [peizan] f. Bäuerin.

peau [po] f. Haut, Fell.

pêche [peʃ] f. Pfirsich.

péché [peʃe] m. Sünde.

pêcher [peʃe] 1. s. m. Pfirsichbaum; 2. v. fischen.

pêcheur [peʃɔr] m. Fischer.

pêcheuse [peʃöz] f. Fischerin.

peindre [pɛdr] malen.

peine [pɛn] f. Mühe, Sorge; prendre la — sich die Mühe geben; a — kaum.

peint, e [pɛ, t] p. p. von peindre.

peinturlurer [pɛtürlüre] (schlecht) malen.

pêle-mêle [pɛl mɛl] bunt durcheinander.

pèlerin [pɛlrɛ] m. Pilger, Wanderer.

pelle [pɛl] f. Schaufel, Schippe.

pelletée [pɛlte] f. eine Schaufel voll.

pelouse [pluz] f. Rasen.

pencher [pãʃe] niederbeugen.

pendant [pãdã] 1. p. p. von pendre; 2. präp. während; 3. — que konj. während.

pendre [pãdr] hängen, hangen.

pendule [pãdül] f. Pendeluhr.

pénétrer [penetre] eindringen.

pénible [penibl] mühsam, hart.

pensée [pãse] f. Gedanke.

penser [pãse] denken, glauben.

pensif, ve [pãsif, v] nachdenklich, gedankenvoll.

pente [pãt] f. Abhang.

Pentecôte [pãtkot] f Pfingsten.

Pepin le Bref [pepã lə brɛf] m. Pipin der Kleine.

percer [perse] durchstechen, -bohren, -löchern.

perche [perʃ] f. Stange.

percher [perʃe] sich setzen (von Vögeln).

perchoir [perʃwar] m. Stängelchen, Aufsetzstange.

perdre [perdr] verlieren; se — sich verirren, sich ins Unglück stürzen, verschwinden.

perdrix [perdri] f. Reb-, Feldhuhn.

père [pɛr] m. Vater.

péril [pcril] m. Gefahr.

périr [perir] umkommen, untergehen.

perle [pɛrl] f. Perle.

permettre [pɛrmɛtr] erlauben.

permis, e [pɛrmi, z] p. p. von *permettre.*

permission [pɛrmisjɔ] f. Erlaubnis.

Perrette [pɛrɛt] f. Petrinchen.

perroquet [perɔkɛ] m. Papagei.

personne [persɔn] f. Person; *ne* ...
— niemand.

persuader [persᵘade] überzeugen.

perte [pɛrt] f. Verlust.

pervenche [pɛrvãʃ] f. Immergrün.

pesamment [pɔzamã] adv. schwer, unbeholfen.

peser [pɔze] wiegen; schwer liegen.

petit, e [pɔti, t] klein; —-*fils* m. Enkel; — *à* — allmählich, nach und nach; vgl. *nid.*

pétrin [petrɛ] m. Backtrog.

pétrir [petrir] kneten.

pétrole [petrɔl] m. Petroleum, Steinöl.

peu [pö] wenig; -- *de chose* wenig, Kleinigkeit; — *à* — nach und nach; *à* — *près* beinahe; *pour* — *que* mit subj.: wenn nur im geringsten.

peuplade [pɔplad] f. Völkerschaft.

peuple [pɔpl] m. Volk.

peupler [pɔple] bevölkern.

peuplier [pɔplie] m. Pappel.

peur [pɔr] f. Furcht; *avoir* — sich fürchten, besorgt sein.

peut-être [pɔt ɛtr] vielleicht.

phantôme [fãtom] m. Geistererscheinung, Gespenst.

pharmacien [farmasjɛ̃] m. Apotheker.

phénix [feniks] m. Phönix.

phénomène [fenɔmɛn] m. wahres Wunder, Wunderkind.

phonétique [fɔnetik] auf Sprachlaute bezüglich, lautlich.

phrase [fraz] f. Ausdruck; Satz.

physionomie [fizjɔnɔmi] f. Gesichtsausdruck.

piano [pjano] m. Klavier.

piauler [pjole] piepen.

pic [pik] m. Specht.

pie [pi] f. Elster.

pièce [pjɛs] f. Stück.

pied [pje] m. Fufs; *à* — zu Fufs; *sur* — aufgestanden, wach; — *de devant* Vorderfufs.

pierre [pjɛr] f. Stein; — *à aiguiser* Wetz-, Schleifstein.

Pierre [pjɛr] m. Peter.

Pierrot [pjero] m. Peterchen; Hanswurst.

piéton [pjetɔ] m. Fufsgänger.

pieu [pjö] m. Pfahl.

pigeon [piʒɔ] m. Taube.

pile [pil] f. Stofs, Haufen.

piller [pije] plündern. [eisen.

pince [pɛs] f. Zange, Brechstange, Hebe-

pinceau [pɛso] m. Pinsel.

pioche [pjɔʃ] f. Hacke, Karst.

piocher [pjɔʃe] hacken.

pipe [pip] f. Pfeife.

piquer [pike] stechen.

piqûre [pikür] f. (Insekten-)Stich

pirate [pirat] m. Seeräuber.

pistolet [pistɔlɛ] m. Pistole.

piston [pistɔ] m. Kolben.

piteux, se [pitö, z] jämmerlich.

pitié [pitje] f. Mitleid, Jammer.

place [plas] f. Platz, Stelle, Festung

placer [plase] stellen, setzen, legen, anbringen.

plafond [plafɔ] m. Decke.

plaie [plɛ] f. Wunde.

plaindre [plɛdr] beklagen.

plaine [plɛn] f. Ebene.

plaintif, ve [plɛtif, v] klagend.

plaire [plɛr] gefallen; *s'il vous plaît* gefälligst.

plaisant, e [plɛzã, t] seltsam.

plaisir [plezir] m. Vergnügen, Freude.

plan [plã] m. Plan.

planche [plãʃ] f. Brett, Planke.

plancher [plãʃe] m. Fufsboden.

planchette [plãʃɛt] f. Brettchen.

planer [plane] schweben.

planète [planɛt] f. Planet, Wandelstern.

plante [plãt] f. Pflanze; — *du pied* Fufssohle.

planter [plãte] (be)pflanzen.

plat [pla] m. Fläche, flacher Teil; Schüssel.

plat, e [pla, t] flach.

plateau [plato] m. Hochebene, Plateau.

plein, e [plɛ̃, ɛn] voll; *en plein air* in freier Luft, unter freiem Himmel; *tomber en plein* gerade fallen.

pleurer [plœre] weinen.

pleuvoir [plœvwar] regnen.

pli [pli] m. Falte.

plier [plie] zusammenfalten; *se* — sich biegen.

plomb [plɔ̃] m. Blei; *fil à* — Bleilot.

plonger [plɔ̃ʒe] untertauchen, stecken.

plu [ply] 1. p. p. von *pleuvoir;* 2. p. p. von *plaire.*

pluie [plɥi] f. Regen; *le baromètre est à la* — das Barometer steht auf Regen.

plumage [plymaʒ] m Gefieder.

plume [plym] f. Feder.

plumier [plymje] m. Federkasten.

plupart [plypar] f. der größte Teil, die meisten.

plus [ply, zuweilen plys] mehr; — *que,* — *de* mehr als; *de* — außerdem; *de* — [plyz] *en* — immer mehr; *ne ... plus* nicht mehr; *ne ... plus de* kein mehr; *ne ... plus rien* nichts mehr; *ne ... plus que* nur noch; *ne ... plus jamais* niemals mehr; *le* — das meiste.

plusieurs [plyzjœr] mehrere.

plutôt [plyto] eher, lieber.

pochard [pɔʃar] m. Trunkenbold.

poche [pɔʃ] f. Tasche.

poêle [pwal] m. Ofen.

poème [pɔɛm] m. Gedicht.

poète [pɔɛt] m. Dichter.

poids [pwa] m. Gewicht, Last.

poigne [pwaɲ] f. Faust.

poignée [pwaɲe] f. Handvoll; — *de main* Händedruck.

poignet [pwaɲɛ] m. Handgelenk.

poing [pwɛ̃] m. Faust.

point [pwɛ̃] m. Punkt; *points cardinaux* [kardino] Himmelsrichtungen; *être sur le* — im Begriffe sein; *ne ... point* nicht; *ne ... point de* kein.

pointe [pwɛ̃t] f. Spitze; — *du jour* Tagesanbruch.

pointu, e [pwɛ̃ty] spitz.

poire [pwar] f. Birne.

poiré [pware] m. Birnmost.

poirier [pwarje] m. Birnbaum.

pois [pwa] m. Erbse; *petits* — grüne Erbsen.

poison [pwazɔ̃] m. Gift.

poisson [pwasɔ̃] m. Fisch.

poitrail [pwatraj] m. Brust.

poitrine [pwatrin] f. Brust.

polisson [pɔlisɔ̃] m. Lumpenkerl.

pomme [pɔm] f. Apfel; — *de terre* Kartoffel; — *d'Adam* [adɑ̃] Adamsapfel.

pommier [pɔmje] m. Apfelbaum.

pompe [pɔ̃p] f. Pumpe.

Pompéi [pɔ̃pe] m. Pompejus.

pondre [pɔ̃dr] Eier legen.

pont [pɔ̃] m. Brücke, Deck.

populaire [pɔpylɛr] volkstümlich, Volks-...

popularité [pɔpylarite] f. Popularität, Beliebtheit beim Volke.

population [pɔpylasjɔ̃] f. Bevölkerung.

porc [pɔr] m. Schwein.

porcelaine [pɔrslɛn] f. Porzellan.

porcherie [pɔrʃəri] f. Schweinestall.

port [pɔr] m. Hafen.

porte [pɔrt] f. Thür, Thor.

portée [pɔrte] f. Schußweite.

porte-plume [pɔrtə plym] m. Federhalter.

porter [pɔrte] tragen, bringen, führen; *se* — sich begeben, sich befinden.

porteur [pɔrtœr] m Träger.

portière [pɔrtjer] f. Kutschenschlag.

portion [pɔrsjɔ̃] f. Teil.

portugais, e [pɔrtygɛ, z] portugiesisch.

Portugal [pɔrtygal] m. Portugal.

poser [poze] stellen, legen, setzen; einsetzen.

position [pozisjɔ̃] f. Lage, Stellung.

posséder [posede] besitzen.

possession [posɛsjɔ̃] f. Besitz.

poste [pɔst] m. Posten; f. Post.

poster [pɔste] aufstellen.

postillon [pɔstijɔ] m. Postillon.

posture [pɔstür] f. Stellung, Lage.

pot [po] m. Topf; — *au lait* Milchtopf; *un* — *de lait* ein Topf Milch.

poteau [pɔto] m. Pfahl; Pfosten.

pouce [pus] m. Daumen.

poudre [pudr] f. Staub, Pulver.

poulailler [pulɑje] m. Hühnerhaus.

poulain [pulɛ̃] m. Füllen, Fohlen.

poularde [pulard] f. Masthühnchen.

poule [pul] f. Henne, Huhn.

poulet [pule] m. Küchlein, Hühnchen.

poulie [puli] f. Rolle.

poupe [pup] f. Schiffshinterteil.

poupée [pupe] f. Puppe.

pour [pur] für, wegen, was betrifft; um zu; — *que* damit; — *cela* deshalb.

pourquoi [purkwa] warum; *voilà* —, *c'est* — deshalb.

pourrir [purir] verfaulen.

poursuivre [pursẅivr] verfolgen; *se* — fortgesetzt werden.

pourtant [purtɑ̃] dennoch, jedoch, indessen.

pourvoir [purvwar] versehen.

pourvu [purvü] *que* vorausgesetzt dafs, wenn nur.

pousser [puse] stofsen, treiben; wachsen; ausstofsen.

poussière [pusjɐr] f. Staub.

poussin [pusɛ̃] m. Küchlein, Hühnchen.

poutre [putr] f. Balken.

pouvoir [puvwar] können; *il se peut* es ist möglich.

prairie [prɐri] f. Wiese.

pratique [pratik] 1. a. praktisch, 2. s. f. Kundschaft.

pré [pre] m. Wiese.

précaution [prekosjɔ] f. Vorsicht.

précieux, se [presjö, z] kostbar.

précipitation [presipitasjɔ] f. Übereilung.

précipiter [presipite] hinabschleudern; *se* — sich niederstürzen.

prédestiner [predɛstine] (zu hohen Dingen) auserwählen.

préfecture [prefɐktür] f. Präfektur.

premier, ère [prɔmje, ɐr] erster, —e, —es; *le premier* zuerst.

prendre [prɑ̃dr] nehmen, ergreifen, fassen, fangen; für etwas halten: zünden, Feuer fangen; zufrieren; *se* — *à qch.* sich bei etwas benehmen, etwas angreifen; *se* — *à* (mit folg. Inf.) anfangen zu.

préparer [prepare] zubereiten.

préposition [prepozisjɔ] f. Präposition, Verhältniswort.

près [prɐ] nahe; — *de* nahe bei, bei. in der Nähe; *de* — in, aus der Nähe; *à peu* — beinahe.

présent [prezɑ̃] m. Geschenk.

présent, e [prezɑ̃, t] gegenwärtig, anwesend; *à* — jetzt.

présenter [prezɑ̃te] darreichen, bieten, zeigen; vorstellen; *se* — erscheinen.

président [prezidɑ̃] m. Präsident.

presque [prɛsk(ɔ)] fast, beinahe.

pressé, e [prɐse] pressiert, eilig.

presser [prɐse] drücken, pressen, keltern.

pressoir [prɐswar] m. Kelter.

prêt, e [prɐ, t] bereit.

prétendant [pretɑ̃dɑ̃] m. Bewerber.

prétendre [pretɑ̃dr] behaupten, — *à qch.* Anspruch machen auf etwas.

prêter [prɐte] leihen; — *l'oreille* aufmerksam zuhören, horchen.

prétexte [pretɛkst] m. Vorwand; *sous* — unter dem Vorwand.

preuve [prɔv] f. Beweis; *faire* — beweisen.

prévoyant, e [prevwajɑ̃, t] voraussehend, mit Voraussicht begabt.

prier [prie] bitten, beten.

prière [priɐr] f. Gebet.

primaire [primɐr] Primär-...

primevère [primvɐr] f. Primel, Schlüsselblume.

prince [prɛ̃s] m. Fürst, Prinz.

principal, e [prɛ̃sipal] hauptsächlich, Haupt-...

principalement [prɛ̃sipalmɑ̃] hauptsächlich

printemps [prɛ̃tɑ̃] m. Frühling.

pris, e [pri, z] p. p. von *prendre*.

prison [priző] f. Gefängnis.
prisonnier [prizonje] m. Gefangene.
prix [pri] m. Preis, Wert.
probable [probabl] wahrscheinlich.
procès [prose] m. Prozeß.
procession [prosesjő] f. feierlicher Umzug, Prozession.
prochain, [proʃɛ, ɛn] nahe.
proche [proʃ] nahe; *de — en —* von Ort zu Ort, allmählich.
proclamer [proklame] ausrufen.
prodigalité [prodigalite] f. Verschwendungssucht.
prodige [prodiʒ] m. Wunder(ding).
prodigieux, se [prodiʒjő, z] wunderbar, außerordentlich.
prodigue [prodig] verschwenderisch.
prodiguer [prodige] verschwenden.
produire [produir] hervorbringen; *se* — sich ereignen.
profession [profɛsjő] f. Stand.
profiter [profite] gewinnen; — *de* benutzen.
profond, e [profő, d] tief.
profusion [profüzjő] f. Verschwendung, Überfluß.
progrès [progrɛ] m. Fortschritt.
proie [prwa] f. Beute, Raub (der Tiere); *oiseau de* — Raubvogel; *en* — ausgesetzt.
prolonger [prolőʒe] in die Länge ziehen
promenade [promnad] f. Spaziergang.
se promener [promne] spazieren gehen.
promeneur [promnőr] m. Spaziergänger.
promettre [promatr] versprechen.
prompt, e [prő, t] schnell.
pronom [pronő] m. Pronomen, Fürwort.
prononcer [pronőse] aussprechen; — *un discours* eine Rede halten.
prononciation [pronősjasjő] f. Aussprache.
propos [propo] m. Anlaß; *à* — angemessen.
proposer [propoze] vorschlagen; *se* — sich vornehmen.
propre [propr] eigen, eigentlich; reinlich.
propriétaire [proprietar] m. Eigentümer, Besitzer.

propriété [propriete] f. Eigenschaft, Eigentümlichkeit.
prospérité [prasperite] f. Glück.
protéger [proteʒe] (be)schützen, decken.
prouver [pruve] beweisen.
provenir [provnir] entstehen.
proverbe [provarb] m. Sprichwort.
proverbial, e [provarbjal] sprichwörtlich.
Providence [providãs] f. Vorsehung.
province [provɛs] f. Provinz.
provision [provizjő] f. Vorrat.
prudent, e [prüdã, t] klug.
prune [prün] f. Pflaume.
prunelle [prünɛl] f. Augapfel.
prunier [prünje] m. Pflaumenbaum.
pu, e [pü] p. p. von *pouvoir*.
public, que [püblik] öffentlich.
publier [püblie] öffentlich bekannt machen.
puis [pwi] dann, alsdann, ferner.
puiser [pwize] schöpfen, nehmen.
puisque [pwisk(ə)] weil, da ja.
puissance [pwisãs] f. Macht.
puits [pwi] m. Brunnen, Ziehbrunnen.
punir [pünir] strafen.
pupille [püpil] f. Pupille.
pupitre [püpitr] m. Pult.
pur, e [pür] rein.
purifier [pürifje] reinigen.
pyrénéen, ne [pirenɛ, ɛn] pyrenäisch.
Pyrénées [pirene] f. pl. Pyrenäen.
Python [pitő] m. Python (Schlange).

Q.

quadrupède [k(w)adrüpɛd] m. vierfüßiges Tier.
qualité [kalite] f. Eigenschaft, Wert.
quand [kã] wann; als, wenn.
quant à [kãt a] was anlangt.
quantième [kãtjɛm] 1. a. der wievielte? 2. s. m. Monatstag, Datum.
quantité [kãtite] f. Menge.
quart [kar] m. Viertel; — *d'heur* Viertelstunde.
quartier [kartje] m. Viertel.
que [kə] was; daß; wenn, wo; als; wie; wie viele; *ne* ... — nur, erst.
quel, le [kɛl] welcher.

quelque [kɛlkɔ] irgend ein, etwas;
pl. einige; — *chose* etwas.
quelquefois [kɛlk(ə)fwa] zuweilen.
quelqu'un, e [kɛlk 3, ün] irgend einer,
jemand; pl. *quelques-un(e)s* einige.
quenouille [kənuj] f. Spinnrocken.
question [kɛstjɔ̃] f. Frage.
queue [kö] f. Schwanz, Schweif.
qui [ki] welcher; wer? wen? *c'était à*
— *pillerait ses trésors* sie plünder-
ten seine Schätze um die Wette aus.
quintal [kɛ̃tal] m. Zentner.
quitter [kite] verlassen.
quoi [kwa] was.
quoique [kwak(ə)] obgleich.

R.

race [ras] f. Rasse, Geschlecht.
racheter [raʃte] freikaufen.
racine [rasin] f. Wurzel.
raconter [rakɔ̃te] erzählen.
radeau [rado] m. Floſs.
radical [radikal] m. Stamm.
rafraîchir [rafrɛʃir] erfrischen.
raide [rɛd] steif; — *mort* auf der
Stelle tot.
rail [raj] m. Schiene.
raisin [rezɛ̃] m. Traube.
raison [rezɔ̃] f. Vernunft, Grund, Recht;
avoir — recht haben.
raisonnable [rezɔnabl] vernünftig, ziemlich grofs.
ramage [ramaʒ] m. Gesang.
ramasser [ramase] aufheben, zusammen-
raffen.
rame [ram] f. Ruder.
rameau [ramo] m. Zweig.
ramener [ramne] zurückführen.
rameur [ramɔ̃r] m. Ruderer.
ramollir [ramɔlir] erweichen.
ramper [rɑ̃pe] kriechen.
rançon [rɑ̃sɔ̃] f. Lösegeld.
rançonner [rɑ̃sɔne] brandschatzen.
rang [rɑ̃] m. Reihe.
rangée [rɑ̃ʒe] f. Reihe.
ranger [rɑ̃ʒe] ordnen, aufstellen.
se ranimer [ranime] von neuem ent-
brennen.

rapide [rapid] reifsend, schnell.
rapidité [rapidite] f. Schnelligkeit.
se rappeler [raple] sich erinnern.
rapport [rapɔr] m. Verhältnis; *par* —
à hinsichtlich.
rapporter [rapɔrte] zurückbringen; mitbringen; eintragen; *se* — passen,
übereinstimmen.
rapprocher [raprɔʃe] nähern.
rare [rar] selten.
raser [raze] rasieren; *se* — sich ducken.
rasoir [razwar] m. Rasiermesser.
rassembler [rasɑ̃ble] (wieder) sammeln,
vereinigen.
rassurer [rasüre] beruhigen.
rat [rɑ] m. Ratte.
râteau [rɑto] m. Rechen, Harke.
râteleuse [rɑtlöz] f. Rechmaschine.
rattraper [ratrape] wieder fangen,
wieder erwischen.
ravager [ravaʒe] verheeren.
ravir [ravir] entzücken.
rayer [rɛje] (aus)streichen.
rayonner [rɛjɔne] strahlen, leuchten.
rébellion [rebɛljɔ̃] f. Aufstand, Empörung.
rebondi, e [rəbɔ̃di] dick und rund.
rebord [rəbɔr] m. Rand.
rebrousser [rəbruse] wider den Strich
bürsten; — *chemin* plötzlich umkehren.
récemment [resamɑ̃] vor kurzem.
receveur [rəsvɔ̃r] m. Einnehmer; -
général Obersteuereinnehmer.
recevoir [rəsəvwar] empfangen, erhalten.
rechercher [rəʃɛrʃe] aufsuchen.
récit [resi] m. Erzählung.
réclamer [reklame] beanspruchen.
récolte [rekɔlt] f. Ernte.
récolter [rekɔlte] ernten.
recommander [rəkɔmɑ̃de] anbefehlen.
recommencer [rəkɔmɑ̃se] wieder anfangen.
récompenser [rekɔ̃pɑ̃se] belohnen.
reconnaissant, e [rəkɔnɛsɑ̃, t] dankbar.
reconnaître [rəkɔnɛtr] erkennen.
recourber [rəkurbe] krümmen, um-
biegen.

recours [rəkur] m. Zuflucht.
recouvrer [rəkuvre] wieder erlangen.
recouvrir [rəkuvrir] bedecken, einhüllen.
rectangulaire [rəktãgulɛr] rechtwinkelig.
recueillir [rəkœjir] sammeln.
reculer [rəkule] zurückweichen.
redescendre [rədesãdr] wieder herunterkommen.
redire [rədir] noch einmal sagen.
redoubler [rəduble] verdoppeln.
redoutable [rədutabl] furchtbar.
réduire [reduir] zwingen, — en verwandeln in.
refermer [rəfɛrme] wieder schliefsen.
réflexion [reflɛksjõ] f. Nachdenken, Überlegung.
refrain [rəfrɛ̃] m. Wiederholungsvers, gleichförmiges Lied.
refroidir [rəfrwadir] kalt werden.
refuge [rəfuʒ] m. Zufluchtsort.
refuser [rəfuze] verweigern, sich weigern.
regagner [rəgaɲe] wiedererlangen.
régaler [regale] bewirten; se — schmausen, sich gütlich thun.
regard [rəgar] m. Blick.
regarder [rəgarde] ansehen, sehen, hinsehen
régiment [reʒimã] m. Regiment.
région [reʒjõ] f. Landstrich.
règle [rɛgl] f. Regel, Lineal; *les quatre règles* die vier Spezies.
régler [regle] liniieren, regeln, einrichten.
règne [rɛɲ] m. Regierung.
régner [reɲe] regieren.
regretter [rəgrɛte] beklagen.
régulier, ère [regulje, ɛr] regelmäfsig.
rehausser [rəose] erhöhen, steigern.
Reims [rɛ̃s] m. franz. Stadt in der Champagne.
rein [rɛ̃] m. Niere; *reins* pl. Lenden, Kreuz.
réjouir [reʒwir] (er)freuen, belustigen.
relâche [rəlaʃ] m. Aufhören; sans — unablässig.

relever [rəlve] aufrichten; pikanter machen; se — wieder aufstehen.
relier [rəlje] binden, verbinden.
relieur [rəljœr] m. Buchbinder.
remarquer [rəmarke] bemerken, se faire — sich bemerkbar machen.
remède [rəmɛd] m. Heilmittel.
remédier [rəmedje] heilen
remercier [rəmɛrsje] danken.
remerciment [rəmɛrsimã] m. Dank.
remettre [rəmɛtr] übergeben; — un fer ein Hufeisen wieder anschlagen; — en liberté wieder in Freiheit setzen; se — à wieder anfangen; se — en route sich wieder auf den Weg machen.
remonter [rəmõte] wieder hinaufgehen; wieder aufziehen.
remontoir [rəmõtwar] m. Stellrad, Schraube.
rémouleur [remulœr] m. Scherenschleifer.
rempart [rãpar] m. Wall.
remplacement [rãplasmã] m Ersetzung; dents de — bleibende Zähne.
remplacer [rãplase] ersetzen.
remplir [rãplir] (an)füllen.
remporter [rãpɔrte] davontragen.
remuer [rəmɥe] umgraben, bewegen.
renaître [rənɛtr] wieder entstehen, wieder erscheinen.
renard [rənar] m. Fuchs.
rencontre [rãkõtr] f. Treffen.
rencontrer [rãkõtre] begegnen.
rendez-vous [rãde vu] m. Stelldichein, Sammelplatz.
rendre [rãdr] zurückgeben, übergeben; machen; se — sich begeben, sich ergeben.
renfermer [rãfɛrme] einsperren, einschliefsen.
renflé, e [rãfle] ausgebaucht.
Rennes [rɛn] m. sg. franz. Stadt in der Bretagne.
renommé, e [rənɔme] berühmt.
renoncer [rənõse] verzichten.
renouveler [rənuvle] erneuern.
renseigner [rãseɲe] Auskunft geben; se — sich erkundigen.

rentrer [rātre] wieder eintreten, (wieder) nach Hause kommen, gehen; zurückkehren; einfahren, einheimsen, einziehen.

renverser [rāverse] umstülpen, niederwerfen, umstofsen.

repaire [rɔpɛr] m. Zufluchtsort.

repaître [rɔpɛtr] nähren.

répandre [repādr] verbreiten; ausgiefsen.

réparation [reparasjɔ̃] f. Ausbesserung.

réparer [repare] ausbessern.

repartir [rɔpartir] wieder abreisen; erwidern.

repas [rɔpa] m. Mahl, Mahlzeit.

repasser [rɔpase] wieder vorbeigehen, hin und her bewegen, wetzen.

se repentir [rɔpātir] *de qch.* etwas bereuen.

répéter [repete] wiederholen.

repli [rɔpli] m. Falte.

répliquer [replike] erwidern.

répondre [repɔ̃dr] antworten.

réponse [repɔ̃s] f. Antwort.

repos [rɔpo] m. Ruhe.

reposer [rɔpoze] ruhen; *se* — ausruhen.

repousser [rɔpuse] zurücktreiben; zurückschieben; abweisen.

reprendre [rɔprādr] zurücknehmen, wieder annehmen; wieder fassen, wieder festnehmen; wieder einschlagen, wieder anstimmen; erwidern; tadeln.

représentation [rɔprezātasjɔ̃] f. Vorstellung.

représenter [rɔprezāte] vor-, darstellen.

reproche [rɔprɔʃ] m. Vorwurf, Tadel.

république [repüblik] f. Republik, Freistaat.

requin [rɔkɛ̃] m. Haifisch.

réserver [rezerve] zurückbehalten, reservieren.

réservoir [rezɛrvwar] m. Reservoir, Ölbehälter.

résidence [rezidās] f. Residenz, Wohnsitz.

résider [rezide] wohnen.

résistance [rezistās] f. Widerstand.

résister [reziste] Widerstand leisten.

se résoudre [rezudr] sich entschliefsen.

respecter [rɛspɛkte] achten.

respiration [rɛspirasjɔ̃] f. Atmen.

respirer [rɛspire] atmen.

ressembler [rɔsāble] ähnlich sein, gleichen.

ressort [rɔsɔr] m. Feder, Spannkraft

ressource [rɔsurs] f. Hilfsmittel.

ressusciter [resüsite] wieder lebendig werden.

restaurer [rɔstɔre] sich erholen.

reste [rɛst] m. Rest; das übrige.

rester [rɛste] (zurück)bleiben, übrig bleiben.

résultat [rezülta] m. Resultat, Ergebnis.

résumé [rezüme] m. kurze Übersicht.

retard [rɔtar] m. Aufschub; *être en* — (zu) spät kommen.

retarder [rɔtarde] nachgehen.

retenir [rɔtnir] zurückhalten, behalten.

retentir [rɔtātir] ertönen, laut wiederhallen.

retirer [rɔtire] zurück-, herausziehen.

retour [rɔtur] m. Rückkehr; *de* — zurückgekehrt.

retourner [rɔturne] umkehren, zurückkehren, umwenden.

retraite [rɔtrɛt] f. Rückzug.

retranchement [rɔtrāʃmā] m. Verschanzung.

retrouver [rɔtruve] wiederfinden; *aller* — wieder aufsuchen.

réunir [reünir] verbinden, versammeln.

réussir [reüsir] Erfolg haben, gelingen.

revanche [rɔvāʃ] f. Vergeltung.

rêve [rɛv] m. Traum, Trugbild.

réveiller [reveje] wecken; *se* — aufwachen.

révéler [revele] offenbaren.

revendre [rɔvādr] wieder verkaufen.

revenir [rɔvnir] zurückkommen; — *sur ses pas* umkehren.

revenu [rɔvnü] m. Einkommen.

rêver [rɛve] träumen.

réverbère [reverbɛr] m. Strafsenlaterne.

reverdir [rɔvɛrdir] wieder grün werden.

revers [rɔvɛr] m. Rückseite, linke Seite

revêtir [rəvetir] bekleiden.

revoir [rəvwar] wiedersehen, au — auf Wiedersehen.

rez-de-chaussée [re t ʃoe)m Erdgeschofs.

Rhin [rɛ̃] m. Rhein.

rhododendron [rododɛ̃drɔ̃] m. Alpenrose.

Rhône [ron] m. Rhone.

rhume [rüm] m. Katarrh, Schnupfen.

ri, e [ri] p. p. von *rire*.

riant, e [rjã, t] lachend, lieblich.

ribambelle [ribãbɛl] f. lange Reihe, Haufen

riche [riʃ] reich; prächtig.

richesse [riʃɛs] f. Reichtum.

rideau [rido] m. Vorhang.

ridelle [ridɛl] f. (Wagen-)Leiter

ridicule [ridikül] lächerlich.

rien [rjɛ̃] etwas; *ne*... — nichts; *ne*... — *que* nur etwas; — *de plus* nichts (etwas) weiter.

rigueur [rigɔr] f. Strenge.

rire [rir] lachen; *rira bien qui rira le dernier* wer zuletzt lacht, lacht am besten.

rivalité [rivalite] f. Nebenbuhlerschaft.

rive [riv] f. Ufer.

rivet [rivɛ] m. Niete.

rivière [rivjɛr] f. Flufs.

riz [ri] m. Reis.

robuste [rɔbüst] stark, stämmig.

roc [rɔk] m. Felsen.

rocher [rɔʃe] m. Felsen, Klippe.

rôdeur [rodɔr] m. Herumstreicher.

roi [rwa] m. König.

Roland [rɔlã] m. Roland.

romain, e [rɔmɛ̃, ɛn] römisch.

Romain [rɔmɛ̃] m. Römer.

Rome [rɔm] f. Rom.

rond [rɔ̃] m. Kreis; *en* — im Kreise.

rond, e [rɔ̃, d] rund.

ronger [rɔ̃ʒe] benagen.

rongeur [rɔ̃ʒɔr] m. Nagetier.

rose [roz] 1. f. Rose. 2. a. rosafarben.

roseau [rozo] m. Schilfrohr.

rosier [rozje] m. Rosenstock.

rossignol [rɔsiɲol] m. Nachtigall.

rôt [ro] m. Braten.

rôti [roti] m. Braten.

rôtir [rotir] braten.

roucouler [rukule] rucksen, girren.

roue [ru] f. Rad.

Rouen [rwã] m. alte Hauptstadt der Normandie.

rouer [rwe] rädern; — *qn. de coups de bâton* jem. krumm und lahm schlagen.

rouge [ruʒ] 1. a. rot; 2. s. m. Rot.

rougeâtre [ruʒatr] rötlich.

rouge-gorge [ruʒ gɔrʒ] m. Rotkehlchen.

rougir [ruʒir] erröten.

rouleau [rulo] m. Rolle, Walze.

rouler [rule] (hin)rollen, wälzen.

Roumanie [rumani] f. Rumänien.

roussi [rusi] m. Brandgeruch.

roussin [rusɛ̃] m. derber Hengst von gemeiner Rasse.

route [rut] f. (Land-)Strafse; *en* — unterwegs.

roux, sse [ru, s] rot.

royal, e [rwajal] königlich.

royaume [rwajom] m. Königreich; *le R--Uni* das Vereinigte Königreich (England, Schottland und Irland).

ruban [rübã] m. Band.

rubis [rübi] m. Rubin.

ruche [rüʃ] f. Bienenkorb.

rucher [rüʃe] m. Bienenhaus, -stand.

rudesse [rüdɛs] f. Roheit.

rue [rü] f. Strafse.

se ruer [rüe] herfallen, sich stürzen.

rugueux, se [rügö, z] runzelig, rauh.

rugir [rüʒir] brüllen.

ruine [rüin] f. Ruine.

ruisseau [rüiso] m. Bach.

ruminer [rümine] wiederkäuen.

ruse [rüz] f. List.

russe [rüs] russisch.

Russie [rüsi] f. Rufsland.

S.

sable [sabl] m. Sand.

sabot [sabo] m. Holzschuh.

sabotier [sabɔtje] m. Holzschuhmacher.

sac [sak] m. Sack.

sachant [saʃã] p. prés. von *savoir*.

sacrer [sakre] salben.

sage [saʒ] weise, klug; artig.

sagesse [saʒɛs] f. Weisheit.

sain, e [sɛ̃, ɛn] gesund.

saint, e [sɛ̃, t] 1. a. heilig; 2. s. m. u. f. Heilige(r); *Saint Pierre* der heilige Petrus.

Saint-Denis [sɛ̃ dni] m. nördliche Vorstadt von Paris.

Saint-Gall [sɛ̃ gal] m. Sankt-Gallen.

Saint-Gothard [sɛ̃ gɔtar] m. Sankt-Gotthard.

Saint-Jean [sɛ̃ ʒɑ̃] f. Johannistag (24. Juni).

Saint-Michel [sɛ̃ miʃɛl] f. Michaelistag (29. September).

Saint-Pétersbourg [sɛ̃ peterzbur] m. (Sankt-)Petersburg.

saisir [sezir] ergreifen, erfassen; *se —* sich bemächtigen.

saison [sɛz3] f. Jahreszeit.

salade [salad] f. Salat.

salé, e [sale] gesalzen, salzig.

saler [sale] salzen.

salive [saliv] f. Speichel.

salle [sal] f. Saal, Schulzimmer; — *à manger* Speisesaal; — *d'attente* Wartesaal.

salon [sal3] m. Saal, Gesellschaftszimmer.

saltimbanque [saltɛ̃bãk] m. Gaukler, Seiltänzer.

saluer [salɥe] (be)grüfsen.

salut [salü] m. Heil, Rettung; Grufs.

samedi [samdi] m. Samstag, Sonnabend.

sang [sɑ̃] m. Blut.

sanglant, e [sɑ̃glɑ̃, t] blutig.

sanglier [sɑ̃glie] m. Eber, Keiler.

sangloter [sɑ̃glɔte] schluchzen.

sans [sɑ̃] ohne; — *cela* sonst.

sansonnet [sɑ̃sɔnɛ] m. Star.

sapin [sapɛ̃] m. Tanne(nbaum); Fichte.

satané, e [satane] verteufelt.

satisfaire [satisfar] befriedigen, erfüllen.

satin [satɛ̃] m. Atlas.

sauce [sos] f. Sauce, Tunke.

saucisson [sosis3] m. Wurst.

sauf [sof] aufser.

saule [sol] m. Weide.

saumon [som3] m. Salm, Lachs.

saut [so] m. Sprung.

sauter [sote] springen; *faire —* sprengen; — *à bas de son lit* aus dem Bette springen.

sauterelle [sotrɛl] f. Heuschrecke.

sauvage [sovaʒ] wild.

sauver [sove] retten; *se —* sich retten, sich flüchten, davonlaufen.

savant, e [savɑ̃, t] gelehrt.

saveur [savɔr] f. Geschmack.

Savoie [savwa] f. Savoyen.

savoir [savwar] wissen, können, erfahren.

Saxe [saks] f. Sachsen.

Saxon [saks3] m. Sachse.

scène [sɛn] f. Vorgang; Bühne.

scie [si] f. Säge.

scientifique [sjãtifik] wissenschaftlich.

scier [sje] sägen.

seau [so] m. Eimer.

sec, sèche [sɛk, sɛʃ] trocken; getrocknet; *il fait sec* es ist trocken.

sécher [seʃe] (ver)trocknen, austrocknen.

second, e [sɔg3, d] zweite(r), zweites.

secondaire [zg3dɛr] sekundär.

seconde [sɔg3d] f. Sekunde.

secouer [sɔkwe] schütteln.

secourir [skurir] unterstützen, helfen.

secours [skur] m. Hilfe.

secret [sɔkrɛ] m. Geheimnis.

secret, ète [sɔkrɛ, t] geheim.

secrétaire [sɔkrɔtɛr] m. Sekretär.

seigneur [sɛñ3r] m. Herr.

Seine [sɛn] f. Seine.

séjour [seʒur] m. Aufenthalt.

sel [sɛl] m. Salz.

selle [sɛl] f. Sattel.

semaine [smɛn] f. Woche.

semblable [sɑ̃blabl] ähnlich.

semblant [sɑ̃blɑ̃] m. Schein; *faire —* so thun als ob.

sembler [sɑ̃ble] (er)scheinen.

semence [sɔmɑ̃s] f. Saat.

semer [sɔme] säen, übersäen.

semeur [sɔmɔr] m. Säemann.

Semur [sɔmür] m. franz. Stadt.

sens [sãs] m. Sinn; *en tous* — nach allen Richtungen hin; *du bon sens* [sãs] gesunder Menschenverstand.

sentence [sãtãs] f. Urteil.

senteur [sãtœr] f. Wohlgeruch.

sentier [sãtje] m. Fußsteig, Pfad.

sentir [sãtir] fühlen, merken; riechen.

séparer [separe] trennen.

septembre [sɛptãbr] m. September.

septentrional, e [sɛptãtriɔnal] nördlich.

série [seri] f. Reihe.

serment [sɛrmã] m. Eid.

serpent [sɛrpã] m. Schlange.

serpette [sɛrpɛt] f. Garten-, Winzermesser.

serre [sɛr] f. Kralle.

serrer [sɛre] verwahren, pressen, drücken.

serrure [sɛrür] f. Schloß.

serrurier [sɛrürje] m. Schlosser.

servante [sɛrvãt] f. Dienerin, Magd.

service [sɛrvis] m. Dienst.

servir [sɛrvir] dienen; *se — de qch.* sich einer Sache bedienen.

serviteur [sɛrvitœr] m. Diener.

seuil [sœj] m. Schwelle, Eingang.

seul, e [sœl] allein, einzig.

seulement [sœlmã] allein, nur.

sévère [sevɛr] streng.

si [si] so; wenn; ob; doch; — *ce n'est* außer.

Sibérie [siberi] f. Sibirien.

siècle [sjɛkl] m. Jahrhundert.

siège [sjɛʒ] m. Sitz, Bock; Belagerung; *mettre le — devant une ville* die Belagerung einer Stadt eröffnen.

siéger [sjeʒe] Sitzung halten.

sien, ne [sjɛ̃, ɛn] der, die, das seinige, ihrige.

siffler [sifle] pfeifen, zischen (von Gänsen, Schlangen).

sifflet [siflɛ] m. Pfeife.

signal [sinal] m. Zeichen.

signe [sin] m. Zeichen.

signifier [sinifje] bedeuten.

sillon [sijɔ̃] m. Furche.

simple [sɛ̃pl] einfach, dumm, gemein.

simulé, e [simüle] erdichtet, Schein-...

singulier, ère [sɛ̃gülje, ɛr] seltsam.

sinistre [sinistr] Unheil verkündend, verderblich.

sinon [sinɔ̃] wo nicht, sonst.

sire [sir] m. (allergnädigster) Herr.

sis, e [si, z] gelegen (vgl. *assis*).

situation [sitüasjɔ̃] f. Lage.

situé, e [sitüe] gelegen; — *sur* gelegen an.

sobre [sɔbr] mäßig.

soc [sɔk] m. (Pflug-)Schar.

sœur [sœr] f. Schwester.

soi [swa] sich.

soie [swa] f. Seide.

soif [swaf] f. Durst.

soigner [swane] sorgen, pflegen.

soigneux, se [swanö, z] sorgfältig.

soin [swɛ̃] m. Sorge, Sorgfalt; *avoir — de* versorgen.

soir [swar] m. Abend.

sol [sɔl] m. Boden.

soldat [sɔlda] m. Soldat.

soleil [sɔlɛj] m. Sonne; *il fait du —* die Sonne scheint.

solennel, le [sɔlanɛl] feierlich.

solide [sɔlid] fest, dauerhaft, stark.

solitude [sɔlitüd] f. Einsamkeit, Einöde.

solliciter [sɔlisite] dringend bitten, anziehen.

sombre [sɔ̃br] düster, dunkel.

somme [sɔm] f. Summe.

sommeil [sɔmɛj] m. Schlaf.

sommet [sɔmɛ] m. Gipfel, Spitze.

son [sɔ̃] m. Kleie; Ton.

songer [sɔ̃ʒe] denken.

sonner [sɔne] läuten, klingeln, schlagen.

sort [sɔr] m. Schicksal, Los.

sorte [sɔrt] f. Art; *de la —* auf diese Weise.

sortir [sɔrtir] hinausgehen, herauskommen; herausnehmen, herausbringen; *faire —* herausschaffen; — *de charge* aus einem Amt treten.

sot, te [so, sɔt] dumm, töricht.

sou [su] m. Sou (franz. Münze = 5 centimes = 4 Pfennig).

souci [susi] m. Sorge, Kummer.

soucoupe [sukup] f. Untertasse.

soudain, e [sudā, ɛn] a. u. adv. plötzlich.
souffert, e [sufɛr, t] p. p. von *souffrir.*
souffle [sufl] m. Wehen.
souffler [sufle] wehen, ausblasen.
soufflet [sufle] m. Blasebalg.
souffrir [sufrir] leiden.
souhait [swɛ] m. Wunsch.
soulager [sulaʒe] erleichtern, helfen.
soulèvement [sulɛvmā] m. Erhebung, Aufstand.
soulever [sulve] in die Höhe heben, aufwerfen.
soulier [sulje] m. Schuh.
soumettre [sumɛtr] unterwerfen.
soupape [supap] f. Klappe, Ventil.
soupe [sup] f. Suppe.
soupirail [supiraj] m. (pl. *soupiraux* [supiro]) Luftloch, Kellerloch.
source [surs] f. Quelle; *prendre sa —* entspringen.
sourcil [sursi] m. Augenbraue.
sourciller [sursije] die Augenbrauen bewegen. [Lächeln.
sourire [surir] 1. v. lächeln; 2. s. m.
souris [suri] f. Maus.
sous [su] unter.
soustraction [sustraksjɔ̃] f. Subtraktion.
soutenir [sutnir] aushalten, anhalten.
souterrain, e [sutɛrɛ̃, ɛn] unterirdisch.
souterrain [sutɛrɛ̃] m. Keller-Geschofs.
soutien [sutjɛ̃] m. Stütze.
souvenir [suvnir] m. Erinnerung.
se souvenir [suvnir] sich erinnern.
souvent [suvā] oft.
spécial, e [spesjal] besondere.
spectacle [spɛktakl] m. Anblick; Vorstellung.
spectateur [spɛktatɔr] m. Zuschauer.
spectre [spɛktr] m. Gespenst, Schreckbild.
station [stasjɔ] f. Station.
statue [statü] f. Standbild.
su, e [sü] p. p. von *savoir.*
subit, e [sübi, t] plötzlich.
succéder [süksede] nachfolgen.
successeur [süksɛsɔr] m. Nachfolger.
successivement [süksɛsivmā] nach und nach.

succomber [sükɔ̃be] erliegen, unterliegen.
succulent, e [sükülā, t] saftig.
sucre [sükr] m. Zucker.
sucré, e [sükre] verzuckert, zuckersüfs.
sud [süd] m. Süden; *sud-est* Südosten.
Suède [swɛd] f. Schweden.
Suédois [swedwa] m. Schwede.
suer [swe] schwitzen.
sueur [swɔr] f. Schweifs.
suffire [süfir] genügen.
suffisant, e [süfizā, t] genügend, hinreichend.
suffrage [süfraʒ] m. Wahlstimme.
Suisse [swis] f. Schweiz.
suite [swit] f. Folge; *par la —* in der Folge; *à la — de qn* hinter jem. her; *et ainsi de —* und so weiter, *de —* sofort; *tout de —* auf der Stelle.
suivant [swivā] gemäfs.
suivre [swivr] folgen.
sultan [sültā] m. Sultan.
superbe [süpɛrb] prachtvoll, prächtig.
superflu, e [süpɛrflü] überflüssig.
supérieur, e [süperjɔr] höher (gelegen), ober.
supplice [süplis] m. Todesstrafe.
supplier [süplie] anflehen.
supprimer [süprime] streichen, auslassen, unterdrücken.
suprême [süprɛm] höchst, letzt.
sur [sür] auf, über.
sur, e [sür] sauer.
sûr, e [sür] sicher.
sûreté [sürte] f. Sicherheit.
surface [sürfas] f. Oberfläche.
surmonter [sürmɔ̃te] überragen.
surnaturel, le [sürnatürɛl] a. übernatürlich; s. m. Übernatürliches.
surplus [sürplüs] m. Überschufs; *au —* aufserdem.
surprendre [sürprādr] überraschen.
surprise [sürpriz] f. Überraschung.
sursaut [sürso] m. plötzliches Auffahren; *s'éveiller en —* plötzlich aus dem Schlafe auffahren.
surtout [sürtu] besonders.

surveiller [sürveje] überwachen, beaufsichtigen.
survenir [survɔnir] hinzukommen, eintreten.
suspendre [süspɑ̃dr] aufhängen, unterbrechen.

T.

tabac: [taba] m. Tabak.
table [tabl] f. Tisch; *se mettre à* — sich zu Tische setzen.
tableau [tablo] m. Gemälde, Bild; (Wand-)Tafel.
tablette [tablɛt] f. Platte der Schulbank.
tablier [tablie] m. Schürze.
tache [taʃ] f. Flecken.
tâcher [taʃe] sich bemühen, trachten.
taille [taj] f. Beschneiden; Taille, Größe, Wuchs; *pierres de* — f. Quadersteine.
tailler [taje] schneiden; behauen.
tailleur [tajɔr] m. Schneider.
taillis [taji] m. Buschholz, Dickicht.
talent [talɑ̃] m. Talent.
tambour [tɑ̃bur] m. Trommel; Tambour.
tamis [tami] m. Sieb.
Tamise [tamiz] f. Themse (engl. Fluß).
tandis que [tɑ̃di k(ɔ)] während, wohingegen.
tanière [tanjɛr] f. Höhle. [gegen.
tant [tɑ̃] so viel(e), so sehr; — *que* so lange als; — *mieux* um so besser.
tante [tɑ̃t] f. Tante.
tantôt [tɑ̃to] nachher; vorhin; — ... — bald ... bald.
tapageur, se [tapaʒɔr, öz] 1. a. lärmend; 2 s. Skandalmacher.
tape [tap] f. Klaps, Schlag mit der Hand.
taper [tape] klopfen.
tapis [tapi] m. Teppich, Decke.
taquiner [takine] necken.
tarare [tarar] m. Fegemühle.
Tarbes [tarb] m. sg. franz. Stadt (Hautes-Pyrénées).
tard [tar] spät; *il se fait* — es wird spät.
tarder [tarde] zögern. [spät.
tardif, ve [tardif, v] spät.
tartine [tartin] f. bestrichene Brotschnitte; — *de beurre* Butterbrot.
tas [ta] m. Haufen.

tasse [tas] f. Tasse
tasser [tase] aufhäufen.
tâter [tate] betasten.
taupe [top] f. Maulwurf.
taureau [toro] m. Stier.
taxer [takse] abschätzen.
tel, le [tɛl] solch; *tel ... tel* wie ... so.
télégramme [telegram] m. Telegramm.
tellement [tɛlmɑ̃] so, dermaßen.
témoin [temwɛ̃] m. Zeuge.
tempe [tɑ̃p] f. Schläfe.
température [tɑ̃peratür] f. Temperatur, Wärmegrad.
tempête [tɑ̃pɛt] f. Sturm.
temps [tɑ̃] m. Zeit; Wetter; *à* — zu rechter Zeit.
tenaille [tɔnaj] f. (meist pl.) Zange.
tender [tɑ̃dɛr] m. Tender, Wasser- und Kohlenwagen einer Lokomotive.
tendre [tɑ̃dr] v. ausstrecken, spannen, darreichen.
tendre [tɑ̃dr] a. zart, weich.
ténèbres [tenɛbr] f. pl. Finsternis.
ténébreux, se [tenebrö, z] finster, düster; teuflisch.
tenir [tnir] halten; haben; fest kleben; — *compagnie* Gesellschaft leisten; *faire* — *débout* aufrecht stehen lassen; *il ne tient qu'à vous* es kommt nur auf Sie an; *je tiens à* mit inf. es ist mir daran gelegen; *tiens, tenez* siehe!
tentation [tɑ̃tasjɔ̃] f. Versuchung.
tenter [tɑ̃te] versuchen; reizen.
terminaison [terminɛzɔ̃] f. Endung.
terminer [termine] beendigen
terne [tɛrn] matt.
terrasser [terase] zu Boden schlagen, niederwerfen.
terrassier [terasje] m. Erdarbeiter.
terre [tɛr] f. Erde; Land; *par* —, *à* — auf die Erde, auf der Erde; — *cuite* gebrannte Erde.
terreur [terɔr] f. Schrecken.
terrible [teribl] schrecklich, furchtbar.
terrier [terje] m. (unterirdischer) Bau.
territoire [teritwar] m. Gebiet.
tête [tɛt] f. Kopf, Haupt; *à la* — an der Spitze.

teter [tæte] saugen.

thé [te] m. Thee.

théâtre [teatr] m. Theater.

Théophile [teɔfil] m. u. f. Theophilus, Theophila.

thermomètre [termɔmɛtr] m. Thermometer, Wärmemesser.

Thomas [tɔma] m. Thomas.

tic tac [tik tak] ticktack.

tiède [tjed] lauwarm.

tien, ne [tjɛ̃, ɛn] der, die, das deinige.

tige [tiʒ] f. Stengel, Stamm.

timbre-poste [tɛ̃brɔ pɔst] m. Briefmarke.

timide [timid] furchtsam, zaghaft, schüchtern.

tirer [tire] ziehen, herausziehen; abziehen; (ab)schiefsen.

tiroir [tirwar] m. Schublade.

tisser [tise] weben.

tisserand [tisrɑ̃] m. Weber.

titre [titr] m. Titel.

tituber [titübe] schwanken.

toc toc toc [tɔk] tapp tapp tapp.

toi [twa] du, dich.

toile [twal] f. Leinwand.

toilette [twalɛt] f. Putztisch, Toilette; *faire sa* — sich ankleiden, sich putzen.

toit [twa] m. Dach.

toiture [twatür] f. Bedachung, Dach.

tombeau [tɔbo] m. Grab.

tomber [tɔbe] fallen, niederstürzen; herfallen; sich legen (S. 116, 27); *la nuit tombe* die Nacht bricht herein; *faire* — nieder-, herunterwerfen.

tombereau [tɔbro] m. Karren.

ton [tɔ̃] m. Ton, Klang.

tonneau [tɔno] m. Tonne, Fafs.

tonnelier [tɔnɔlje] m. Böttcher, Küfer.

tonner [tɔne] donnern.

tonnerre [tɔnɛr] m. Donner.

torrent [tɔrɑ̃] m. Strom.

tort [tɔr] m. Unrecht; *à* — *et à travers* unbesonnen, ohne Überlegung.

tortueux, se [tɔrtüö, z] gekrümmt, sich schlängelnd.

total, e [tɔtal] ganz.

toucher [tuʃe] 1. v. (be)rühren; (be)fühlen; 2. s. m. Gefühl(s-Sinn).

toujours [tuʒur] immer.

tour [tur] 1. f. Turm; 2. m. Umlauf, Runde, Reise; — *à* — nach der Reihe; *à mon* — meinerseits, die Reihe ist an mir.

tourbillon [turbijɔ̃] m. Wirbel.

tourbillonner [turbijɔne] sich lebhaft (im Kreise) bewegen.

tourelle [turɛl] f. Türmchen.

touriste [turist] m. Tourist, Fufsgänger. Wanderer.

tourment [turmɑ̃] m. Marter, Qual.

tourner [turne] (sich) drehen, (sich) wenden; fliegen um; *faire* — herumdrehen; — *en ridicule* lächerlich machen.

tournoi [turnwa] m. Turnier.

tournoyer [turnwaje] sich im Kreise drehen, wirbeln.

tourtereau [turtɔro] m., *tourterelle* [turtɔrɛl] f. junge Turteltaube.

tout, e [tu, t] jeder, ganz, all, alles. *le tout* das Ganze; pl. *tous, tes* [tuʦ], [tut] alle; *tout en travaillant* während er arbeitete; *tout à coup* plötzlich, *tout à fait* ganz und gar.

toux [tu] f. Husten.

tracer [trase] ziehen, aufreifsen.

traduire [tradüir] übersetzen.

trahir [trair] verraten.

trahison [traizɔ̃] f. Verrat.

train [trɛ̃] m. Zug; Gang; — *express* Kurierzug; — *direct* Schnellzug. — *omnibus,* — *de voyageurs* Personenzug; — *de marchandises* Güterzug; *être en* — *daran sein* (etwas zu thun).

traîneau [trɛno] m. Schlitten.

traîner [trɛne] ziehen

traire [trɛr] melken. [schichtsbild.

trait [trɛ] m. Zug; — *d'histoire* Getraiter* [trɛte] (unter)handeln, behandeln; — *de* heifsen.

tramway [tramwe] m. Pferdebahn

tranchant [trɑ̃ʃɑ̃] m. Schneide.

tranche [trɑ̃ʃ] f. Schnitte, Scheibe — *d'un livre* Schnitt an einem Buche.

tranchée [trãʃe] f. Graben.

trancher [trãʃe] schneiden, abhauen.

tranquille [trãkil] ruhig, *laisser* — in Ruhe lassen

transformer [trãsforme] verwandeln.

transparent, e [trãsparã, t] durchsichtig.

transport, e [trãsporte] entzückt.

transporter [trãsporte] fortschaffen.

travail [travaj] m. (pl. travaux [travo]) Arbeit.

travailler [travaje] arbeiten.

travailleur [travajɔr] m Arbeiter.

travers [traver], *à* — durch; *de* — verkehrt.

traverser [traverse] gehen, fahren, reilen, fliefsen durch, über.

trèfle [trefl] m. (auch im pl.) Klee.

trembler [trãble] zittern.

trémie [tremi] f. Mühltrichter.

très [tre] sehr.

trésor [trezɔr] m. Schatz.

trésorier [trezɔrje] m. Schatzmeister.

tressaillir [tresajir] zittern, schaudern.

tribu [tribü] f. (Volks-)Stamm.

tribunal [tribünal] m. Gerichtshof.

tricycle [trisikl] m. Dreirad, Veloziped mit drei Rädern.

triomphe [triõf] m. Triumph.

triompher [triõfe] triumphieren.

triple [tripl] dreifach.

triste [trist] traurig.

trompe [trõp] f. Rüssel.

tromper [trõpe] betrügen, täuschen; *se* — sich irren.

trompette [trõpet] f. Trompete.

trompeur, se [trõpɔr, öz] 1. a. betrügerisch; 2. s. Betrüger(in); *à trompeur trompeur et demi* auf einen Schelm gehört ein doppelter Schelm.

tronc [trõ] m. Stamm; Rumpf.

trop [trɔ] zu, zu sehr, zu viel; recht (174, 25).

trot [tro] m. Trab.

trotter [trɔte] traben, trippeln, umherlaufen.

trottoir [trɔtwar] m. Trottoir, Bürgersteig.

trou [tru] m. Loch.

troubler [truble] stören, beunruhigen.

troupe [trup] f. Truppe.

troupeau [trupo] m. Herde.

trousser [truse] aufschürzen.

trouver [truve] finden, *se* — sich befinden.

truelle [trüal] f. (Maurer-)Kelle.

truffer [trüfe] (mit Trüffeln) füllen.

truie [trüi] f. Mutterschwein.

tue-mouche [tü muʃ] m. Fliegenpilz.

tuer [tüe] töten.

tuile [tüil] f. Dachziegel.

tuilerie [tüilri] f. Ziegelei.

tuilier [tüilje] m. Ziegelbrenner.

tunnel [tünel] m. Tunnel, Durchstich.

turbot [türbo] m. Stein-Butte.

turc, turque [türk] türkisch.

Turquie [türki] f. Türkei.

tuyau [tüijo] m. Rohr, Röhre.

Tyrolien, ne [tiroljã, an] Tiroler(in).

Tyrrhénien, ne [tirenjã, an] tyrrhenisch.

U.

unique [ünik] einzig.

unir [ünir] vereinigen.

usage [üzaʒ] m. Gebrauch.

utile [ütil] nützlich.

utilité [ütilite] f. Nutzen.

V.

vacance [vakãs] f. Vakanz; pl. Ferien.

vache [vaʃ] f. Kuh.

vacher [vaʃe] m. Kuhhirt.

vacherie [vaʃri] f. Kuhstall.

va-et-vient [va e vjã] 1. s. m. Kommen und Gehen; 2. hin und her.

vagon [vagõ] m. (Eisenbahn-) Wagen.

vaillamment [vajamã] mutig.

vaillant, e [vajã, t] tapfer.

vain, e [vã, an] eitel, vergeblich; *en vain* vergebens.

vaincre [vãkr] siegen, besiegen.

vainqueur [vãkɔr] m. Sieger.

vaisseau [veso] m. Schiff.

vaisselle [vesal] f. Tafelgeschirr.

valet [vale] m. Knecht, Diener.

valeur [valɔr] f. Wert, Tapferkeit.

vallée [vale] f. Thal.

vallon [valɔ̃] m. (kleines) Thal.

valoir [valwar] gelten, wert sein; *il vaut mieux* es ist besser.

van [vã] m. Getreideschwinge.

vapeur [vapɔr] f. Dampf; m. Dampfer; — *à hélice* Schraubendampfer; — *à roues* Raddampfer.

variable [varjabl] veränderlich; *le baromètre est au* — das Barometer steht auf veränderlich.

varié, e [varje] verschieden.

vase [vaz] m. Gefäfs.

vaste [vast] weit, grofs, unermefslich.

vautour [votur] m. Geier.

veau [vo] m. Kalb; Kalbfleisch.

vécu, e [vekü] p. p. von *vivre.*

veille [vɛj] f. Vorabend, Tag vorher.

veillée [vɛje] f. Nachtwache; Abendunterhaltung; — *des armes* Waffenwache.

veiller [vɛje] wachen.

velours [vlur] m. Sammet.

vendange [vãdãʒ] f. Weinlese.

vendangeur [vãdãʒɔr] m. Weinleser, Winzer.

vendre [vãdr] verkaufen.

vendredi [vãdrədi] m. Freitag.

vénéneux, se [venenö, z] giftig.

vengeur, eresse [vãʒɔr, rɛs] s. m. u. f. Rächer(in).

venimeux, se [vənimö, z] giftig.

venin [vənɛ̃] m. Gift.

venir [vnir] kommen; — *faire qch.* kommen, um etwas zu thun; — *de faire qch.* soeben etwas gethan haben; — *à faire qch.* zufällig etwas thun.

l'enise [vəniz] f. Venedig.

vent [vã] m. Wind.

vente [vãt] f. Verkauf.

ventilateur [vãtilatɔr] m. Ventilator, Fegemühle.

ventre [vãtr] m. Bauch; *à plat* — auf den (dem) Bauch.

ver [vɛr] m Wurm.

l'ercingétorix [vɛrsɛ̃ʒetɔriks] m. Verzingetorix.

verdâtre [vɛrdatr] grünlich.

verdir [vɛrdir] grünen.

verdure [vɛrdür] f. Grün.

verger [vɛrʒe] m. Obstgarten.

verglas [vɛrgla] m. Glatteis; *il fait du* — es glatteist.

vérité [verite] f. Wahrheit.

verre [vɛr] m. Glas; Lampen-Cylinder.

verrou [vɛru] m. Riegel.

vers [vɛr] gegen.

verse [vɛrs] adv.; *il pleut à* — es giefst (wie) mit Mulden.

verser [vɛrse] (aus-, ver-, ein)giefsen, -schütten. [Pfluge.

versoir [vɛrswar] m. Streichbrett am *vert, e* [vɛr, t] a. grün; s. m. Grün.

vertigineux, se [vɛrtiʒinö, z] schwindelig.

veste [vɛst] f. Jacke.

vestibule [vɛstibül] m. Hausflur.

vêtement [vɛtmã] m. Kleidung.

vêtir [vɛtir] (be)kleiden.

vétiver [vetivɛr] m. Vetiver (f.) (wohlriechende Gräser in Ostindien).

veuve [vɔv] f. Witwe.

viaduc [vjadük] m. Viadukt.

viande [vjãd] f Fleisch.

victime [viktim] f. Opfer.

victorieux, se [viktɔrjö, z] siegreich.

vide [vid] leer.

vider [vide] leeren, leer machen.

vie [vi] f. Leben; *de sa* — in seinem Leben.

vieillard [vjɛjar] m. Greis.

vieillir [vjɛjir] altern.

Vienne [vjɛn] f Wien.

vieux, vieil, vieille [vjö, vjɛj] alt *vif, ve* [vif, v] lebhaft, lebendig.

vigilant, e [viʒilã, t] wachsam.

vigne [viɲ] f. Weinberg.

vigneron [viɲrɔ̃] m. Winzer.

vignoble [viɲɔbl] m. Weinland.

vigueur [vigɔr] f. Kraft.

vilain, e [vilɛ̃, ɛn] häfslich.

vilebrequin [vilbrɔkɛ̃] m. Brustbohrer.

villa [vila] f. Villa, Landhaus.

village [vilaʒ] m. Dorf.

villageois [vilaʒwa] m. Dorfbewohner.

ville [vil] f. Stadt.

vin [vɛ̃] m. Wein.

vinaigre [vinegr] m. (Wein-)Essig.
vingtaine [vɛtɛn] f. etwa 20 Stück.
violence [vjɔlãs] f. Heftigkeit.
violette [vjɔlɛt] f. Veilchen.
violon [vjɔlõ] m. Geige, Violine.
vipère [vipɛr] f. Viper, Natter, Otter.
virer [vire] wenden; tourner et — sich drehen und wenden.
visage [vizaʒ] m. Gesicht.
vis-à-vis [viz a vi] de gegenüber.
visible [vizibl] sichtbar.
visière [vizjɛr] f. Visir.
visite [vizit] f. Besuch; rendre, faire — einen Besuch abstatten.
visiter [vizite] besuchen, untersuchen.
se visser [vise] angeschraubt werden.
vite [vit] schnell; au plus — so schnell als möglich.
vitesse [vitɛs] f. Schnelligkeit.
vitre [vitr] f. Fensterscheibe.
vitrier [vitrie] m. Glaser.
vivace [vivas] lebenskräftig, stark.
vivant, e [vivã, t] lebend.
vivre [vivr] 1. v. leben; qui vivra verra die Folge wird es lehren; qui vive? wer da? 2. vivres s. m. pl. Lebensmittel.
voici [vwasi] sieh hier; hier ist, hier sind.
voie [vwa] f. Weg, Bahn, Strafse
voilà [vwala] sieh dort; dort ist, dort sind.
voile [vwal] 1. f. Segel; 2. m. Schleier; — du palais m. Gaumen-Vorhang, -Segel.
voir [vwar] sehen.
voisin, e [vwazɛ̃, in] a. benachbart; s. m. u. f. Nachbar(in).
voiture [vwatur] f. Wagen.
voix [vwa] f. Stimme; Gesang; donner de la — schreien, bellen.
vol [vɔl] m. Flug.

volage [vɔlaʒ] flatterhaft, unbeständig.
volaille [vɔlɑj] f. Federvieh, Geflügel.
volée [vɔle] f. Flug, Reihe.
voler [vɔle] fliegen, stehlen, berauben.
volet [vɔlɛ] m. Fensterladen.
voleur, se [vɔlœr, øz] a. diebisch; s. m. u. f. Dieb(in)
Volga [vɔlga] m. Wolga (russ. Flufs).
volonté [vɔlõte] f. Wille, Willenskraft.
volontiers [vɔlõtje] gerne.
voltiger [vɔltiʒe] flattern.
vôtre [votr], le, la — 'der, die, das eurige, Ihrige.
vouloir [vulwar] wollen; je voudrais ich möchte.
voûte [vut] f. Gewölbe.
voûter [vute] wölben.
voyage [vwajaʒ] m. Reise.
voyageur [vwajaʒœr] m. Reisende(r).
vrai, e [vrɛ] wahr, recht; c'est — allerdings, zwar.
vraiment [vrɛmã] wahrlich, wahrhaftig.
vu, e [vü] 1. gesehen (p. p. von voir); 2. prép.: in Ansehung
vue [vü] f. Gesicht, Sehen; Blick, Anblick.

W.

wagon [vagɔ̃] m. (Eisenbahn-) Wagen.
Witikind [vitikɛ̃] m. Wittekind.

X.

Xavier [gzavje] m. Xaver.

Y.

y [i] da, dort, hin, darin, daran, dabei; il y a es giebt; vor.
yeux [jo] pl. von œil.

Z.

zéro [zero] m. Null, Nichts.

Druck von Velhagen & Klasing in Bielefeld.